Wale und Delphine

Francois Gohier/Auscape International

Wale und Delphine

HERAUSGEBER:
Jörg Keller
WISSENSCHAFTLICHE KOORDINATION:
Sir Richard Harrison
M. M. Bryden
ILLUSTRATIONEN:
Tony Pyrzakowski

Ken Lucas/Seaphot Limited/Planet Earth Pictures

Jahr-Verlag GmbH & Co., Hamburg

Produced by
Weldon Owen Pty Limited
Weldon Owen Inc.
Members of the Weldon International Group of Companies
Sydney • Hong Kong • London • Chicago • San Francisco

Titel der Originalausgabe: Whales, Dolphins and Porpoises

Herausgeber: Jörg Keller
Wissenschaftliche Koordination:
Sir Richard Harrison, M. M. Bryden
Illustrationen: Tony Pyrzakowski

Jahr-Verlag GmbH & Co.
Jessenstraße 1 • D-22767 Hamburg
Telefon 040 / 38906-0 • Telefax 040 / 38906-302

Übersetzung: aquapress jörg keller

Satz: Partner Satz GmbH, Hamburg

ISBN 3-921789-53-2

Printed in Singapore
Nachdrucke 1989, 1990, 1991, 1997

Colin Monteath/Hedgehog House, New Zealand

HERAUSGEBER:
Jörg Keller
WISSENSCHAFTLICHE KOORDINATION:
Professor Sir Richard Harrison
Dr. M.M. Bryden
DIE AUTOREN:
Dr. Lawrence G. Barnes,
Natural History Museum of Los Angeles, USA
Dr. M. M. Bryden
University of Sydney, Australien
Peter Corkeron
University of Queensland, Australien
Carson Creagh
Sydney, Australien
Dr. W. H. Dawbin
Australian Museum, Australien
Hugh Edwards
Perth, Australien
Dr. R. Ewan Fordyce
University of Otago, Neuseeland
Sir Richard Harrison
University of Cambridge, Großbritannien
Dr. Kaiya Zhou
Nanjing Normal University, Volksrepublik China
Dr. Victor Manton
Dunstable, Großbritannien
Dr. Margaret Klinowska
University of Cambridge, Großbritannien
Dr. Robert J. Morris
Institute of Oceanographic Sciences, Großbritannien
Marty Snyderman
San Diego, USA
Dr. Ruth Thompson
Sydney, Australien

Schutzumschlag:
Ein typisches Verhaltensmuster bei Schwertwalen: Sie heben synchron den Kopf aus dem Wasser und spähen die Umgebung aus.
Foto: Graeme Ellis

Vorsatzblätter:
Ein Schwertwal kommt zur Oberfläche, um Luft zu holen, und bläst kurz vor Erreichen der Oberfläche ab.
Foto: Ken Balcomb/Earthviews

Seite 1:
Auf den Glattwalen findet man häufig Kolonien von Entenmuscheln. Bevorzugte Stellen sind unter dem Kinn (siehe Abbildung) sowie entlang der Vorderkante der Flipper (Brustflossen).

Seite 2:
Spinnerdelphine sind schnelle und gewandte Schwimmer. Sie vereinigen sich zu Herden, die bis zu mehreren hundert Tieren umfassen.

Seite 3:
Schwertwale werden auch Killerwale genannt, weil sie sich zur Jagd auf ihre Beute — darunter auch große Wale — in Gruppen versammeln und ihren Opfern praktisch keine Chancen lassen. Es wäre aber ein Irrtum, sie als gefährlich für Menschen anzusehen — ganz das Gegenteil ist der Fall!

Seite 4/5:
Whale Watching, das Beobachten der Wale, hat sich in den letzten Jahren zu einer Touristenattraktion entwickelt. Ein Buckelwal taucht vor den Augen der Zuschauer im Lemaire Channel ab.

Seite 6/7:
In den Delphinarien werden häufig Große Tümmler dressiert. Seit der Eröffnung des ersten Delphinariums anfangs der vierziger Jahre sind die Lebensbedingungen für die Tiere erheblich verbessert worden.

Seite 8/9:
Vor der Küste von Hawaii schwimmen ein Buckelwal-Weibchen und ihr Kalb einträchtig nahe beieinander

Seite 10/11:
Ein Zügeldelphin spielt mit dem Halstuch des Fotografen.
Foto: Marty Snyderman

P. Morris/Ardea London Ltd

Mike Osmond/Pacific Whale Foundation

I N H A L T

EINFÜHRUNG

»Greatest of all is the Whale, of the Beasts which live in the waters,
Monster indeed he appears, swimming on top of the waves,
Looking at him one thinks, that there in the sea is a mountain,
Or that an island has formed, here in the midst of the sea.«

»Der Größte von allen ist der Wal — von allen Kreaturen, die im Wasser leben.
Riesenhaft erscheint er, wenn er auf den Wellen schwimmt.
Wenn man ihn erblickt, glaubt man einen Berg im Meer zu sehen,
oder daß sich dort mitten im Meer eine Insel gebildet hat.«

Abbot Theobaldus, um 1022

Von den frühesten Tagen der Seefahrt an sind die Wale vom Menschen wegen ihres Öls, ihres Walrats und Fleischs und anderer Produkte gejagt worden. Und im selben Maß, in dem der Mensch das Meer beherrschen lernte, nahm das blutige Abschlachten dieser riesigen, aber wehrlosen Geschöpfe zu. Als der Mensch schließlich auch die Wissenschaft in seinen Dienst stellte, um den Tod auf dem Meer noch effizienter managen zu können, löschte er am Ende die Großen Leviathane beinahe aus.

Die kleineren Delphine und Schweinswale waren anfangs vor Nachstellung und Ausbeutung verschont. Aber in neuerer Zeit sind auch sie bedroht: Fischernetze, in denen sie sich verfangen, stellen eine tödliche Gefahr für sie dar; ihr Fleisch und andere Produkte werden von Feinschmeckern und Fetischisten geschätzt, und schließlich werden sie in großer Zahl eingefangen, um in den Delphinarien ihre Schaustücke vorzuführen.

Entdeckungsreisende und aufmerksame Kapitäne auf den Walfangschiffen waren die ersten, die zu ahnen begannen, daß die Wale und Delphine ganz besonders bemerkenswerte Tiere sind. Die Meeresbiologen und auch die Wissenschaftler in den Studierstuben der Museen und Institute sammelten in den vergangenen hundert Jahren immer mehr Erkenntnisse an, um diese Meinung zu untermauern.

Die Meeressäugetiere mit ihren besonderen Merkmalen und Fähigkeiten, mit denen sie einmalig im Tierreich sind, erscheinen heute als perfekte Beispiele für evolutionäre Anpassungen an besondere Lebensräume. Sie gehören zur höchstentwickelten Klasse im Tierreich, sind abgewandelte Säugetiere, die ihre äußeren Ohren, Haare, Finger und Beine verloren und stattdessen Brust-, Rücken- und Schwanzflossen entwickelt haben. Es war ein biologisches Puzzle-Spiel, den Weg dieser anatomischen Umwandlung herauszufinden, und in manchen Einzelheiten sind wir bis heute nicht ganz sicher.

Im vorliegenden Buch stellt eine Reihe hervorragender Experten dar, was sie entdeckt, gesehen und erlebt haben, und welche faszinierenden Aspekte sich in der Entwicklung, Geschichte und Artenvielfalt, in Physiologie und Sinnesleistungen, in Lebensverlauf, Fortpflanzung und Verhalten dieser prächtigen Säugetiere finden. Eindrucksvolle, zum Teil überaus seltene Fotos aus freier Wildbahn sowie treffende Zeichnungen und Graphiken veranschaulichen die großartige Welt der Wale und Delphine.

Es ist nicht leicht, die Meeressäugetiere zu studieren — dazu schwimmen und tauchen sie zu gut! Umso stolzer sind wir, Ihnen hiermit die Arbeiten unserer geschätzten Kollegen vorlegen zu können. Für ihre wertvolle Hilfe bei der Erarbeitung der deutschsprachigen Ausgabe danken wir Helga Harders, Helga Strelow und Dr. Peter Nahke sehr herzlich.

Sir Richard Harrison
WISSENSCHAFTLICHE KOORDINATION

Jörg Keller
HERAUSGEBER

Marty Snyderman

▲ Unverwechselbar ist die lange, dreiecksförmige Rückenflosse der Schwertwale. Sie wird bei den Männchen bis zu dreimal so groß wie bei den Weibchen.

DIE WALE

Francois Gohier/Auscape International

DER WELT

ENTWICKLUNGSGESCHICHTE

R. EWAN FORDYCE

Die Ursprünge der Meeressäugetiere liegen immer noch im Ungewissen. Viele Aspekte ihrer Anatomie sind offensichtlich Anpassungen an die Lebensweise im Meer. Sie lassen deshalb kaum Rückschlüsse auf die Vorformen zu. Aber biochemische und genetische Untersuchungen legen die Vermutung nahe, daß die Meeressäugetiere mit den Huftieren verwandt sind. Diese Verwandtschaft wird auch durch die fossilen Belege unterstützt, die etwa 50 Millionen Jahre weit zurückreichen. Also müssen wir die Vorläufer der Meeressäugetiere unter den Landsäugetieren jener oder noch weiter zurückliegender Zeiten suchen. Am wahrscheinlichsten erscheint die Gruppe der *Mesonychidae:* Primitive, mit Hufen ausgestattete Säugetiere, die im Gebiet des heutigen Nordamerika, Europa und Asien lebten. Größenmäßig variierten die *Mesonychidae* von Hunds- bis Bärengröße. Zur Gruppe gehörten Arten mit recht einfach entwickeltem Gebiß, was sie wohl als Fischfresser ausweist, bis hin zu großen Fleischfressern. Wir können mutmaßen, daß eines dieser fischfressenden Tiere sich darauf spezialisierte, im überreichen Futtervorkommen der flachen Uferzonen des Tethys-Meeres der Jagd nachzugehen. Das Tethys-Meer erstreckte sich damals vom heutigen Mittelmeer östlich bis über Indien hinaus. Diese Art ging dann möglicherweise sehr rasch zu einer amphibischen Lebensweise über. Die ersten Stufen jeder evolutionären Entwicklung scheinen immer schnell zu sein, da die Arten dabei in vorher nicht besetzte Nischen schlüpfen.

Anfänglich hat die Art sich im Wasser wohl ähnlich verhalten wie die Otter oder die Pelzrobben und gebrauchte alle vier Gliedmaßen zur Fortbewegung. Der Schwanz paßte sich wohl für vertikale, sehr schnelle Auf- und Abwärtsbewegungen an. Aber wir wissen nicht, inwieweit dies den Gebrauch der Hintergliedmaßen beeinflußte, oder ob der Schwanz eines *Mesonychids* schon abgeflacht war. Die ersten Wale brachten möglicherweise ihre Jungen noch für Millionen von Jahren an Land zur Welt. Es vollzogen sich aber gleichzeitig rasche physiologische Umbildungen zur Anpassung an das Leben im Wasser. Beispielsweise adaptierten sich Augen und Nieren an den unterschiedlichen Salzgehalt, das Haarkleid ging verloren, eine isolierende Speckschicht wurde gebildet, das Gehör paßte sich an die Unterwasser-Bedingungen an, und die Entwicklung von Nasenverschlüssen verhinderte beim Tauchen das Eindringen von Wasser.

▶ Das urtümliche Aussehen des Grauwals mag zum Schluß verleiten, bei ihm handle es sich um eine urtümliche, „primitive" Art. Tatsächlich aber sind die einzigen Versteinerungen, die man vom Grauwal kennt, nur wenig mehr als 100 000 Jahre alt. Es besteht noch keine Gewißheit darüber, wie diese Art mit den anderen Bartenwalen verwandt ist.

▼ Ungeachtet seines wolfs-ähnlichen Aussehens hat *Mesonyx* jeweils fünf kleine Hufe (und keine Klauen!) an den Gliedmaßen. Verwandte dieses paradoxen Tiers, das vor etwa 50 Millionen Jahren lebte, sind höchstwahrscheinlich die Vorläufer der Urwale sowie der Barten- und Zahnwale gewesen.

DIE FRÜHESTEN WALE

Die frühesten Wale sind die *Protocetidae*. Solche archaischen Wale werden auch Urwale *(Archaeoceti)* genannt. Der primitivste unter ihnen ist der erst kürzlich entdeckte *Pakicetus*, ein Fossil aus Pakistan, das 50 bis 53 Millionen Jahre alt ist. Sein kleiner, unvollständig aufgefundener Schädel läßt darauf schließen, daß *Pakicetus* sich noch wenig von den Landsäugetieren wegentwickelt hatte. Aber er hat schon ein ausgeprägtes Mittelohr *(bulla)*, das ihn wahrscheinlich auch zum Hören unter Wasser befähigte. *Protocetus*, ein 50 Millionen Jahre altes Fossil, wurde in Ägypten gefunden. Von ihm gibt es nur ein sicher identifiziertes Exemplar, einen kleinen Schädel. Wie die heutigen Meeressäugetiere hat er einen langen, schmalen Oberkiefer mit einem Blasloch hinter der Schnauzenspitze, einfache Backenzähne, weit auseinanderstehende Augen und einen langen Schädelkasten. Die *Bulla* ist ausgeweitet wie bei den modernen Walen. Die Körperform von *Protocetus* ist nicht bekannt, aber er mag noch Hintergliedmaßen besessen haben.

Andere *Protocetidae* kennt man aus weniger vollständigem Fundmaterial aus Asien, Afrika und Nordamerika. Keines ist jünger als 50 Millionen Jahre, und alle wurden auf der Nordhalbkugel gefunden. Das legt den Schluß nahe, daß die ersten Phasen der Evolution der Meeressäugetiere auf das Tethys-Meer beschränkt waren.

Indische Sedimentgesteine aus jener Zeit haben kürzlich ein paar ungewöhnlich primitive Urwale mit langem, schmalem Schädel und einer langen Brücke zwischen den beiden Seiten des Unterkiefers freigegeben. Der Freßapparat dieser Wale ist bemerkenswert höher entwickelt als bei den *Protocetidae* und deutet auf eine unerwartete ökologische Vielfalt bei den frühen Meeressäugetieren hin. Oberflächlich betrachtet sind diese neuen Funde aus Indien den *Zahnwalen* sehr ähnlich, und die ersten Exemplare wurden deshalb auch als solche angesehen. Heute jedoch sieht man in diesen Ähnlichkeiten ein Beispiel für Konvergenz in der Evolution.

WEITER ENTWICKELTE URWALE

Von diesen sind die Zeuglodone sind wohl am besten bekannt durch ein 38 bis 45 Millionen Jahre altes Fossil, das zur Familie der *Basilosauridae* gehört. Gegenüber den *Protocetidae* weisen die Zähne der Zeuglodone vielfache Spitzen auf, und die Sinus-Bögen im Schädel sind vergrößert. Diese Ausstattungsmerkmale findet man auch bei den frühen Zahnwalen *(Odontoceti)* und den Bartenwalen *(Mysticeti)*. Möglicherweise haben sich die modernen Wale aus den Zeuglodonen entwickelt. Zeuglodon-ähnliche Knochen aus Gesteinsformationen Neuseelands und der Seymour-Insel (Antarktis) lassen ferner die Vermutung zu, daß fortentwickelte Urwale schon vor 40

▼ So könnte *Protecetus* ausgesehen haben. Dieser 2,5 Meter lange Urwal lebte vor 50 Millionen Jahren im Gebiet des heutigen Mittelmeeres. Möglicherweise besaß *Protecetus* noch äußere Hintergliedmaßen – mit Sicherheit hatten diese aber keine Funktion mehr.

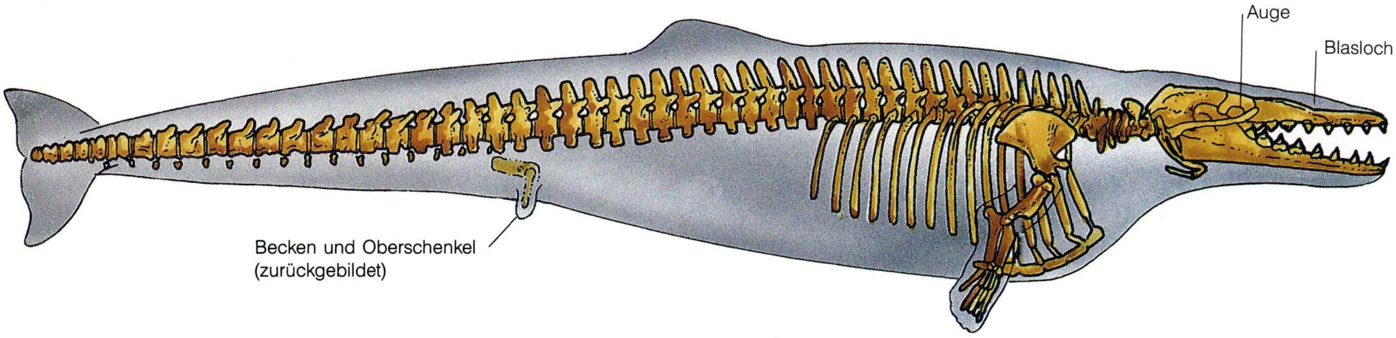

BASILOSAURUS (ZEUGLODON), EIN URZEITLICHER WAL

Man fand 1832 in Louisiana, einem südlichen Bundesland der Vereinigten Staaten, 28 riesige Wirbel. Sie wurden von dem Geologen James Harlan als die Überbleibsel eines Reptils identifiziert. Er benannte das Tier *Basilosaurus*, was aus dem Griechischen *basileus* (ein König) und *sauros* (eine Echse) abgeleitet ist.

1839 fand man weitere Teile eines Schädels und einige unvollständige Zähne, und Sir Richard Owen vom Royal College of Surgeons in London erkannte, daß es sich nicht um ein Reptil handeln konnte, sondern um ein vorzeitliches Meeressäugetier. Er beschrieb detailliert die hochentwickelten Zähne und schlug als Namen Zeuglodon vor (von griechisch *zugotos,* verbunden, und *odous,* Zahn).

In den folgenden Jahren wurden in den Gesteinen aus dem Eozän in Alabama viele gleiche Versteinerungen gefunden. Der amerikanische Fossiljäger Albert Koch sammelte viele Exemplare und setzte die Wirbel verschiedener Individuen zu einem einzigen zusammen. So entstand ein Monster von 35 Meter Länge, das er als »Seeschlange« 1845 in New York ausstellte.

Das Zeuglodon war in der Tat ein recht großes Säugetier. Die größte gesicherte Länge beträgt 21 Meter, und das Gewicht muß mindestens 5000 Kilogramm betragen haben. Das Verhältnis von Kopf zu Körper war niedriger als bei den heutigen Walen; denn der Kopf machte nur 7 Prozent der Gesamtlänge aus. Die äußere Erscheinung war deshalb in der Tat schlangenähnlich. Der Hals war kurz und gedrungen und im Vergleich zum Hals heutiger Wale recht beweglich. Er bestand aus sieben vollkommen voneinander getrennten Halswirbeln. Der Rest der Wirbelsäule war außergewöhnlich lang, da jeder der Wirbel verlängert war.

Natürlich kann man über die äußere Erscheinung dieses beeindruckenden *Basilosaurus* nur mutmaßen. Aber von den Skelettfunden wissen wir, daß die Vordergliedermaßen zu kurzen, breiten Paddeln umgestaltet waren, die — im Gegensatz zu den modernen Walen — am Ellbogen noch beweglich aufgehängt waren. Das Becken war deutlich ausgeprägt und durch ein wohl ausgebildetes, möglicherweise funktionstüchtiges Kugelgelenk mit dem Oberschenkel verbunden. In einigen Fällen waren diese Hintergliedmaßen so groß, daß sie als Ausbeulung unter der Haut sichtbar waren. Manchmal traten sie sogar als kurze Stümpfe aus der Haut heraus. Sie waren aber jedenfalls zu klein, um von Nutzen zu sein.

Den Wirbeln fehlten die langen Dornfortsätze, die bei den heutigen Walen die Wirbelsäule versteifen und der mächtigen Fluke Unterstützung bei ihren kraftvollen Bewegungen verleihen. Die urtümlichen Wale waren wahrscheinlich recht wendig und haben sich möglicherweise im flachen Wasser durch schlangenartige Bewegungen vorwärtsgetrieben. Aber es ist genauso möglich, daß sie schon die horizontale Fluke hatten und Körperbewegungen auf und ab ausführten wie die modernen Wale. Es ist wahrscheinlich, daß diese Urwale eine Rückenflosse hatten. Ihre Körperform war stromlinienförmig, und ihrer Körperbehaarung waren sie schon weitgehend verlustig gegangen.

Wie schon Sir Richard Owen entdeckte, waren die Zähne von *Basilosaurus* unterschiedlich Scharfe Schneide- und Eckzähne dienten dazu, zappelnde Beute wie Fische zu schnappen, und kräftige Backenzähne mit eher feinen Kronen zum Zermalmen kleiner Knochen, nicht aber der Schalen von Krustentieren und dickschaliger Mollusken.

Diese Kombination verschiedener Zähne läßt auf eine Mischnahrung schließen. Die Zeuglodone verbrachten wohl ihre Zeit meist auf der Futtersuche in warmen, flachen Küstengewässern. Sie schwammen, fühlten sich aber wahrscheinlich im Flachwasser innerhalb der Fünf-Meter-Tiefenlinie eher zuhause, von wo sie sich, ähnlich den Robben, zum Gebären an Land schleppen konnten. Die Nasenlöcher liegen oben auf der Schnauze nicht weit von der Spitze entfernt, so daß sie atmen konnten, ohne die Schnauze voll aus dem Wasser zu heben.

Es ist darüber spekuliert worden, ob der Schwerpunkt des *Basilosaurus* so weit vorne lag, daß er Kopf und Schulter aus dem Wasser heben und Umschau halten konnte, wie manche der heutigen Wale das können.

▲ Diese Rekonstruktion eines 15 Meter langen Zeuglodon basiert auf den Messungen an Dutzenden aufgefundener Versteinerungen und gibt deshalb ein recht getreues Bild dieser Vorläufer der heutigen Wale.

▲ Die fünf Meter langen *Dorudontinae*, die vor etwa 40 Millionen Jahren lebten, wiesen schon das stromlinienförmige Äußere der heutigen Wale auf. In dieser Entwicklungsstufe der Wale waren die Nasenlöcher schon etwas nach hinten in Richtung Schädeldach gewandert.

Millionen Jahren die Südpolargewässer erreicht hatten.

Zu den fortgeschritteneren Urwalen gehören die delphinähnlichen *Dorudontinae.* Man kennt mindestens sechs verschiedene Arten aus Funden in Nordamerika, Europa, Afrika und möglicherweise auch Neuseeland. Diese Urwale waren etwa fünf Meter lang, und ihre Wirbelsäule hatte normalere Proportionen als die *Basilosaurus*. Den *Dorudontinae* fehlen sowohl die breiten Oberkiefer der Bartenwale als auch die langen, schmalen Unterkiefer der Zahnwale. Wie viele der heutigen Zahnwale haben sie sich wohl opportunistisch von Fischen, Tintenfischen und Vögeln ernährt.

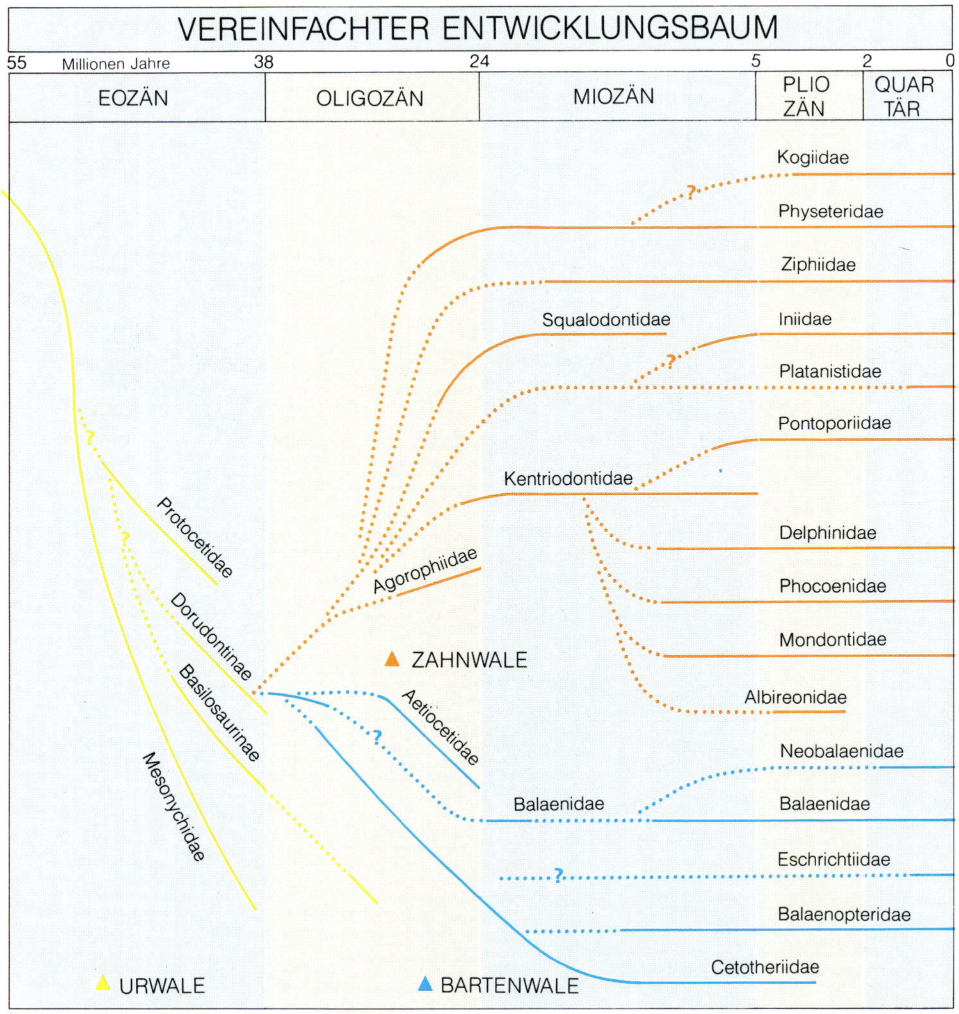

AUSLÖSCHUNG UND LETZTE URWALE

Der Zeitraum, in dem *Dorudontinae* und *Basilosaurus* weitgehend aus den Fundgesteinen auf der nördlichen Halbkugel verschwanden, liegt etwa 38 Millionen Jahre zurück. Man hat vermutet, daß damals die Urwale ausgestorben sind wie so viele andere Tiergruppen — das Ergebnis einer globalen Massenauslöschung von Leben. Aber Sicherheit hierüber besteht nicht. Bedeutet das Fehlen von Versteinerungen in den jüngeren Sedimentgesteinen wirklich das Aussterben der Urwale, oder haben die Paläontologen einfach noch nicht in den richtigen Gesteinen nachgeforscht? Wale haben sich hauptsächlich in den Weiten des Ozeans entwickelt, aus dem wir wenige Versteinerungen haben. Die meisten Versteinerungen stammen aus den Sedimenten ehemaliger flacher Randmeere um die Kontinente herum, die sich später auf Landniveau gehoben haben. Wir haben also möglicherweise nur ein sehr einseitiges Bild von der Entwicklungsgeschichte der Wale — aber das ist alles, was wir haben!

Welches sind die letzten Urwale? *Kakenodon*, ein etwa 30 Millionen Jahre altes Fossil aus Neuseeland, ist der jüngste identifizierte Urwal. Die Urwale gingen wohl im selben Maß zurück, wie sich in jener Zeit die modernen Zahn- und Bartenwale rapide entwickelten. Vielleicht sind die Zahnwale, die möglicherweise dieselbe Futterpalette besaßen, als Nahrungskonkurrenten einfach erfolgreicher gewesen? Sie konnten bei Jagd und Navigation ihr Echo-Ortungssystem nutzen und haben sich wohl von der Geburt an ausschließlich im Wasser aufgehalten, während die Urwale wie die Robben zum Gebären ans Land zurückgingen. Ob die Zahnwale das Aussterben der Urwale durch ökologische Verdrängung verursacht haben oder lediglich an die Stelle der ohnehin aussterbenden Tiergruppe getreten sind, bleibt weiterhin ungewiß.

DER AUFSTIEG DER ZAHN- UND FURCHENWALE

Zahnwale benutzen die Echolokation bei der Jagd auf ihre Einzelbeute, während die Furchenwale ihre Nahrung aus großen Beuteschwärmen herausfiltern. Diese Ernährungsstrategien haben sich offensichtlich entwickelt, nachdem sich die zwei Unterarten aus den Urwalen entwickelt hatten; denn die Urwale besaßen weder Echolokation noch Filterapparat.

Die Entwicklung hat wahrscheinlich schon vor 30 bis 40 Millionen Jahren begonnen. Aber bedauerlicherweise gibt es aus jener Zeit nur wenige Versteinerungen. Vielleicht haben Veränderungen des Meeresniveaus und der Strömungen bewirkt, daß ungünstigere Bedingungen für die Entstehung von Versteinerungen bestanden. Es ist sogar möglich, daß derartige Veränderungen die Lebensbedingungen überhaupt erst geschaffen haben, die das Entstehen neuer Arten begünstigten.

Die Entwicklungsgeschichte der Meeressäugetiere spiegelt wohl die wesentlichen geologischen Veränderungen auf der Südhalbkugel wider. Der riesige südliche Superkontinent Gondwanaland brach in dieser Zeit endgültig auseinander, wobei Australien und Südamerika sich von der Antarktis hinweg nach Norden bewegten. Bis dahin war das Klima der Antarktis — trotz der polaren Lage des Kontinents — ziemlich gemäßigt gewesen. Das Polarklima trat ein, als Australien und Südamerika hinwegdrifteten und das polumspannende Südpolarmeer entstand. Gewisse ozeanische Bedingungen, vor allem die Temperatur und die Strömungen, bestimmen heute die Verfügbarkeit der Nahrungsressourcen im Südpolarmeer, und so war dies wohl schon in der Vergangenheit. Vielleicht hat die Entwicklung dieser neuen ozeanischen und klimatischen Verhältnisse die Entwicklung der zwei Unterordnungen moderner Wale überhaupt erst ausgelöst.

PRIMITIVE BARTENWALE

Die modernen Bartenwale, riesige, zahnlose, aber dafür mit Barten ausgestattete Tiere, unterscheiden sich stark von ihren frühen Vorläufern. Zumindest einer der frühen Bartenwale hat wohl solche Barten gehabt, aber mehrere andere primitive Arten waren noch mit Zähnen ausgestattet, wie Versteinerungen beweisen.

Mammalodon, ein Fossil aus Victoria in Australien, verkörpert ein Entwicklungsstadium, das die frühesten Bartenwale durchlaufen haben müssen. Dieses kleine Tier ist nur 24 Millionen Jahre alt und stellt einen späten Nachläufer der primitiven Bartenwale dar. Sein Schädel ist mit einem kurzen, breiten und flachen, mit Zähnen versehenen Oberkiefer ausgestattet. Dieser ist nur lose mit dem langen Schädelkasten verbunden, und die Knochen des Oberkiefers konnten sich zueinander verschieben — dies ist auch ein Merkmal der modernen, filternden Bartenwale. Der Unterkiefer von *Mammalodon* ähnelt stark dem der Urwale und ist mit auffallenden Zähnen besetzt. Die Kieferbogen dagegen sind, wiederum wie bei den modernen Bartenwalen, nicht knochig miteinander verbunden — auch dies ist wohl eine Anpassung an das Filtrieren. Die hohen Zähne mit den vorspringenden Spitzen verzahnten sich wahrscheinlich ineinander, wenn das Maul geschlossen war, und bildeten einen Filterapparat.

Die Arten aus der Familie *Cetotheriidae* waren kleine bis mittelgroße, primitive Bartenwale, die im Zeitraum von 30 bis 3 Millionen Jahren vorkamen. Sie unterschieden sich stark in ihren Merkmalen und umfaßten viele verschiedene Arten. Die frühesten von ihnen waren kaum weiter entwickelt als *Mammalodon*, während die jüngeren den heutigen Furchenwalen (Familie *Balaenopteridae*) sehr ähnlich waren.

Die *Cetotheriidae* waren möglicherweise wie die Furchenwale gierige Beuteschlinger, aber sie scheinen nicht die Größe heutiger Furchenwale erreicht zu haben. Vielleicht war ihr Freßapparat nicht so effizient wie der der Furchenwale.

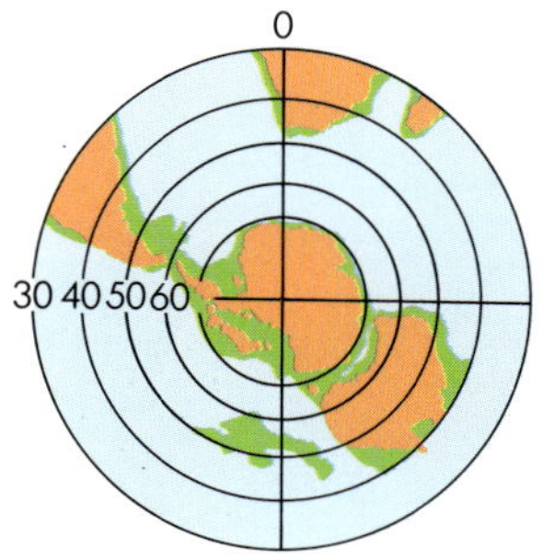

▲ Vor 50 Millionen Jahren waren Australien und Südamerika noch miteinander verbunden und bildeten eine riesige, südliche Landmasse, Gondwanaland genannt.

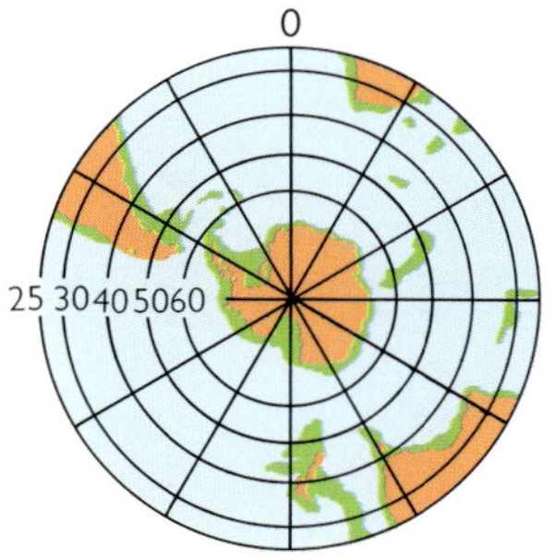

▲ Das Auseinanderbrechen Gondwanalands und das Auseinanderdriften der einzelnen Schollen in Richtung ihrer heutigen Positionen führte zum Entstehen des polumspannenden Südpolarmeers. Die Meeressäugetiere konnten sich dabei in neue Lebensräume ausbreiten und auch ihre Ernährungsgewohnheiten verändern.

▲ *Mammalodon*, das man aus Funden in Südaustralien kennt, lebte vor etwa 24 Millionen Jahren. Das Tier hatte möglicherweise zwischen seinen riesigen, vielzackigen Zähnen schon die Vorstufen eines Filtrierapparats. Der Körper war stromlinienförmig mit gut entwickelten Brustflossen (Flippern). Die Hintergliedmaßen waren äußerlich nicht mehr sichtbar.

HEUTIGE BARTENWALE

Die heute lebenden Furchenwale reichen in der Größe vom vergleichsweise kleinen Zwergwal *(Balaenoptera acutorostrata)* bis zum riesigen Finnwal *(Balaenoptera physalus)* und Blauwal *(Balaenoptera musculus)*. Die Vorläufer dieser Arten bildeten sich vor etwa 15 Millionen Jahren heraus. Alle lebenden Furchenwale haben auffallende Falten an Kehle und Bauchseite. Dadurch kann das Maul beim Filtrieren sehr weit aufgesperrt werden. Ein weiteres gemeinsames Merkmal ist das vertiefte Stirnbein über den Augen. Dieses vertiefte Stirnbein findet man auch bei den fossilen Furchenwalen, was den Schluß zuläßt, daß auch sie Filtrierer waren. Vor etwa fünf Millionen Jahren hatten die Furchenwale das Großformat vergleichbar dem der heutigen Furchenwale erreicht. Und zu diesem Zeitpunkt hatten sich auch die Buckelwale *(Megaptera novaeangliae)* entwickelt, wobei nicht klar ist, warum sich diese von den anderen Furchenwalen so abweichend ausformten.

Der moderne Grauwal *(Eschrichtius robustus)* ist von manchen Wissenschaftlern mit den *Cetotheriidae* in Verbindung gebracht worden, aber er bleibt besser abgesondert in einer eigenen Familie *Eschrichtiidae.* Die wenigen fossilen Belegstücke kommen aus den Grenzbereichen des Nordpazifik und des Nordatlantik. Möglicherweise stammen sie vom heute noch vorhandenen Grauwal. Die Fossilien sind im übrigen wenig älter als 100 000 Jahre. Grauwale scheinen mit keiner anderen Art der lebenden Bartenwale näher verwandt. Vielleicht liefern weitere Versteinerungen einmal nähere Aufschlüsse über ihre Ursprünge.

Auch die Ursprünge der Glattwale (Familie *Balaenidae*) sind ungewiß. Der kleine *Morenocetus*, der früheste der Glattwale, zeigt an, daß sie sich vor etwa 22 Millionen Jahren herausbildeten, aber es gibt kein Verbindungsglied zu noch älteren Bartenwalen. Fossilien der Glattwale wie auch der Furchenwale findet man recht häufig in Gesteinsformationen, die bis zu zehn Millionen Jahre alt sind (einzelne Ohrenknöchelchen, die verwitterungsbeständig sind, findet man an manchen Stellen in Hülle und Fülle). Zwischen *Morenocetus* und den erwähnten Fossilien klafft eine

▶ Vor etwa 30 Millionen Jahren begann die auseinderlaufende Entwicklung zu bezahnten Jägern und zahnlosen Filtrierern. Viele spezielle Anpassungen der Furchenwale (im Bild: Zwergwal) waren vor 15 Millionen Jahren bereits vorhanden.

Robert Pitman/Earthviews

▼ Der Filtrierapparat ermöglicht die optimale Ausschöpfung der kleinen Organismen des Planktons. So erklärt sich der evolutionäre Erfolg der Bartenwale, die mit dem Blauwal (Bild) das größte Tier überhaupt hervorgebracht haben.

Francois Gohier/Ardea London Ltd

Informationslücke von zehn bis zwölf Millionen Jahren.

Für den wenig bekannten, im Südpolarmeer lebenden Zwergglattwal *(Caperea marginata)* gibt es keine fossilen Belege. Wahrscheinlich stammt er von Vorläufern ab, die mit den Glattwalen verbunden waren. Er ist aber so verschieden, daß es erforderlich ist, ihn in eine eigene Familie, die *Neobalaenidae*, einzustufen.

PRIMITIVE ZAHNWALE

Bei den Zahnwalen, sowohl den fossilen als auch den heute lebenden, gibt es mehr Verschiedenheiten als bei den Bartenwalen. Die große Variationsbreite der Schädelformen läßt auf verschiedene Ernährungsmethoden schließen. Möglicherweise lassen sich daraus auch verschiedene Methoden der Echolokation ableiten. In fossilen Schädeln findet man alle möglichen Formen von Zähnen: gezähnte, glatte, feine, grobe, in der Größe rückgebildete oder gar fehlende. Der Oberkiefer kann lang und stumpf, kurz und breit oder auch umgekehrt sein. Solche Formenvielfalt zeugt von großer Entwicklungsbreite der Arten schon vor 25 Millionen Jahren und kündigt das Erscheinen jüngerer und besser bekannter Arten von Zahnwalen an. Einige Gruppen, die vor 25 Millionen Jahren auftraten, sollten später wichtige Faktoren der Tierwelt werden *(Squalodontidae* und *Kentriodontidae).*

Scharfe, dreieckige Zähne mit eingekerbten Kanten und zerfurchter Oberfläche kennzeichneten die Haizahn-Delphine (Familie *Squalodontidae*). *Squalodonten*, diese kleinen bis mittelgroßen Delphine, sind aus vielen Teilen der Welt in Fundgesteinen von 6 bis 25 Millionen Jahren Alter bekannt. Das robuste Gebiß läßt auf eine aktive, fleischfressende Lebensweise schließen, und in der Tat dürften einige von ihnen im Aussehen dem Schwertwal *(Orcinus orca)* ähnlich gewesen sein. Die *Squalodonten* verschwanden, wir wissen nicht, weshalb, vor etwa 6 Millionen Jahren.

Kentriodontidae traten vor 25 Millionen Jahren auf und sind an manchen Fundstellen bis vor 5 Millionen Jahren sehr häufig zu finden. Sie ähnelten wohl den kleinen, heute lebenden Delphinen, allerdings waren ihre Schädel primitiver ausgebildet.

HEUTIGE ZAHNWALE

Die Schnabelwale (Familie *Ziphiidae*) ähneln in der Schädelform den *Squalodonten*. Indes haben die Schnabelwale weit weniger Zähne, und ihre tatsächliche Verwandtschaft zu den *Squalodonten* ist noch unklar. Möglicherweise gab es Schnabelwale schon vor 22 Millionen Jahren. Sie bilden häufig vorkommende Fossilien überall auf der Welt in 5 bis 10 Millionen Jahren alten marinen Sedimenten. Zu diesen Funden aus jüngerer erdgeschichtlicher Zeit gehören Einzelstücke, die zur Art *Mesoplodon* gehören. Sie sind, wie ihre neuzeitlichen Verwandten, nahezu zahnlos. Vorzeitliche Schnabelwale hatten viele, auf bestimmte Funktionen spezialisierte Zähne in Ober- und Unterkiefer. Der Verlust der Zähne im Laufe der Evolution mag auf die Spezialisierung auf Tintenfisch-Nahrung zurückzuführen sein, die die Schnabelwale wahrscheinlich schon frühzeitig in ihrer Entwicklungsgeschichte vollzogen haben.

Wie die Schnabelwale erscheinen auch die Pottwale (Familie *Physeteridae*) erstmals vor etwa 22 Millionen Jahren. Schon damals hatten sie den eingedellten, hochrückigen, asymmetrischen Schädel wie der heutige Pottwal *(Physeter catodon)*. Aber diese frühen Formen waren ziemlich klein und hatten einen schwächeren Oberkiefer, allerdings mit gut entwickelten Zähnen. Bei den Pottwalen wie bei den Schnabelwalen mag der nach und nach eingetretene Verlust der Zähne mit ihrer besonderen Ernährungsweise zusammenhängen: der Spezialisierung auf Tintenfische.

Von den Zwergpottwalen *(Kogia breviceps)* gibt es wenige fossile Belege. Sie sind aber wahrscheinlich mit den großen Pottwalen verwandt und weichen von

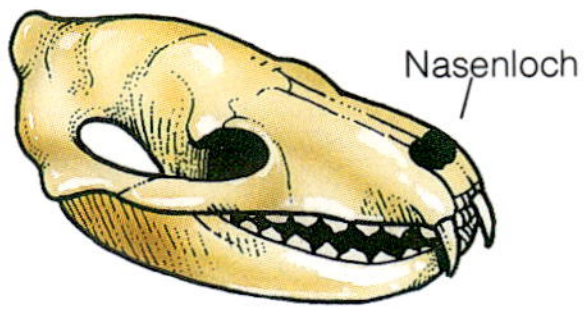

▲ *Mesonyx*, eine 50 Millionen Jahre alte Versteinerung, wies noch den robusten und relativ unspezialisierten Schädel eines Landraubtieres auf.

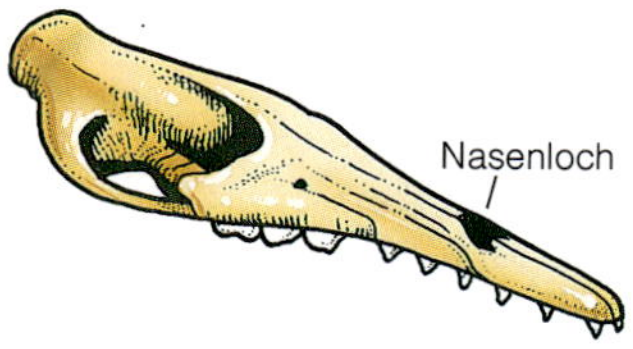

▲ Im Zeitraum von fünf Millionen Jahren entwickelten die *Protocetidae* zahlreiche Anpassungen an die marine Lebensweise, insbesondere die Verlängerung des »Schnabels« *(rostrum)*.

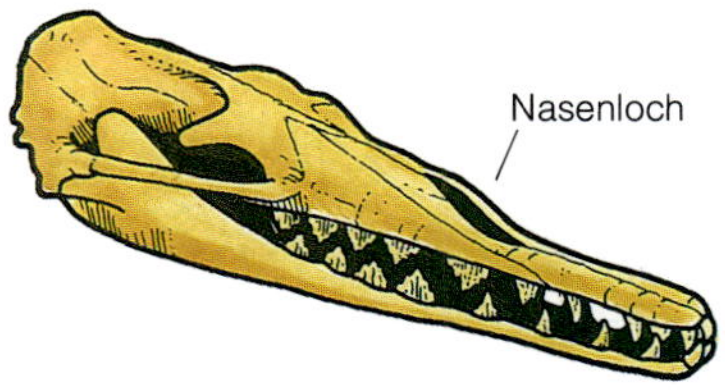

▲ Die *Dorudontinae*, die vor 40 Millionen Jahren lebten, waren an das Leben im Wasser gut angepaßt. Ein ausgeprägter »Schnabel« und die nach hinten gewanderten Nasenlöcher sind typische Merkmale.

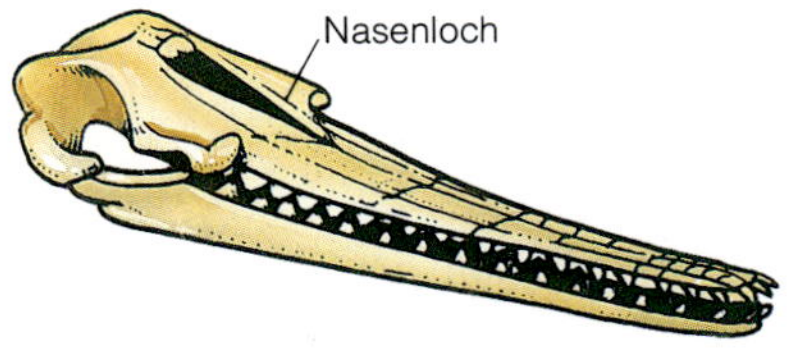

▲ Die *Squalodontidae* besaßen Zähne wie die Haie, wiesen im übrigen aber schon viele Merkmale der heutigen Delphine auf. Man beachte das Blasloch nahe an der Schädelspitze. Vorkommen: vor 25 Millionen Jahren.

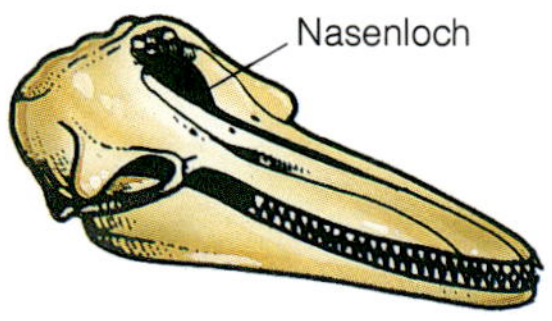

▲ Vor 15 Millionen Jahren erschienen die modernen Delphine. Die Schädelentwicklung war da schon weitgehend abgeschlossen. Die Zähne waren stark vereinfacht, in der Zahl aber erheblich vermehrt.

D. V. Weston

◀ Diese versteinerten Zähne, in Neuseeland und der Antarktis gefunden, verdeutlichen die Spannweite in Größe, Formen und Einzelheiten der Gestaltung bei den primitiven Meeressäugetieren.

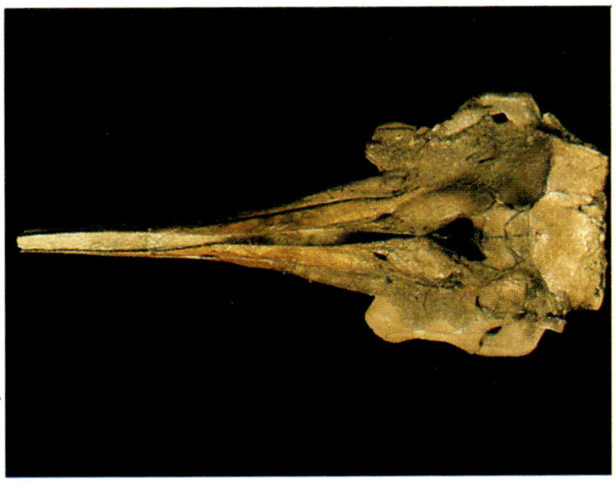

R. E. Fordyce

▶ Die Schädel der primitiven Delphine sehen denen der heutigen schon bemerkenswert ähnlich. Allderdings geht ihnen noch die auffallende Asymmetrie („Linkshändigkeit") ab, die für die Schädel der modernen Delphine typisch ist.

▼ Pottwal und Schnabelwale haben sich in ähnlicher Weise auf die bevorzugte Ernährungsweise spezialisiert: Beim Pottwal sind die funktionalen Zähne im Oberkiefer verschwunden, und die Schnabelwale haben die Zahl der Zähne erheblich reduziert. Die meisten Arten haben nur noch zwei Zähne im Unterkiefer.

diesen hauptsächlich in der Größe und speziell im Bau der Schädelbasis und der Ohrenknöchelchen ab.

Sowohl die Delphine (Familie *Delphinidae*) als auch die Schweinswale (Familie *Phocoenidae*) scheinen mit den Gründelwalen (Familie *Monodontidae*) und ausgestorbenen Gruppen verwandt zu sein, zu denen auch die vorzeitlichen Delphine, die *Kentriodontidae*, gehörten. Die Delphine haben sich vor 12 Millionen Jahren aus den *Kentriodontidae* entwickelt und sind zur artenreichsten Gruppe unter den Zahnwalen geworden. Von den *Kentriodontidae* unterscheiden sie sich darin, daß der Schädel asymmetrisch ist und die Nasengänge in der Schädelbasis komplexer sind. Auch hier muß man feststellen, daß die fossilen Fundstücke nur beschränkte Erkenntnisse über die Ursprünge der modernen Delphine mit ihrer großen Variabilität an Aussehen, Größe und Körperbau geben.

Die Schweinswale sind kleine Zahnwale, die sich entwicklungsmäßig von den verwandten Delphinen vor 10 bis 11 Millionen Jahren abgekoppelt haben. Sehr frühe Schädelfossilien von der Pazifik-Seite beider Amerikas weisen schon die typischen Merkmale moderner Schweinswale auf. Aus den Fundstellen der Fossilien läßt sich ableiten, daß die Schweinswale sich im nördlichen Pazifik herausbildeten. Wenn dieser Schluß zutrifft, müssen sie sich später in den Atlantik und in die Südmeere ausgebreitet haben.

Die modernen Weißwale *(Delphinapterus leucas)* und Narwale *(Monodon monoceros)* bewohnen die Nordpolar-Gewässer, aber die frühen Gründelwale (Familie *Monodontidae*) lebten in den wärmeren Gewässern Kaliforniens. Sie haben sich wahrscheinlich vor 10 bis 12 Millionen Jahren aus den *Kentriodontidae* entwickelt.

James D. Watt/Earthviews

Fred Bruemmer

Die modernen Flußdelphine werden häufig in einer einzigen Gruppe klassifiziert. Sie bilden aber mindestens zwei, wenn nicht sogar vier getrennte Familien. Einige von ihnen leiten sich wohl von den *Squalodontidae* ab, andere von den echten Delphinen. Ähnlichkeiten unter ihnen sind wahrscheinlich eher ein Beispiel für konvergente (gleichlaufende) Evolution — Anpassungen an das Lebenselement, die Tiere unterschiedlichen Ursprungs einander ähnlich aussehen lassen. Die fossilen Flußdelphine sehen äußerlich den modernen sehr ähnlich. Sie weisen einen langen Oberkiefer, der mit vielen kleinen, konischen Zähnen besetzt ist, und einen schmächtigen Körper auf. In den Details des Schädelbaus und der Ohrenknöchelchen zeigen sich die unterschiedlichen Ursprünge. Der moderne Ganges-Delphin aus Indien *(Platanista gangetica)* hat mit hoher Wahrscheinlichkeit Vorläufer, die vor 13 bis 15 Millionen Jahren in Maryland und Virginia lebten. Der südamerikanische La Plata-Delphin *(Pontoporia blainvillei)* hat fossile Verwandte sowohl in Nord- als auch in Südamerika. Er ist vielleicht auch verwandt mit dem heute lebenden Chinesischen Flußdelphin *(Lipotes vexillifer)*. Dieser wiederum stammt möglicherweise von *Prolipotes* ab, einem Fossil, das man in China gefunden hat. Der moderne südamerikanische Amazonas-Delphin *(Inia geoffrensis)* schließlich ist, manchmal allerdings mit zweifelhaften Begründungen, mit einer Vielzahl kleiner, fossiler Zahnwale aus der Familie der Amazonas-Delphine *(Iniidae)* in Verbindung gebracht worden, die vor 5 bis 12 Millionen Jahren lebten.

Zusammenfassend läßt sich sagen, daß das Bild von der Entwicklung der Meeressäugetiere durch das Studium der fossilen Exemplare und der lebenden Tiere viel komplexer geworden ist, als es früher den Anschein hatte. Die allgemeinen Erkenntnisse über die Entwicklung, die wir heute besitzen, werden in den Grundzügen wohl Bestand behalten, aber viele Details müssen noch ausgefüllt werden. Mehr Erkenntnisse aus Fossilien werden uns neues Wissen über Entwicklungsmuster und -schritte geben, desgleichen über die geographische Verbreitung und die wechselnden ökologischen Strategien. Die fossilen Funde legen Zeugnis davon ab, daß Evolution immer auch mit dem Aussterben von Arten verbunden ist.

▲ Die Arten mit sehr vom „Normalen" abweichenden Zahnformen (beispielsweise Narwal und Weißwal) haben sich wahrscheinlich aus den *Kentriodontidae* herausgebildet.

▼ Ein kürzlich in antarktischen Gesteinen gefundener Delphin-Schädel (Mitte) ähnelt stark dem eines Schnabelwals (links), ist aber näher verwandt mit dem modernen Delphin (rechts). Dies ist ein weiteres Beispiel für konvergente Entwicklung.

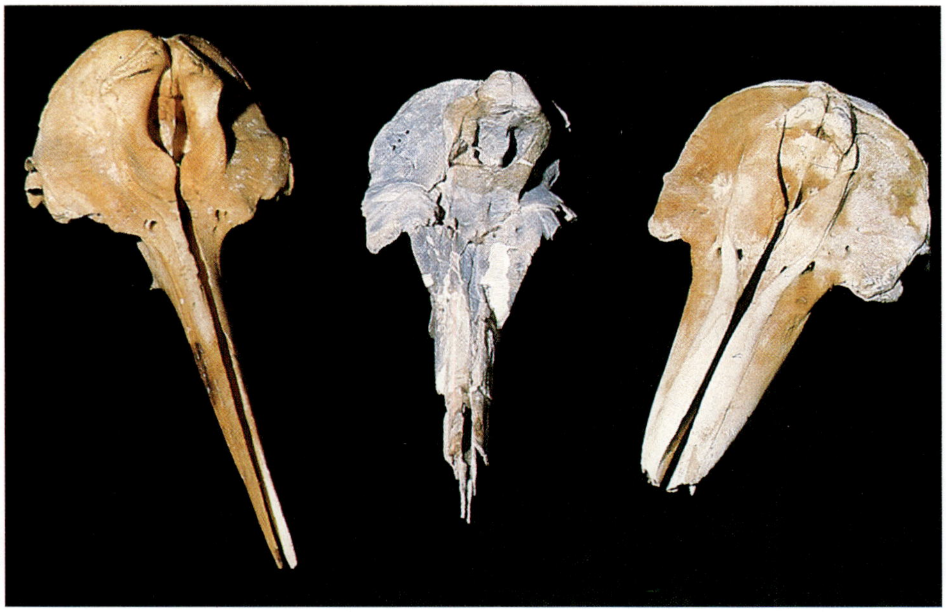

D. V. Weston

DIE WAL-ARTEN

LAWRENCE G. BARNES und CARSON CREAGH

Zwei Hauptgruppen (Unterordnungen) unterscheidet man bei den heute lebenden Meeressäugetieren. In jeder Untergruppe gibt es eine oder mehrere kleinere Gruppen, die Familien. Insgesamt gibt es acht Familien mit 76 (oder mehr) verschiedenen Arten von Walen und Delphinen. Die folgende Aufstellung orientiert sich an entwicklungsgeschichtlichen (phylogenetischen) Gesichtspunkten.

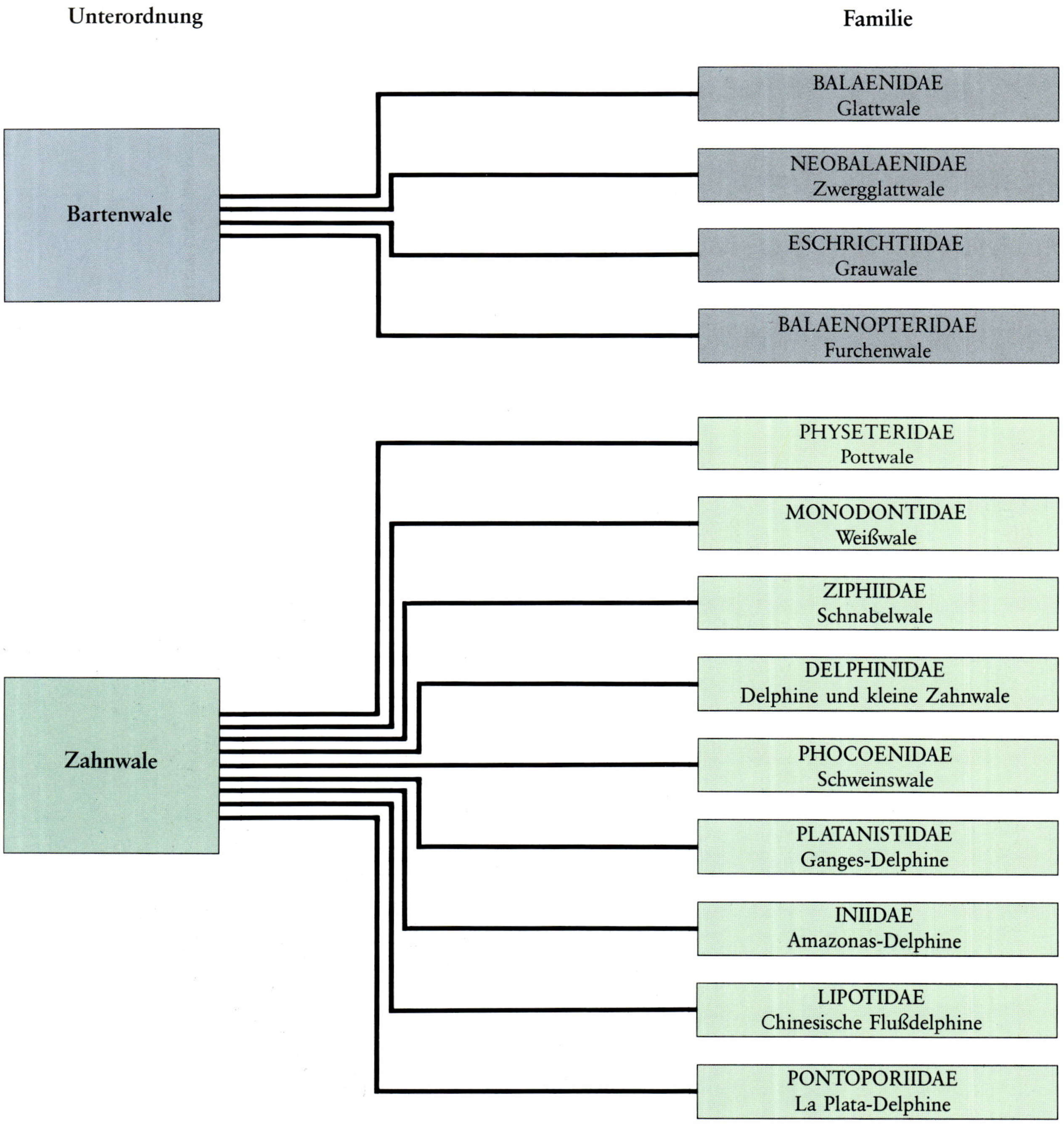

FAMILIE BALAENIDAE GLATTWALE

Drei Arten

Grönlandwal
Balaena mysticetus

ÄUSSERES: Der Grönlandwal (»bowhead« oder »Greenland right whale«) ist der stämmigste der Glattwale. Er hat einen tonnenförmigen Körper mit einem sehr großen Kopf (etwa ein Drittel des gesamten Körpers). Das Maul verläuft bogenförmig, die paddelartigen Brustflossen sind klein. Grönlandwale haben keine Rückenfinne. Ihre Fluke läuft spitz aus. Jungtiere sind blauschwarz, ältere Tiere blaugrau, mit einem weißen Kinnfleck, der durch sich ablösende Hautfetzen marmoriert erscheint. Die Barten bestehen aus 230 bis 360 Platten. Sie sind im Oberkiefer aufgereiht und werden bis zu 4,6 Meter lang. Typisch für diese Art ist der weiße Kinnfleck, der schon von weitem zu erkennen ist, wenn der Wal rücklings auf der Meeresoberfläche treibt.
GRÖSSE: Bei der Geburt 3,5 bis 5,5 Meter, im fortpflanzungsfähigen Alter um 18 Meter.
LEBENSRAUM: Das Verbreitungsgebiet beschränkt sich auf die arktischen Gewässer rund um den Nordpol. Sie leben im Gebiet des Packeises zwischen Spitzbergen und Ostgrönland, in der Davis-Straße und der Hudson-Bay, dem Beringmeer und dem Ochotskischen Meer, in der Beaufort-See genauso wie in den nordsibirischen Gewässern.
FORTPFLANZUNG: Im späten Sommer ist Paarungszeit. Die Walkälber werden nach einer zehnmonatigen Tragzeit im Frühjahr geboren und ein halbes Jahr lang gesäugt. Eine Walkuh wirft alle zwei Jahre.
NAHRUNG: Verschiedene kleine Krebse.

Südlicher Glattwal
Eubalaena australis

ÄUSSERES: Früher wurde der Südliche Glattwal (»southern right whale« oder »black right whale«) als eine Unterart des Nordkapers angesehen, da er seinem nördlichen Verwandten zum Verwechseln ähnlich sieht. Der Körper ist massig. Typisch sind starke Hautverdickungen auf beiden Kiefern und über den Augen. In diesen auffälligen Hautschwielen setzen sich Seepocken und Walfischläuse, parasitäre Krebse, fest. Die Hautverdickung auf dem Oberkiefer wird häufig als »Mütze« des Glattwals bezeichnet. Die Brustflossen sind paddelartig. Die Tiere haben keine Rückenfinne. Ihre Fluke ist weit ausgezogen. Junge Wale sind farblosbleich. Je älter sie werden, desto dunkler wird ihre Färbung. Fortpflanzungsfähige Glattwale sind fast schwarz. Stellen, an denen sich die Haut löst, bilden weiße Flecken. 206 bis 268 Barten, bis 2,2 Meter lang, auf jeder Seite des Oberkiefers.
GRÖSSE: Bei der Geburt sind die Wale 5 bis 6 Meter lang, im fortpflanzungsfähigen Alter 15 Meter, Individuen bis maximal 17,7 Meter.
LEBENSRAUM: Rund um den Südpol in den kalten antarktischen Gewässern bis zu den Küsten Südamerikas, Australiens, Neuseelands und Südafrikas. Der englische Name »Right Whale« geht auf die Walfänger zurück, die seine kostbaren Barten und die hohe Ölausbeute schätzten: Der Glattwal war der »richtige« Wal zum Jagen. Seine Bestände wurden in den letzten 300 Jahren stark dezimiert, heute ist der Südliche Glattwal selten.
FORTPFLANZUNG: Nach einer zwölfmonatigen oder noch längeren Tragzeit werden die Kälber geboren, die bis zu einer Größe von etwa 8,5 Meter gesäugt werden. Geschlechtsreife Tiere sind 15 Meter (Männchen) oder 16 Meter (Weibchen) groß. Wahrscheinlich wirft ein Weibchen alle drei Jahre.
NAHRUNG: Der Südliche Glattwal lebt vom Krill und anderen Krebsen.

FAMILIE NEOBALAENIDAE
ZWERGGLATTWALE

Eine Art

Zwergglattwal
Caperea marginata

ÄUSSERES: Der Zwergglattwal ist nicht näher mit den Glattwalen verwandt, er wird nur wegen seiner ähnlichen Maulform als »Glattwal« bezeichnet. Das auffallend stark geschwungene Maul der Glatt- und Zwergglattwale gilt als Beispiel einer konvergenten Entwicklung. Die Körperform ähnelt der des Bryde- und des Zwergwals. Der Zwergglattwal hat eine kleine, sichelförmige Rückenflosse. Die Brustflossen sind klein und abgerundet, die Fluke ist breit. Zwei tiefe, deutlich sichtbare Kehlfurchen. Die Rückenseite ist dunkelgrau gefärbt, im Alter noch dunkler. Die Bauchseite ist hellgrau. 230 gelblich-weiße Bartenplatten, etwa 70 Zentimeter lang, stehen auf jeder Seite des Oberkiefers.
GRÖSSE: Bei der Geburt etwa 1,5 Meter, bei der Geschlechtsreife bis zu 6,1 Meter und 4,5 Tonnen; die Weibchen etwas größer als die Männchen.
LEBENSRAUM: Beschränkt auf die Südhalbkugel der Erde. Von den Küsten der Antarktis bis nach Argentinien, Australien, Neuseeland und Südafrika.
FORTPFLANZUNG: Hierüber ist nichts bekannt. Wahrscheinlich leben die Tiere als Einzelgänger, wenn gelegentlich auch kleine Gruppen bis zu acht Walen gesehen wurden.
NAHRUNG: Im Magen zweier gestrandeter Zwergglattwale fand man kleine Krebstiere (Copepoden), mehr ist darüber nicht bekannt.

FAMILIE ESCHRICHTIIDAE
GRAUWALE

Eine Art

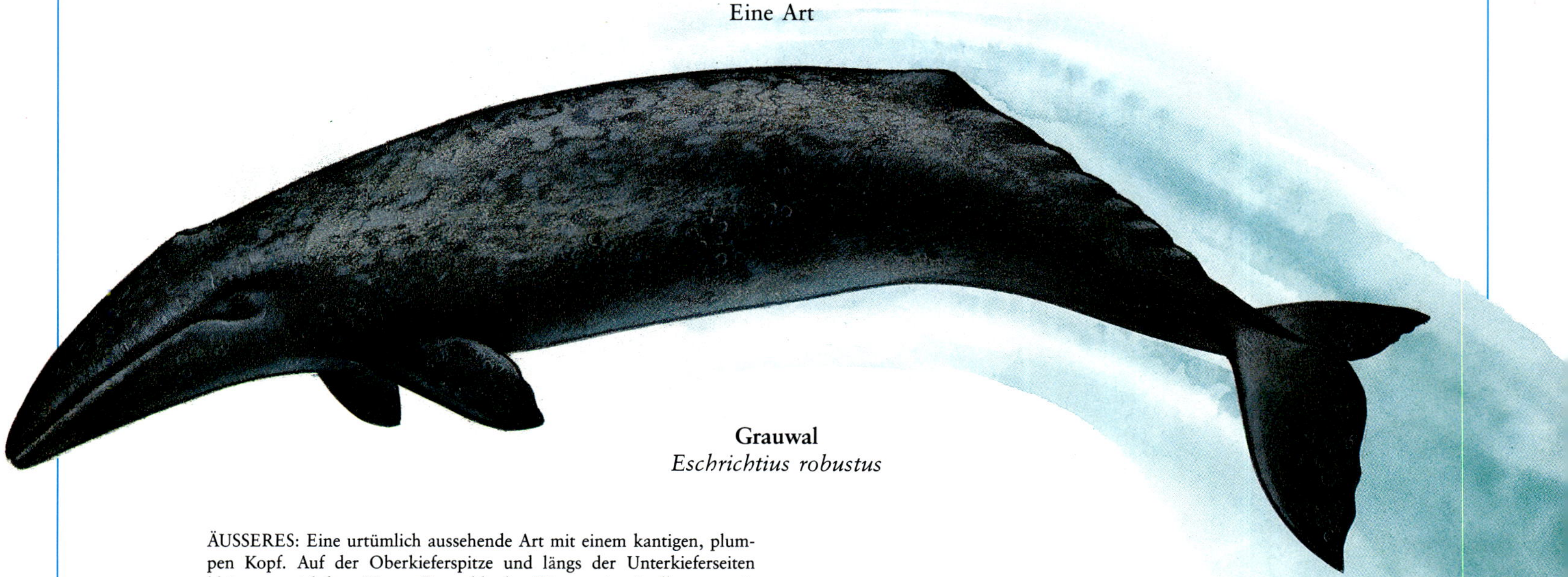

Grauwal
Eschrichtius robustus

ÄUSSERES: Eine urtümlich aussehende Art mit einem kantigen, plumpen Kopf. Auf der Oberkieferspitze und längs der Unterkieferseiten kleine, gut sichtbare Haare. Fast schlanker Körper mit mittellangen, mäßig breiten Brustflossen und einer breiten Fluke. Keine Rückenfinne, dafür neun bis dreizehn kleine »Beulen« am Rückgrat. Grau gesprenkelt über den ganzen Körper (»grey whale«), am Kopf und auf dem Rücken viele gelblich-weiße Flecken durch Walfischlaus — und Seepockenkolonien. Auf jeder Seite des Oberkiefers sind 140 bis 180 sehr dicke, höchstens 40 Zentimeter lange Barten, gelblich-weiß gefärbt.
GRÖSSE: Die Kälber sind bei der Geburt 5 Meter lang und wiegen etwa 500 Kilogramm. Ausgewachsen sind Glattwale 13,7 bis 15,2 Meter lang bei einem Körpergewicht von 33 Tonnen. Weibchen sind wahrscheinlich etwas größer als die Männchen und haben einen größeren Kopf.
LEBENSRAUM: Früher lebten Grauwale auch im Nordatlantik. Heute dagegen ist ihr Vorkommen auf den Nord-Pazifik beschränkt. Grauwale werden bei ihren küstennahen Wanderungen zwischen Alaska und Baja California (Mexiko) beobachtet. Der Grauwal beeinflußt durch sein Freßverhalten die Bodenstruktur, wenn er im schlammigen Grund nach Nahrung sucht.
FORTPFLANZUNG: Die Paarung der Grauwale erfolgt während der Wintermonate, wenn die Grauwale nach Süden wandern. Die Kälber werden nach einer dreizehnmonatigen Tragzeit in seichten Lagunen und geschützten Küstenabschnitten geboren. Neun Monate werden die Jungen von der Grauwalkuh gesäugt. Ein Weibchen wirft alle zwei Jahre. Im Alter von fünf bis sieben Jahren werden die Wale geschlechtsreif, dann sind die Männchen 11 und die Weibchen 11,5 Meter groß.
NAHRUNG: Vor allem bodenlebende Krebstiere.

FAMILIE BALAENOPTERIDAE FURCHENWALE

Sechs Arten

Finnwal
Balaenoptera physalus

ÄUSSERES: Der Finnwal (»fin whale« oder »finback«) hat einen schlanken, langgestreckten Körper mit einer auffälligen, asymmetrischen Färbung. Sein Rücken ist dunkelgrau bis braun gefärbt, sein Bauch weiß. Die dunkle Rückenfärbung ist an der linken Körperseite kräftiger und weiter bauchwärts reichend als an der rechten Seite. Die rechte Seite des Mauls und die rechten Barten sind weiß, die linken dagegen dunkel. Viele Tiere haben eine weiß-graue Zeichnung direkt hinter dem Kopf. Die verhältnismäßig kleinen Brustflossen sind schmal und spitz. 262 bis 473 Bartenplatten auf jeder Seite des Oberkiefers, jeweils 70 Zentimeter lang. 56 bis 100 Kehlfurchen.
GRÖSSE: Bei der Geburt 6,5 Meter, ausgewachsen durchschnittlich 20 Meter. Die Weibchen sind etwas größer als die Männchen. Der größte bisher gefundene Finnwal maß 27 Meter.
LEBENSRAUM: Die scheuen Finnwale sind Kosmopoliten, sie durchstreifen einzeln oder in Gruppen bis zu zehn Tieren die Ozeane. Flaches Wasser und direkte Küstennähe meiden sie.
FORTPFLANZUNG: Die Weibchen werfen alle zwei bis drei Jahre nach einer elfmonatigen Schwangerschaft, sie säugen ihre Kälber sechs bis sieben Monate. Die Geschlechtsreife erreichen sie mit zehn bis dreizehn Jahren, wenn die Männchen 18,5 Meter und die Weibchen 19,8 Meter groß sind.
NAHRUNG: Kleine Krebse und Schwarmfische wie Makrelen und Heringe, auch Tintenfische.

Bryde-Wal
Balaenoptera edeni

ÄUSSERES: Der tropische, relativ nahrungsarme Lebensraum der Bryde-Wale (»Bryde's whale«) dürfte einer der Hauptgründe sein für die relativ kleine Körper- und Populationsgröße dieser Art. Bryde-Wale sind schlanke, mittelgroße Bartenwale, auf dem Rücken dunkelgrau gefärbt, gelegentlich mit weißen, kreisrunden Narben, den Bißwunden der Stachelhaie. Die betont sichelförmig ausgebildete Rückenflosse liegt nahe am Schwanz. Die Brustflossen sind schlank, die Flukenlappen laufen spitz aus. 40 bis 50 lange Kehlfurchen, auf jeder Oberkieferseite 255 bis 365 schiefergraue Barten, bis zu 46 Zentimeter lang.
GRÖSSE: Die Kälber wiegen 900 Kilogramm und sind 4,3 Meter groß. Ausgewachsene Bryde-Wale erreichen 14,6 Meter und 20 Tonnen.
LEBENSRAUM: Subtropisch-tropische Gewässer des Atlantik, Indischen Ozeans und des Pazifik. Sowohl einzeln als auch in Gruppen bis zu zehn Tieren.
FORTPFLANZUNG: Nach einer Tragzeit von elf bis zwölf Monaten werden die Kälber geboren. Männchen erreichen mit acht bis dreizehn Jahren (12 Meter), Weibchen mit sieben bis zehn Jahren (13 Meter) die Geschlechtsreife.
NAHRUNG: Vor allem Schwarmfische, Heringe und Makrelen, auch Krill und Tintenfische.

Familie Furchenwale (Fortsetzung)

ÄUSSERES: Der Seiwal ist der schnellste unter den großen Walen, er erreicht Geschwindigkeiten von über 38 Kilometer in der Stunde. Sein Körper ist lang, schlank und muskulös mit einem spitz zulaufenden Maul. Die große Rückenflosse ist sichelförmig. Die Brustflossen sind groß und schlank, die Fluke klein. Ein zentraler Grat verläuft von der Schnauzenspitze bis zum Blasloch, ein gutes Unterscheidungsmerkmal zum etwas kleineren Bryde-Wal. Die Körperfarbe ist dunkelgrau, Kinn, Kehle und Bauch sind weiß. Die Barten bestehen auf jeder Seite des Oberkiefers aus 219 bis 402 Platten und sind bis zu 80 Zentimeter lang. 38 bis 65 Kehlfurchen.
GRÖSSE: Bei der Geburt etwa 5 Meter, geschlechtsreife Tiere bis 16 Meter.
LEBENSRAUM: Kosmopoliten, in tropischen wie in arktischen und antarktischen Breiten. Sie meiden das Packeisgebiet.
FORTPFLANZUNG: Nach einer Tragzeit von zwölf Monaten werden die Kälber geboren und neun Monate lang gesäugt. Seiwale erreichen mit einer Größe von 14 Meter (Weibchen) und 13 Meter (Männchen) die Geschlechtsreife.
NAHRUNG: Vor allem Schwarmfische wie Hering, Sardinen, Anchovis und auch Kabeljau, denen er mit seiner hohen Geschwindigkeit nachstellt. Auch kleine Krebse gehören zu der Nahrungspalette.

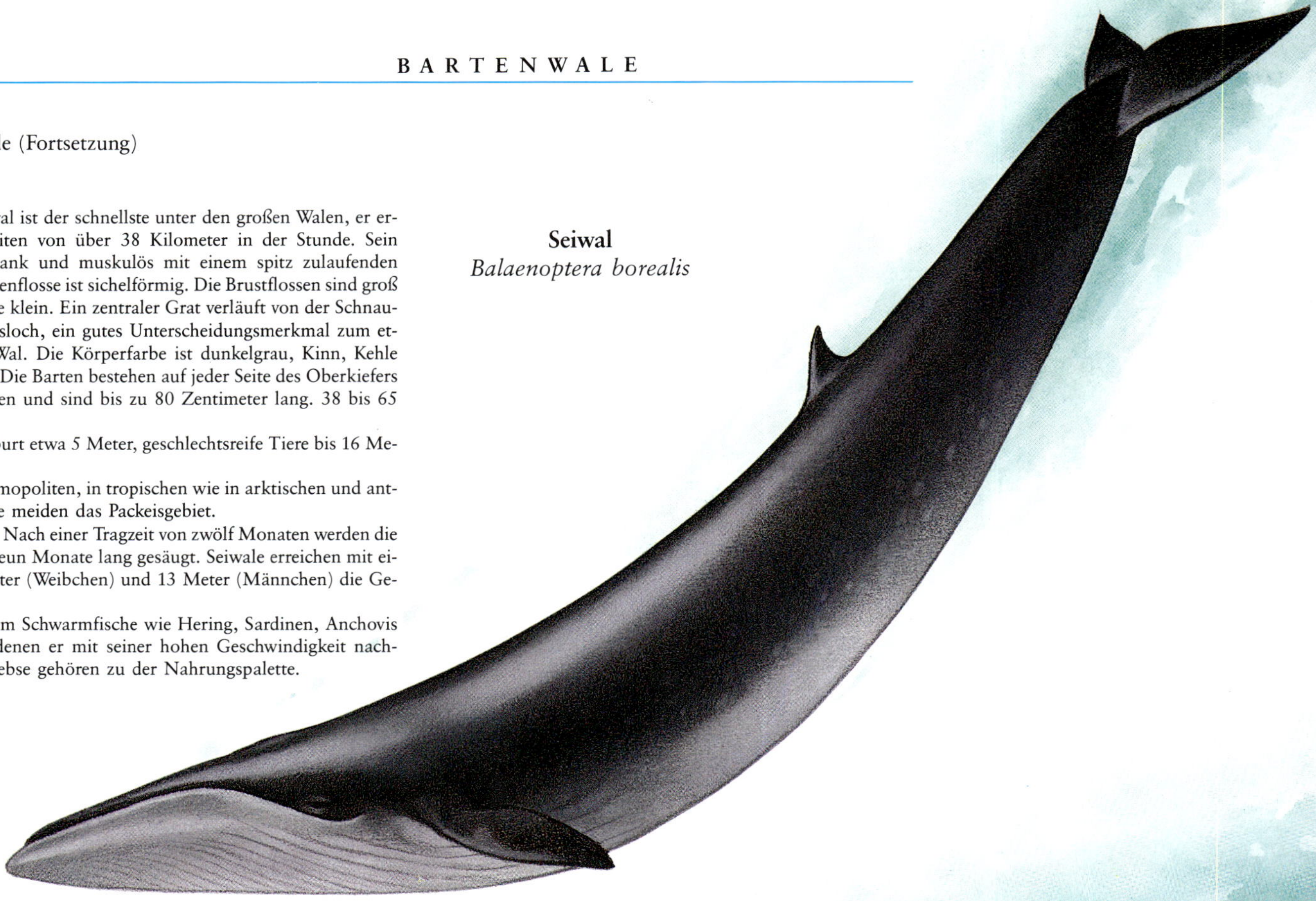

Seiwal
Balaenoptera borealis

Blauwal
Balaenoptera musculus

ÄUSSERES: Der Blauwal (»blue whale«, »salphur bottom«) ist das größte Lebewesen auf der Erde. Sein Herz allein hat die Größe eines Kleinwagens und pumpt 9,7 Tonnen Blut durch den riesigen Körper. Sein Maul wird bis zu 6 Meter lang, seine Fluke von Spitze zu Spitze 4,5 Meter. Der Körper ist sehr schlank, besonders die Kopf- und Brustregion. Ein zentraler Grat verläuft auf dem Kopf von der Schnauzenspitze bis zum Blasloch. Die äußerst kleine, sichelförmige Rückenfinne liegt weit hinten. Die Brustflossen sind lang und schlank, mit leicht angewinkelten Flossenspitzen. Die Fluke ist verhältnismäßig klein. Die Barten bestehen aus mehr als 300 Platten auf jeder Seite des Oberkiefers, die enorm dehnbare Kehle hat 40 oder mehr Furchen. Die Körperfarbe ist blau-grau, mit hellgrauen Flecken. Kaltwasseralgen, die sich auf dem Bauch der Blauwale festgesetzt haben, verleihen diesen Flecken einen gelblichen Schimmer.
GRÖSSE: Bei der Geburt sind die Kälber 7,5 Meter lang und wiegen zwei bis drei Tonnen. Die durchschnittliche Größe der erwachsenen Tiere liegt bei 23 Meter (Männchen) und 24,5 Meter (Weibchen). Früher wurden die Blauwale noch größer, doch wurde die Art durch extensiven Walfang bis an den Rand der Ausrottung gebracht. Der größte jemals erlegte Blauwal maß 29,4 Meter. Das durchschnittliche Gewicht liegt bei 100 Tonnen und mehr.
LEBENSRAUM: Früher weitverbreitet. Heute findet man Blauwale nur noch in kleinen Populationen auf hoher See.
FORTPFLANZUNG: Nach einer elfmonatigen Tragezeit werden die Kälber geboren. Sie nehmen beim Säugen täglich etwa 380 Liter Muttermilch zu sich und legen in den ersten sieben Monaten täglich 90 Kilogramm zu. Mit zwölf Jahren sind sie geschlechtsreif, dann sind die Männchen 22,5 und die Weibchen 24 Meter groß.
NAHRUNG: Krill in den südlichen Meeren, in den nördlichen auch Schwarmfische und andere Krebstiere.

Zwergwal
Balaenoptera acutorostrata

ÄUSSERES: Der Zwergwal (»minke whale«) ist der kleinste Furchenwal. Ein schlanker, eleganter Wal, mit spitzem Kopf (mit leicht oberständigem Maul) und einem auffallenden Grat von der Schnauzenspitze bis zum Blasloch. Der Rücken ist schwarz, von den Brustflossen bis zur Rückenfinne nicht ganz so dunkel wie am Kopf und am Schwanz. Die Rückenflosse ist sichelförmig, die Brustflossen schlank und spitz auslaufend. Die Bauchseite ist weiß. Die Brustflossen zeigen ein für die Art typisches weißes Band. Die Fluke ist verhältnismäßig groß und dünn. Zwischen 50 und 70 Kehlfurchen. Die Barten bestehen aus 231 bis 360 milchig-weißen Platten auf jeder Seite des Oberkiefers, sie sind maximal 20 Zentimeter lang.
GRÖSSE: Bei der Geburt 3 Meter, ausgewachsen 10 Meter, bei einem Gewicht von 9 Tonnen.
LEBENSRAUM: Die Zwergwale durchstreifen meist als Einzelgänger die küstennahen Gewässer der gemäßigten Breiten aller Ozeane. Selten werden sie auch auf hoher See gesehen, wenn sie ganz aus dem Wasser springen.
FORTPFLANZUNG: Die Tragzeit dauert 10 Monate. Die Jungen werden höchstens 6 Monate lang gesäugt. Geschlechtsreife erreichen die Tiere nach sechs Jahren, dann sind die Männchen 7 und die Weibchen 7,3 Meter groß.
NAHRUNG: Kleine Schwarmfische wie Heringe und Kabeljau, auch Tintenfische und Krebse.

Buckelwal
Megaptera novaeangliae

ÄUSSERES: Der Buckelwal (»humpback«) ist ein massiger Wal mit einem tonnenförmigen Körper, der am Schwanz schlanker wird. Der Kopf ist groß, auf Oberkopf und Unterkiefer Reihen von Hautknoten, jeweils mit borstigen Haaren besetzt. Oft mit starkem Seepockenbewuchs und mit vielen Walfischläusen. Riesige Brustflossen (*Megaptera* heißt »großer Flügel«), die ein Drittel der Körperlänge erreichen können. An ihrer Vorderkante sind sie breit gekerbt, wie auch die hintere Kante der Fluke. Die Körperfarbe ist schwarz mit Flecken am Kinn, der Kehle, auf dem Bauch, der Fluke und auf einer oder auch beiden Seiten der Brustflossen. Die Buckelwale der südlichen Erdhalbkugel zeigen meist eine weiße, stärkere Pigmentierung als die der nördlichen Hemisphäre. Narben, Seepocken und Bißwunden der Stachelhaie sind auf der Haut der Buckelwale häufig. 14 bis 22 tiefe Kehlfurchen, 270 bis 400 braunschwarze Bartenplatten auf jeder Seite des Oberkiefers, die Barten bis zu 80 Zentimeter lang.
GRÖSSE: Bei der Geburt sind die Buckelwale 4 bis 5 Meter groß, im fortpflanzungsfähigen Alter erreichen sie 19 Meter, mit einem Gewicht von 48 Tonnen.
LEBENSRAUM: Buckelwale leben in allen Ozeanen bis zu den Packeisgrenzen. Sie führen saisonal große Wanderungen durch: Im Sommer halten sie sich in den Polarmeeren auf, im Winter in tropischen Gewässern. Buckelwale ziehen oft in Gruppen von vier bis zwölf Tieren.
FORTPFLANZUNG: Die Kälber werden im Winter geboren. Ein Weibchen wirft alle zwei bis drei Jahre. Männchen werden mit 11 bis 12 Meter geschlechtsreif, Weibchen mit 12 Meter.
NAHRUNG: Buckelwale fressen nur in den Kaltwassergebieten. Dort leben sie vom Krill, von Sardinen, Anchovis, Makrelen und anderen Schwarmfischen.

FAMILIE PHYSETERIDAE
POTTWALE

Drei Arten

ÄUSSERES: Der Pottwal (»sperm whale«, »cachelot«) ist wahrscheinlich der bekannteste aller Wale und unverwechselbar. Seine Körperform ist einzigartig. Etwa ein Drittel des Körpers bildet der plumpe, fast rechteckige Kopf. Das s-förmige Blasloch liegt auf der linken Seite des Vorderkopfes. Der lange und schmale Unterkiefer bildet die Unterseite des Kopfes. Die kleinen Brustflossen sind breit und abgerundet. Pottwale haben keine Rückenfinne, dafür aber mehrere Erhebungen, die in einer Linie bis zum Flukenansatz verlaufen. Pottwale sind hellbraun bis blaugrau gefärbt, mit einer leichten Zeichnung auf dem Rücken und an den Seiten. 18 bis 25 große, kegelförmige Zähne auf jeder Seite des Unterkiefers.
GRÖSSE: Bei der Geburt sind die Kälber 3,7 bis 4,3 Meter lang. Ausgewachsene Weibchen werden 13 Meter lang und 16 Tonnen schwer, Männchen erreichen 18,5 Meter, bei einem Gewicht von 32 bis 45 Tonnen.

Pottwal
Physeter catodon

LEBENSRAUM: Das Verbreitungsgebiet der Pottwale erstreckt sich über alle Ozeane, die Tiere meiden allerdings die polaren Packeisgebiete. Der Aufenthaltsort der Wale ist abhängig von der Jahreszeit, den sozialen Strukturen und Fortpflanzungszyklen. Der Pottwal lebt auf hoher See und jagt in großen Tiefen, die Küstennähe meidet er.
FORTPFLANZUNG: Nach einer 14- bis 15monatigen Tragzeit werden die Kälber geboren, die bis zu zwei Jahren gesäugt werden. Männchen erreichen das geschlechtsreife Alter mit etwa zehn, Weibchen mit acht bis elf Jahren. Pottwale erreichen ein Alter von 70 Jahren und mehr.
NAHRUNG: Tintenfische, vor allem die riesigen Tiefsee-Kalmare, Fische, Kraken.

Zwergpottwal
Kogia breviceps

ÄUSSERES: Der Zwergpottwal (»pygmy sperm whale«) ist dem wesentlich größeren Pottwal sehr ähnlich. Sein großer, rechteckiger Kopf hat einen längeren Oberkiefer als Unterkiefer. Der Rücken ist dunkelbraun, der Bauch hell. Ein dunkler Fleck und eine feine Linie hinter dem Auge sehen aus wie der Kiemendeckel der Fische. Die Rückenfinne ist klein und sichelförmig, die Brustflossen groß und leicht abgerundet, die große Fluke läuft spitz an beiden Enden aus. Auf jeder Seite des Oberkiefers stehen 10 bis 16 lange, scharfe Zähne.
GRÖSSE: Bei der Geburt 1,2 Meter, ausgewachsen bis 3,7 Meter, mit einem Gewicht von 408 Kilogramm.

LEBENSRAUM: Weltweit in den gemäßigten, subtropisch-tropischen Gewässern. Über die Biologie dieser scheuen Wale ist so gut wie nichts bekannt.
FORTPFLANZUNG: Nach einer elfmonatigen Tragzeit werden die Jungen im späten Frühling geboren. Männchen werden mit 2,7 bis 3 Meter geschlechtsreif, Weibchen mit 2,7 bis 2,8 Meter.
NAHRUNG: Vor allem Kalmare und Kraken, aber auch kleine Fische, Krabben und andere Wirbellose.

FAMILIE MONODONTIDAE
GRÜNDELWALE

Drei Arten

Narwal
Monodon monoceros

ÄUSSERES: Die Jungtiere sind dunkel-blaugrau gefärbt, im Alter werden sie fleckig-grau mit einem helleren Bauch. Der Körper ist stämmig. Narwale (»narwhale«, »unicorn whale«) haben keine Rückenfinne. Die runden Brustflossen sind klein, die Fluke breit und abgerundet. Das Auffälligste des Narwals ist sein rechtsgedrehter Stoßzahn, der sich aus dem linken Zahn des Oberkiefers entwickelt hat. Dieser Zahn wird bei den Männchen maximal 2,7 Meter lang. Selten bildet der rechte Zahn den Stoßzahn aus, oder beide Zähne wachsen zu einem Paar Stoßzähne aus.
GRÖSSE: bei der Geburt etwa 1,5 Meter, im fortpflanzungsfähigen Alter 4,5 Meter.
LEBENSRAUM: Die Narwale kommen nur in den arktischen Gewässern, nicht weiter südlich als das Packeis, vor. Narwale und Weißwale teilen sich die Nahrungsgründe: Die Weißwale bevorzugen die Flachwassergebiete, während die Narwale fast immer in tieferem Wasser gefunden werden.
FORTPFLANZUNG: Die Paarung findet höchstwahrscheinlich im Frühjahr statt. Die Jungen werden nach einer 15monatigen Tragzeit geboren. Die Weibchen haben alle drei Jahre Nachwuchs. Der Stoßzahn der Männchen entwickelt sich mit einem Jahr.
NAHRUNG: Fische, Tintenfische und Krebse.

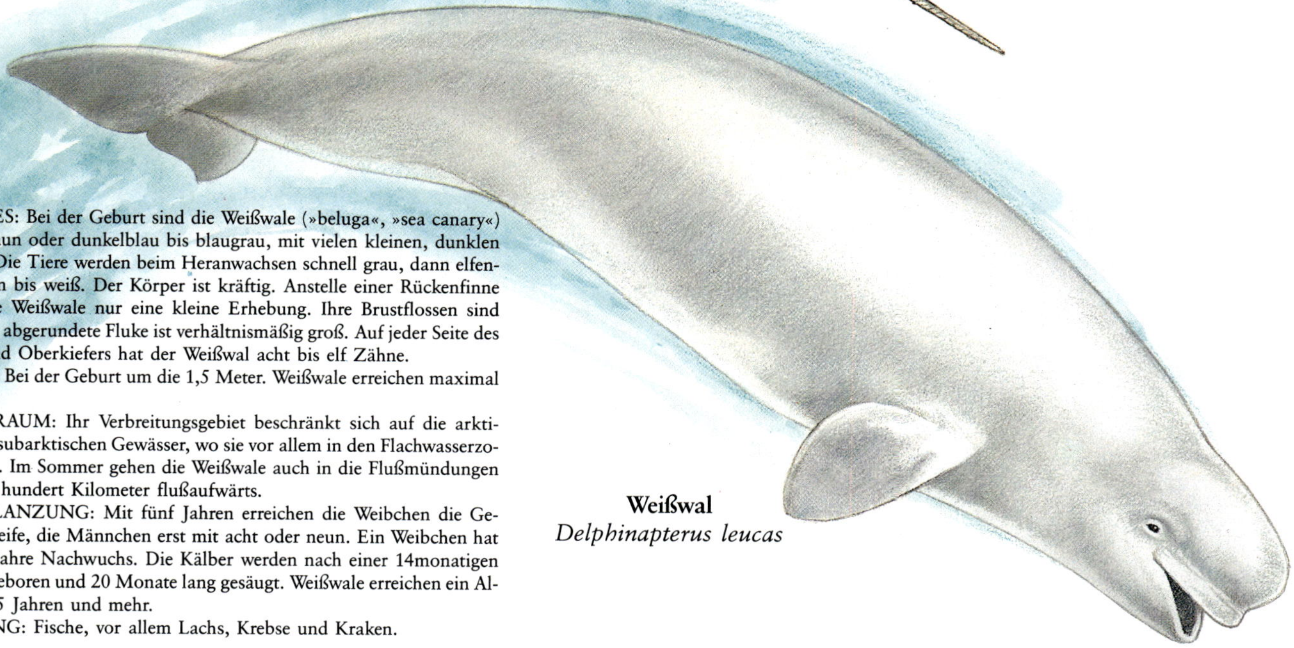

Weißwal
Delphinapterus leucas

ÄUSSERES: Bei der Geburt sind die Weißwale (»beluga«, »sea canary«) dunkelbraun oder dunkelblau bis blaugrau, mit vielen kleinen, dunklen Flecken. Die Tiere werden beim Heranwachsen schnell grau, dann elfenbeinfarben bis weiß. Der Körper ist kräftig. Anstelle einer Rückenfinne haben die Weißwale nur eine kleine Erhebung. Ihre Brustflossen sind klein. Die abgerundete Fluke ist verhältnismäßig groß. Auf jeder Seite des Unter- und Oberkiefers hat der Weißwal acht bis elf Zähne.
GRÖSSE: Bei der Geburt um die 1,5 Meter. Weißwale erreichen maximal 5 Meter.
LEBENSRAUM: Ihr Verbreitungsgebiet beschränkt sich auf die arktischen bis subarktischen Gewässer, wo sie vor allem in den Flachwasserzonen leben. Im Sommer gehen die Weißwale auch in die Flußmündungen und viele hundert Kilometer flußaufwärts.
FORTPFLANZUNG: Mit fünf Jahren erreichen die Weibchen die Geschlechtsreife, die Männchen erst mit acht oder neun. Ein Weibchen hat alle drei Jahre Nachwuchs. Die Kälber werden nach einer 14monatigen Tragzeit geboren und 20 Monate lang gesäugt. Weißwale erreichen ein Alter von 25 Jahren und mehr.
NAHRUNG: Fische, vor allem Lachs, Krebse und Kraken.

Irawadi-Delphin
Orcaella brevirostris

ÄUSSERES: Der blaß- bis dunkel-blaugrau gefärbte Irawadi-Delphin (»Irrawaddy dolphin« oder »pesut«) hat einen robusten Körper mit einem stumpfen Kopf, einen abgesetzten Nacken, eine kleine, rückwärts gebogene Rückenfinne und breite, runde Brustflossen. Die große Fluke ist deutlich gekerbt. Auf jeder Seite des Oberkiefers befinden sich 12 bis 19 Zähne, auf jeder Seite des Unterkiefers 12 bis 15 Zähne.
GRÖSSE: Der Irawadi-Delphin ist deutlich kleiner als der Nar- und Weißwal. Bei der Geburt mißt er kaum 60 Zentimeter. Ausgewachsene Tiere erreichen 2,2 Meter.
LEBENSRAUM: Diese Wale bevorzugen ruhige Meeresgebiete der Tropen zwischen Indien und Thailand, Borneo, Papua-Neuguinea und Nordaustralien. Sie leben in Mangrovensümpfen genauso wie in Flußmündungen und wurden schon 1400 Kilometer stromaufwärts in tropischen Flüssen gesichtet.
FORTPFLANZUNG: Hierüber ist nichts bekannt. Man nimmt an, daß die Irawadi-Delphine recht häufig sind, wenn auch genaue Angaben über ihre Bestandsgröße fehlen.
NAHRUNG: Bodenfische, Tintenfische und Krebse. Die Wale haben eine besondere Jagdtechnik entwickelt: Sie treiben kleine Fische ins flache Wasser.

FAMILIE ZIPHIIDAE SCHNABELWALE

Achtzehn Arten

Nördlicher Entenwal
Hyperoodon ampullatus

ÄUSSERES: Einer der größten Schnabelwale. Der Nördliche Entenwal (»northern bottlenose whale«) ist braun bis dunkelgrau gefärbt, wobei die Kopf- und Bauchpartie heller sind. Mit zunehmenden Alter verblaßt die Körperfärbung. Die Walbullen zeigen oft viele Narben, die von Rivalenkämpfen während der Paarungszeit herrühren. Die Körperform ist lang und rund. Der Kopf zeigt eine stark gewölbte Stirn, der Schnabel ist nur kurz, die Rückenfinne klein, die Fluke spitz auslaufend. Die Bullen haben im Unterkiefer ein Zahnpaar.
GRÖSSE: Bei der Geburt 3 Meter. Männchen werden bis 9,8 Meter lang, Weibchen bis 8,7 Meter.
LEBENSRAUM: Die kalten, tiefen Gewässer des Nordatlantik, von der Davis-Straße über Grönland bis zur europäischen Küste.
FORTPFLANZUNG: Alle zwei oder drei Jahre hat ein Entenwal-Weibchen Nachwuchs. Die Tragzeit beträgt zwölf Monate. Die Kälber werden im Frühjahr geboren und für ein Jahr gesäugt.
NAHRUNG: Meist Tintenfische, aber auch Fische, Tiefseefische und auch Heringe.

Cuvier-Schnabelwal
Ziphius cavirostris

ÄUSSERES: Diese Art, im Englischen »Cuviers Beaked Whale« oder »Goose-Beaked Whale« genannt, wird aus der recht seltenen Familie der Schnabelwale mit am häufigsten gesehen.
Die Färbung variiert: braun, grau und schwarz kommen vor, mit einer helleren Bauchseite und einem oft blassen Kopf. Die Färbung wird mit den Jahren schwächer. Männchen haben häufig Narben. Im Unterkiefer haben sie ein einzelnes Zahnpaar. Die Cuvier-Schnabelwale haben eine Rückenfinne, kleine abgerundete Brustflossen und eine spitz auslaufende Fluke.
GRÖSSE: Bei der Geburt 2,5 bis 3 Meter. Ausgewachsene Wale erreichen 7 (Männchen) bis 7,5 Meter (Weibchen).
LEBENSRAUM: In allen Ozeanen in gemäßigten und tropischen Breiten.
FORTPFLANZUNG: Nach einer 12monatigen Tragzeit werden die Jungen im späten Sommer (bis in den Herbst hinein) geboren. Männchen sind mit 5,5 Meter, Weibchen mit 6 Meter geschlechtsreif.
NAHRUNG: Tintenfische, seltener auch Tiefseefische.

Baird-Wal
Berardius bairdii

ÄUSSERES: Der Baird-Wal (»giant bottlenose whale« oder »Bairds beaked whale«) ist der größte unter den Schnabelwalen, er wird zwei Meter länger als die zweitgrößte Art dieser Familie. Die Wale sind schiefergrau gefärbt, mit unregelmäßigen weißen Flecken auf der Bauchseite. Die Haut der älteren Tiere zeigt häufig viele Narben. Die Rückenfinne ist klein, die Brustflossen breit und rund, die Fluke verhältnismäßig klein. Die Männchen besitzen zwei Paar Zähne im Unterkiefer, wovon ein Paar an der Spitze des «Schnabels« sichtbar ist.
GRÖSSE: Bei der Geburt um 4,8 Meter (andere Schnabelwale erreichen diese Größe erst im Alter!). Die Männchen werden bis 11,9 Meter, die Weibchen bis 12,8 Meter groß.
LEBENSRAUM: Der Baird-Wal lebt in den subarktischen und gemäßigten Breiten des Nordpazifik, von Japan und Südkalifornien bis zum Beringmeer. Er wird gewöhnlich nur auf hoher See gesichtet. Die Baird-Wale tauchen tiefer als 1000 Meter.
FORTPFLANZUNG: Im Oktober und im November ist die Paarungszeit. Nach der recht langen Tragzeit von 17 Monaten werden die Jungen geboren. Die Männchen werden mit 11 bis 12 Meter Körpergröße geschlechtsreif, von den Weibchen ist nichts bekannt.
NAHRUNG: Tintenfische und Fische der Tiefsee, gelegentlich auch Seegurken und Krebstiere.

Layard-Wal
Mesoplodon layardii

ÄUSSERES: Diese Art, im Englischen «strap-toothed whale« genannt, hat einen schlanken, muskulösen Körper, der sich nach der kleinen Rückenfinne stark verjüngt. Die Brustflossen sind klein und rund, die Fluke breit und spitz auslaufend. Die Tiere sind bronzefarbig, purpur oder dunkel-blauschwarz gefärbt, mit großen, weißen Flecken an Schnauze, Kehle und Genitalbereich. Die geschlechtsreifen Wale sind auf dem Rücken und am Kopf grau. Die Männchen sind an den zwei langen Zähnen im Unterkiefer zu erkennen, die bei alten Tieren so lang werden können, daß sich die beiden Zahnspitzen berühren, was ein vollständiges Öffnen des Mauls unmöglich macht.
GRÖSSE: Bei der Geburt 76 Zentimeter und größer. Ausgewachsene Weibchen erreichen 6,2 Meter, Männchen 5,8 Meter.
LEBENSRAUM: Die Layard-Wale sind durch Strandungen in der südlichen Hemispäre bekannt geworden, von Neuseeland, Australien über Südafrika bis Südamerika.
FORTPFLANZUNG: Nichts bekannt. Eine im September in Neuseeland gestrandete Walkuh hatte gerade geworfen.
NAHRUNG: So gut wie ausschließlich Tintenfische. Es wird vermutet, daß die großen Männchen, die ihr Maul der ausgewachsenen Zähne wegen nur noch geringfügig öffnen können, die Tintenfische »einsaugen«.

Sowerby-Zweizahnwal
Mesoplodon bidens

ÄUSSERES: Nur selten gesehen wird der Sowerby-Zweizahnwal (»Sowerby's beaked whale«). Er wird gelegentlich wohl mit anderen Schnabelwalen verwechselt, obwohl sein Äußeres gut sichtbare Erkennungsmerkmale aufweist. Sein Körper ist lang und schlank, vor dem Blasloch hat der Wal einen mehr oder weniger stark ausgeprägten Wulst und einen nicht sehr langen »Schnabel«. Rückenfinne und Brustflossen sind spitz auslaufend, die Fluke schlank mit spitzen Enden. Die Körperfarbe ist schwarz oder blaugrau marmoriert. Die Männchen haben etwa in der Mitte ihres Unterkiefers auf jeder Seite einen einzigen Zahn.
GRÖSSE: Bei der Geburt etwa 2,4 Meter, ausgewachsen um 5 Meter.
LEBENSRAUM: Trotz seines im Englischen häufig gebrauchten Synonyms »North Sea beaked whale« ist dieser Schnabelwal sicher nicht auf die Nordsee begrenzt. Sein Lebensraum ist der Nordatlantik, von Neufundland bis an die Küsten Südnorwegens und der Biskaya.
FORTPFLANZUNG: Die Jungen werden wahrscheinlich zum Ende des Winters bis Anfang des Frühjahrs, nach einer Tragzeit von einem Jahr, geboren. Sie werden für etwa ein Jahr gesäugt.
NAHRUNG: Tintenfische und Fische der tieferen Regionen.

FAMILIE DELPHINIDAE
DELPHINE UND ANDERE KLEINE ZAHNWALE

31 Arten

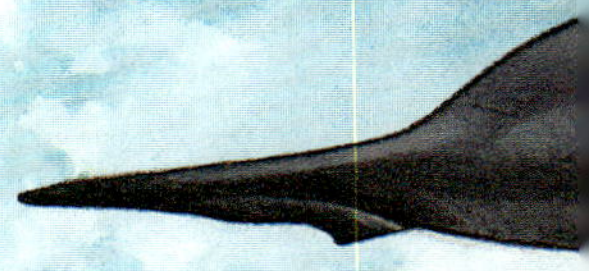

Schwertwal
Orcinus orca

ÄUSSERES: Der Schwertwal (»Orca«, »Killer whale«) ist nicht zu verwechseln. Er ist der größte unter den Delphinen, mit einem kräftigen, eleganten Körper und auffallender Schwarz-weiß-Zeichnung. Die Seiten und der Rücken sind tiefschwarz mit Ausnahme eines weißen, ovalen Flecks über und hinter dem Auge und einem leicht variablen weißen »Sattel« hinter der sehr lang ausgezogenen Rückenfinne. Diese unter den Walen in ihrer Größe einzigartige Rückenflosse ist bei den Männchen noch wesentlich größer als bei den Weibchen. Der Kopf ist abgerundet, die großen paddelähnlichen Brustflossen ebenfalls breit und rund. Die breite Fluke zeigt einen tiefen zentralen Einschnitt. Auf jeder Seite des Ober- und Unterkiefers stehen zehn bis zwölf große, kegelförmige Zähne.
GRÖSSE: Schwertwale sind bei der Geburt etwa 2,4 Meter lang. Weibchen werden bis zu 8,2 Meter, Männchen bis 9,4 Meter groß.
LEBENSRAUM: Weltweit verbreitet in allen Ozeanen von den polaren bis tropischen Gewässern. Es scheint, daß die Schwertwale kältere Küstenregionen bevorzugen, wo ihre bevorzugten Beutetiere im Überfluß vorkommen.
FORTPFLANZUNG: Kälber werden das ganze Jahr über nach einer 13- bis 16monatigen Tragzeit geboren. Die Jungtiere werden etwa ein Jahr lang vom Muttertier gesäugt. Die Walkühe werden mit 5 Meter geschlechtsreif (die Männchen mit 6,7 Meter) und bringen alle drei bis zehn Jahre ein Junges zur Welt.
NAHRUNG: Der Schwertwal ist der »König der Meere«, sein Beutespektrum ähnelt dem des Weißen Hais. Orcas jagen Seevögel, Schildkröten, große Fische (auch Haie einschließlich Weißer Hai!), Wale, Delphine, Tümmler, Seelöwen und Seehunde. Die Schwertwale (im deutschen Sprachgebrauch irreführend auch als »Mörderwale« bezeichnet) sind äußerst geschickte Räuber, die in größeren Gruppen kooperativ jagen. Dabei fallen ihnen auch die viel größeren Bartenwale zum Opfer.

Kleiner Schwertwal
Pseudorca crassidens

ÄUSSERES: Der Kleine Schwertwal (»false killer whale«) ist in Körperform und -färbung ein typischer Delphin, wenn ihm auch jede Spur eines »Schnabels« fehlt. Der lange Körper ist torpedo-ähnlich, mit verlängertem Schwanzstiel. Die Brustflossen zeigen einen einzigartigen Buckel auf ihrer Vorderkante. Die Fluke ist schlank und spitz auslaufend, und die Rückenfinne verhältnismäßig groß. Maul leicht unterständig, auf jeder Seite des Ober- und Unterkiefers acht bis elf große, kegelförmige Zähne.
GRÖSSE: bei der Geburt um 1,8 Meter, ausgewachsen zwischen 5 (Weibchen) und 6 Meter (Männchen).
LEBENSRAUM: Kleine Schwertwale leben als sehr soziale Tiere in großen Verbänden. Sie bilden manchmal Herden von mehreren hundert Tieren. Das Verbreitungsgebiet beschränkt sich weltweit auf die gemäßigten bis tropischen Breiten. Typischer Hochseebewohner, nur ganz selten im flachen Wasser gesichtet, in dem er gelegentlich auch strandet.
FORTPFLANZUNG: Obwohl der Kleine Schwertwal häufig in Delphinarien gehalten wird, ist so gut wie nichts über seine Fortpflanzung bekannt. Kälber werden anscheinend das ganze Jahr über geboren.
NAHRUNG: Diese Tiere leben fast ausschließlich von Tintenfischen und Fischen (bis zu 60 Zentimeter Länge). Allerdings wurde schon beobachtet, daß die Kleinen Schwertwale auch andere Delphine angreifen, genauso wie kranke oder noch sehr junge Buckelwale.

Gewöhnlicher Delphin
Delphinus delphis

ÄUSSERES: Der Gewöhnliche Delphin (»common dolphin«) ist der bekannteste aller kleinen Wale. Seit dem Altertum findet sich in der Kunst das Delphin-Motiv immer wieder. Der robuste Körper hat eine auffallend große Rückenfinne, lange, schlanke und spitz auslaufende Brustflossen und eine kräftige Fluke. Der Rücken ist vom Schnabel bis weit hinter die sichelförmige Rückenfinne schwarz, die Seiten des Vorderkörpers sind ockerfarben und grau, die Seiten des Hinterkörpers sind grauweiß. Vom schwarzen »Schnabel« zum Auge läuft ein deutlich abgegrenzter, schwarzer Streifen, der das Auge einschließt. Auf jeder Seite des Ober- und Unterkiefers hat der Gewöhnliche Delphin 40 bis 55 kleine, spitze Zähne.
GRÖSSE: Neugeborene sind 76 bis 86 Zentimeter groß, ausgewachsene Weibchen werden 2,4 Meter, Männchen bis 2,6 Meter lang.
LEBENSRAUM: Der Gewöhnliche Delphin ist weltweit in den gemäßigten und tropischen Gewässern anzutreffen, auf hoher See ebenso wie in den flachen Küstenzonen. Er wird oft mit Thunfischschwärmen vergesellschaftet gesehen. Bei der Nahrungssuche geht er aber auch in ganz flaches Wasser.
FORTPFLANZUNG: Kälber werden im Frühjahr geboren, nach einer Tragzeit von elf Monaten. Die Jungtiere werden fünf bis sechs Monate lang gesäugt. Mit drei bis vier Jahren und einer Größe von 1,7 bis 1,8 Meter sind die Tiere geschlechtsreif.
NAHRUNG: Der Gewöhnliche Delphin jagt Fische und Tintenfische, denen er vor allem nachmittags und abends bis in eine Tiefe von 280 Meter nachstellt.

Chinesischer Weißer Delphin
Sousa chinensis

ÄUSSERES: Oberflächlich dem Großen Tümmler ähnlich, ist der Chinesische Weiße Delphin (»Indo-Pacific humpback dolphin«) weiß oder grau gefärbt, manchmal zeigt er auch eine gepunktete Zeichnung. Seine Brustflossen und die Fluke sind braun bis rötlich, die Bauchseite hell rötlich. Die kleinen Brustflossen sind rund und paddelförmig, die Fluke dreieckig und abgerundet. Die Tiere des Indischen Ozeans zeigen einen kleinen Buckel auf der Vorderseite ihrer Rückenfinne. Dieser fehlt den Individuen, die im Pazifik leben. Aber auch diese sind leicht vom Großen Tümmler durch ihre kleinen, abgerundeten Brustflossen, dem langen, schlanken »Schnabel« und die niedrige, dreieckige Rückenfinne zu unterscheiden.
GRÖSSE: Bei der Geburt 90 Zentimeter, ausgewachsen um 3 Meter.
LEBENSRAUM: Die Delphine werden einzeln oder in kleinen Gruppen von fünf bis sechs Tieren, gelegentlich auch bis 20 Tieren, häufig im flachen Wasser und in den Flußmündungen des Indischen und Pazifischen Ozeans beobachtet, von der Küste Südafrikas bis zum Roten Meer, dem südlichen China, Borneo und Nordostaustralien.
FORTPFLANZUNG: Kälber werden das ganze Jahr über geboren, die meisten während des Sommers.
NAHRUNG: Riff-gebundene Fische und möglicherweise auch Krebstiere. Man hat diese Art gemeinsam mit dem Großen Tümmler und dem Indischen Schweinswal jagen sehen.

Melonenkopf-Delphin
Peponocephala electra

ÄUSSERES: Der »melon headed whale« ist in Körperform und auch im Verhalten dem Zwerggrindwal ähnlich. Er ist über den ganzen Körper dunkelgrau gefärbt, mit einem feinen weißen Streifen auf den Lippen und einem weißen, ankerförmigen Muster auf der Brust. Die auffällige Rückenfinne ist sichelförmig und ziemlich groß, auch Fluke und Brustflossen sind gut eintwickelt. In jedem Kiefer zwischen 40 und 50 kleine, spitze Zähne.
GRÖSSE: Bis maximal 2,8 Meter.
LEBENSRAUM: Wie der Zwerggrindwal lebt der Melonenkopf-Delphin in den gemäßigten bis tropischen Breiten des Atlantik und Indo-Pazifik.
FORTPFLANZUNG: Neugeborene wurden in der südlichen Hemisphäre im Juli und August gesichtet.
NAHRUNG: Kleine Fische und Tintenfische.

Familie DELPHINIDAE
(Fortsetzung)

Weißschnauzen-Delphin
Lagenorhynchus albirostris

ÄUSSERES: Trotz seines Namens (»White beaked dolphin«): Diese Art kann auch eine graue oder eine schwarze Schnauze haben. Der Rücken ist schwarz, die Farbe geht an den Seiten in Grau über, der Bauch ist weiß. Die auffällige Rückenfinne ist sichelförmig, die Brustflossen spitz zulaufend. Die Fluke ist tief gekerbt und läuft spitz aus. Auf jeder Seite des Ober- und Unterkiefers stehen 22 bis 28 kleine, kegelförmige Zähne.
GRÖSSE: Bei der Geburt 95 Zentimeter, ausgewachsen maximal 3 Meter.
LEBENSRAUM: Beschränkt auf die Küstenregionen des Nordatlantik, vom Nordosten der Vereinigten Staaten über Grönland bis zur Nordsee.
FORTPFLANZUNG: Die Jungen werden zwischen Juni und September geboren und wiegen um 40 Kilogramm. Ihre relativ großen Geburtsmaße dürften eine Anpassung an das kalte arktische Wasser sein, in dem sie zur Welt kommen. Mit ungefähr zwei Jahren sind sie geschlechtsreif.
NAHRUNG: Tintenfische, Kabeljau, Hering, Kraken und auch Krebse.

Weißstreifen-Delphin
Lagenorhynchus obliquidens

ÄUSSERES: Diese Art (»Pacific whitesided dolphin«), die für ihr ausdauerndes Spiel mit den Bugwellen der Schiffe bekannt ist, ist das pazifische Gegenstück zum Weißseiten-Delphin des Atlantik. Der Weißstreifen-Delphin hat einen massigen Körper, einen nur schwach angedeuteten »Schnabel«, kleine Brustflossen und eine große, sichelförmige Rückenfinne. Auffallend ist seine Körperfärbung: schwarzer Rücken, graue Seiten und weißer Bauch, großer, weißer Seitenfleck vom Kopf bis zum Schwanz und schwarz glänzende Schnauze. Auf jeder Seite des Ober- und Unterkiefers stehen 23 bis 31 Zähne.
GRÖSSE: Bei der Geburt 80 bis 95 Zentimeter, ausgewachsen maximal 2,3 Meter.
LEBENSRAUM: Gewöhnlich wird er auf offener See in den gemäßigten Zonen des Nordpazifik gesichtet, zwischen Südalaska, Baja California und Japan.
FORTPFLANZUNG: Mit 1,8 Meter werden die Tiere geschlechtsreif. Paarungszeit ist im Sommer bis in den Herbst hinein. In dieser Zeit kommen nach einer zwölfmonatigen Tragzeit auch die Jungen zur Welt. Beides findet in den nördlichen Grenzbezirken ihres Verbreitungsgebietes statt, nachdem die Tiere dorthin gewandert sind.
NAHRUNG: Ein schneller und geschickter Fischjäger, der Sardinen, Heringe, Seehechte, Anchovis, aber auch Tintenfische frißt.

Fraser-Delphin
Lagenodelphis hosei

ÄUSSERES: Diese Art wird im Englischen »Fraser's dolphin« oder auch »short-snouted whitebelly« genannt. Der mittelgroße Delphin ist auf dem Rücken blaugrau, mit einem dunklen Augenfleck. An den Seiten gibt es auch graugelbe Bereiche, der Bauch ist schwach rötlich bis weiß. Die Färbung der Seiten ist von weißen Streifen durchbrochen. Vom Maul zu den sehr kleinen, schmalen Brustflossen läuft ein dünner, schwarzer Streifen. Die dunkelgraue Rückenfinne ist klein wie auch die Fluke, deren Enden spitz auslaufen. Die Schnauze ist kurz, aber klar abgesetzt. Auf jeder Seite des Ober- und Unterkiefers stehen 40 bis 44 Zähne.

GRÖSSE: Die Größe der Neugeborenen ist unbekannt, ausgewachsene Delphine erreichen mindestens 2,4 Meter.
LEBENSRAUM: Die tropischen und subtropischen Gewässer des Indo-Pazifik. Erst kürzlich auch im tropischen Atlantik gesichtet. Der Fraser-Delphin ist äußerst scheu. Von seiner Existenz wußte man bis 1979 nur durch einen Skelettfund aus dem Jahr 1895. 1979 wurden einige in Thunfischnetzen im östlichen Pazifik gefangen. Seitdem wurden diese Delphine gelegentlich wieder beobachtet, manchmal in Herden bis zu 500 Tieren.
FORTPFLANZUNG: Darüber ist nichts bekannt.
NAHRUNG: Fische, Tintenfische und auch Garnelen und Krabben.

Großer Tümmler
Tursiops truncatus

ÄUSSERES: Der Große Tümmler (»bottlenose dolphin«) ist wohl der häufigste Delphin der Delphinarien. Er ist der größte unter den Delphinen und hat eine schnabelähnliche Schnauze. Sein Körper ist lang und kräftig, mit relativ kleinen, spitz zulaufenden Brustflossen und Fluke. Die Schnauze ist kurz und kräftig, eine Falte markiert ihren Übergang in den Vorderkopf. Die Färbung ist meist ein Dunkelgrau auf dem Rücken, das über ein helleres Grau, meist mit einem leicht rötlichen Schimmer in einen rötlichweißen Bauch übergeht. Verschiedene Farbvariationen sind möglich — so sind auch ganz rötlichbraune Tiere schon gesehen worden. Im Ober- und Unterkiefer sitzen um 40 kleine, scharfe, kegelförmige Zähne.
GRÖSSE: Bei der Geburt zwischen 90 und 130 Zentimeter lang, werden die Tümmler bis 4 Meter groß. Sie werden bis zu 37 Jahre alt.
LEBENSRAUM: Weltweit in den gemäßigten und tropischen Meeresgebieten, meist in Künstenähe, nicht selten aber auch auf hoher See.
FORTPFLANZUNG: Die Tiere werden mit 5 bis 12 Jahren geschlechtsreif, bei einer Größe von 2,2, bis 2,6 Meter. Gewöhnlich findet die Paarung zwischen Frühjahr und Herbst statt. In dieser Zeit werden auch die Jungen geboren. Die Tragzeit beträgt gerade ein Jahr. Die Jungen werden bis zu 18 Monaten lang gesäugt. Die meisten Weibchen bekommen alle zwei bis drei Jahre Nachwuchs.
NAHRUNG: Kleine Fische, Aale, Meerbarben, Seewölfe, Tintenfische und Krebstiere. Es wurde beobachtet, wie die Großen Tümmler ihre Beute auf flache Sandflächen trieben.

Stundenglas-Delphin
Lagenorhynchus cruciger

ÄUSSERES: Dieser besonders attraktive, schnell schwimmende Delphin (»hourglass dolphin«) hat einen kräftigen Körper mit hoher, gebogener Rückenfinne und langen, gebogenen Brustflossen. Die Schnauze ist sehr kurz. Die Färbung ist vom »Schnabel« über die Brustflossen bis zur Fluke schwarz, bauchseits weiß vom Kinn bis zum Schwanzansatz. Die auffällig weiße Seiten-Zeichnung vom Kopf bis zum Schwanz macht den Delphin unverwechselbar. Auf jeder Seite des Ober- und Unterkiefers stehen etwa 28 Zähne.

GRÖSSE: Darüber ist nur wenig bekannt. Ein Männchen von 1,6 Meter und ein Weibchen von 1,8 Meter wurden gefunden.
LEBENSRAUM: Die kalten subantarktischen bis antarktischen Gewässer des Atlantik.
FORTPFLANZUNG: Nichts bekannt.
NAHRUNG: Nichts bekannt.

FAMILIE DELPHINIDAE (Fortsetzung)

Schlankdelphin
Stenella attenuata

ÄUSSERES: Typischer delphinartiger Körper, lang, schlank, mit einer sichelförmigen Rückenfinne, kleinen, spitz zulaufenden Brustflossen und Fluke. Die Schnauze ist ähnlich der des Großen Tümmlers, doch schlanker. Die Färbung ist variabel: Meist sind die Schlankdelphine stahlgrau, mit einem dunkeln Streifen von der Brustflosse bis zur Schnauze. Die Schnauzenspitze ist weiß. Der Rücken und die Seiten sind dicht mit grauen Flecken bedeckt, die sich mit zunehmendem Alter über den ganzen Körper ausbreiten. Im Ober- und im Unterkiefer sind jeweils sehr viele (um achtzig) kleine, kegelförmige Zähne.
GRÖSSE: Bei der Geburt sind die Kälber etwa 80 Zentimeter lang. Ausgewachsene Delphine erreichen eine Größe von 2,5 Meter, wobei die Männchen etwas größer und schwerer als die Weibchen werden. Diese Delphine erreichen ein Alter von 44 Jahren.
LEBENSRAUM: Weltweit in subtropischen und tropischen Gewässern, sowohl in Küstennähe wie auch auf hoher See.
FORTPFLANZUNG: Die Männchen werden mit 14, die Weibchen mit zehn bis zwölf Jahren geschlechtsreif. Die Tragzeit beträgt elf Monate. Die Kälber werden ein Jahr lang gesäugt.
NAHRUNG: Tintenfische und Fische, auch Fliegende Fische. Diese Delphine werden oft zusammen mit Thunfischen beobachtet.

Rundkopf-Delphin
Grampus griseus

ÄUSSERES: Der Rundkopf-Delphin (Risso's Dolphin) hat einen kräftigen, gedrungenen Körper und einen mächtigen Kopf ohne schnabelförmige Schnauze. Seine Rückenfinne ist recht hoch und sichelförmig, die Brustflossen ziemlich lang, die Fluke groß und spitz auslaufend. Der Körper ist grau bis dunkelgrau, am Bauch deutlich heller. Die Männchen zeigen mit zunehmendem Alter eine immer stärker vernarbte Haut. Die Oberkiefer dieser Delphine sind zahnlos, im Unterkiefer stehen auf jeder Seite drei bis sieben kegelförmige Zähne.
GRÖSSE: Bei der Geburt um 1,5 Meter, ausgewachsen bis 4,3 Meter.
LEBENSRAUM: Weltweit verbreitet in den gemäßigten bis tropischen Meeresgebieten, fast immer nur auf offener See.
FORTPFLANZUNG: Mit etwa drei Meter werden die Rundkopf-Delphine geschlechtsreif. Über ihr Fortpflanzungsverhalten ist so gut wie nichts bekannt.
NAHRUNG: Vor allem — wenn nicht ausschließlich — Tintenfische und Kraken.

Hector-Delphin
Cephalorhynchus hectori

ÄUSSERES: Diese Art, im Englischen als »Hector's Dolphin« bezeichnet, ist besonders klein und schön. Die Spitze des Unterkiefers und die Kopfseiten sind schwarz, Rücken und Körperseiten hellbraun bis hellgrau, der Bauch weiß. Die weiße Körperzeichnung des Bauchs setzt sich seitlich über den gesamten Schwanzkiel fort. Ein etwas dunklerer Streifen zieht sich von den Augen bis unterhalb der Rückenfinne hin. Die schnabelförmige Schnauze ist nur angedeutet. Die Rückenfinne und die Brustflossen sind stark abgerundet, die Fluke dagegen ist sehr lang und spitz auslaufend. Auf jeder Seite des Ober- und Unterkiefers stehen 27 bis 32 kegelförmige, kleine Zähne.
GRÖSSE: Bei der Geburt gerade 50 Zentimeter lang, erreichen die ausgewachsenen Tiere eine Größe von 1,8 Meter.
LEBENSRAUM: Diese Delphine leben bevorzugt in den trüben Küsten- und Brackwassergebieten. Sicher sind sie bisher nur bei Neuseeland beobachtet worden, unbestätigten Berichten zufolge ist diese Art aber auch an den Küsten Australiens und Borneos gesehen worden.
FORTPFLANZUNG: Es wird vermutet, daß die Kälber während der Wanderung der Wale von der südlichen zur nördlichen Insel Neuseelands geboren werden.
NAHRUNG: Fische, Krebstiere und Tintenfische.

ÄUSSERES: Diese weitverbreitete Art, im Englischen »Spinner Dolphin« genannt, zählt zu den lebhaften, schnellen Schwimmern. Der Körper dieser Delphine ist schlank und muskulös, der »Schnabel« auffallend lang. Die Rückenfinne ist groß und dreieckig. Ihre Vorderkante wird bei den älteren Männchen immer kantiger. Die Fluke ist wie die Brustflossen lang und schlank. Bauchseits verläuft ein Kiel vom After bis zur Schwanzspitze. Das Dunkelgrau des Schnabels, des Kopfes und des Rückens geht an den Seiten in ein Hellgrau bis Hellbraun über. Die Bauchseite ist weiß. Ein dunkler Fleck, der das Auge umgibt, zieht sich bis zur Schnauzenspitze hin. Auf jeder Seite des Ober- und Unterkiefers stehen 46 bis 64 kleine, kegelförmige Zähne.
GRÖSSE: Bei der Geburt etwa 80 Zentimeter, ausgewachsen bis knapp über zwei Meter.
LEBENSRAUM: Das Verbreitungsgebiet dieser Art beschränkt sich auf die gemäßigten und tropischen Meeresgebiete des Atlantik und Indo-Pazifik. Diese Delphine leben sowohl in Küstennähe als auch auf der hohen See.
FORTPFLANZUNG: Die Tragzeit beträgt zehn bis elf Monate, sonst ist darüber nichts bekannt.
NAHRUNG: Vor allem Tintenfische und kleine Fische, die bis zu einer maximalen Tiefe von 61 Meter gejagt werden.

Spinnerdelphin
Stenella longirostris

Commerson-Delphin
Cephalorhynchus commersonii

ÄUSSERES: Recht ähnlich einem fetten, gescheckten Schweinswal. »Commerson's Dolphin« ist ein ausgezeichneter Schwimmer mit kräftigem Körper und ohne »Schnabel«. Die Brustflossen sind abgerundet, die Fluke sichelförmig, die Rückenfinne auffallend groß. Doch wesentlich typischer als die Körperform ist die Körperfärbung dieser Delphine. Kopf, Schultern, Brustflossen, Rückenfinne, Schwanzstiel und Fluke sind schwarz. Die Flanken, der Bauch und der Rücken von Brustflosse bis zum Schwanzansatz sind weiß. Auf jeder Seite des Ober- und Unterkiefers stehen etwa 30 kleine, kegelförmige Zähne.
GRÖSSE: Die erwachsenen Delphine werden bis zu 1,6 Meter lang.
LEBENSRAUM: Diese Art lebt ausschließlich in dem Kaltwassergebiet zwischen der Küste Argentiniens, den Falkland- und den Kerguelen-Inseln. Es wurden bisher Gruppen zwischen sechs und 30 Tieren beobachtet, selten auch Schwärme mit 100 und mehr Individuen.
FORTPFLANZUNG: Die Jungtiere werden im Sommer geboren.
NAHRUNG: Kleine Fische, Tintenfische, Krill und andere Garnelen.

FAMILIE PHOCOENIDAE
SCHWEINSWALE

Sechs Arten

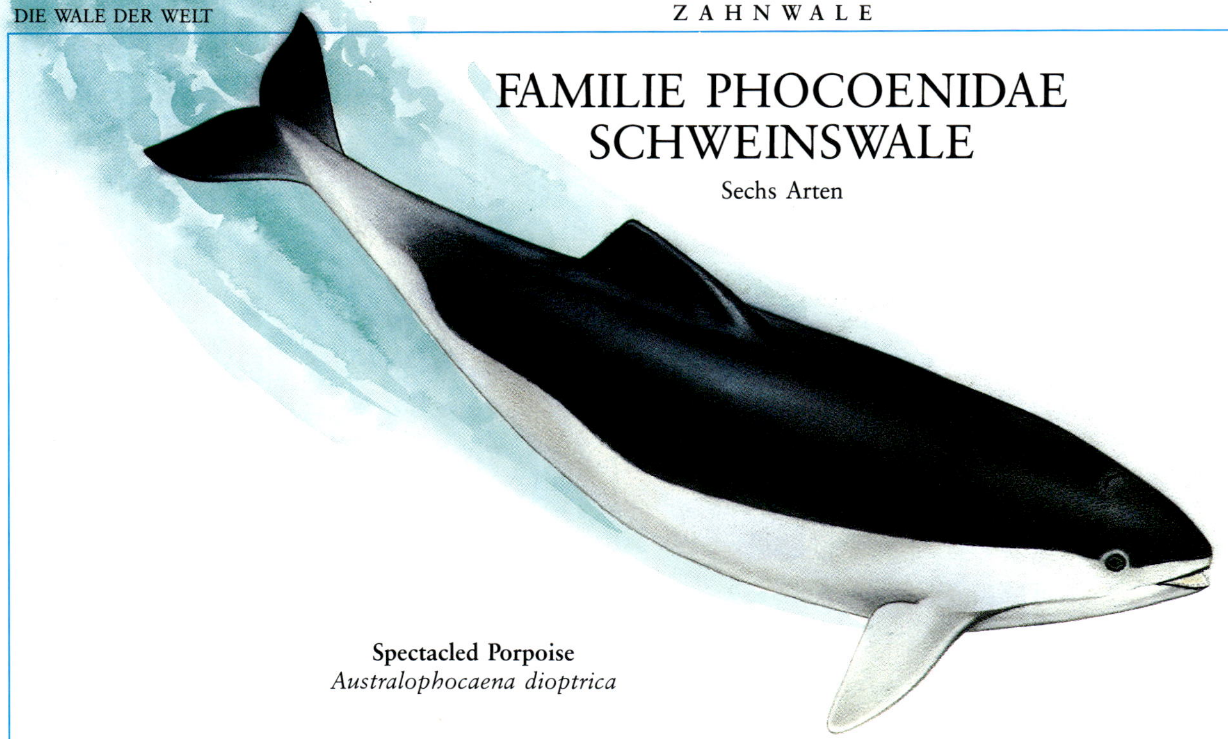

Spectacled Porpoise
Australophocaena dioptrica

ÄUSSERES: Diese im Englischen »Spectacled Porpoise« genannte, äußerst seltene Art ist größer als die drei Arten der Gattung Phocoena: Sie hat einen gedrungenen Körper. Die Brustflossen sind abgerundet, die Rückenfinne dreieckig, die Fluke ziemlich klein und ebenfalls dreieckig. Ein »Schnabel« ist nicht einmal angedeutet. Der Kopf zeigt eine deutlich abgesetzte Stirn. Die charakteristische Körperzeichnung ist ein gutes Erkennungsmerkmal dieser Tümmler: Die Rückenseite ist tiefschwarz, die Bauchseite weiß. Am Schwanzansatz gibt es auf beiden Seiten einen grauen »Sattel«. Eindeutiges Erkennungsmerkmal ist der weiße Augenrand. Im Ober- und Unterkiefer stehen jeweils 40 kleine Zähne.
GRÖSSE: Ein 1912 gefundener Foetus maß 46 Zentimeter. Ausgewachsene Weibchen erreichen durchschnittlich 1,8 Meter, die Männchen bis über 2 Meter.
LEBENSRAUM: Die meisten Tümmler dieser Art wurden im westlichen Südatlantik beobachtet. Auch wurden sie bisher um Neuseeland und in den subantarktischen Gewässern gesichtet. Es wird angenommen, daß ihr Verbreitungsgebiet sich um die gesamte Antarktis erstreckt. Die Tiere wurden auch nahe der Falkland-Inseln und nahe der Küste von Südgeorgien gesehen.
FORTPFLANZUNG: Darüber ist nichts bekannt. Es wird angenommen, daß die Kälber im Sommer geboren werden.
NAHRUNG: Fische und Tintenfische.

Dall-Hafenschweinswal
Phocoenoides dalli

ÄUSSERES: Dieser Tümmler mit seiner hydrodynamisch fast perfekten Körperform ist bekannt für sein erstaunliches Beschleunigungsvermögen. Sein massiger Körper ist stark untersetzt. Der Kopf ist klein, ebenso die Brustflossen und die Fluke. Die auffällig große Rückenfinne ist dreieckig. Direkt hinter der Rückenfinne beginnt ein deutlicher Rückenkiel. Der Schwanzstiel ist schlank, spitz zulaufend und trägt vor allem bei älteren Männchen gut sichtbare Kiele direkt vor der Fluke. Die Tiere sind schwarzweiß gefärbt und haben auf jeder Seite des Ober- und Unterkiefers 19 bis 28 kleine Zähne.
GRÖSSE: Bei der Geburt um einen Meter. Ausgewachsene Männchen erreichen 2,2 Meter und ein Gewicht bis 200 Kilogramm.
LEBENSRAUM: Das Verbreitungsgebiet dieser Art beschränkt sich auf die Kaltwassergebiete des Nordpazifiks, von den Küsten Japans und Kaliforniens bis zur Beringsee. Sie leben vor allem in küstennahen Meeresgebieten, doch manchmal wurden sie beim Thunfischfang 1000 Kilometer vor der Küste gesichtet.
FORTPFLANZUNG: Mit 1,8 Meter werden die Männchen geschlechtsreif, die Weibchen mit 1,7 Meter. Die Kälber werden nach zwölfmonatiger Tragezeit im Juli und August geboren.
NAHRUNG: Kleine Schwarmfische und Tintenfische.

Indischer Schweinswal
Neophocaena phocaenoides

ÄUSSERES: Der »Finless Porpoise«, oft auch »Black Finless Porpoise« genannt, hat viele Ähnlichkeiten mit dem Weißwal. In japanischen Gewässern sind schwarze Schweinswale gesehen worden. Meist ist diese Art jedoch auf dem Rücken grau und auf dem Bauch weiß gefärbt. Der Körper ist untersetzt mit einem stumpfen, abgerundeten Kopf. Das leicht herausstehende Maul deutet den Ansatz eines »Schnabels« an. Viele Tiere dieser Art haben pinkfarbene Augen. Die Brustflossen sind lang und spitz zulaufend, ebenso die Fluke. Die Rückenfinne ist nur angedeutet als ein Rückenkiel von der Körpermitte bis zum Schwanz. Auf jeder Seite des Ober- und Unterkiefers stehen 13 bis 22 kurze Zähne.
GRÖSSE: Bei der Geburt sind die Kälber 60 bis 98 Zentimeter lang, die ausgewachsenen Tiere erreichen etwa 1,8 Meter.
LEBENSRAUM: Die warmen Küstengewässer Asiens (selten sieht man Tiere dieser Art weiter als fünf Kilometer vor der Küste), von Pakistan bis Korea, von Japan bis nach Borneo und Java.
FORTPFLANZUNG: Nach einer elf- bis zwölfmonatigen Tragzeit werden die Kälber im Sommer geboren und für ein Jahr gesäugt. Die Jungtiere liegen oft auf dem Rücken der Muttertiere.
NAHRUNG: Kleine Fische, Garnelen und Tintenfische.

Schweinswal
Phocoena phocoena

ÄUSSERES: Der »Common«- oder auch »Harbour Porpoise« genannte Schweinswal ist weder häufig, noch wird er in Häfen gesehen. Er zeigt nicht den Ansatz eines »Schnabels«. Die Brustflossen sind klein und an den Spitzen abgerundet, die Fluke ist klein, die Rückenfinne niedrig und abgestumpft. Der untersetzte Körper ist auf dem Rücken braun bis dunkelgrau gefärbt. Die Bauchseite ist weiß. Der Übergang von der Rücken- zur Bauchfärbung ist bei den meisten Tieren sehr abrupt. Auf jeder Seite des Oberkiefers stehen 23 bis 28 kleine Zähne, auf jeder Seite des Unterkiefers 22 bis 26 Zähne.
GRÖSSE: Bei der Geburt sind diese Wale etwa 70 bis 90 Zentimeter groß, Erwachsene erreichen 1,8 Meter. Die Weibchen sind etwas größer und schwerer als die Männchen.
LEBENSRAUM: Diese Art lebt in den Küstengewässern; im Nordatlantik von der Küste Westafrikas bis zur Davis-Straße und bis Island, im Nordpazifik von Alaska bis Baja California. Auch im Schwarzen Meer gibt es den Schweinswal.
FORTPFLANZUNG: Die Schweinswale werden mit vier Jahren fortpflanzungsfähig. Die Paarung findet im Sommer statt. Die Tragzeit beträgt zehn Monate, und die Jungen werden sechs Monate lang gesäugt. Ein Weibchen bekommt alle zwei Jahre Nachwuchs.
NAHRUNG: Heringe und andere Schwarmfische, auch Bodenfische (bis maximal 90 Meter Tiefe), Tintenfische und Garnelen.

FAMILIE PLATANISTIDAE GANGES-DELPHINE

Zwei Arten

Ganges-Delphin
Platanista gangetica

ÄUSSERES: Der Ganges-Delphin (»Ganges-River-Dolphin« oder »Ganges Susu«) ist bekannt für seine seitliche Schwimmlage. Dabei pflügt er mit der Vorderkante der großen, abgerundeten Brustflosse durch den schlammigen Boden auf der Suche nach Nahrung. Die winzigen Augen sind so gut wie funktionslos, mit ihnen können die Delphine nur noch Helligkeitsunterschiede wahrnehmen. Diese Tiere lassen sich bei ihren Streifzügen ganz von der Echolokation führen. Der Körper ist grau gefärbt, auf dem Rücken dunkler als auf dem Bauch. Eine Rückenfinne ist nur noch angedeutet. Die Fluke läuft spitz aus, der »Schnabel« ist lang und dünn, mit einem Wulst an der Spitze. Auf jeder Seite der Ober- und Unterkiefer stehen 26 bis 37 kleine Zähne, die umso größer sind, je weiter vorne im Maul sie stehen.

GRÖSSE: Bei der Geburt sind die Kälber um 75 Zentimeter lang. Ausgewachsene Delphine erreichen 2,4 Meter.

LEBENSRAUM: Der Ganges-Delphin ist ursprünglich in den Flußsystemen von Ganges, Brahmaputra und Karnaphali in Indien und Bangladesh weit verbreitet, aber heute selten. Der Indus-Delphin ist geografisch vom Ganges-Delphin getrennt, ähnelt diesem aber sehr stark.

FORTPFLANZUNG: Nach einer Tragzeit von acht bis neun Monaten werden die Kälber im Frühjahr geboren und bleiben höchstens ein Jahr bei der Mutter. Mit zehn Jahren (bei einer Größe von 1,7 Meter bei den Männchen und 2 Meter bei den Weibchen) werden die Delphine geschlechtsreif.

NAHRUNG: Unter anderem Garnelen, Zwergwelse, Karpfen, Brackwasserfische.

FAMILIE INIIDAE AMAZONAS-DELPHINE

Eine Art

Amazonas-Delphin
Inia geoffrensis

ÄUSSERES: Der Amazonas-Delphin (»Amazonas River Dolphin«) ist der größte unter den Süßwasser-Delphinen. Diese Art ist in einigen Merkmalen besonders auffallend. Die Tiere sind entweder ganz pinkfarben oder am Rücken grau und bauchseits pink. Sie haben keine deutlich abgesetzte Rückenfinne. Die paddelförmigen Brustflossen sind gut entwickelt, die häufig an der Hinterkante gekerbte Fluke ist groß und spitz zulaufend. Die kleinen Augen sind voll funktionsfähig. Der »Schnabel« ist sehr lang und kräftig. Auf jeder Seite des Ober- und Unterkiefers stehen 24 bis 30 große, kegelförmige Zähne. Die meisten Tiere, im Englischen auch »Bouto« genannt, haben auf dem »Schnabel« bei der Geburt wenige Haare, die aber im Laufe der Entwicklung verschwinden.

GRÖSSE: Bei der Geburt 75 Zentimeter, ausgewachsen 2,5 bis 3 Meter lang und 90 Kilogramm schwer. Die Männchen sind allgemein etwas größer als die Weibchen.

LEBENSRAUM: Das riesige Amazonas- und Orinoko-Flußsystem im tropischen Südamerika. Es gibt, durch Bergzüge getrennt, drei isolierte Verbreitungsgebiete dieser Art.

FORTPFLANZUNG: Nach einer neun- bis zwölfmonatigen Tragzeit werden die Kälber zwischen Juli und September geboren. Mit 2 Meter werden die Männchen, mit 1,7 Meter die Weibchen geschlechtsreif.

NAHRUNG: Schildkröten, Krebse, Welse, kleine Süßwasserfische.

FAMILIE LIPOTIDAE
CHINESISCHE FLUSSDELPHINE

Eine Art

Chinesischer Flußdelphin
Lipotes vexillifer

ÄUSSERES: Der äußerst seltene und vom Aussterben bedrohte Chinesische Flußdelphin (»Chinese River Dolphin« oder »Baiji«) hat eine niedrige, dreieckige Rückenfinne — meist das einzige, was von dem Delphin überhaupt zu sehen ist; denn die Tiere sind vorsichtig und äußerst scheu. Ihr Körper ist untersetzt, der »Schnabel« lang, dünn und leicht nach oben gebogen. Der Kopf hat eine wulstige Stirn. Die Brustflossen sind kurz und breit, die Fluke gut entwickelt. Der Körper ist auf dem Rücken hell- bis dunkel-blaugrau. Bauchseits sind die Tiere weiß. Auf jeder Seite des Ober- und Unterkiefers stehen 31 bis 36 relativ breite Zähne.
GRÖSSE: Voll entwickelte Foeten waren 57 Zentimeter lang. Ausgewachsene Weibchen werden um 2,4 Meter, ausgewachsene Männchen um 2,1 Meter groß.
LEBENSRAUM: Beschränkt auf einige Gebiete des Jangtsekiang in China. Der Delphin findet sich durch eine hochentwickelte Echolokation im trüben Wasser des Flusses zurecht.
FORTPFLANZUNG: Mit etwa vier Jahren werden die Männchen, mit sechs Jahren die Weibchen geschlechtsreif. Die Tragzeit ist relativ kurz.
NAHRUNG: In den Mägen von Delphinen, die versehentlich an die Haken chinesischer Fischer gingen, fand man aalähnliche Welse und andere Süßwasserfische.

FAMILIE PONTOPORIIDAE
LA PLATA-DELPHINE

Eine Art

La Plata-Delphin
Pontoporia blainvillei

ÄUSSERES: Dieser Delphin, im Englischen »Franciscana« genannt, ist eine ganz seltsame, ungewöhnliche Art. Die Tiere leben im flachen Wasser der Atlantikküste Südamerikas. Der Körper ist untersetzt mit einem außergewöhnlich kleinen Kopf und einem langen, schlanken »Schnabel«. Die Rückenfinne ist dreieckig, die Brustflossen sind paddelähnlich, die Fluke groß und spitz auslaufend. Die Rückenseite des Körpers ist fahlbraun, die Bauchseite wesentlich heller braun gefärbt. Auf jeder Seite des Ober- und Unterkiefers stehen 50 oder mehr kleine, sehr spitze Zähne.
GRÖSSE: Die Kälber sind bei der Geburt 70 Zentimeter lang. Bei Eintritt der Geschlechsreife sind die Männchen 1,5 Meter groß und 32 Kilogramm schwer, die Weibchen 1,7 Meter bei 40 Kilogramm.
LEBENSRAUM: Diese Delphine werden nur selten gesichtet. Ihr Verbreitungsgebiet beschränkt sich auf die südliche Atlantikküste Südamerikas, von der Valdez-Halbinsel und dem La Plata-Delta bis nahe an Rio de Janeiro.
FORTPFLANZUNG: Nach einer zehnmonatigen Tragzeit werden die Kälber im Oktober bis Februar geboren und vom Muttertier für etwa neun Monate lang gesäugt. Die Geschlechtsreife erreichen die Tiere mit zwei bis drei Jahren. Ein Muttertier wirft alle zwei Jahre.
NAHRUNG: Viele verschiedene Fisch- und Garnelenarten und eine Art Tintenfische. Die La Plata-Delphine suchen ihre Beute bevorzugt am oder im Boden.

BARTENWALE

WILLIAM H. DAWBIN

Bartenwale filtrieren ihre Nahrung, kleine Plankton-Organismen, mit Hilfe ihrer Barten (oft auch als Walbein bezeichnet) aus dem Wasser. Die Gruppe wird manchmal auch die »Großwale« genannt. Dieser Begriff ist jedoch irreführend. Zwar trifft er auf die wirklich großen Arten der Gruppe zu. Es gibt darunter aber auch kleine Arten, die an Größe von einigen der Zahnwale, beispielsweise dem Schwertwal *(Orcinus orca),* einigen Entenwalen und speziell dem riesigen Pottwal *(Physeter catodon)* übertroffen werden. Der größte der Bartenwale allerdings, der Blauwal *(Balaenoptera musculus),* ist nicht nur das größte aller lebenden Tiere, sondern auch das größte, das nach unserer Kenntnis je existiert hat. Er übertrifft sogar noch die größten Dinosaurier. Diese Tatsache ist umso beeindruckender, wenn man bedenkt, daß dieses Tier sich im Vergleich mit allen anderen Säugetieren von den kleinsten Organismen ernährt.

Paul Ensor

▲ Die besondere Eigenart der Bartenwale ist ihr Filtrierapparat. Er besteht aus hornigen Platten, deren Enden borstenartig aufgefasert sind. Die Länge der Barten reicht von 1 Meter beim Zwergwal bis zu 4,5 Meter beim Buckelwal. Indem sie winzige Nahrungsbeute aus dem Wasser ausfiltern, gewinnen sie genügend Stoffwechselenergie zum Aufbau und Erhalt ihrer riesigen Körper.

Als spezielle Anpassung an ihre Ernährungsweise haben die Bartenwale hornige Lamellen, die an beiden Seiten des Oberkiefers mehr oder weniger wie die Seiten eines Buches herabhängen. An der inneren, zum Schlund hin gerichteten Seite sind die Hornplatten zu borstengleichen Fasern ausgefranst, die — je nach den bevorzugten Nahrungstieren — grob oder auch seidenfein sein können. Die Substanz, aus der diese Barten bestehen, ist ähnlich dem Keratin, also vergleichbar mit dem unserer Fingernägel oder dem der Hufe des Rindes. Mit Knochensubstanz hat sie aber überhaupt nichts zu tun, und deshalb ist der Begriff Walbein irreführend.

Alle Bartenwale sind darauf angewiesen, große Konzentrationen der winzigen Tiere, von denen sie leben, zu suchen. Die Filtriermethode der einzelnen Gruppen ist unterschiedlich und hängt von der Art der Beute ab. Da die dichten Planktonschwärme hauptsächlich in den oberen Wasserschichten vorkommen, halten sich Bartenwale sowohl beim Wandern als auch beim Jagen hauptsächlich in den obersten 100 Meter Wassertiefe auf — in deutlichem Gegensatz zu den in der Tiefe jagenden Pottwalen und den Entenwalen. Sie müssen also bei den einzelnen Tauchgängen nicht so lange Zeit unter Wasser verbringen, sondern haben kürzere Zeiträume zwischen dem Luftholen. Der Blas, die kondensierte Feuchtigkeit in der unter starkem Druck ausgepreßten Ausatemluft, dient häufig zum Identifizieren der Art. Er ist in Höhe und Form unterschiedlich. Die Tauchzeiten variieren zwischen vier bis fünf und 20 Minuten. Unter besonderen Umständen, zum Beispiel, wenn ein Tier von der Harpune getroffen ist, können aber auch bei Bartenwale längere und tiefere Tauchgänge vorkommen. An die Leistungen der Pottwale — 2000 Meter Tiefe und bis zu 90 Minuten Dauer — kommen die Bartenwale aber nicht heran.

Zu der Unterordnung Bartenwale *(Mysticeti)* gehören die Glattwale und Zwergglattwale sowie die Grauwale und Furchenwale. Der Begriff Furchenwale wird hier im weiteren Sinn verwendet und schließt den Buckelwal mit ein.

GLATTWALE

Glattwale unterscheiden sich von den anderen Bartenwalen hauptsächlich durch die sehr langen Barten mit den feinen, beinahe seidendünnen Fransen. Sie ernähren sich von kleinen, planktonisch lebenden Krebstieren, hauptsächlich Copepoden.

Die drei Arten dieser Familie sind groß gebaut und haben mächtige Leiber mit einer dicken Speckschicht. Ihr englischer Name, »Right Whales«, leitet sich aus der Kombinaton von reichlichem Speckertrag und dem großen Wert, den man den seidigen Barten beimaß, ab: dies waren die »richtigen« Wale für den Fang!

Wegen ihrer Fangmethode — eine Art Abschöpfen, wobei sie mit teilweise geöffnetem Mund durchs Wasser pflügen, so daß das Wasser beim Wiederausströ-

Francois Gohier/Auscape International

men über die Barten fließt, wo die winzigen Organismen festgehalten werden — besteht für die Glattwale nicht die Notwendigkeit, den Schlund weit aufzureißen. Deshalb findet man bei dieser Familie auch keine bauchseitigen Furchen oder Falten am Kehlkopf. Sie haben keine Rückenflosse. Der Oberkiefer bildet einen weiten Bogen, um Platz für die langen Barten zu schaffen.

Drei Arten unterscheidet man in der Familie der Glattwale: den Nordkaper *(Eubalaena glacialis)*, den Südlichen Glattwal *(Eubalaena australis)* und den Grönlandwal *(Balaena mysticetus)*.

Die erste Wal-Art, die dem Menschen näher bekannt wurde, war der Nordkaper. Diese Wale wurden von den Basken schon im 10. Jahrhundert in der Bucht von Biskaya bejagt. Über mehrere Jahrhunderte dehnten die Basken ihr Operationsgebiet aus hinaus auf den Atlantik bis hinüber nach Neufundland. Walfänger aus Holland und Großbritannien taten es ihnen gleich. Die Verfolgung über so lange Zeit dezimierte die Zahl der Nordkaper schließlich so sehr, daß sie äußerst selten wurden in diesem Teil des Weltmeers. Erst heute zeigen sich erste Ansätze zu einer Erholung der Bestände, vor allem entlang der Ostküste Nordamerikas.

Nordkaper erreichen eine Länge von maximal 17 bis 18 Metern. Sie zeigen ein begrenztes, jahreszeitlich bedingtes Wanderungsverhalten. Im Winter ziehen sie in wärmere Gewässer, und in den Sommermonaten suchen sie die kälteren Gewässer auf, wo ihre Nahrungsbeute am häufigsten vorkommt.

Das einstige Verbreitungsgebiet der Nordkaper hat man hauptsächlich aus der Walfang-Geschichte abgeleitet. Die überlieferten Fänge zeigen, daß sie nicht so weit nördlich in die arktischen Gewässer wanderten wie der Grönlandwal, dafür aber viel weiter südlich entlang der Ostküste der Vereinigten Staaten bis Florida und vor dem nördlichen Afrika bis zur Cintra-Bucht.

Im Pazifik drangen sie bis in die japanischen Gewässer vor und wurden vom Golf von Alaska bis vor Britisch-Kolumbien (Kanada), gelegentlich sogar vor Kalifornien, gefangen. Nur wenige Fänge werden aus dem Bering-Meer berichtet, wo der Schwerpunkt des Grönlandwal-Fangs lag.

Der Südliche Glattwal ähnelt dem Nordkaper so sehr, daß manche Meeresbiologen die beiden als ein und dieselbe Art betrachten. Kürzlich wurde auf einem Symposium der Internationalen Walfang-Kommission jedoch beschlossen, die Arten weiterhin als getrennt zu behandeln, da sie zumindest geografisch weit voneinander entfernt sind. Schließlich liegen zwischen den beiden Populationen die weiten äquatorialen und tropischen Meeresgebiete.

▲ Der Nordkaper war der erste Wal, der kommerziell bejagt wurde. Im Englischen wird er „Right Whale", der Richtige Wal, genannt, weil er langsam schwimmt und nicht untergeht, wenn er tot ist (beides war wichtig in der Zeit der kleinen Fangboote) und beträchtliche Mengen an Öl und wertvollem Walbein liefert. Die Nordkaper wurde beinahe bis an den Rand des Aussterbens bejagt. Allein 1823 fing man vor Grönland 2000 Tiere.

DIE UNTERSCHIEDE ZWISCHEN DEN BARTEN- UND DEN ZAHNWALEN

MICHAEL BRYDEN

Die Hauptunterscheidung, die zur Einteilung in die zwei Unterordnungen Bartenwale *(Mysticeti)* und Zahnwale *(Odontoceti)* führte, ist das Vorhandensein oder Nichtvorhandensein von Barten beziehungsweise Zähnen. Es gibt aber daneben auch andere unterschiedliche Merkmale. Dazu zählen die Schädelform, die Ausbildung des Blaslochs sowie die Form der Rippen und des Brustbeins.

Der Schädel der Zahnwale ist — von oben betrachtet — bemerkenswert asymmetrisch. Der Grund für diese Asymmetrie ist nicht bekannt. Vielleicht leitet sich hieraus aber das Vorkommen von nur einer Öffnung am Blasloch ab.

Bei den Landsäugetieren trägt die Rippe gewöhnlich zwei deutlich ausgeprägte Fortsätze. Der eine, der »Kopf«, stellt die Verbindung zur Wirbelsäule her, der andere, das »Tuberkel«, verbindet sich mit dem gegenüberliegenden Rippenbogen. Bei den Bartenwalen dagegen haben die meisten Rippen ein Tuberkel, aber keinen Kopf.

Die Rippen, die mit dem Brustbein verbunden sind, nennt man »echte Rippen« im Gegensatz zu den »falschen Rippen«, die keine Verbindung zum Brustbein haben.

Die unterschiedlichen Merkmale der beiden Unterordnungen sind im wesentlichen:

Bartenwale	Zahnwale
Zähne fehlen (außer in embryonalen Durchgangsstadien)	Zähne vorhanden (dringen allerdings bei manchen Arten nicht durch den Gaumen)
Barten vorhanden	Keine Barten
Schädel symmetrisch	Schädel asymmetrisch
Paarige äußere Nasenöffnungen	Nur eine Nasenöffnung
1 bis 3 Rippen haben Köpfe	4 bis 8 Rippen haben Köpfe
Keine echten Rippen	Echte Rippen vorhanden
Brustbein besteht aus einem einzigen Knochen, der nur mit dem ersten Rippenpaar verbunden ist	Brustbein besteht aus 3 oder mehr Knochen, die mit 3 oder mehr Paar Rippen verbunden sind

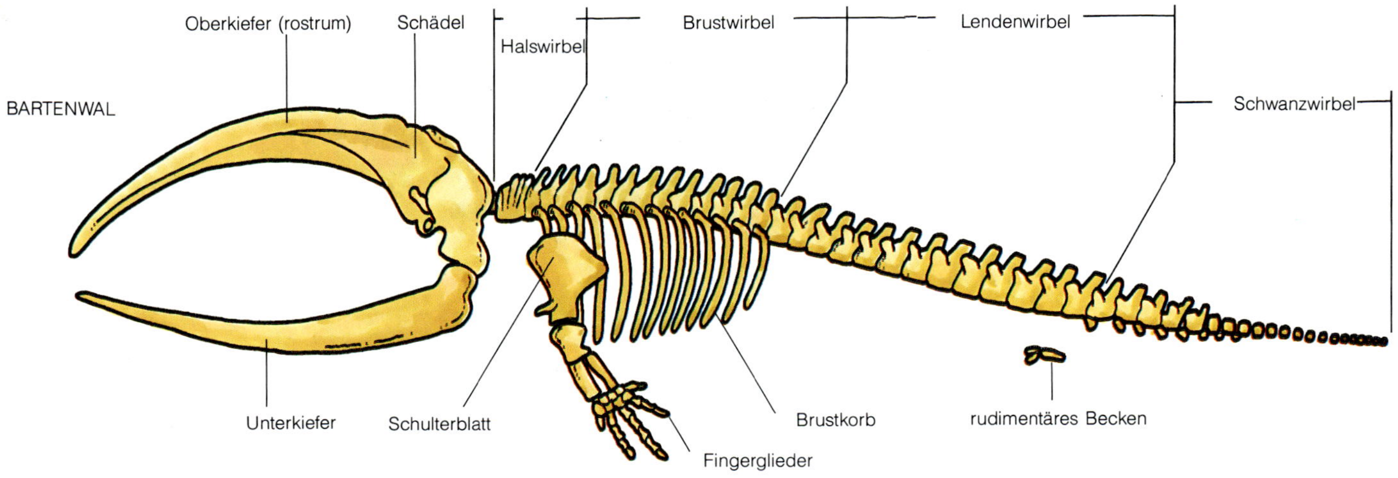

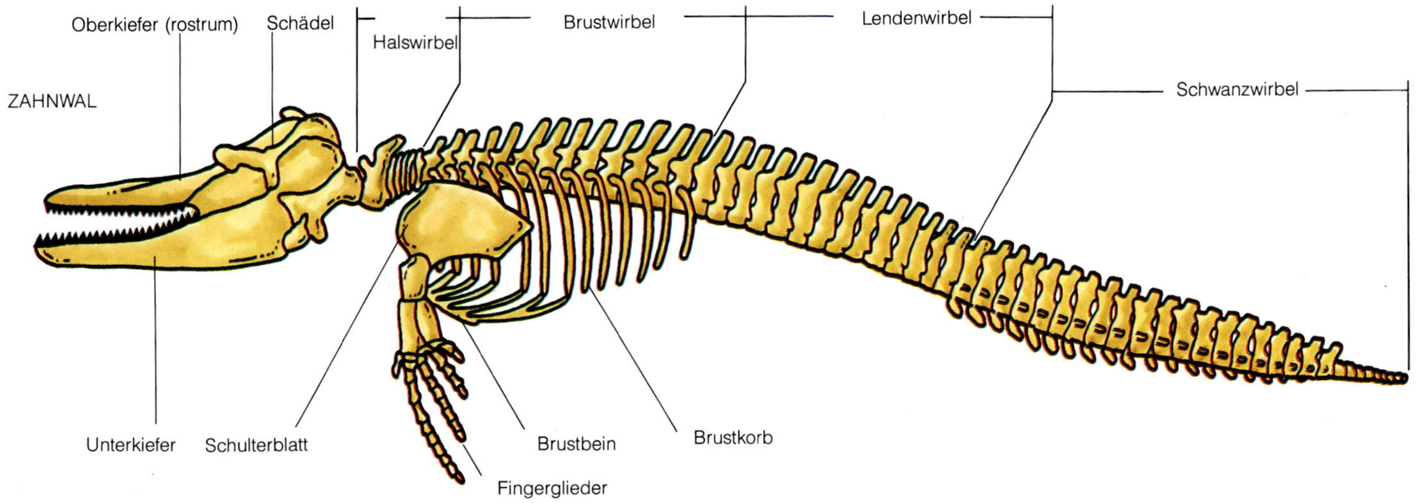

Francois Gohier/Ardea London Ltd

Abgesehen von beträchtlichen Unterschieden im inneren Körperbau, die darauf hinweisen, daß sich die Unterordnungen getrennt voneinander entwickelten, gibt es auch äußerlich sichtbare Unterscheidungsmerkmale. Die Größe ist das eine: wenige Zahnwale erreichen die Größe der kleinsten Bartenwale. Das zweite: Zahnwale haben nur ein Blasloch, Bartenwale dagegen zwei (Abbildungen).

H. Blatterer/NPIAW

Zahnwale sind im allgemeinen schnellere Schwimmer als Bartenwale, da sie ihre Beute nicht wie eine Suppe aufschlürfen können, sondern sie aktiv jagen müssen. Das drückt sich deutlich in der Skelettstruktur aus, die bei den Zahnwalen erheblich kräftigeren Muskeln Halt bieten muß (Zeichnungen links).

Dave Watts/Australasian Nature Transparencies

▲ Eigentlich ist es nur das unterschiedliche Verbreitungsgebiet, das noch zu einer Unterscheidung zwischen Nordkaper und Südlichem Glattwal veranlaßt. Biologisch gesehen ähneln sich die beiden Arten sehr. Der Südliche Glattwal wurde später bejagt als der Nordkaper, aber auch er wurde im 19. Jahrhundert bis zur totalen Erschöpfung der Bestände ausgebeutet.

Den Südlichen Glattwalen stellte man später nach als den Nordkapern. Erst am Ende des 18. Jahrhunderts drangen die Walfänger in den Südatlantik vor, in den Südpazifik sogar noch später. Im 19. Jahrhundert verbreitete sich der Walfang dann aber umso rascher. Die Bestände wurden auf hoher See von umherkreuzenden, besegelten Dampfschiffen lokalisiert. Nach Sichtung wurden lange Fangboote ausgesetzt. Den Hauptanteil am Walfang dort hatte die »Yankee-Fangflotte«, die hauptsächlich von den Neuengland-Häfen Nantucket und New Bedford aus operierte. Da die trächtigen Weibchen gewöhnlich in Ufernähe kommen, wurden sehr viele Walfangstationen auch an den Küsten von Südafrika, Australien (besonders Tasmanien) und rund um Neuseeland eingerichtet.

Das Ergebnis dieser vereinigten Anstrengungen war beispielsweise, daß allein in der Region Australien in der Fünf-Jahres-Periode von 1835 bis 1839 mehr als 12 000 Südliche Glattwale gefangen wurden, und in den folgenden fünf Jahren weitere 7000. In diesen zehn Jahren wurden mehr als Dreiviertel aller jemals in australasiatischen Gewässern verzeichneten Fänge getätigt, und die Bestände wurden dadurch derart geschwächt, daß die meisten Walfang-Gesellschaften ihre Aktivitäten einstellen mußten. Seither sind die Südlichen Glattwale im südlichen Ozean eine sehr seltene Art geblieben. Vor Südamerika hat man bei Luftbeobachtungen erste Anzeichen einer Erholung feststellen können, später auch vor Südafrika und Westaustralien, dann südlich von Australien und Neuseeland. Aber vor Ostaustralien und Tasmanien kann man auch heute nur noch gelegentlich vereinzelte Tiere antreffen.

Obwohl man diese Wale lange Zeit verfolgte, wußte man sehr wenig über ihre Biologie. Erst in unserem Jahrhundert, lange nachdem die Jagd auf diese Art hatte aufgegeben werden müssen, wurden Untersuchungen über sie angestellt. Einen wesentlichen Beitrag hat Roger Payne geliefert, der die Südlichen Glattwale vor der Halbinsel Valdés in Argentinien beobachtete. Beim Monitoring der Tiere, die aufgrund von Fotos ihrer individuellen Zeichnung identifiziert werden konnten, zeigte sich, daß manche Südlichen Glattwale in bestimmten Küstengebieten zum Gebären recht nahe in den Uferbereich kommen. Es dauerte eine Weile, ehe man erkannte, daß nahezu alle

Tiere, die derart dicht in den Uferbereich kamen, in der Tat trächtige Weibchen waren, und daß das Kalben in einem Abstand von nur einigen Hundert Metern hinter der Brandungslinie erfolgen kann. Bald wurde auch deutlich, daß Tiere, die niedergekommen waren, in den nächsten zwei Jahren nicht mehr gesichtet wurden. Neue Gruppen von Walen erschienen in den darauffolgenden Jahren. Es zeigte sich, daß die Mehrzahl der Südlichen Glattwale im Drei-Jahres-Intervall trächtig wird, und diese Beobachtung wurde an Individuen verifiziert, die sich ein weiteres Mal zum Kalben einstellten. Das Verhalten der heranwachsenden und erwachsenen Männchen ist weniger klar. Sie scheinen sich weiter entfernt vom Ufer aufzuhalten.

Die Tatsache, daß die Weibchen und ihre Jungen sich so nah am Ufer aufhalten, hat wesentlich zur Dezimierung der Südlichen Glattwale beigetragen, vor allem durch die Tätigkeit der Küsten-Walfangstationen. Die Walfänger hatten keine Bedenken, die Kälber abzuschlachten, um so leichter an die Muttertiere heranzukommen, und die Kombination dieses Abschlachtens von Muttertier und Nachwuchs zusammen mit den Fängen auf hoher See führte zum raschen Niedergang der Bestände.

Der Südliche Glattwal wandert nicht so weit nach Süden wie die Bartenwale. Die Wanderungen enden, wie neuerliche systematische Zählungen der Bestände gezeigt haben, offenbar an der südlichen Konvergenz — jener unsichtbaren Temperaturgrenze, wo das kühle subantarktische und das wirklich kalte antarktische Wasser der Krill-Zone aneinanderstoßen. Selten trifft man deshalb die Südlichen Glattwale in den Krillschwärmen an. Sie ernähren sich in der Tat von kleineren Krustentieren, in der Hauptsache Copepoden. Da sie weder sehr weit zur Futtersuche nach Süden ziehen noch sehr weit zum Gebären nach Norden in wärmere Gewässer, ist ihr Verbreitungsgebiet vergleichsweise beschränkt.

Charakteristischerweise sind sowohl der Nordkaper als auch der Südliche Glattwal langsame Schwimmer. Gewöhnlich heben sie keine großen Partien des Körpers aus dem Wasser. Bei erwachsenen Tieren kommt es selten vor, daß sie die Wasserfläche durchstoßen oder gar mit dem ganzen Körper aus dem Wasser kommen. Bei den wohl verspielteren Jungtieren allerdings kann man dies manchmal als lange Folge von Sprüngen beobachten.

Die größte, am wenigsten bekannte und seinerzeit für den Walfang kommerziell wichtigste Art unter den Glattwalen ist der Grönlandwal. Dieser auf die arktischen und subarktischen Gewässer beschränkte Wal kann 18 Meter Länge erreichen und hat einen riesigen Kopf, der bis zu 40 Prozent der Körperlänge ausmachen kann. Der Oberkiefer ist weit gebogen, so daß die Barten eine Länge bis zu viereinhalb Metern erreichen können — doppelt so lang wie bei den Nordkapern und den Südlichen Glattwalen! Das machte die Barten des Grönlandwals zu den wertvollsten, und außerdem lieferten sie, wie ihre Verwandten, gewaltige Mengen Öl.

Die Glattwale bewegen sich langsam und sind an sehr kalte Gewässer gebunden. In den Anfängen, ab etwa 1700, jagte man sie insbesondere um Spitzbergen herum. Als diese Bestände drastisch dezimiert waren, stellte man ihnen vor Grönland und der Baffin-Insel sowie in der Hudson-Bay nach, später sogar im nördlichen Pazifik und im Ochotskischen Meer. Das Überfischen reduzierte die Bestände so, daß man die Ausrottung der Art befürchten mußte und den Fang untersagte. Nur eine kleine — und dennoch umstrittene — Quote von etwa 20 bis 30 Exemplaren wurde von den Vereinigten Staaten den Eskimos eingeräumt, damit diese den Walfang als Bestandteil ihres kulturellen Erbes weiterpflegen können. Die Tatsache dieses Sonderrechts hatte intensive Beobachtungen der Bestände durch Luftaufklärung sowie Beobachtung unter Wasser mit Hilfe von Hydrophonen zur Folge. Diese Bemühungen haben glücklicherweise gezeigt, daß die Grönlandwale nicht so hoffnungslos bedroht sind, wie man glaubte, und daß der Bestand von mindestens 3000 bis 4000 Exemplaren zwar nicht sehr groß ist, aber doch das Überleben der Art relativ sicherstellt.

Bruce Krogman/National Marine Fisheries Service

◀ Der Grönlandwal dringt weit in die polnahen arktischen Gewässer vor. In der Packeiszone taucht er unter breiten Eisstreifen von einer eisfreien Stelle zur anderen. Da er sich, wie der Nordkaper, beim Schwimmen häufig auf den Rücken legt, kann man ihn aus der Luft anhand seiner weißen Markierungen an Kinn und Bauchseite identifizieren.

Don Croll

▲ Der Grönlandwal hat einen – auch im Vergleich zur Gesamtlänge – riesigen Kopf. Die Barten im weit gewölbten Oberkiefer werden bis zu 4,5 Meter lang. Die Ölausbeute bei dieser Art ist größer als bei allen anderen Bartenwalen.

Francois Gohier/Ardea London Ltd

▶ Zur selben Zeit, in der die industrielle Revolution zahlreiche neue Anwendungsmöglichkeiten für das Walöl von der Wollverarbeitung bis zum Abschmieren von Maschinen eröffnete, fand man auch weitere Einsatzgebiete für das Walbein. Man fertigte daraus Korsettstangen, die Gestelle von Sonnen- und Regenschirmen, Jalousien und die Versteifungen von Reitstiefeln an.

DER ZWERGGLATTWAL

Dieser kleine, bis zu sechs Meter lange Wal hat lange Barten mit feingefaserten Enden wie die großen Glattwale, aber die Einteilung in eine eigene Familie ist gerechtfertigt durch genug anatomische Abweichungen (beispielsweise beim Brustkorb) und das Vorkommen einer Rückenflosse.

Der Zwergglattwal *(Caperea marginata)* kommt nur auf der südlichen Erdhalbkugel vor und war bis vor kurzem nahezu ausschließlich von Strandungen bekannt. Etwa 40 von ihnen verzeichnete man in Australien (speziell Tasmanien), Neuseeland und Südafrika. Man vermutet, daß diese Küsten in etwa die nördliche Grenze des Verbreitungsgebiets darstellen, und daß die Zwergglattwale wie die anderen Glattwale in die subantarktischen Gewässer wandern und sich ebenso von kleinen Krustentieren wie den Copepoden ernähren. Dies hat sich bei der Untersuchung des Mageninhalts einiger Zwergglattwale bestätigt, die man vor Tristan da Cunha für wissenschaftliche Zwecke erlegte.

Bis vor kurzem war auch ihr Gesang nicht bekannt. Hydrophone, die man einem Einzeltier vor Victoria (Australien) anhängte, verzeichneten bei mehreren Gelegenheiten doppelte, dumpfe Schläge wie von einer großen Trommel — andere Geräusche waren nicht feststellbar.

Wenn der Zwergglattwal geradeaus schwimmt, ragt seine Rückenflosse aus dem Wasser und sieht genauso aus wie die des Zwergwals *(Balaenoptera acutorostrata)*. In der Tat, wenn er nicht den charakteristischen Kopf blicken läßt, was selten geschieht, ist der Rücken mit ziemlicher Sicherheit bei vielen Begegnungen als der Rücken eines Zwergwals angesehen worden. Es kann deshalb sehr wohl sein, daß die Zwergglattwale gar nicht so selten sind, wie angenommen wurde.

DER GRAUWAL

Auch dieser 14 Meter lange Wal weist einige Besonderheiten auf, die zur Einklassifizierung in eine eigene Familie führten. Wie die Glattwale hat der Grauwal *(Eschrichtius robustus)* keine Rückenflosse, aber er weist eine Reihe von Buckeln (bis zu zehn) entlang der Oberseite des Ansatzes der Schwanzfluke auf. Der Oberkiefer ist gebogen, aber nicht so ausgeprägt halbrund wie bei den Glattwalen. Deshalb sind auch die Barten kürzer. Außerdem haben die Barten kürzere Fasern, und das Tier hat andere Ernährungsgewohnheiten. An der Kehle findet sich ein einzelnes Paar (in seltenen Fällen zwei Paare) von Furchen. Bei den Glattwalen fehlen solche Furchen ganz, und bei den Furchenwalen sind es 20 bis 90. Die Grundfärbung ist grau, wie der Name es schon ausdrückt, aber gewöhnlich treten viele Flecken auf, so daß der Grauwal eher gescheckt aussieht.

Grauwale haben eine gedrungenere, weniger stromlinienförmige Körperform als die Furchenwale. Ihr langsames Schwimmen ist mit dem der Glattwale vergleichbar. Im Gegensatz zu diesen können sie aber beim Angriffsverhalten kurze Sprints mit hoher Geschwindigkeit einlegen. Sie wandern jahreszeitlich über weite Entfernungen von den warmen Küstengewässern, wo sie im Winter ihre Jungen gebären, zu den gemäßigten, kalten oder subarktischen Gebieten, die sie im Sommer zur Nahrungsaufnahme aufsuchen. Die Wanderrouten der einzelnen Populationen sind dabei unterschiedlich. Alle Populationen kommen auf der nördlichen Erdhalbkugel vor.

Der Grauwal ernährt sich als einziger Wal von bodenlebenden Organismen. Er stöbert Gammariden (eine Art Sandhüpfer) und andere Kleintiere auf, indem er mit der Schnauze den Grund aufwühlt. Dann saugt er das aufgewühlte Wasser in das Maul, filtriert es durch die Barten und stößt es wieder aus. Üblicherweise ist der Grauwal ein »Rechtshänder«: Er liegt bei diesem Vorgang auf der rechten Seite, so daß die rechten Barten dabei etwas abgenutzt werden. Nur einige »Linkshänder« hat man bisher gesehen. Bei ihnen waren die Barten der linken Seite abgenutzt.

Wie Versteinerungen aus Schweden, Holland und Großbritannien gezeigt haben, war der Grauwal schon in vorhistorischer Zeit in den nordatlantischen Meeren vertreten. Beschreibungen von Sichtungen und gelegentliche Fänge datieren bis ins frühe 18. Jahrhundert zurück. Seither kommen keine Berichte über Grauwale im Nordatlantik mehr vor. Ihre Auslöschung in dieser Region scheint also andere Gründe zu haben als den Walfang, für den der Grauwal hier nie eine bedeutende Rolle spielte.

Im nördlichen Pazifik waren die Grauwale noch im 19. Jahrhundert relativ häufig. Es gab zwei Hauptpopulationen. Die eine wanderte entlang der Küstenlinie Asiens vom Japanischen Meer an Korea vorbei zum südwestlichen Teil des Bering-Meers, die andere entlang der Westküste Nordamerikas vom Golf von Alaska hinunter zu den Lagunen von Baja California

G. L. Kooyman

◀ Das Auge des Grauwals, nur wenig größer als das eines Ochsen, wirkt in dem riesigen Kopf wie verloren. Es ist aber sowohl im Wasser als auch an der Luft voll funktionstüchtig: „Walfischläuse", eine Art von Copepoden, siedeln sich in den Hautfalten um die Augen und in den Kehlfurchen an.

in Mexiko. Die asiatische Population war wohl die zahlenmäßig geringere. Sie wurde in den Jahren 1930 bis 1940 bis zur Ausrottung bejagt. Die nordamerikanischen Grauwale wurden in ihren Abkalb-Gebieten, namentlich in Scammon's Lagoon, ab 1846 gejagt. Ihre Zahl verringerte sich drastisch, und das Überleben der Art war gefährdet. Ab 1946 gilt ein totales Fangverbot (abgesehen von einer geringen Quote für Eingeborene). Sorgfältige Beobachtungen haben gezeigt, daß der Bestand sich stetig wieder erhöht.

▼ Grauwale ernähren sich hauptsächlich, indem sie den Meeresgrund nach kleinen Organismen und Fischen durchpflügen. Sie streifen aber auch vom Kelp die daran anhaftenden Lebewesen ab. Die meisten Grauwale sind „Rechtshänder" und nutzen so die rechten Barten stärker ab als die linken.

Gerard Wellington/Earthviews

Heute hat er sich bei etwa 11 000 Exemplaren stabilisiert.

Die Beobachtung der Grauwale, das »Whale Watching«, ist in den USA sehr populär. Aber auch wissenschaftliche Untersuchungen werden entlang der Nordwestküste der Vereinigten Staaten sehr intensiv betrieben.

FURCHENWALE

Diese Familie mit sechs Arten umfaßt einige der größten Wale überhaupt. Aber auch der Zwergwal gehört dazu, der beachtlich kleiner ist als einige Meeressäuger aus anderen Familien. Alle Arten von Furchenwalen haben bestimmte Merkmale gemeinsam. Ihre Erscheinung ist stromlinienförmig mit einem zugespitzten Kopf, einer deutlich ausgebildeten Rückenflosse, relativ kleinen, kompakten Vorderflossen und, als Hauptkennzeichen, einer großen Zahl von in Längsrichtung verlaufenden Kehlfurchen, die unmittelbar unter dem Kinn ansetzen und bis gut hinter die Vorderflosse reichen. Die Anzahl der Furchen ist arttypisch und reicht von 50 beim Seiwal *(Balaenoptera borealis)* bis zu 90 beim Blauwal *(Balaenoptera musculus)*. Ihre Funktion ist es, das Aufblähen von Kehlkopf und Schlund ähnlich wie bei einer Ziehharmonika zu ermöglichen. Die Nahrungsmenge, die für das Wachstum und die Erhaltung der riesigen Furchenwale wie Seiwal und Blauwal benötigt wird, erfordert die Aufnahme gewaltiger Mengen von Wasser, aus dem dann der vergleichsweise winzige Krill ausgefiltert wird. In letzter Zeit sind einige wundervolle Fotos geglückt, die das bis zu 45 Grad und mehr geöffnete Maul und die volle Ausdehnung der Kehlfurchen zeigen, wobei ein enormer Sack entsteht wie bei einem ins Riesenhafte vergrößerten Pelikan. Auf diesen Bildern wird offensichtlich, daß mit jedem »Maulvoll« viele Tonnen Meereswasser durchgefiltert werden.

Alle Furchenwale sind aktive, relativ schnelle Schwimmer. Die meisten unternehmen ausgedehnte Wanderungen von den polaren Gewässern, wo sie sich

▶ Herman Melville beschrieb den Buckelwal als verspieltesten unter den Großwalen, weil er häufiger als die anderen seinen Körper in die Luft hebt. Er kann dabei beinahe frei aus dem Wasser herausspringen. Dieses Verhalten zeigt der Buckelwal am häufigsten auf den Weidegründen. Man hat aber auch schon allein ziehende Grauwale beobachtet, die ganz ohne sozialen Anlaß, offensichtlich aus Vergnügen, in die Luft sprangen.

Rosemary Chastney/Ocean Images, Inc./Planet Earth Pictures

▼ Der mächtige Kopf des Buckelwals, seine riesigen Brustflossen und der massige Körper heben ihn ab von den schlanken und stromlinienförmigen anderen Furchenwalen. Er hat aber wie sie die Kehlfurchen, die es ihm ermöglichen, riesige Mengen Wasser auf einmal aufzunehmen und durchzufiltern. Durch plötzliches weites Öffnen des Mauls und Ausweitung der Kehle erzeugt er einen kräftigen Sog, der auch bewegliche Beute in den Filterapparat schwemmt.

Rosemary Chastney/Ocean Images, Inc./Planet Earth Pictures

Francois Gohier/Auscape International

▲ An Anmut und gleichzeitig Mächtigkeit kommt dem Blauwal kein anderer gleich. Die Walfänger der alten Zeit hüteten sich vor ihm, weil sie ihm mit ihren offenen Booten nicht folgen und noch weniger die Mengen an Leinen mitführen konnten, die man benötigt, um ihn zu harpunieren und zu fangen. Erst als der Norweger Svend Foyn 1876 die Sprengharpune und große Dampf-Fangschiffe einführte, wurden sie zum bevorzugten Jagdziel. In einem einzigen Jahr (1930) wurden 30 000 Blauwale getötet.

ernähren, zu gemäßigten oder warmen Gewässern, wo ihre Kinderstuben liegen. Natürlich unterscheiden sie sich in Einzelheiten der Färbung und der Körperform, aber in der undifferenzierten Betrachtung — die sehr großen Unterschiede zwischen der größten und der kleinsten Art einmal unbeachtet — sehen sie sich doch bemerkenswert ähnlich.

Der größte von ihnen ist natürlich der Blauwal, der bis zu beinahe 31 Meter lang wird. Ein Blauwal wurde — natürlich in Stücke zerlegt — gewogen: 180 Tonnen! Aus diesen riesigen Tieren können bis zu 30 Tonnen Öl gewonnen werden. Nachdem die Technologie ausreichend entwickelt war, wurden die Blauwale im 20. Jahrhundert zum Hauptziel des Walfangs, vor allem in den Gewässern rund um die Antarktis. Die meisten Erkenntnisse über ihre Biologie sind abgeleitet aus den detaillierten Messungen und Aufzeichnungen der Walfang-Inspektoren aus unserem Jahrhundert sowie aus den von diesen zusammengestellten Präparaten der Fortpflanzungsorgane, Föten und anderer Körperteile. Als man früher Arten wie die Glattwale, den Grönlandwal oder auch den Grauwal jagte, hielt man leider derartige Werte nicht fest. Einige Schlußfolgerungen aus solchen Untersuchungen sind: Die Paarung der Blauwale vollzieht sich in warmen Gewässern. Die Tragezeit beträgt zehn bis zwölf Monate. Der Geburt folgt eine Stillperiode von etwas weniger als einem Jahr. Das schnelle Wachstum der Jungen führt zur Geschlechtsreife nach etwa sieben bis zwölf Jahren. Das Erwachsenwerden scheint in großem Umfang von der Verfügbarkeit der Nahrung abzuhängen. In dem Maße, in dem die Wale durch den Walfang reduziert wurden — und dadurch wohl das Nahrungsangebot für die restlichen sich erhöhte — verschob sich der Eintritt der Geschlechtsreife nach vorne. Das Muttertier bringt wahrscheinlich alle zwei Jahre, in Ausnahmefällen alle drei Jahre, Junge zur Welt.

Der Blauwal der Südhalbkugel ernährt sich nahezu ausschließlich von Krill *(Euphausia superba)*, und in diesen Weidegründen, wo sich die Tiere ihren Speck

Flip Nicklin

▶ Paradoxerweise sind die kalten und häufig lichtlosen arktischen und antarktischen Gewässer reich an Nährstoffen und beherbergen weit größere Massen an Lebewesen als die tropischen Gewässer. Kleine Krebstiere, Krill genannt, leben hier in dichten Massen und werden von den Walen ausgebeutet.

anfressen, waren auch die Hauptfanggebiete für den Walfang. Auf der nördlichen Halbkugel leben Blauwale verstreut in verschiedenen Regionen. Sie müssen sich aus einer Mischung verschiedener anderer Krustentiere ernähren, da Krill hier nicht vorkommt.

In beiden Hemisphären wandern die Blauwale zur Paarung und zum Kalben in wärmere Gewässer. Es scheint, daß sie sich dabei wohl von der Küste entfernt halten; denn nirgendwo auf der Welt hat die landgebundene Walfängerei jemals eine nennenswerte Ausbeute an Blauwalen ergeben. Vor Australien und Neuseeland beispielsweise sind neben vielen Tausenden von Buckelwalen *(Megaptera novaeangliae)* nur drei Blauwale erlegt worden. Man hat keine größeren Ansammlungen von Blauwalen gefunden, aus denen man Schlüsse über die Abkalb-Gebiete hätte ableiten können. Deshalb vermutet man, daß dies weit verstreut über die Ozeane stattfindet.

Zu Beginn dieses Jahrhunderts waren die Buckelwale die Hauptbeute beim antarktischen Walfang. Dies ist darauf zurückzuführen, daß die Walfangstationen landstationiert waren beziehungsweise die

Fangfahrzeuge von diesen Stationen aus im engen Umkreis und nur über dem Kontinentalsockel operierten. Hinzu kommt, daß die Buckelwale weit leichter zu erlegen sind. Aber die Weiterentwicklung der Fangausrüstung sowie der unabhängig operierenden »Schwimmenden Fangfabriken« ermöglichten es in jüngerer Zeit, den Blauwal als Hauptziel zu bejagen. 1930, im Spitzenjahr, wurden nahezu 30 000 Blauwale erlegt. Das war weit mehr, als die Bestände verkraften konnten, und von diesem Jahr an ging der Anteil der Blauwale an der Ausbeute des Walfangs stetig zurück, worauf die Walfänger sich der nächsten Art, dem Finnwal *(Balaenoptera physalus)* zuwandten.

Der Finnwal erreicht eine maximale Länge von 26 Metern, und man gewinnt aus ihm etwa halb soviel Öl wie aus dem Blauwal. Der Name bringt es schon zum Ausdruck: Der Finnwal hat eine etwas mehr hervorstehende Rückenflosse (»Finne«) als der Blauwal. Seine Farbe ist dunkler, eher uni grau als das bläuliche oder auch blau gesprenkelte Blau seines größeren Cousins. Unter dem Ansturm der Walfänger gingen die Bestände des Finnwals progressiv zurück. Ernst-

▲ Der Finnwal ähnelt Blau- und Seiwal bis auf die Rückenflosse (Finne), die bei ihm sichelförmig ist. Er kann erstaunlich schnell schwimmen. Für einen Bartenwal sind die 16 bis 20 Stundenkilometer, die er bei seinen Wanderungen nicht selten durchsteht, eine bemerkenswerte Leistung. Deshalb erhielt er auch den Beinamen „Windhund des Meeres".

▲ Die Lehre, die schon aus der Zeit des alten Walfangs hätte bekannt sein müssen, wurde nicht befolgt: Nachdem die eine Art (Blauwale) dezimiert war, wandten sich die modernen Walfänger den nächstkleineren zu. Obwohl der 15 Meter lange Seiwal nur ein ärmliches Substitut für Blau- und Finnwal war, wurde er verfolgt, bis er praktisch ausgestorben war.

hafte Bemühungen zur Regulierung dieser Ausbeutung wurden in den Nachkriegsjahren unternommen, wobei die Internationale Walfang-Kommission 1946 mit der Festsetzung von Fangquoten für alle Arten, die in den antarktischen Gewässern vorkommen, den Anfang machte.

Allerdings wurden die Fangquoten nicht für jede Art präzise festgelegt, sondern es gab Verhältniszahlen, mit denen die Fänge bewertet wurden: 1 Blauwal = 2 Finnwalen = 2,5 Buckelwalen = 6 Seiwalen. Deshalb lag weiterhin das Hauptaugenmerk der Walfänger auf den größeren Arten, und den kleineren wandten sie sich erst zu, als die Großwale selten geworden waren. Das führte zuerst zu der bekannten Überfischung der Blauwale, dann erreichten die Fänge des Finnwals einen Gipfel, und schließlich waren die Seiwale an der Reihe, als auch die Finnwale rar geworden waren. Schließlich wurde sogar der kleine Zwergwal, den man gar nicht in die Quotenregelung aufgenommen hatte, weil man seinen Fang für unwirtschaftlich betrachtete, verfolgt. In diesem Fall war es weniger das Öl, das man suchte, als vielmehr das wertvolle Fleisch, das vor allem in Japan sehr geschätzt wird.

Der Seiwal erreicht eine Länge von etwa 15 Metern. Er hat eine sehr betonte, kennzeichnende Rückenflosse. Seine äußere Erscheinung ist die eines typischen Furchenwals, jedoch hat er viel feinere Barten als seine größeren Verwandten. Offensichtlich ernährt der Seiwal sich ähnlich wie die Glattwale und dringt auch nicht allzuweit nach Süden in die Krill-Zonen vor wie Blau- und Finnwal. Zur Paarung und zur Geburt wandern auch die Seiwale in wärmere Gewässer. Sie halten sich dabei etwas von der Küstenlinie entfernt.

Der Zwergwal, der kleinste der »echten« Furchenwale, wird etwa acht bis neun Meter lang. Er kommt bis in die Packeis-Region hinein vor, und man hat schon oft beobachten können, wie Zwergwale ihren recht scharf zugespitzten Kopf durch Spalten zwischen zwei Eisschollen schoben. Sie verlassen die kalten Gewässer zur Geburt und Aufzucht ihrer Jungen, aber es gibt, wie auch bei den größeren Arten der Furchenwale, an keiner Küste größere Ansammlungen von Zwergwalen in der Niederkunftszeit. In manchen Gewässern, beispielsweise vor der Ostküste Australiens bis hinüber nach Neuseeland, kann man Zwergwale auch außerhalb dieser Saison unregelmäßig das ganze Jahr über sehen. Eine Verwechslung ist bei solchen Beobachtungen aufgrund ihres typischen Farbmusters nicht möglich: Eine weiße Zeichnung zieht sich gewöhnlich etwa vom Ansatz der Brustflossen bis hinauf in die Schultergegend. Die Exemplare in diesem Seegebiet erreichen nicht ganz die Größe der Zwergwale in antarktischen Gewässern. Möglicherweise handelt es sich um eine Unterart, die an wärmeres Wasser angepaßt ist.

Im Unterschied zu den anderen Furchenwalen dringt der Bryde-Wal *(Balaenoptere edeni)* nicht in arktische Gewässer vor. Er scheint weitgehend die gemäßigten und subtropischen Gewässer zu bewohnen und keine größeren Wanderungen zu unternehmen. Er ernährt sich wohl das ganze Jahr über hauptsächlich von Heringen, Sardinen und vergleichbaren Kleinfischen. Vor Australien und dem Norden Neuseelands hat man Bryde-Wale häufig nahe am Ufer der Nahrungssuche nachgehen sehen. Vor Neuseeland hat man in den fünfziger Jahren eine kleinere Anzahl von Bryde-Walen erlegt, da man sie irrtümlich für Seiwale hielt. Bei oberflächlicher Betrachtung ist die Ähnlichkeit in der Tat gegeben. Aber die Barten der Bryde-Wale sind viel grober als die Fasern der Seiwal-Barten. In keinem Gewässer auf der Welt sind die Bryde-Wale deshalb in größerem Umfang verfolgt worden.

▶ Der Bryde-Wal gehört zu den kleineren Furchenwal-Arten. Da seine Verbreitungsgebiete auf gemäßigte und subtropische Meere beschränkt sind, wurde er nicht so intensiv bejagt. Im Gegensatz zu den großen Furchenwalen trifft man den Bryde-Wal häufig in Landnähe, da er dort den Herings- und Anchovis-Schwärmen nachstellt.

Francois Gohier/Ardea London Ltd

Aus einer Reihe von Gründen hat man den Buckelwal *(Megaptera novaeangliae)* am intensivsten von allen Großwalen studiert und entsprechend eingehende Kenntnisse erworben. Er ist zwar in der Familie der Furchenwale einklassifiziert, unterscheidet sich jedoch in einigen Merkmalen. Seine sehr großen Brustflossen — größer als die des mehr als doppelt so langen Blauwals — sind wohl das hervorstechendste Merkmal. Man kann sie oft schon von weitem erkennen, zum Beispiel bei springenden Buckelwalen, die bei einem Rückwärtssalto ihren ganzen Körper aus dem Wasser heben. Buckelwale strecken auch gelegentlich einen Flipper ganz aus dem Wasser, wobei das Tier leicht auf der Seite liegt. Diese einzigartige, sanft geschwungene Flosse, die bis zu viereinhalb Meter lang sein kann, wird dann gelegentlich bis zu einer Stunde aus dem Wasser gehalten. Der Grund dafür ist nicht bekannt; man weiß lediglich, daß dieses Verhalten im oder nahe beim Aufzuchtgebiet gezeigt wird.

Weibliche Buckelwale werden etwa 15 Meter lang, männliche etwas weniger. Die Geschlechtsreife tritt ein, wenn die Weibchen etwa 13 Meter lang sind und die Männchen zwölf. Die Buckelwale sind dann, wie auch die anderen Bartenwale, acht bis zwölf Jahre alt. Zur Paarung begeben sie sich in wärmere Gewässer als die anderen Bartenwale. Da sie aber zum Nahrungserwerb bis in die Packeis-Zone vordringen, müssen sie jährlich längere Wanderzüge unternehmen, um ihre Lebensräume zu wechseln.

In den antarktischen Gewässern ernähren sich die Buckelwale vom Krill. Magenuntersuchungen zeigten, daß sie in subantarktischen Gewässern auch auf eine andere Art, den Hummer-Krill, ausweichen. Dort hat man beobachtet, daß sie, mehr oder weniger auf der Seite liegend, in recht engem Kreis schwimmen. Dabei steht das Maul teilweise offen, so daß Wasser durch die Barten hindurchfließen kann. Durch regelmäßiges Schließen des Maul drücken sie das Wasser heraus und fressen die in den Barten zurückgebliebene Nahrung. Obwohl die Buckelwale nur etwa 20 Furchen an Kopfunterseite und Kehle haben, scheinen sie die Kehle ähnlich weit aufblähen zu können wie Blau- und Finnwal.

Auf der nördlichen Halbkugel, im Gebiet von Cape Cod bis nach Neufundland und der Glacier-Bucht (Alaska), hat man häufig beobachtet, daß es verschie-

▲ Der Buckelwal hat tragflächenartige Vorderflossen, die mit 4,5 Meter bis zu einem Drittel der Körperlänge erreichen können. Er trug wegen der relativ regelmäßigen Knoten vorn am Oberkiefer früher den Namen *Megaptera nodosa*.

DER BLAS

SIR RICHARD HARRISON

Als Säugetier muß der Wal atmen, und für den Atmungsvorgang muß er an die Wasseroberfläche kommen. Wenn er die Oberfläche erreicht, und manchmal auch schon kurz davor, atmet der Wal aus. »Wal, da bläst er!« So lautet der Ruf des Ausgucks im Mastkorb, und von daher leitet sich der Begriff »Blas« ab. Die frühen Walfänger glaubten, das Tier blase eine Wasserfontäne in die Luft. In Wirklichkeit sind es nur Feuchtigkeit oder Dampf, die aus den Lungen austreten, wenn der Wal sie leert. Diesem kraftvollen Ausatmen folgt das Einatmen, dann eine kurze Pause. Im Rhythmus von fünf bis sechs Mal in der Minute wiederholt sich dies, bis der Wal wieder untertaucht.

Früher warnten die Seeleute davor, mit dem Blas in Berührung zu kommen. Seine äußere Hülle sei wie Säure, brenne auf der Haut und ließe diese sich schälen wie nach einem Sonnenbrand. Wenn der Blas in die Augen käme, würde man erblinden. Es war also besser, diesen todbringenden, giftigen Auswurf zu meiden. Hermann Melville, der Autor von *»Moby Dick«*, bemerkte einst eine kleine (Rauch-)Nebelwolke über seinem Kopf, als er gerade über einem Essay über die Unsterblichkeit brütete. Scherzhaft postulierte er, bei allen ernsthaften Denkern entspringe beim tiefen Nachdenken ein »gewisser, halb sichtbarer Dampfstoß« aus dem Kopf!

Der Blas besteht in der Hauptsache aus der ausgestoßenen Luft, die abgekühlt wird, wobei Feuchtigkeit kondensiert. Außerdem enthält er eine Emulsion feiner Öltropfen, die von den Zellen abgegeben werden, die die Nebenhöhlen der Atemwege auskleiden, und schließlich Schleim aus den riesigen Schleimdrüsen der Luftröhre sowie »Netzmittel« aus der Lunge. »Netzmittel« bestehen aus einer Mischung von Lipoproteinen. Sie reduzieren die Oberflächenspannung der Flüssigkeiten in der Lunge und verbessern so die schnelle Ventilation der Lungen des Wals. Worauf der Blas sich legt, hinterläßt er einen fettigen Film — das riecht wie verdorbener Fisch und verbrauchtes Motorenöl zusammen. In einem alten Text wird behauptet, der Geruch sei so unerträglich, daß er den Verstand durcheinanderbringe!

Der Blas variiert in seiner Form je nach Klima und Wetterbedingungen sowie Größe und Art des Tieres. Geübte Walfänger konnten bei gutem Wetter von weitem erkennen, welches Tier sie jagten. Bei niedrigen Temperaturen ist der Blas weißer und besser zu erkennen, bei starkem Wind wird er sehr verändert. Den höchsten Blas (fünf bis acht Meter) verursachen Pottwal, Blau- und Finnwal, einen mittleren (zwei bis drei Meter) die Glattwale, Sei-, Grau- und Buckelwal. Einen niedrigen Blas (ein Meter) findet man bei den Zwerg- und den Entenwalen. Bei den kleineren Zahnwalen ist der Blas schwer oder nur für einen sehr kurzen Zeitraum zu erkennen. Bei den Glattwalen, die über zwei Blaslöcher verfügen, ist der Blas zweigeteilt, beim Pottwal einfach und nach vorn gerichtet, bei Blau-, Finn- und Seiwal ebenfalls einfach, aber viel mächtiger.

Die Atemfrequenz hängt davon ab, was der Wal gerade tut. Ein unbelästigter Großwal, der ruhig seines Weges zieht, atmet regelmäßig mit einer Frequenz von mehr oder weniger einem Aus- und Einatemzug pro Minute. Dann taucht er für einen langen Zeitraum ab. Wenn er wieder an die Oberfläche kommt, wiederholt sich diese Serie ruhiger Atemzüge. Die alten Walfänger nannten dies das »Sich-Ausspritzen«. Der Ausdruck, modern interpretiert, drückt die Notwendigkeit aus, durch eine Reihe von Atemzügen die Milchsäure und das Kohlendioxid abzubauen, die sich während des langen Tauchgangs angesammelt haben. Gleichzeitig werden die Sauerstoff-Speicher, zum Beispiel das Myoglobin in den Muskeln, wieder aufgefüllt. Es ist wahrscheinlich, daß das venöse Blut einen hohen Anteil an Sauerstoff für die spätere Verwendung beim Tauchgang zurückhält.

Die erfahrenen Walfänger dachten, daß der Wal so viele Blase machen müsse, bevor er tief tauchen kann. Wenn man ihn dabei störe, würde er »sich nur kurz unter Wasser verdrücken und schnell wieder nach oben kommen, um die nötige Menge Luft zu holen«. Wenn man sie also überraschte, bevor sie bereit waren, in die Tiefe abzutauchen, konnte man sie leichter verfolgen und erlegen. Es gibt Berichte über Wale, vor allem Pottwale, die sich gegen ihre Verfolger wandten und in großer Erregung deren Boote zerschmetterten — vielleicht fühlten sie sich zu früh in ihrem Atemzyklus gestört? Eine letzte Betrachtung zur Atmung des Wals: Er holt so selten Luft, vor allem, wenn er verfolgt wird, daß man sagen könnte, er atme nur jeden Sonntag. Möglicherweise, wenn er ungestört wäre, würde er auch an jedem Montag atmen?

▶ Nicht Wasser spritzt der Wal in die Luft, wie die alten Walfänger glaubten, sondern lediglich Feuchtigkeit aus der Atemluft. Da das beziehungsweise die Atemlöcher am höchsten Punkt des Kopfes liegen, muß der Wal zum Atemholen nur wenig aus dem Wasser auftauchen.

Ben Osborne/Oxford Scientific Films

dene Methoden des Nahrungserwerbs gibt. Bei manchen Tieren findet man das oben beschriebene Im-Kreis-Schwimmen mit halb geöffnetem Mund. Andere Exemplare treiben direkt an der Oberfläche und schöpfen, ebenfalls mit geöffnetem Maul, das Oberflächenwasser ab — eine Methode, die an das Abschöpfen bei den Glattwalen erinnert. Andere verwenden eine Methode, die man »Stoßjagd« nennt: Sie steigen, ebenfalls mit geöffnetem Maul, aus dem tiefen Wasser in einem bestimmten Winkel empor. Manchmal tauchen sie so beinahe senkrecht auf, bevor sie das Maul schließen und das Wasser herauspressen. Die faszinierendste Methode jedoch ist das »Netzfischen«. Dabei schwimmt der Wal unterhalb der Plankton-Ansammlungen. Er zieht langsam seine Kreise und steigt dabei stetig höher. Gleichzeitig stößt er fortlaufend Luft aus, die in Blasen zur Oberfläche aufsteigt. So bildet sich so etwas wie ein Netz aus Luft um den eingeschlossenen Schwarm. Der Blasenschwall verhindert das Auseinanderbrechen der Ansammlung von Beutetieren. Nun braucht der Buckelwal nur noch senkrecht mitten in diesen Haufen hineinzufahren.

Alle beschriebenen Freßformen kann man nahezu ausschließlich nur in den kalten Gewässern beobachten. Von den vielen Tausend Buckelwalen, die auf dem Weg zu den Fortpflanzungsgebieten gefangen wurden, hatten nur einige Futter im Magen, und es ist wegen des geringen Nahrungsangebots auch wenig wahrscheinlich, daß die Wale sich in den warmen Gewässern dieser Zonen ernähren. Die Zahl der Wale, die auf dem Rückweg in die kälteren Gewässer gefangen wurden, ist zwar geringer, aber auch bei ihnen fanden sich überwiegend leere Mägen. Einige jedoch hatten Futter zu sich genommen. Das deutet darauf hin, daß bei entsprechendem Nahrungsangebot das Fressen schon vor Erreichen der Polargewässer wieder einsetzen kann.

Bei seinen Wanderungen hält sich der Buckelwal, im Gegensatz zu den andereren Furchenwalen, die offenbar die Landmassen scheuen, ziemlich dicht in der Nähe der Festlandsmassen der nördlichen und der südlichen Halbkugel. Dieses Charakteristikum setzte die Buckelwale in besonderem Maße der Nachstellung durch Walfänger aus; denn man konnte sie genauso leicht von landgestützten Walfangstationen aus fangen wie von Walfangschiffen. Schon um 1830 herum, als die Glattwale noch den Hauptanteil an erlegten Walen bildeten und die anderen Furchenwale aufgrund ihrer größeren Geschwindigkeit beim damaligen Stand der Technik noch nicht bejagt werden konnten, begann die Jagd auf die Buckelwale. Auf der südlichen Halbkugel fing man sie entlang der Küste, beispielsweise vor Angola und dem Kongo (Westafrika), vor Mozambique und Madagaskar (Ostafrika), vor Westaustralien, in der Korallensee (nord-

▲ Die Buckelwale sind weit erfindungsreicher bei der Wahl ihrer Jagdmethoden als die anderen Furchenwale. Bei ihnen hat man auch das Jagen in der Gruppe beobachtet. Dabei treiben vier bis sechs Buckelwale eine Herde Garnelen oder auch Fische eng zusammen, tauchen dann ab und stoßen schräg von unten mit weit geöffnetem Maul durch den dichtgedrängten Schwarm („Stoßjagd").

Duncan Murrell/Seaphot Limited/Planet Earth Pictures

▲ Der Buckelwal ist besser untersucht als die anderen Furchenwale, da parallel zur intensiven Befischung das wissenschaftliche und öffentliche Interesse an dieser Art wuchs. Beobachtungen und Markierungen haben zutage gebracht, daß die einzelnen Populationen relativ streng voneinander abgegrenzt sind, auch wenn sie sich die Weidegründe teilen.

Mike Osmond/Pacific Whale Foundation

▲ Dank einer internationalen Übereinkunft wurde die Jagd auf den Buckelwal in den siebziger Jahren eingestellt. Wegen seines komplexen Sozialsystems, der faszinierenden Gesänge und der küstennahen Wanderungen, bei denen er von Touristenbooten aus beobachtet werden kann, genießt er eine besondere Popularität bei den Menschen.

östlich von Australien), vor Tonga und Neuseeland. In kleiner Zahl fing man sie auch von den Norfolk-Inseln und den Neuen Hebriden aus bis beinahe hinauf zum Äquator. Vor der Westküste Südamerikas reichte das Fanggebiet bis zum Äquator, vor der Ostküste bis in brasilianische Gewässer hinein. Als erste Art wurden die Buckelwale auch in den antarktischen Gewässern massenweise gejagt, und zwar hauptsächlich im südwestlichen Atlantik, wo ihre Zahl rasch dezimiert wurde, und wo sich die Population bis heute noch nicht ausreichend erholt hat, obwohl dort seit beinahe 80 Jahren nur noch wenige entnommen wurden. Auf der nördlichen Halbkugel finden sich heute um die Hawaii-Inseln herum die bestbekannten Versammlungspunkte und Beobachtungszentren für die Buckelwale im gesamten Nordpazifik. Interessanterweise gibt es aus dem 19. Jahrhundert aber keine Berichte über Walfang oder auch nur Sichtungen dort. Es ist also ziemlich sicher, daß hier Änderungen der Wanderwege stattgefunden haben müssen, aber für die Gründe gibt es keinerlei Anhaltspunkte.

Von der Körperlänge her sind die Buckelwale den Seiwalen vergleichbar. Aber sie sind rundlicher und fülliger und geben mehr als doppelt soviel Öl her als andere Furchenwalarten derselben Länge. Unter den Furchenwalen sind sie die langsamsten Schwimmer: beim Kreuzen erreichen sie nur vier bis fünf Knoten. Man konnte sie mit Handharpunen fangen; denn normalerweise gehen sie nach dem Abtöten nicht unter.

Die Walfangstationen an den Küsten hatten durch ihre Beobachtungen schon viele Informationen über die saisonalen Wanderungen zusammengesammelt. Aber erst mit Hilfe systematischer Markierungsstudien konnte der Grad der Vermischung verschiedener Walpopulationen beobachtet werden. Ursprünglich verwendete man zum Markieren numerierte Röhren aus rostfreiem Stahl mit konischem Kopf aus Blei. Sie wurden mit einem für diese Zwecke modifizierten Gewehr (Kaliber 12 bore) abgeschossen. Man markierte von den Fangbooten aus Wale, die Untergröße hatten oder die man wegen ausgeschöpfter Fangquote nicht erlegen durfte. Außerdem gab es spezielle Fahrten, die ausschließlich dem Markieren der Wale dienten. In antarktischen Gewässern wurden so über den Zeitraum mehrerer Jahre durch verschiedene Nationen etwa 1000 Wale markiert, vor den Ost- und Westküsten Australiens eine gleiche Zahl, und weitere 960 im südwestlichen Pazifik von Tonga über Fiji, Nordfolk-Inseln und Neue Hebriden bis zum Süden Neuseelands. Die Auswertung dieser Programme ergab eindeutig, daß Buckelwale, die als Fortpflanzungsgebiet die eine Seite des Kontinents benutzten (beispielsweise Westaustralien), sich zwar in den antarktischen Krill-Zonen mit den Walen von der anderen Seite des Kontinents vermengen konnten (vermengen ist hier als ein gewisses Überlappen der Territorien zu verstehen), aber in der Mehrzahl kehrten die markierten Tiere zu den Fortpflanzungszonen zurück, in denen sie gekennzeichnet worden waren. Von mehr als 100 Fängen markierter Tiere in der australasiatischen Region hatten nur zwei Exemplare ihr Gebiet gewechselt, in diesem Falle von der Ostküste Australiens hinüber zur Westküste.

Wie sehr die Wandergewohnheiten des Buckelwals zur Reduzierung der Bestände beigetragen haben, zeigt sich am besten in Westaustralien. Dort wurden vor dem zweiten Weltkrieg in mehreren Phasen die Wale von Landstationen aus bejagt, erholten sich aber in den fangfreien Zwischenphasen jeweils wieder. Von 1949 bis 1962 wurde erneut Walfang betrieben. Dabei wurden über 12 000 Tiere erlegt. Parallel dazu wurden in den entsprechenden antarktischen Ernährungsgebieten weitere 6000 Buckelwale erlegt. Im selben Zeitraum wurden außerdem an der Ostküste Australiens, um die Norfolk-Inseln und Neuseeland herum weitere 10 000 Exemplare gejagt, und in der entsprechenden antarktischen Zone mehr als 5000. In beiden Verbreitungsgebieten wurden dadurch die Bestände derart reduziert, daß die Walfangindustrie 1962 aus Mangel an Walen ihre Tätigkeit einstellen mußte. Es mutet wie Ironie an, daß im folgenden Jahr die Buckelwale weltweit unter Schutz gestellt wurden. . .

Seither beobachtet man sowohl an der Ost- als auch an der Westküste Australiens, ob es Anzeichen für eine Erholung der Bestände gibt. An der Ostküste hat man vor allem vor der Insel Stradbroke, in der Byron-Bay und vor Coffs Harbour Langzeitbeobachtungen durchgeführt, außerdem zeitweise intensive Luftbeobachtungen vom Flugzeug aus. Auch an der Westküste beobachtet man von der Luft aus und benutzt dazu dieselben Routen wie die Luftbeobachter aus den Zeiten des Walfangs. Wenn man nahe an den Walen heran ist, kann man häufig die Unterseite der Walfluke fotografieren, bevor die Tiere abtauchen. Die Zeichnung an dieser Stelle, so hat sich gezeigt, ist individuell. Auf diese Weise kann man nun einzelne Wale identifizieren und ihre Wanderschaft verfolgen. Diese Identifikationsmethode wird heute auch im karibischen Raum und um Hawaii verwendet und ist sehr effizient, da das Tier häufig an die Oberfläche kommt. Seit etwa zwei Jahren kann man mit einiger Sicherheit sagen, daß die Bestände nun wirklich wieder wachsen und inzwischen zwei- bis dreimal so groß sind wie in der Endphase des Walfangs. Es muß aber daran erinnert werden, daß die Zahl der Buckelwale um Australien auf einen so niedrigen Stand gebracht worden war, daß es viele Jahrzehnte dauern wird, ehe die Bestände auch nur annähernd die einstige Stärke erreicht haben werden.

PARASITEN

Verschiedene Arten von Lebewesen heften sich auf der Haut des Wals an. Einige sind eher Wegbegleiter (Kommensalen) als echte Parasiten, da sie ihre Nahrung nicht aus ihrem Wirt beziehen, aber der Einfachheit halber werden sie gewöhnlich zu den Parasiten gerechnet. Am bemerkenswertesten sind die riesigen Felder aus Entenmuscheln, die man auf allen Buckelwalen findet, vor allem unter dem Kinn und entlang der Vorderkante der Brustflossen, aber auch an anderen Stellen. Diese Entenmuscheln können beachtliche Größen erreichen (es wurden Einzeltiere bis zu sechs Zentimeter Durchmesser gefunden). Man hat vermutet, daß das bei Buckelwalen häufig beobachtete Scheuern an Felsen den Versuch darstellen könnte, sich von den Entenmuscheln zu befreien. Dies erscheint aber ziemlich unwahrscheinlich. Denn selbst mit einem Eisenhaken gelingt es nur mit beträchtlicher Kraftanstrengung, die Tiere von ihrer Unterlage zu lösen. Viel wahrscheinlicher ist, daß die Entenmuscheln auf natürliche Weise bei den Wanderungen durch den Wechsel der Wassertemperatur verloren werden. Insbesondere die großen Entenmuscheln weisen eine hohe Sterblichkeit auf und fallen in warmen Gewässern von selbst ab. Sie werden aber ersetzt durch Junge, die sehr rasch wachsen. Möglicherweise heftet sich der Nachwuchs irgendwo hier in diesen warmen Gewässern an den Wal an. Abgestorbene Entenmuscheln, die an der Walhaut haften bleiben oder in sie eingewachsen sind, werden häufig von später angesiedelten überwuchert.

Francois Gohier/Ardea London Ltd

◀ Parasiten und Kommensalen sollte man nicht nur als „Plagegeister" betrachten. Gewöhnlich bringen sie dem Wirtstier auch Vorteile. Jeder der großen Wale hat beispielsweise seine eigene Population spezialisierter Entenmuscheln. Möglicherweise dienen die Hautknoten sowie die letzten verbliebenen Haarbälge nur dazu, entsprechende Haftplätze für Entenmuscheln und Walfischläuse zu schaffen. Die hellen Farbmuster, die deren Kolonien auf der Haut bilden, mögen der besseren Erkenntlichkeit und Identifizierung der Wale untereinander dienen.

Die Walfischlaus, die mit der Laus von Landtieren nicht verwandt ist, sondern ebenfalls zu den Krustentieren zählt, kommt auf der Haut der meisten Wale vor. Beim Buckelwal fallen ihre Kolonien deutlich ins Auge. Aber vor allem kommen sie bei den Glattwalen vor, wo sie sich vorzugsweise bei den großen, warzenartigen Schwielen festsetzen. Da die Walfischläuse sehr hell gefärbt sind, machen ihre Ansammlungen diese Schwielen eigentlich erst sichtbar. In der Tat hat dieses den Beobachtern erleichtert, die Schwielen zu fotografieren und das Individuelle ihres Zeichnungsmusters aufzuzeigen.

Auf den Furchenwalen tritt — nicht sehr häufig, doch manchmal deutlich zu erkennen — der Parasit *Panella* auf, ein Kopffüßler, der wie eine Schnur seitlich vom Körper des Gastgebers ins Wasser ragt.

Die weniger bekannten inneren Parasiten bei den Walen scheinen selten oder gar nicht Krankheiten oder den Tod des Wals herbeizuführen. Zu ihnen zählen Rundwürmer im Magen, Bandwürmer und Dornwürmer in den Eingeweiden sowie Egel, die manchmal in der Lunge und anderen Organen vorkommen.

Jeff Foott/Bruce Coleman Ltd

▲ „Walfischläuse" – tatsächlich handelt es sich um Krustentiere – siedeln sich in den Falten um die Augen, an den Flippern und in den Kehlfurchen an. Sie überwachsen auch die Entenmuschel-Kolonien sowie die warzenartigen Hautknoten. Offensichtlich schaden sie ihren Wirtstieren nicht. Im Gegensatz zu den Entenmuscheln sind sie unempfindlich gegen Veränderungen der Wassertemperatur.

DER GESANG DER WALE

Den Walfängern der alten Zeit, die mit kleinen, offenen Booten die Wale verfolgten, war sehr wohl bekannt, daß Bartenwale Töne von sich geben. Sie spannen auch Andekdoten um dieses Erlebnis. Die Biologen aber setzten dies als Seemannsgarn herab, da die Anatomie gezeigt hatte, daß keine Wal-Art Stimmbänder besitzt — also dachte man fälschlicherweise, die Wale seien stumm. Die ersten Unterwasser-Aufzeichnungen von großen Walen machte man per Zufall bei militärischen Abhörmaßnahmen vor Bermuda und Hawaii. In den frühen fünfziger Jahren bemerkte man dabei langgezogene Seufzer und komplizierte Tonfolgen, die man nicht identifizieren konnte. William Schevill, einer der Pioniere in der Erforschung des Wal-Gesangs sowohl im Freiwasser als auch in Aquarien-Beobachtungen, fand heraus, daß eine dieser Tonfolgen vom Buckelwal stammen mußte. Heute, wo mit fortgeschrittener Technik die Tonaufzeichnungen leicht zu handhaben sind, benutzt man sie als eine der Methoden zur Langzeitbeobachtung (Monitoring) der Wale.

Eines der Hauptergebnisse der intensiven Studien der Wal-Gesänge: Das »Click«, das bei den Zahnwalen wohlbekannt ist und der Echolokation dient, kommt in dieser Form bei den Bartenwalen nicht vor. Man rätselt allerdings immer noch darüber, ob nicht gewisse pulsweise Signale, die man von einigen Bartenwalen kennt, doch auch einer — weniger hoch entwickelten — Echolokation dienen könnten. Die für Bartenwale eher typischen Töne scheinen weitgehend der Kommunikation zu dienen — sei es zur Angabe des Standorts, zur Behauptung des Territoriums oder für andere Verhaltensmuster. Die lautesten Töne sind die langgezogenen Stöhnlaute des Blauwals, die eine halbe Minute und länger dauern können, im sehr niedrigen Frequenzbereich liegen und eine Lautstärke bis zu 188 Dezibel erreichen können — die lautesten Töne im Tierreich überhaupt. Auch Finnwale erzeugen solche langgezogenen Seufzer, außerdem ein sehr charakteristisches Signal von 20 Hertz, das so konstant ist, daß man lange Zeit nicht glauben wollte, daß es biologischen Ursprungs sein könne. Indessen mußte man schließlich erkennen, daß solche sehr niederfrequenten Töne, in Pulsen auftretend, in vielen Meeresgebieten verzeichnet werden können, wo Finnwale vorkommen. Man hat spekuliert, daß diese Töne eine Rolle bei der Fortpflanzung spielen könnten. Aufgrund der Lautstärke können diese Signale sicherlich über Hunderte von Kilometern gehört werden. Möglicherweise können sie unter bestimmten Bedingungen — bei entsprechendem Verlauf der Temperatur-Schichtlinien — sogar über Tausende von Kilometern wandern. Auch die Zwergwale produzieren eine Reihe sehr lauter Töne, darunter auch gepulste. Den Gesang der Seiwale kennt man bis jetzt noch nicht mit Sicherheit. Die Glattwale produzieren lange, tiefe Stöhnlaute und daneben eine Reihe anderer Signale, und der Gesang der Grönlandwale ist neuerlich — ergänzend zu visuellen und anderen Methoden — für den Versuch genutzt worden, die Anzahl der Populationen abzuschätzen.

Der bekannteste unter den »singenden« Walen ist der Buckelwal. Er produziert die längsten und komplexesten Tonfolgen aller Wale und möglicherweise auch aller Tiere überhaupt. Der Begriff »Gesang« wird verwendet, weil es sich dabei um eine bestimmte Abfolge verschiedener Töne handelt. Vom Stöhnen über das Grunzen, Röhren und Seufzen bis zu hochfrequentem Quieken und Zirpen wird eine bestimmte Folge, die zehn Minuten und länger dauern kann, abgegeben. Dann wird die gesamte Folge exakt wiederholt. Viele Stunden lang kann diese permanente Wiederholung dauern. Jeder Gesang ist in Hauptelemente unterteilbar, die man die »Themen« nennt, und diese wiederum in Unterbestandteile, die »Sätze«.

Al Giddings/Seaphot Limited/Planet Earth Pictures

Im selben Meeresgebiet zur selben Zeit produzieren alle Tiere denselben Gesang. Veränderungen vollziehen sich allmählich und werden von allen Tieren nachvollzogen. Deshalb ist der Gesang von Jahr zu Jahr geringfügig (manchmal auch wesentlich) verschieden von dem ein Jahr zuvor. Die Hauptpopulationen, die in ihren verschiedenen Verbreitungsgebieten weitgehend isoliert von den anderen sind, haben ihre eigenen lokalen Gesänge. So unterscheiden sich die Gesänge der Buckelwale in der Karibik von den Walen von Hawaii,

und diese wiederum singen anders als die Wale von Australien.

Es scheint, daß die Gesänge ausschließlich von den männlichen Buckelwalen herrühren. Die Gesänge dienen also wohl zur Warnung an andere und zur Territoriums-Definition, oder sie begleiten Aggressions-Verhalten oder dienen der Liebeswerbung — der beste oder der lautstärkste Sänger hat vielleicht einen Selektions-Vorteil. Bei den Buckelwalen hat man bisher im Gegensatz zu den Glattwalen nicht feststellen könnnen, ob und daß die Weibchen zu den Jungen »sprechen«.

Am häufigsten kann man den Gesang der Buckelwale in den warmen Meeresgebieten feststellen, wo Kalben und Paarung stattfinden. Zunehmend gewinnt man neuerdings auch Erkenntnisse über komplette Song-Repertoires von Buckelwalen, die sich weit von den Wanderwegen entfernt aufhalten. In den Nahrungsgründen der kalten Meere jedoch scheinen typischerweise nur isolierte Bruchstücke der Gesänge verwendet zu werden.

Signale oder Codes werden von einigen Zahnwalen, im besonderen dem Pottwal, zur individuellen Identifikation benutzt. Ähnliche akustische Markierungen für die Individuen wurden bei den Bartenwalen bisher noch nicht festgestellt. Die Entdeckung deratiger Identifikationshilfen wäre von großer Bedeutung für die zukünftigen Verhaltens- und Wanderungsstudien an den Bartenwalen. Man könnte dann auch abgegrenzte Herden genau verfolgen. An diesem Problem wird zur Zeit an vielen Stellen in der Welt gearbeitet.

ZAHNWALE

LAWRENCE G. BARNES

Die Zähne sind das gemeinsame Merkmal aller Zahnwale. Im Gegensatz zu den Bartenwalen, die den Seihapparat entwickelt haben, um damit kleinste Tiere aus dem Wasser auszufiltern, benutzen die Bartenwale weiterhin die Methode der Nahrungsgewinnung, die schon die ersten Wale vor mehr als 45 Millionen Jahren kannten: Auswahl und Fang individueller Nahrungsbeute. Bei den höher entwickelten Zahnwalen kann man eine Entwicklung bis hin zu einer Vereinfachung aller Zähne feststellen. Sie bestehen aus einfachen Wurzeln und konischen Kronen. Gleichzeitig wuchs die Anzahl der Zähne. Einige der höchstentwickelten Zahnwale jedoch haben die meisten ihrer Zähne verloren oder ganz spezialisierte Zähne entwickelt — der Narwal *(Monodon monoceros)* sogar einen Stoßzahn. Einige der Arten, die der Zähne verlustig gingen, haben stattdessen hornige Verdickungen auf dem Gaumen oder auf dem Zahnfleisch.

Interessant ist, daß dieselben speziellen Veränderungen der Bezahnung sich unabhängig voneinander in mehreren verschiedenen Familien der Zahnwale abgespielt haben. So finden wir beispielsweise eine Reduktion oder gar einen Verlust der Zähne des Oberkiefers bei so verschiedenen Arten wie dem Pottwal *(Physeter catodon)*, den Schnabelwalen (Familie *Ziphiidae*) und beim Rundkopf-Delphin *(Grampus griseus)*. In jedem dieser Fälle ist der Verlust der Zähne damit gekoppelt, daß Tintenfische die Hauptnahrung bilden.

▼ Im Gegensatz zu den Bartenwalen sind die Zahnwale durchweg schnelle Schwimmer. Sie jagen Fische und Tintenfische. Zahnwale findet man weltweit in den Ozeanen, einige Arten sogar im Süßwasser.

Paul Ensor/Hedgehog House, New Zealand

Die bemerkenswerteste Tatsache bei den Zahnwalen ist die Vielfalt ihrer Arten. Sie zeigen eine unglaubliche Mannigfaltigkeit an Formen, Verhalten und Lebensstilen und spiegeln damit die lange Entwicklungsgeschichte und die Vielfalt der Lebensräume wider, die sie bewohnen. Gewisse Zahnwale sind ausschließlich auf das Meer als Lebensraum angewiesen, andere kommen nur im Süßwasser vor, und wiederum andere können sich in beiden Arten von Gewässern bewegen.

Die Anpassung an das Süßwasser hat sich unabhängig voneinander in vier verschiedenen Gruppen entwickelt. Zum einen leben die Fluß-Delphine — vier Arten in drei nahe verwandten Familien — ausschließlich im Süßwasser. Zweitens der Irawadi-Delphin *(Orcaella brevirostris)*, eine Art aus der Familie der Gründelwale, der sowohl in Flüssen als auch im Ozean zuhause ist. Drittens liebt der Indische Schweinswal *(Neophocaena phocaenoides)* einerseits Mangrovensümpfe und Flußmündungen, hat aber auch eine strikt an das Süßwasser gebundene Population im Yangtsekiang-Fluß (China). Schließlich gibt es zwei Arten aus der Familie der Delphine, die hier zu erwähnen sind: Der Chinesische Weiße Delphin *(Sousa chinensis)* pendelt zwischen Süß- und Salzwasser, und der Amazonas-Sotalia *(Sotalia fluviatilis)* hat zwei Populationen, von denen die eine im Salzwasser, die andere ausschließlich im Süßwasser lebt. Bemerkenswert ist, daß so viele dieser Arten sowohl in Süß- als auch in Salzwasser leben können und sich selbst zwischen diesen Gewässern hin- und herbewegen; denn die Lebensbedingungen in diesen unterschiedlichen Medien stellen die Tiere vor unterschiedliche physiologische Probleme.

Die Vielfalt der Zahnwale umfaßt jede Seite ihrer Biologie. Fortpflanzungsstrategien, Wandergewohnheiten und selbst die täglichen Lebensgewohnheiten sind unter den Arten sehr verschieden. Dies erlaubt unterschiedlichen Arten, dieselben Territorien zu benutzen und den Kampf um die Nahrungsressourcen zu minimieren.

Eine ergiebige Nahrungsquelle indes wird viele Arten von Zahnwalen, vor allem Delphine, anlocken. Auf See kann man gelegentlich große Ansammlungen verschiedener Arten bei der gemeinsamen Nahrungssuche antreffen. Dazu können gehören: der Große Tümmler *(Tursiops truncatus)*, der Rundkopf-Delphin *(Grampus griseus)*, der Rauhzahn-Delphin *(Steno bredanensis)*, der Schlankdelphin *(Stenella attenuata)*, der Blau-Weiße Delphin *(Stenella coeruleoalba)*, der Gewöhnliche Delphin *(Delphinus delphis)*, der Kleine Schwertwal *(Pseudorca crassidens)* und der Pottwal *(Physeter catodon)*.

Die zahlreichen und vielfältigen speziellen Anpas-

Bernd Würsig

▲ Der Dunkle Delphin ist ein typischer, pelagisch lebender Vertreter der Familie *Delphinidae*. Er hat bis zu 144 einfach geformte, konische Zähne, mit denen er seine Beute fängt: Flinke Oberflächenfische wie Anchovis sowie die Tintenfische der mittleren Wassertiefen.

POTTWALE (FAMILIE PHYSETERIDAE)

WILLIAM H. DAWBIN

In dieser Familie gibt es nur drei Arten: den »großen« Pottwal *(Physeter catodon)*, den Zwergpottwal *(Kogia breviceps)* und die ebenfalls kleine Art *Kogia simus*, die noch keinen deutschen Vulgärnamen trägt. Die beiden kleinen Arten sieht man höchst selten in freier Wildbahn; man weiß von ihnen hauptsächlich durch einige wenige Strandungen. Sie gehören also zu den unbekanntesten Walen.

Die Größenunterschiede unter den drei Pottwal-Arten sind beachtlich: Der eigentliche Pottwal wird etwa 18 Meter (Männchen) beziehungsweise 12 Meter (Weibchen) groß, der Zwergpottwal nur 3 Meter, und *Kogia simus* sogar nur 2,5 Meter. Doch die drei haben einige Merkmale gemeinsam, die bei keinem anderen Meeressäugetier sonst vorkommen. Die Spitze des Kopfes ragt deutlich über die Spitze des engen Unterkiefers hinaus. Dieser paßt in eine grubenförmige Vertiefung im Oberkiefer und ist mit den funktionalen Zähnen besetzt. Im vorderen Teil des Kopfes, über dem Oberkiefer, ist das Spermacetikissen eingelagert, das das Spermöl sowie Walrat enthält: eine spezifische, wachsartige Substanz, die sich vom Öl der Bartenwale unterscheidet und wahrscheinlich die Funktion hat, unter den wechselnden Druckbedingungen bei den Tieftauchgängen die Austariertheit sicherzustellen. Das Spermacetikissen ist bei den beiden kleinen Arten verhältnismäßig kleiner als beim Pottwal, enthält aber eine Substanz mit gleicher chemischer Struktur.

Im Gegensatz zum »großen« Pottwal aber haben die beiden kleinen Arten eine kleine Rückenflosse, außerdem gibt es keinen Größenunterschied zwischen den Geschlechtern. Sie bilden auch keine gemischt-geschlechtlichen Gruppen, sondern scheinen solitär oder nur in kleinen Gruppen zu leben. Auch die Zwergpottwale tauchen sehr tief und ernähren sich sicherlich von Tintenfischen.

Wegen des Spermöls und des wachsähnlichen Walrats war der Pottwal seit der Entdeckung dieser Besonderheit im Jahre 1714 immer eine besonders gesuchte Beute in allen Meeren der Welt. Erst 1981 wurde er unter Schutz gestellt. Obwohl man von dieser Art verhältnismäßig mehr Tiere erlegt hat als von jeder anderen, wurde sein Bestand nie bis zum kritischen unteren Punkt reduziert, an dem die meisten Bartenwale angelangt sind. Auch heute noch findet man den Pottwal in recht beachtlicher Zahl in allen Ozeanen.

Die Pottwal-Bullen werden mit zehn bis zwölf Jahren geschlechtsreif. Aber erst Anfang der zwanziger Jahre können sie Rangkämpfe um die Weibchen austragen und andere Bullen in der Gruppe vertreiben. Die Tragezeit bei den Weibchen beträgt etwa 15 Monate. Für zwei bis drei Jahre wird das Kalb gestillt. Das Intervall zwischen zwei Geburten beträgt deshalb drei bis vier Jahre.

Die riesigen Tiefwasser-Kraken stellen nicht die einzige Nahrungsquelle dar, aber doch einen Hauptanteil an der Nahrung. Der längste, richtig vermessene Zehnfüßige Tintenfisch war 19,5 Meter lang. Aber die Reste von Tintenfisch-Armen, die man im Magen von Pottwalen gefunden hat, deuten darauf hin, daß noch größere Exemplare erbeutet werden. Normalerweise holen die Pottwale ihre Beute aus etwa 800 Meter Tiefe, aber sichere Anzeichen sprechen dafür, daß Tauchgänge bis zu 3000 Meter vorkommen. Das bedeutet am Beispiel eines tropischen Gewässers, daß ein Tauchgang von 25 Grad warmem Wasser an der Oberfläche hinunter in die Dunkelheit, in Wasser gerade über der Gefriergrenze und unter extremem Druck, führt. Der längste gemessene Tauchgang dauerte zwei Stunden 18 Minuten.

Die ungeheuerliche physiologische Widerstandsfähigkeit, die der Pottwal bei seinen Tauchgängen zeigt, und seine Fähigkeit, sich auf die unterschiedlichsten ozeanischen Bedingungen einzustellen, geht einher mit einer ebenso erstaunlichen Reproduktionskraft, die die Art bisher gegen alle Bedrohungen bewahrte.

P.S. Hammond/Sea Mammal Research Unit

▲ Eine der größten Gefahren für die kleinen Zahnwale ist der kommerzielle Thunfisch-Fang mit Ringnetzen. Allein im Pazifik kostet er jedes Jahr Zehntausende von Delphinen das Leben.

sungen, die die Zahnwale entwickelt haben, bewahrten sie nicht vor der Bedrohung durch den Menschen. Die Hauptgefahr ist der kommerzielle oder dem Nahrungserwerb dienende Fang. Zahnwale wie der Pottwal, der Weißwal *(Delphinapterus leucas)*, der Gewöhnliche Grindwal *(Globicephala melaena)* und die Schnabelwale (Familie *Ziphiidae*) sind in der Vergangenheit von den Walfängern verfolgt worden, und selbst heute noch stellen einige Länder ihnen nach — sie liefern wertvolle Produkte wie Öle und Fleisch (als Tierfutter). Arten wie der Narwal in der Arktis und viele Delphine und Tümmler im Schwarzen Meer und in den japanischen Gewässern werden auch für den menschlichen Verzehr gejagt. Häufig benutzt man bei den letzteren Arten die Fangtechnik, die Tiere ins flache Wasser zu treiben. Einige Arten sind auch bejagt worden, weil sie eher ungewöhnliche, nichtsdestoweniger wertvolle Produkte liefern: der Narwal wegen seines Elfenbeins und der Amazonas-Delphin *(Inia geoffrensis)* zur Gewinnung der getrockneten Augen und Geschlechtsorgane, weil man glaubte, sie machten ihren Besitzer in sexueller Hinsicht unwiderstehlich!

Die Fischerei ist auch für die Dezimierung vieler Zahnwale verantwortlich. Beispielsweise werden von den Thunfischfängern »versehentlich« große Mengen von Schlankdelphinen *(Stenella attenuata)* und Spinnerdelphinen *(Stenella longirostris)* als Beifang erlegt. Auch die Hainetze an den Badestränden werden vielen Delphinen zum Verhängnis. Vielfach werden die Delphine auch von den Fischern getötet, weil sie Fische fressen, denen die Fischer nachstellen, und deshalb als Nahrungskonkurrenten betrachtet werden. Ein letztes Beispiel: In Chile werden Delphine der verschiedenen Arten von den Krabbenfischern (illegal) abgeschlachtet und als Köder benutzt. In weniger als zehn Jahren ist so die Population der Commerson-Delphine *(Cephalorhynchus commersonii)* in der Magellan-Straße bis auf einen Restbestand ausgerottet worden.

Robert Pitman/Earthviews

▲ Schlankdelphine bilden Herden bis zu mehreren tausend Tieren und vereinigen sich gewöhnlich mit den Thunfisch-Schwärmen. Bevor Mitte der siebziger Jahre verbesserte Netze eingeführt wurden, die den Delphinen ein Entkommen ermöglichen, wurden Jahr für Jahr 300 000 Delphine ein Opfer des Thunfisch-Fangs.

UMWELT-EINFLÜSSE

Manche Populationen, speziell in Süßwasser-Seen, sind durch die Verschmutzung ernsthaft dezimiert oder gar schon ausgerottet worden. Flußdelphine wie der Chinesische Flußdelphin *(Lipotes vexillifer)* und die Population des Irawadi-Delphin *(Orcaella brevirostris)* Borneos haben sehr unter den Umweltzerstörungen gelitten. Zusätzlich zu den Belastungen ihres verletzlichen Lebensraums durch Besiedlung und Verschmutzung haben sie mit den Folgen von Flußregulierung und Dammbau zu kämpfen, die ihren Lebensraum einschränken und die einzelnen Populationen voneinander getrennt haben. Weitere Gefahren für Flußdelphine sind Kollisionen mit Booten, und auch unterseeische Detonationen, so hat man behauptet, sollen Delphine getötet haben. Schließlich: Einige der schnellen Schwimmer unter den Arten sind auch nur aus »sportlichen« Gründen gejagt worden.

Aber nicht alle Begegnungen des Delphins mit dem Menschen sind feindlicher Natur. In vielen tropischen Ländern arbeiten die Fischer mit den Delphinen zusammen, die ihnen die Fische ins Netz treiben. Dafür werden die Tiere dann mit einem Anteil an der Beute belohnt. In Monkey Mia, einem Strand in Westaustralien, sind Delphine, die ins Flachwasser kommen und den Menschen erlauben, sie zu streicheln und zu füttern, sogar zu einer Touristenattraktion geworden.

SCHNABELWALE

Die Schnabelwale (Familie *Ziphiidae*) sind mittelgroße, pelagisch lebende Wale, die sich in erster Linie von Tintenfischen ernähren. Die meisten Arten kommen sehr selten vor, und deshalb weiß man wenig über ihre Biologie und die Größe der Populationen. Im Gegensatz zu den anderen Meeressäugetieren fehlt bei den meisten Arten die Einkerbung an der Fluke. Der generelle Entwicklungstrend bei den Schnabelwalen ging hin zur Reduzierung oder zum gänzlichen Verlust der Zähne im Oberkiefer sowie zum Verlust der meisten im Unterkiefer; übriggeblieben sind lediglich ein oder zwei Paar Zähne an der Vorderkante des Unterkiefers, die sehr stark vergrößert sind. Bei manchen Arten sind diese Frontzähne als Hauer ausgebildet und ragen seitlich vom Schnabel empor. Bei den meisten fossilen Arten und auch bei einigen heutigen findet man kleine, konische Zähne ähnlich wie bei den Delphinen in beiden Kiefern. Sie zeigen an, daß die Schnabelwale sich aus Vorläufern entwickelt haben, die mehr den Delphinen ähnlich waren. Außer beim Nördlichen und Südlichen Entenwal *(Hyperoodon ampullatus* beziehungsweise *Hyperoodon planifrons)* und einigen anderen Arten sind die Weibchen bei den Schnabelwalen größer als die Männchen. Die Weibchen weisen oft Narben auf, die ihnen wohl von großen Männchen der eigenen Art beigebracht worden sind. Massenstrandungen sind bei den Schnabelwalen äußerst selten. Der primitivste unter den heutigen Schnabelwalen ist der sehr seltene Shephard-Wal *(Tasmacetus shepherdi)*.

Eine der besser bekannten Arten ist der Baird-Wal *(Berardius bairdii)*. Diese Wale von Herden mit drei bis zu 30 Tieren, die die Erwachsenen beider Geschlechter sowie deren Jungen umfassen und in denen ein gewisser Grad sozialer Organisation zu herrschen scheint. Acht bis zehn Jahre braucht ein solcher Wal bis zum Erreichen der Geschlechtsreife, aber eigentlich erwachsen sind sie erst mit 20 Jahren und später. Sie können bis zu 70 Jahre alt werden. Bis zu 2400 Meter tief können sie tauchen. Gewöhnlich dauern ihre Tauchgänge 15 bis 20 Minuten, aber sie können auch bis zu einer Stunde unter Wasser bleiben. Die Baird-Wale sind systematisch bejagt worden und werden vor Japan heute noch in geringer Stückzahl erlegt. Die Art ist auf den nördlichen Pazifik beschränkt; auf der südlichen Halbkugel findet sich als ähnliche Art der Südliche Schwarzwal *(Berardius arnuxii)*. Bei beiden Arten sind die ersten beiden Zahnpaare im Unterkiefer stark vergrößert.

Die größte Gruppe unter den Schnabelwalen sind die *Mesoplodon*-Arten — elf Arten, die meisten selten und wenig bekannt. Das Männchen der Blainville-Wale *(Mesoplodon densirostris)* hat einen hervorstehenden, aufwärts gekrümmten Unterkiefer mit nach vorne gerichteten, flachen und breiten Zähnen, die an beiden Seiten an der höchsten Stelle ansetzen. Entenmuscheln siedeln sich häufig auf diesen Zähnen an. Von dieser Art sind Herden von fünf bis zwölf Tieren beobachtet worden; die Tauchzeit beträgt manchmal mehr als 45 Minuten.

Das hervorstechendste Merkmal des Layard-Wals *(Mesoplodon layardii)* ist das Paar bis zu 30 Zentimeter langer, bügelartiger Zähne, die bogenförmig nach oben und hinten reichen. Bei älteren Exemplaren verhindern sie häufig das vollständige Schließen des Mauls. Nicht so rar wie die anderen *Mesoplodon*-Arten ist der Gray-Wal *(Mesoplodon grayi)*. An den Strandungen kann man erkennen, daß er kleine Herden bildet. Eine einzige derartige Strandung ereignete sich an der niederländischen Küste, alle anderen in den kühlen Gewässern der südlichen Halbkugel. Der Hector-Wal *(Mesoplodon hectori)*, offenbar äußerst selten, ist nur von 15 gestrandeten Exemplaren her bekannt. Er ist der kleinste aller heutigen Schnabelwale. Vom Longman-Wal *(Indopacetus pacificus)* schließlich weiß man nur durch zwei am Strand angeschwemmte Schädel — der eine aus Australien, der andere von der Küste Somalias.

Beim Entenwal unterscheidet man zwei Arten. Der Nördliche Entenwal *(Hyperoodon ampullatus)* ist der besser bekannte, sein seltener Gegenpart auf der Südhalbkugel ist der Südliche Entenwal *(Hyperoodon planifrons)*. Der Nördliche Entenwal bildet kleine, gemischt-geschlechtliche Herden von 5 bis 15 Tieren; mehrere Male im Jahr zu den Wanderungen aber trennen sich die Geschlechter. Die Weibchen werden mit acht bis zwölf Jahren geschlechtsreif, die Männchen etwa ein Jahr früher. Das Lebensalter beträgt mindestens 37 Jahre. Die Männchen zeigen häufig schwere Kampfwunden. Diese Wale bringen eine umfangreiche Reihe von Signalen hervor. Wenn ein Herdenmitglied in Schwierigkeiten ist, bleiben sie gewöhnlich um es herum zusammen. Der Nördliche Entenwal ist offensichtlich der ausdauerndste Taucher unter den Walen — länger als eine Stunde, vielleicht sogar zwei! Die Tiere sind neugierig und nähern sich auch kühn den Schiffen. Der Bestand dieser Art ist offiziell als »gefährdet« eingestuft, da die gesamte Population — hauptsächlich durch norwegische Walfänger — bis 1972 durch intensive Bejagung weitgehend reduziert worden ist. Selbst der Südliche Entenwal, obwohl von Natur aus sehr selten, blieb vor dem Fang nicht verschont.

Den Cuvier-Schnabelwal *(Ziphius cavirostris)* findet man in Schulen von etwa 20 bis 40 Exemplaren,

▲ Der Baird-Wal, der größte unter den Schnabelwalen, lebt im nördlichen Pazifik in Gruppen bis zu 30 Tieren. Sein Verwandter auf der Südhalbkugel, der Südliche Schwarzwal, ist etwas kleiner. Beide Arten wurden zeitweise stark bejagt.

in denen beim Schwimmen und Fressen eine Sozial-Ordnung beobachtet werden kann. Die älteren Männchen leben manchmal als Einzelgänger. Eine charakteristische Bewegung der Cuvier-Wale ist das Anheben der Schwanzfluke über die Wasseroberfläche kurz vor dem Abtauchen. Cuvier-Wale können sich beim Sprung vollständig aus dem Wasser schnellen, in sehr großen Tiefen tauchen und dort für mindestens eine

▲ Beinahe zehn Meter Länge erreicht ein ausgewachsener Nördlicher Entenwal. Seine Bestände wurden durch den Walfang stark ausgebeutet. Er machte es den Walfängern leicht, weil er sich neugierig den Schiffen zu nähern pflegt und außerdem die Tiere der Herde einem verwundeten oder geschwächten Gruppenmitglied Beistand leisten.

halbe Stunde verbleiben. Walfänger aus Japan, Taiwan und den Kleinen Antillen haben dieser Art nachgestellt, obwohl sie zu selten ist, um systematisch bejagt zu werden.

GRÜNDELWALE

Zur Familie der Gründelwale *(Monodontidae)* gehören der Narwal *(Monodon monoceros)*, der Weißwal oder Beluga *(Delphinapterus leucas)* und der in den Tropen vorkommene Irawadi-Delphin *(Orcaella brevirostris)*. Früher glaubte man, die Gründelwale seien ausschließlich auf den arktischen Lebensraum beschränkt. Diese Ansicht ist überholt, seit man weiß, daß der Irawadi-Delphin zur Familie gehört, und seit Versteinerungen des Weißwals aus den gemäßigten

▼ Mit am häufigsten unter den Schnabelwalen sichtet man den Cuvier-Schnabelwal. Dabei scheint die Art eher selten zu sein. Sie ist deshalb auch für den kommerziellen Walfang nur gelegentlich von Bedeutung gewesen.

Pat Morris/Ardea London Ltd

▲ Der Weißwal, auch Beluga genannt, ist in den arktischen Gewässern weit verbreitet. Jagd und Umweltbeschädigung haben den Bestand stark reduziert, und auch in den vergangenen zwei Jahrzehnten konnte keine Erholung festgestellt werden. Von den Eskimos werden auch heute noch jährlich mindestens 6 000 Tiere erlegt.

Gewässern Kaliforniens und Mexikos gefunden wurden. Die Arten dieser Familie haben stumpf zulaufende Köpfe, keinen Schnabel und einen deutlich erkennbaren Hals. Die relativ langen Halswirbel erlauben den Tieren sogar bestimmte Kopfbewegungen. Die Gründelwale sind mit den Schweinswalen (Familie *Phocoenidae*) und Delphinen *(Delphinidae)* nahe verwandt.

Der bekannteste Gründelwal ist der Weißwal oder Beluga *(Delphinapterus leucas)*. Seine saisonalen Wanderungsmuster sind sehr variabel und abhängig von der Population sowie von biologischen und umweltbedingten Faktoren. Im Winter neigen die Weißwale dazu, in kleinen Gruppen zusammenzuleben, aber im Sommer sammeln sie sich in großen Herden — manchmal Tausende von Exemplaren — und schwimmen Hunderte von Kilometern in den großen Flußsystemen hinauf. Zu ihren vielfältigen Kommunikationsmöglichkeiten gehören laute »Klicks«, schrille Schreie, Quieken und gellendes Pfeifen (deshalb hat man sie auch schon »Kanarienvögel des Meeres« genannt), und bei solcherart Kommunikation schwimmen sie gewöhnlich auf dem Rücken. Belugas schwimmen meist langsam, man hat aber schon Geschwindigkeiten bis zu 22 Stundenkilometern bei ihnen gemessen. Ihr Körper ist dank ihres ungewöhnlichen Knochenbaus außerordentlich flexibel. Sie können Kopf und Flipper drehen, ihren Körper beim Schwimmen wenden und mit Hilfe der Fluke rückwärts schwimmen. Ihre Tauchzeit beträgt gewöhnlich bis zu fünf Minuten, aber sie können auch 15 Minuten unter Wasser bleiben und vor dem Wiederauftauchen zwei bis drei Kilometer zurücklegen. Alle diese Fähigkeiten verleihen ihnen, zusammen mit ihrem hochentwickelten Echolokations-System, einen offensichtlichen Vorteil in einem Lebenselement wie dem Polarmeer mit Packeis und geschlossener Eisdecke.

Man schätzt die Gesamtzahl der Weißwale weltweit auf 62 000 bis 88 000 Exemplare. Es gibt mehrere Populationen, von denen die meisten sehr dezimiert sind. Beispielsweise ist die Population des Cumberland-Sunds auf nur noch 600 Exemplare zurückgegangen (das sind 12 Prozent der Schätzung von 1922!), und die Population des St. Lorenz-Stroms ist ähnlich gesunken. Eine Erholung der Bestände ist bisher nicht feststellbar. Trotz solcher Warnzeichen werden die Weißwale heute noch von den Eskimos bejagt und von den Walfangnationen Norwegen und UdSSR kommerziell ausgewertet. Auch die Umweltverschmutzung stellt eine Gefahr für die Weißwale dar, ganz zu schweigen von den natürlichen Feinden Schwertwal *(Orcinus orca)* und Eisbär.

Die weitere arktische Gründelwal-Art ist der Narwal. Das berühmte »Einhorn« des Narwal-Männchens wird offensichtlich in Dominanz-Kämpfen gebraucht: Bei etwa einem Drittel der Männchen ist es beschädigt oder abgebrochen. Die Narwale bilden kleine Familienverbände von 3 bis 20 Individuen. Größere Verbände von bis zu 2000 wandern jahreszeitlich entsprechend der Ausbreitung des Packeises. Ihre Ausdrucks-Skala scheint beinahe so vielfältig zu sein wie die der Weißwale. Sie tauchen bis 370 Meter bei Tauchzeiten bis zu 15 Minuten. Mit dem Kopf brechen sie durchs Eis und schaffen sich darin Löcher zum Luftholen.

Natürliche Feinde der Narwale sind Schwertwale, Eisbären — und die Gefahr, unter dem Eis eingeschlossen zu werden. Die größte Bedrohung aber stellt der Mensch dar. Die Eskimos in der Arktis jagen die Narwale ungeachtet ihrer Größe — und auch ohne Rücksicht auf die Gesetzeslage. Das »Einhorn« wird mit Schnitzereien verziert und als Souvenir verkauft, das Fleisch gegessen, die Sehnen und die Haut für vielfältige Gebrauchszwecke verwertet. Schon seit dem 10. Jahrhundert wurden die Narwale der nordamerikanischen Arktis so bejagt. Es gibt wohl mehr als 10 000 Narwale entlang der Grönländischen Küste, aber in den siebziger Jahren überstieg die Zahl der erlegten Tiere die Geburtenrate. Dies und die industrielle und kommerzielle Erschließung der Arktis bedrohen den Bestand der Art.

Einen ganz anderen Lebensraum als diese im arktischen Meer lebenden beiden Gründelwale bewohnt der Irawadi-Delphin: tropische Flußmündungen. Er ist ein gemächlicher Schwimmer. Wenn er zum Atemholen — alle ein bis eineinhalb Minuten — an die Oberfläche kommt, werden nur die Kuppen von Kopf und Nacken sichtbar. Wie der Weißwal hat auch der Irawadi-Delphin einen sehr gelenkigen Körper, eingeschlossen Hals und Flipper. Bis zu zehn Tiere dieser Art leben in Gruppen zusammen. Viel mehr ist über ihr Verhalten nicht bekannt.

Alain Compost/Bruce Coleman Ltd

▶ Obwohl er nahe an der Küste in flachen Küstengewässern und Flußeinmündungen lebt, weiß man wenig über Biologie und Populations-Dynamik des Irawadi-Delphins. Örtlich wird er als „häufig" bezeichnet, aber das Fischen mit Grundnetzen zerstört – vor allem in Südostasien – seine Lebensräume und Nahrungsressourcen.

Fred Bruemmer

Auch die Anzahl der Irawadi-Delphine ist unbekannt. Lokal aber werden sie als »recht häufig« beschrieben. Irawadi-Delphine geraten öfter in Hai-Abwehr-Netze vor der Küste des nördlichen Australiens oder andernorts in Fischernetze, wobei sie ertrinken. In den Flüssen Pela und Mahakam auf Borneo ist eine Population von etwa 100 Irawadi-Delphinen ausgerottet worden, als man in den umliegenden Regenwäldern Bäume fällte und dabei Schlamm und Dreck in die Flüsse geriet. Andernorts haben die Fischer diese Delphine dazu abgerichtet, ihnen beim Fischen zu helfen. Sie locken sie an, indem sie mit den Rudern ans Boot klopfen. Die sich annähernden Delphine treiben die Fische in die Netze, und dafür erhalten sie von den Fischern ihren Anteil an der Beute.

SCHWEINSWALE

Schweinswale (Familie *Phocoenidae*) sind eine klar abgegrenzte, von den Delphinen (Familie *Delphinidae*) deutlich unterschiedene Gruppe unter den Zahnwalen mit einer langen Entwicklungsgeschichte. Sie haben nicht den »typischen« Delphin-Schnabel, und der Vorderkopf fällt übergangslos bis zur Spitze der Schnauze ab. Zu ihren weiteren anatomischen Beson-

▲ Das bizarre Einhorn des Narwals hat dieses Tier seit dem Mittelalter unter Verfolgungsdruck gesetzt. Man handelte diesen speerartigen Zahn zu exorbitanten Preisen und glaubte, er stamme von dem bekannten Fabeltier. Auch heute noch werden aus dem elfenbeinartigen Material Gebrauchsgegenstände und Souvenirs angefertigt; deshalb ist die Art weiterhin bedroht.

▲ Der Dall-Hafenschweinswal ist auffällig schwarzweiß gezeichnet. Er ist wohl der schnellste und ausdauerndste Schwimmer unter den Meeressäugetieren und erreicht Geschwindigkeiten bis zu 50 Stundenkilometer. Sein Lebensraum ist auf die Nordhalbkugel beschränkt.

derheiten gehört ein hochentwickeltes Nasengang-System, das möglicherweise der Druckanpassung während des Tauchens oder der Isolation von Gehirn und/oder Ohr vor den eigenen Echolokations-Signalen dient.

Eines der höchstentwickelten Mitglieder der Familie ist der auffällig schwarz-weiß gezeichnete Dall-Hafenschweinswal *(Phocoenoides dalli)*. Schädel und Nasengänge sind sehr kompliziert, und seine zurückentwickelten Zähne bleiben unter hornigen »Gummizähnen« eingelagert, die heute die Funktion der Zähne übernommen haben. Seine Wirbelsäule gehört zu den höchstentwickelten unter allen Meeressäugetieren. Sie setzt sich zusammen aus zahlreichen Wirbeln, die (im Querschnitt) extrem flach sind und außerordentlich lange Dornfortsätze tragen. Die Zunahme der Zahl der Wirbel geht einher mit einer Zunahme der Muskelmasse — so erklärt sich, daß der Dall-Hafenschweinswal der wohl schnellste und ausdauerndste Schwimmer unter den Meeressäugetieren ist. Diese Schweinswale reiten auf der Bugwelle und können aus eigener Kraft bis zu 50 Stundenkilometer schnell an der Oberfläche schwimmen, so daß sie dabei eine Kielwelle hinter sich herziehen.

Dall-Schweinswale leben in kleinen Gruppen von 2 bis 20 Tieren zusammen. Gelegentlich bilden sie auch zur Jagd Schwärme bis zu mehreren Hundert Individuen. Sie ernähren sich — gewöhnlich in Tiefen von 180 Metern und mehr — von Tintenfisch und kleinen Schwarmfischen.

Die Gesamtzahl der Dall-Hafenschweinswale wird auf ungefähr 920 000 geschätzt. Sie ist in den letzten Jahren durch die Fang-Aktivitäten von Japanern, Taiwanesen und Südkoreanern erheblich dezimiert worden. Hunderttausende dieser Delphine sind getötet worden. Allein in den Lachs- und Tintenfisch-Netzen im Nordpazifik werden jährlich 20 000 unabsichtlich getötet, und vor der Ostküste Japans jeweils über 10 000 für den Verzehr.

Den in Englisch »harbour porpoise«, in deutsch nur »Schweinswal« genannten *Phocoena phocoena* sieht man dagegen meist alleine, paarweise oder in kleinen Gruppen. Er geht gewöhnlich den Schiffen aus dem Wege und ist ein langsamer Schwimmer. Sofern erforderlich, kann er aber Geschwindigkeiten bis zu 22 Stundenkilometern erreichen. Selten springt er aus dem Wasser, gewöhnlich zeigt er nur kurz seinen Rücken, bevor er wieder für bis zu vier Minuten untertaucht. Die Kadaver toter Schweinswale werden häufig ans Ufer angetrieben, und diese Funde haben während der letzten 200 Jahre erlaubt, ihre Anatomie bis ins Detail zu untersuchen. Der Schweinswal ist mancherorts (vor allem im Scharzen Meer) wegen seines Fleisches und seines Öls bejagt worden, außerdem verfängt auch er sich häufig in Fischernetzen. Das hat dazu geführt, daß sein Bestand in vielen Gebieten im Rückgang begriffen ist.

Der Burmeister-Schweinswal *(Phocoena spinipinnis)*, der seine Lebensräume vor den Ost- und Westküsten Südamerikas hat, ist scheu, und wenig ist über ihn bekannt. Er wird sowohl zum menschlichen Verzehr als auch — illegal — für Köderzwecke erlegt. Hinzu kommt der Beifang in Fischernetzen.

Der Hafen-Schweinswal *(Phocoena sinus)* ist noch mehr bedroht und gilt als gefährdete Art. Sein Lebensraum ist ein Teil des Golfs von Kalifornien. Die Population dieser von Natur aus schon seltenen Art sinkt als Ergebnis des Beifangs in Fischernetzen und ökologischer Veränderungen des Lebensraumes — eine Folge der Aufstauung der Flüsse in der Region.

Der Indische Schweinswal bewohnt die warmen bis gemäßigten Küstengewässer des Indischen Ozeans und vor der Küste Südwest-Asiens. Man findet ihn auch in einigen Flußmündungen und Flüssen dieser Region und vor allem in Mangrovensümpfen. Er lebt alleine, paarweise in Partnerbeziehung oder als Mutter und Kalb sowie in Gruppen bis zu zehn Tieren.

Diese Kleingruppen können sich, offensichtlich zur gemeinsamen Jagd, auch zu größeren Herden zusammenschließen. Im Yangtsekiang schließt sich der Indische Schweinswal auch dem Chinesischen Flußdelphin *(Lipotes vexillifer)* an. Diese Population im Yangtse ist offensichtlich auf das Süßwasser beschränkt und wandert nie zum Meer ab. Die japanische Population des Indischen Schweinswals dagegen wandert saisonbedingt zwischen den Binnengewässern und dem Pazifischen Ozean hin und her.

Gegenwärtige Zahl und Entwicklungstendenz dieser Art sind nicht genau bekannt. Es läßt sich aber feststellen, daß der Bestand der Indischen Schweinswale unter der Verschmutzung der Buchten und Binnengewässer Japans gelitten hat. Außerdem wird die Art in Japan auch für Ernährungszwecke verfolgt.

DELPHINE UND ANDERE KLEINZAHNIGE WALE

Zu den *Delphinidae*, der größten und vielfältigsten Familie unter den heutigen Meeressäugetieren, gehören die verschiedenen Arten von Delphinen, aber auch die Grind- und Schwertwale sowie deren Verwandte. Fossilien aus dieser Familie reichen bis elf Millionen Jahre zurück. Einige der heutigen Arten haben sich in ihrer Ernährung ausschließlich auf Fisch oder Tinten-

▲ Der Indische Schweinswal schwimmt relativ langsam. Selten entfernt er sich mehr als fünf Kilometer vom Ufer. Er dringt in die Flüsse vor und ist deshalb auch ein Opfer der Umweltverschmutzung sowie der Nachstellungen durch Fischer.

Nicholas Tapp/Seaphot Limited/Planet Earth Pictures

▲ Weißseiten- und Weißschnauzen-Delphine sind sehr nah miteinander verwandt, wobei der Weißseiten-Delphin das nördlichere Verbreitungsgebiet im Atlantik hat. Er ist ein Allesfresser, wie seine unspezialisierten Zähne zeigen. Gelegentlicher Fang ist sicher nicht bedrohlich für die Art, jedoch mögen häufige Massenstrandungen entlang der Küste der USA von Bedeutung sein für die Größe des Bestands.

fisch spezialisiert, andere wiederum sind Generalisten, die sich von einer Vielzahl mariner Tiere einschließlich der Krustentiere ernähren. Die primitivsten der heutigen Delphine sind solche Generalisten und haben, wie auch die primitiven fossilen Typen, Schnauzen von mittlerer Länge und Breite. Bei den weiterentwickelten Arten findet man an Schädel, Gebiß und Körper eine Vielzahl von Adaptationen an ihre Ernährungsweise und Fortbewegungsmethode. Breitköpfige Delphine wie die Grindwale *(Globicephalae)* und der Rundkopf-Delphin *(Grampus griseus)* ernähren sich von Tintenfischen; schmalköpfige wie der Gewöhnliche Delphin *(Delphinus delphis)* und der Spinnerdelphin *(Stenella longirostris)* fressen hauptsächlich Fische; und die Arten mit mittelbreiten Schädeln wie der Große Tümmler *(Tursiops truncatus)*, die Weißstreifen-Delphine *(Lagenorhynchae)* und der Blau-Weiße Delphin *(Stenella coeruleoalba)* sind die Generalisten mit der breiten Nahrungspalette. In der Familie der *Delphinidae* findet man auch extreme anatomische Anpassungen. Der Schwertwal *(Orcinus orca)* hat einen recht kräftigen Körper mit langer Rückenflosse, die Glattdelphine *(Lissodelphii)* hingegen haben lange und schlanke Körper ohne Rückenflosse; der Kleine Schwertwal *(Pseudorca crassidens)* hat nur ein paar große Zähne, während der Gewöhnliche Delphin *(Delphinus delphis)* viele kleine Zähne besitzt, und der Rundkopf-Delphin *(Grampus griseus)* die Zähne im Oberkiefer total verloren hat. Der Rauhzahn-Delphin *(Steno bredanensis)* schließlich hat auf seinen Zähnen einen runzeligen Schmelz entwickelt.

Ein auffälliges Verhalten zeigt der Chinesische Weiße Delphin *(Sousa chinensis)*. Er kann auf den Wellen reiten und springt gelegentlich akrobatisch aus dem Wasser. Charakteristisch für ihn ist auch, daß er im flachen Waser bei der Verfolgung der Riffische vor- und rückwärts schwimmen kann. Er kann zwischen Salz- und Süßwasser wechseln und lebt manchmal auch in den Mündungsgebieten von Flüssen. Der verwandte Kamerunfluß-Delphin *(Sousa teuszii)* lebt in den Gewässern vor der Westküste Afrikas. Ihm wird nachgesagt, er treibe die Fische in die in Strandnähe aufgestellten Netze. Der Delphin reagiert offensichtlich auf die Geräusche, die die Fischer erzeugen, indem sie mit Stöcken aufs Wasser schlagen. Wenn er sich in diese Richtung begibt, treibt er die Fische vor sich her. Über die Populationen der beiden Arten sowie über ihre Zahl gibt es keine Erkenntnisse.

Der Amazonas-Sotalia *(Sotalia fluviatilis)* ist dem Süßwasser noch besser angepaßt als der Chinesische Weiße Delphin. Manche Sotalia-Populationen leben zwar im Salzwasser, aber man findet auch Populationen dieser Art in vielen südamerikanischen Flüssen in reinem Süßwasser — der einzige Fall dieser Art bei den *Delphinidae!* Die Sotalias dringen weit in den Amazonas und seine Nebenflüsse vor bis hinauf zu den Ausläufern der Anden. Sie werden deshalb auch häufig vergesellschaftet mit Amazonas-Delphinen *(Iniidae)* aufgefunden. Interessant ist, daß die beiden Arten völlig verschiedene Signale bei der Echolokation benutzen.

Die Sotalias sind keine aktiven Schwimmer und springen auch selten aus dem Wasser. Sie versammeln sich in kleinen Gruppen von 10 bis 25 Tieren, ernähren sich von Fisch und gelegentlich auch von Garnelen. Die Mitglieder einer Gruppe schwimmen und atmen gewöhnlich synchron. Ihre Hauptaktivität entfalten sie am frühen Morgen und am späten Abend. Die Kopfzahl dieser Art ist unbekannt, aber man kann sagen, daß sie in bestimmten Gebieten des Amazonas-Flußsystems recht häufig sind. Dennoch muß man sie als bedroht betrachten, da sie für Köderfleisch gefangen werden und auch in Fischernetzen hängenbleiben.

Der bestbekannte Delphin ist wohl der Große Tümmler *(Tursiops truncatus)*. Trainierte Tümmler kann man häufig in den Seeaquarien bewundern, und die Militärs setzen sie ein zum Aufspüren von Minen. Die Tümmler findet man meist in Gruppen von bis zu 30 Tieren vor, sie versammeln sich aber auch in riesigen Herden bis zu mehreren hundert Individuen. Sie sind recht aktive Schwimmer, springen gelegentlich wild aus dem Wasser und reiten häufig auf der Bugwelle von Schiffen sowie auf den Wellen in der Brandungszone. Am Strand von Monkey Mia in Westaustralien kommen Tümmler bis ins flache Wasser und lassen sich von Menschen liebkosen und füttern. Ähnliche Beispiele solch »freundlichen« Verhaltens sind von ihnen auch anderenorts berichtet worden. Wie der Kamerunfluß-Delphin — und zusammen mit diesem — soll der Tümmler in Mauretanien (Westafrika) den Fischern die Beute in die Stellnetze treiben, und früher soll er dies auch vor Queensland (Australien) getan haben.

Auf dem offenen Meer schwimmen und jagen die Tümmler-Gruppen häufig mit anderen Arten der *Delphinidae* sowie mit Pottwalen, Grauwalen und Glattwalen zusammen. Individuen sind bis zu 37 Jahre alt geworden. Tümmler haben sich sowohl in Gefangenschaft als auch in freier Wildbahn mit Rundkopf- und Rauhzahn-Delphinen sowie dem Chinesischen Weißen Delphin gekreuzt (hybridisiert).

Die Gesamtzahl der Tümmler auf der Welt ist nicht bekannt. In japanischen Gewässern sind viele dieser Art getötet worden. Meist wird dabei die Methode gebraucht, die Tiere ins Flachwasser zu treiben, wo sie dann abgeschlachtet werden. Die japanischen Fischer töten sie, weil sie die Tümmler als Nahrungskonkurrenten betrachten, aber auch zur Verwertung für den menschlichen Verzehr. Auch in anderen Teilen der Welt pflegt man Tümmler-Fleisch zu essen.

Der Rundkopf-Delphin *(Grampus griseus)* ist in allen Ozeanen der Welt zuhause, von den Tropen bis in die gemäßigt-kühlen Breiten. Ungewöhnlich an ihm ist, daß er im Oberkiefer gar keine und im Unterkiefer nur einige wenige Zähne an der Schnauzenspitze hat. Stattdessen besitzt er Riefen am Gaumen, die ihm helfen, seine schlüpfrige Beute — gewöhnliche Tintenfische, Sepien und Oktopusse — festzuhalten. Der Rundkopf-Delphin hat sich in Gefangenschaft mit Tümmlern und Rauhzahn-Delphinen gekreuzt.

Drei Arten der Familie *Delphinidae* sind wegen der

Peter Corkeron

▲ Der Große Tümmler ist der größte der „typischen" Delphine. Er ist überall auf der Welt verbreitet und lebt gewöhnlich in den Küstengewässern. Obwohl er für viele Menschen die Verkörperung des „freundlichen" Delphins darstellt, werden doch viele Tümmler als Nahrungskonkurrenten der Fischer und zum Verzehr getötet.

ZU DEN BEGRIFFEN »WAL«, »DELPHIN« UND »SCHWEINSWAL«

MICHAEL BRYDEN

Alle Wale, Delphine und Schweinswale gehören zur Ordnung der Meeressäugetiere. Wie unterscheiden sie sich untereinander?

Die Ordnung Meeressäugetiere wird in drei Unterordnungen aufgeteilt: die *Archaeoceti* (Urwale, ausgestorben), die *Mysticeti* (Bartenwale) und die *Odontoceti* (Zahnwale). In jeder Unterordnung wiederum unterscheidet man Familien und darin Gruppen und Arten. Alle Arten in der Unterordnung *Mysticeti* bezeichnet man als Wale, beispielsweise den Blauwal, den Zwergwal oder den Grauwal. Bei den *Odontoceti* aber kommen unterschiedliche Bezeichnungen vor, und der Begriff Wal kennzeichnet hauptsächlich die Größe und weniger die zoologische Beziehung. Schwertwal, Grindwal und Weißwal sind nahe Verwandte des Gewöhnlichen Delphins, des Irawadi-Delphins und des Großen Tümmlers — aber im Gegensatz zu den letzteren sind sie gewöhnlich sehr viel größer. . .

Desgleichen gibt es keine genaue Definition der Begriffe »Delphin« und »Schweinswal«. Arten aus der Familie *Platanistidae* (Süßwasser-Delphine) und die kleineren Arten aus der Familie *Delphinidae* werden als »Delphine« bezeichnet. Es hat früher, vor allem in den Vereinigten Staaten, Bestrebungen gegeben, alle kleineren Zahnwale mit »Schweinswale« (englisch: »porpoises«) zu benennen. Somit wollte man die Verwechslungsgefahr mit dem Namen »dolphinfish« (= Goldmakrele, *Coryphaena* spec.) beseitigen. Inzwischen hat es sich aber durchgesetzt, den Begriff »porpoise« beziehungsweise »Schweinswal« den Arten aus der Familie der *Phocoenidae* vorzubehalten.

Größe der Gruppen, in denen sie leben, besonders bemerkenswert. Der Weißschnauzen-Delphin *(Lagenorhynchus albirostris)*, der Weißseiten-Delphin *(Lagenorhynchus acutus)* und der nahe verwandte Weißstreifen-Delphin *(Lagenorhynchus obliquidens)*. Man trifft sie gewöhnlich in riesigen Schulen an, die in die Tausende gehen können. Beim Schlankdelphin *(Stenella attenuata)* können die Schwärme sogar noch größer sein. Manchmal tun sie sich auch mit anderen Delphinen, Seevögeln und Gelbflossen-Thunfischen zu riesigen Jagdverbänden zusammen. Allerdings wird ihnen der Zusammenschluß mit den Thunfischen häufig zum Verderben, weil sie in den Netzen mitgefangen werden. Die Fischer setzen die Netze, wenn sie die Delphine sichten — sie wissen, daß die Thune dann nicht weit sein können. Seit den fünfziger Jahren, als der Fang mit den Ringnetzen begann, kamen jährlich viele Tausende von Delphinen in den Netzen um. In den USA alleine waren es 1974 mehr als 300 000 Tiere. Diese Zahl ist dort inzwischen auf etwa 15 000 pro Jahr gesunken, weil man die Netze verbessert hat. Aber andere Länder, die noch den alten Typ der Netze verwenden, weiten ihren Thunfisch-Fang aus, und deshalb geht das Schlachten weiter.

Auch vergleichbare Zahlen an Spinnerdelphinen *(Stenella longirostris)* sterben auf diese Weise. Der Spinnerdelphin ist ein sehr schneller und wendiger Schwimmer. In der Vorwärtsbewegung springt er häufig voll aus dem Wasser, und sein Name kommt von der charakteristischen schnellen Drehung um die Längsachse, wenn er im Flug ist. Spinnerdelphine bilden Schulen von mehreren hundert Individuen und vereinigen sich häufig mit den Schlankdelphinen. Übrigens führt auch der weniger häufige *Stenella clymene* »Spinner«-Bewegungen aus, allerdings sind sie bei ihm weniger spektakulär.

Ein anderer atemberaubender Akrobat ist der Blau-Weiße Delphin *(Stenella coeruleoalba)*. Dieser Delphin springt hoch in die Luft, kann auf dem Kopf stehen und radschlagen, schlägt außerhalb des Wassers einen Salto und übt gelegentlich auch das Wellenrei-

▼ Der Spinnerdelphin erhielt seinen Namen wegen der spektakulären Sprünge, wobei er sich um die Längsachse dreht. Er jagt in den tropischen und gemäßigten Zonen von Atlantik, Pazifik und Indischem Ozean nach kleinen Fischen und Tintenfischen. Unglücklicherweise vereinigt er sich mit den Thunfisch-Schwärmen, so daß er mit in die Netze gerät.

Bernd Würsig

ten aus. Er ist in Gruppen von mehreren hundert Exemplaren unterwegs und deswegen in Japan seit etwa 1940 ein begehrtes Ziel der Fischer, wobei man die Tiere ans Ufer treibt. Im Jahre 1974 war die Population in japanischen Gewässern so von ursprünglich 600 000 Tieren auf die Hälfte reduziert. Zum Glück ist die Art recht weit auch in anderen Meeren verbreitet und deshalb nicht gefährdet.

Noch weiter verbreitet ist der Gewöhnliche Delphin *(Delphinus delphis)*. Die einzelnen Populationen weisen untereinander gewisse Variationen auf. Dieser Delphin bildet Gruppen von zehn bis zu vielen hundert Individuen, die gut zu erkennen sind, da sie dicht unter der Oberfläche schwimmen und einzelne Tiere häufig voll aus dem Wasser springen. Wie die Spinner- und die Zügeldelphine *(Stenella frontalis)* reiten auch die Gewöhnlichen Delphine gerne auf der Bugwelle, jagen zusammen mit Thunfischen und wer-

▲ Eine zurückhaltende Schätzung gibt für 1972 die Zahl der beim Thunfisch-Fang getöteten Delphine mit 380 000 an. Die Mehrzahl davon waren Schlankdelphine. Aber diese Art ist so weit verbreitet und kommt so häufig vor, daß sie sich von diesen Verlusten wieder zu erholen scheint. Die heutigen Verluste sind durch die Einführung neuer Netze erheblich geringer als noch in den siebziger Jahren.

▲ Gewöhnliche Delphine sind so häufig und haben eine so hohe Reproduktionsrate, daß sie offenbar allen Gefahren wie Umweltzerstörung, kommerzieller Fischerei und Jagd zu trotzen vermögen. Sie jagen in der Gruppe Fische und Tintenfische des offenen Wassers und der mittleren Wassertiefen und bilden Herden bis zu mehreren hundert Individuen.

den deshalb — allerdings in geringerer Zahl als die anderen Arten — auch zum Opfer der Ringnetze. Sie sind auch das Ziel direkter Befischung gewesen. So wurden zum Beispiel bis zu 120 000 Tiere jährlich im Schwarzen Meer gefangen. Mitte der sechziger Jahre war die Population nahezu ausgelöscht. Dann endlich kam die Jagd nach ihnen zum Erliegen. Offiziell hat die türkische Regierung erst 1983 das Töten des Gewöhnlichen Delphins per Gesetz untersagt.

Der Nördliche Glattdelphin *(Lissodelphis borealis)* ist besonders stromlinienförmig gebaut und schwimmt bemerkenswert schnell: Einzelne Tiere können mehr als 45 Stundenkilometer erreichen und dabei noch aus dem Wasser schnellen — sie hinterlassen dabei einen richtigen Schaumstreif auf dem Wasser! Von Schiffen halten sie sich fern, stattdessen reiten sie auf den Druckwellen von Grau- und Finnwal. Die Herden des Nördlichen Glattdelphins erreichen manchmal die Zahl von 2000 und mehr. Die Art führt saisonale Wanderungen durch. Ihre Hauptnahrung ist Tintenfisch, und Zehntausende von Glattdelphinen werden jährlich als Beifang bei der Schleppnetz-Fischerei nach diesen Kopffüßern gefangen. In den gemäßigten Gewässern der südlichen Halbkugel lebt als Pendant zum Nördlichen der Südliche Glattdelphin *(Lissodelphis peronii)*.

Zu den größten Mitgliedern der Familie *Delphinidae* zählen die Grindwale: Gewöhnlicher *(Globicephala melaena)* und Indischer Grindwal *(Globicephala macrorhynchus)*. Der Indische Grindwal bildet Herden von wenigen bis zu vielen hundert Individuen. Die Herden des Gewöhnlichen Grindwals dagegen zählen von einigen Hundert bis zu Tausenden von Tieren. Die Grindwale haben eine komplexe soziale Organisaton und jagen auch gemeinsam. Aufgrund des hohen Grades an Sozialorganisation kommen bei ihnen sehr häufig Massenstrandungen vor, und es ist auch sehr leicht, sie durch das An-den-Strand-Treiben zu erbeuten. Der Gewöhnliche Grindwal kann Geschwindigkeiten bis zu 40 Stundenkilometer erreichen, schwimmt aber gewöhnlich sehr viel geruhsamer. Tagsüber ruhen die Grindwale an der Wasseroberfläche, und nur nachts gehen sie auf die Jagd nach Tintenfischen und Fischen. Indische Grindwale haben ein Alter von 63 Jahren erreicht.

Eine weitere Art, die für ihre Massenstrandungen (manchmal fallen ihr Hunderte von Tieren zum Opfer) bekannt geworden ist, ist der Kleine Schwertwal *(Pseudorca crassidens)*. Diese Tiere leben in engem sozialen Verbund, und die Herde kann 800 und mehr Individuen umfassen. Sie springen häufig vollkommen aus dem Wasser und reiten auch auf den Bugwellen der Schiffe. Wie die Indischen Grindwale sind sie manchmal mit den Großen Tümmlern vergesellschaftet. Fischer betrachten sie als lästig oder als Nahrungskonkurrenten und töten sie, aber auch für den Verzehr werden sie erlegt.

Der größte und beeindruckendste der *Delphinidae* aber ist der Schwertwal oder Orca *(Orcinus orca)*. Die Schwertwale jagen und fressen kooperativ in Gruppen von 2 bis 50 Individuen, und in den Gruppen herrschen komplexe soziale Strukturen. Ihr normales Schwimmtempo beträgt 10 bis 13 Stundenkilometer, aber gelegentlich sind sie auch bis zu 45 Stundenkilo-

Ken Balcomb/Earthviews

▲ Der mittelgroße Nördliche Glattdelphin ist schlank und strimlinienförmig gebaut. Die Herden, die häufig bis zu 2 000 Tiere umfassen, führen saisonale Wanderungen durch. Dabei erreichen sie Geschwindigkeiten bis zu 45 Stundenkilometer – ein überwältigender Anblick, wenn die Herde, alle Tiere synchron, durch das Wasser stürmt.

Eric M. Le Feuvre

◀ Der Kleine Schwertwal ist geselliger als sein großer Verwandter und bildet Herden von mehreren hundert Tieren. Er ist, wie die Grindwale, bekannt für häufige Massenstrandungen.

Rosemary Chastney/Ocean Images Inc./Planet Earth Pictures

▲ Der Schwertwal unterscheidet sich in Größe und Erscheinung deutlich von den anderen Delphinen. Er verfolgt praktisch alle marinen Wirbeltiere von den Seevögeln bis zu den Bartenwalen. In der Gruppe, mit der er auch jagt, herrschen komplexe soziale Beziehungen. Schwertwale werden gerne in Seeaquarien gehalten, wo sie sich leicht an die Gefangenschaft gewöhnen.

meter schnell. Ihre Schwimmbewegung ist wie die der Tümmler. Gelegentlich springen sie hoch und weit in die Luft oder erheben den Körper senkrecht oder in Schräglage aus dem Wasser. In vielen Ländern der Erde sehen die Fischer sie als ihre Hauptkonkurrenten an und verfolgen sie, und auch in den Netzen verfangen sie sich häufig. Außerdem wurden sie auch kommerziell befischt. Dies ist von der Internationalen Walfang-Kommission unterbunden worden. In den See-Aquarien sind Schwertwale eine beliebte Attraktion geworden, da sie freundlich und leicht zu trainieren sind und die Lebensbedingungen in Gefangenschaft gut ertragen.

SÜSSWASSER-DELPHINE

Fünf Arten von Delphinen, die zu drei oder vier miteinander verwandten Familien gehören, haben sich dem Süßwasser als Lebensraum angepaßt. Vom La

Plata-Delphin *(Pontoporia blainvillei)* abgesehen findet man sie heute nur noch in den Flüssen. Aus Fossilien kennt man aber auch verwandte Arten, die noch im Meer lebten. Der Amazonas-Delphin *(Inia geoffrensis)*, ein relativ langsamer Schwimmer, kommt gemächlich zur Oberfläche hoch, um zu atmen, und führt nur gelegentlich kleine Sprünge über das Wasser aus. Seine Augen sind sehr klein, aber noch in Funktion. Seine Ernährung besteht aus kleinen Fischen, nach denen er die Schlammgründe des Flusses durchsucht. Er hat große Zähne mit runzeligem Schmelz.

Amazonas-Delphine leben in Gruppen bis zu 20 Tieren zusammen. Sie sind in Südamerika in vielen Flußsystemen weit verbreitet und bewohnen die seenartig erweiterten, verschlickten Stauwassergebiete. In den Überschwemmungszeiten dringen sie auch in die überfluteten Waldgebiete vor, laufen dabei aber Gefahr, in Teichen hängenzubleiben oder vom Fluß abgeschnitten zu werden, wenn das Hochwasser zurückgeht. Auch Umweltverschmutzung, Dammbauten und Motorboote stellen eine Gefahr dar; außerdem natürlich die Jagd nach ihnen — einmal zum Gewinnen ihres Fetts und ihrer Haut, zum andern aber auch einfach als Sportfischerei.

Der Chinesische Flußdelphin ist eine der bedrohtesten Arten unter den Zahnwalen, und heute stellen 250 bis 300 Individuen im Yangtsekiang die letzten Überlebenden der Art dar. Er hat Zähne mit ähnlich gerunzeltem Schmelz wie der Amazonas-Delphin und wird auch aus anderen Gründen häufig als dessen naher Verwandter angesehen. Gewöhnlich kommt er paarweise vor, bildet manchmal aber auch kleine Gruppen. Seine Tauchzeiten sind sehr kurz.

Der zunehmende Bootsverkehr, die Verbauung und Aufstauung der Flüsse, versehentlicher Fang mit der Angel und gelegentlich wohl auch die gezielte Jagd bedrohen die letzten Chinesischen Flußdelphine. Glücklicherweise haben in China Biologen wie Politiker das Problem erkannt, und auch in der Öffentlichkeit ist das Wissen über diesen Delphin gewachsen. Aber es wird einer besonderen Anstrengung bedürfen, um die Population zu erhalten. Zu den zu ergreifenden Maßnahmen gehören die Einrichtung von Schutzzonen im Yangtsekiang sowie die Übersiedlung von Delphinen in andere, weniger belastete Flüsse.

Ein primitiver, mariner Verwandter des Chinesischen Flußdelphins ist der La Plata-Delphin *(Pontoporia blainvillei)*. Im Gegensatz zu den anderen, hier Süßwasser-Delphine genannten Familien und Arten, bewohnt er flache, küstennahe Salz- und Brackwasser. Die Nahrungsgründe liegen in der Nähe des Meeresbodens. Die Tiere scheinen solitär zu leben und keine Gruppen zu bilden. Lebend sieht man sie selten, aber — wie die meisten anderen südamerikanischen Zahnwale auch — umso häufiger tot, wenn sie sich in den Netzen verfangen haben.

Ganz im Gegensatz zum primitiven La Plata-Delphin sind die beiden Arten aus der Familie der Ganges-Delphine *(Platanistidae)* hoch entwickelt und haben ausgedehnte und komplexe Nasengänge im Schädel. Über den Augen ist der Schädel gewölbt, was den Tieren eine unverwechselbare, »knollige« Stirn verleiht. Der Ganges-Delphin *(Platanista gangetica)* und der Indus-Delphin *(Platanista minor)* sind sehr nah miteinander verwandt. Die eine Art kommt in den Flüssen von Indien und Bangladesh vor, die andere im Flußsystem des Indus in Pakistan. Diese praktisch blinden Delphine leben in schlammigen Gewässern, orientieren sich mittels Echolokation und gründeln mit ihren Schnauzen im Boden nach Nahrung.

Die Ganges-Delphine haben eine lange Tragezeit. Nicht zuletzt deshalb ist die Art in ihrer Existenz bedroht. Nur etwa 400 Individuen gibt es noch, und diese sind durch Flußregulierung und Dammbauten in kleine Populationen zertrennt worden. Vom Ganges-Delphin blieben in Nepal sogar nur kümmerliche 40 Exemplare erhalten. Nicht nur die Staudämme und Flußregulierungen, sondern auch die Nachstellung durch den Menschen hat zum Rückgang beigetragen — und die hält heute noch an, obwohl sie gesetzlich verboten ist.

Institute of Hydrology, Academia Sinica Wuhan, P.R. China

▲ Einst hielt man die Süßwasser-Delphine wie diesen Chinesischen Flußdelphin für recht primitive Arten. Neuere Forschungen haben aber ergeben, daß sie hochspezialisiert und perfekt dem Leben in trüben und seichten Flüssen angepaßt sind. Dieser Lebensraum bedroht aber heute akut die Arten.

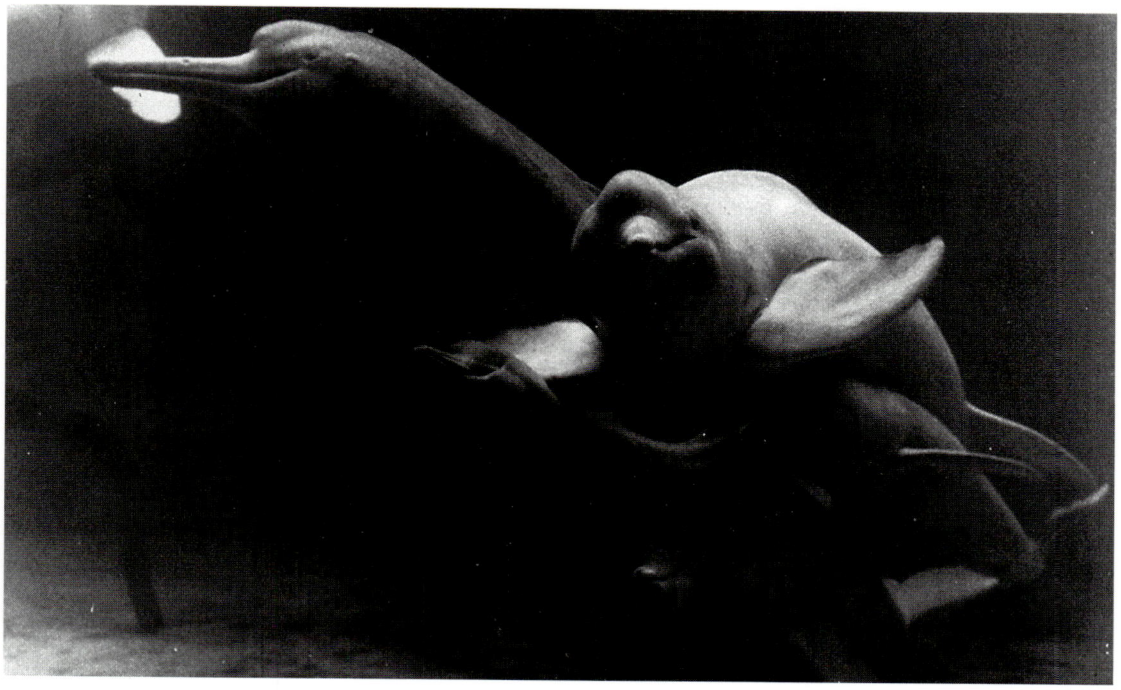

Marineland of Florida

◀ In den Flußsystemen von Amazonas und Orinoko ist der Amazonas-Delphin weit verbreitet. Dieser größte unter den Süßwasser-Delphinen ist ein gewandter Jäger. Mit seinen kleinen, aber funktionsfähigen Augen und der hochentwickelten Echolokation spürt er seine Beute im trüben Wasser auf. Er reagiert auf Umweltverschmutzung besonders empfindlich.

▶ Um das öffentliche Bewußtsein auf die bedrohte Art aufmerksam zu machen, hat die chinesische Regierung Briefmarken herausgegeben, die den Baiji zeigen, und sogar eine Biermarke nach ihm benannt.

▶ Die Stadt Tongling am Yangtsekiang hat den Baiji zu ihrem Wappentier erkoren. In einem Teil des Flußlaufs hat sie ein Reservat eingerichtet, wo der Chinesische Flußdelphin gezüchtet wird, um die Art zu erhalten. Eine Skulptur vor dem Gästehaus der Stadt zeigt die Tiere in leicht symbolisierter Form.

DER BAIJI

KAIYA ZHOU

Der Chinesische Flußdelphin *(Lipotes vexillifer)*, dort auch Baiji genannt, gehört wie der riesige Panda-Bär zu den nationalen Schätzen Chinas und verdient weltweite Aufmerksamkeit. Dieser seltenste unter den Süßwasser-Delphinen ist ein anmutiges Tier mit einer sehr langen und schmalen Schnauze. Aufgrund seiner Rückenflosse, die ein flaches Dreieck bildet, kann der Chinesische Flußdelphin leicht identifiziert werden.

Der chinesische Name Baiji bedeutet »Weißer Delphin«. Dieser Name ist von alters her überliefert und schon in dem antiken Wörterbuch *»Erh Ya«* verzeichnet, das ein anonymer Verfasser um 200 v. Chr. veröffentlich hat.

Ursprünglich hatte man den Chinesischen Flußdelphin in dieselbe Familie eingruppiert wie den Amazonas-Delphin. Aber in wesentlichen Merkmalen unterscheiden sich die beiden, deshalb ist die Bildung eigener Familien gerechtfertigt.

Der nächste Verwandte des Baiji ist ein Fossil: *Prolipotes yujiangensis,* das man in den Ablagerungen des südchinesischen Flusses Yujiang gefunden hat und etwa 15 Millionen Jahre alt ist. Die Form der Zahnkronen zeigen beim Fossil die gleichen Muster wie beim heutigen Tier.

Der Baiji wurde von der Artenschutzkommission der International Union for Conservation of Nature and Natural Resources 1986 als eine der zwölf am meisten vom Aussterben bedrohten Tierarten eingestuft. Nur etwa 300 leben noch im Yangtsekiang, und die Population scheint abzunehmen. Bis 1940 war das Verbreitungsgebiet des Baiji im Yangtsekiang etwa gleich groß wie zum Ende des vorigen Jahrhunderts. Aber 1970 verschwand er — teilweise wegen Dammbauten im Fluß — aus dem oberen Teil des Mittellaufs des Yangtse. In neuerer Zeit findet man den Baiji nur noch von der Stadt Yidu an flußabwärts.

Viele Gefahren bedrohen den Bestand der Art: Verheddern in Fischernetzen, Kollisionen mit Booten sowie die allgemeine Verschlechterung der Umweltbedingungen. Ein spezielles Problem sind die Dammbauten und Schleusen, mit denen man die Nebenflüsse des Yangtsekiang reguliert und vom Hauptstrom abtrennt: diese blockieren die Wanderwege der Beutefische. Ungefähr die Hälfte der tot aufgefundenen Baijis war versehentlich durch Fangleinen mit mehreren Haken und andere illegale Angelausrüstung getötet worden. Es gelingt zwar immer wieder Tieren, sich aus diesen Fallen zu befreien, aber die meisten werden dabei getötet. Die Entkommenen kann man anhand der Wundnarben erkennen. Ein Weibchen, das man in kritischem Zustand 1982 aus dem Fluß barg, hatte insgesamt 103 Narben unterschiedlicher Größe von Angelhaken, dazu zwei große Wundgeschwüre (6,5 mal 3 und 7 mal 6,6 Zentimeter groß) und drei kleinere Geschwüre.

Gelegentlich werden Delphine auch von Schiffsschrauben verletzt oder getötet. Besonders im Unterlauf des Yangtsekiang, wo der Schiffs- und Bootsverkehr sehr viel intensiver ist als im Oberlauf, besteht diese Gefahr. In den vergangenen 30 Jahren hat sich der Flußverkehr alle zehn Jahre verdoppelt, und diese Entwicklung wird angesichts der wirtschaftlichen Entwicklung Chinas weitergehen. . .

Natürlich ist der Baiji in China geschützt. Aber in der Praxis ist es schwierig, das Fischen in bestimmten Teilen des Yangtsekiang zu verbieten und gänzlich unmöglich, den Schiffsverkehr einzustellen. Deshalb kommen tödliche Unfälle auch heute noch häufig vor. Alleine 1984 starben mindestens 18 Baijis auf diese Weise. Es besteht Übereinstimmung darüber, daß die allgemeinen Lebensbedingungen für den Baiji sich weiterhin verschlechtern, so daß die einzige Hoffnung auf die Erhaltung der Art in einer Reihe von Schutzkolonien besteht, wo die Delphine überleben können, bis ihr natürliches Lebensgebiet wiederhergestellt ist. Der Bau einer ersten, »halbnatürlichen« Rückzugszone ist schon in Angriff genommen worden. Tongling, die Stadt, die den Baiji als Maskottchen auserkoren hat, ist Standort dieser Anlage. In Tongling findet man vor dem Gästehaus der Stadt eine Skulptur mit fünf Delphinen, und sogar ein Bier ist nach dem Tier benannt — auf den Kronenkorken der Flaschen sind ein springender Baiji und die Worte *»Lipotes vexillifer«* aufgedruckt. Die Reserve, ein 1,5 Kilometer langer Kanal zwischen zwei Inseln, wird anfänglich mit fünf bis zehn Tieren besetzt werden und soll auch Forschungszwecken dienen.

Das Überleben des Baiji kann nur sichergestellt werden, wenn entweder bestimmte Flußabschnitte des Yangtsekiang gefahrfrei gemacht oder noch weitere solcher halbnatürlichen Schutzgebiete eingerichtet werden. Eine weitere Maßnahme wäre möglicherweise das Verkleiden der Schiffspropeller mit einem Schutzkorb.

▶ Heute leben nur noch etwa 300 Tiere in freier Wildbahn. Die Verschmutzung des Yantsekiang, gelegentlicher Fang durch Fischer, die Nahrungskonkurrenz mit anderen Wasserbewohnern und Verletzungen durch Bootsschrauben haben die Art reduziert.

Kaiya Zhou

Stephen Leatherwood/Earthviews

▲ Grönlandwale sind durch eine dicke Speckschicht gegen die Auskühlung geschützt und können deshalb in extrem hohen Breiten die dortigen überreichen Nahrungsressourcen nutzen. Sie verlassen diese Gewässer auch nicht zur Aufzucht ihrer Kälber, führen aber – den jahreszeitlichen Schwankungen der Eisgrenze folgend – begrenzte Wanderungen durch.

VERBREITUNG UND ÖKOLOGIE

PETER CORKERON

Wo findet man die verschiedenen Arten? Warum sind einige von ihnen weltweit verbreitet, während andere nur begrenzte Lebensgebiete haben? Warum führen einige Arten jahreszeitliche Wanderungen durch? Das sind einige der Fragen, die durch die Betrachtung der Verbreitung und der Ökologie beantwortet werden sollen.

Aufgrund der langen Zeiträume, in denen die Evolution sich vollzog, muß die historische Zoogeographie (die Wissenschaft von der Veränderung der Verbreitung der Arten) auch die Klimaveränderungen und die Kontinentaldrift sowie die entsprechenden evolutionären Anpassungen durch die Tiergruppen an die nicht-biologischen Veränderungen berücksichtigen. Außerdem muß sie die ökologischen Faktoren miteinbeziehen, um die Verbreitungsmuster der Arten zu verstehen. Solche Faktoren sind: Wassertemperatur, Wassertiefe, Salzgehalt, Topographie des Meeresbodens sowie das Vorhandensein oder der Überfluß an Nahrungsquellen.

Rund um die Welt findet man Wale in den verschiedensten Gewässertypen. Die Gebiete in den hohen Breitengraden, das heißt nahe an den Polen, nennt man arktisch beziehungsweise antarktisch. Die nächsten Zonen in Richtung auf den Äquator hin sind die subarktischen (beziehungsweise subantarktischen), die kalt-gemäßigten, warm-gemäßigten, subtropischen und schließlich tropischen Gewässer. Eine weitere Definition beschreibt den ozeanographischen Typus: Über den Tiefseebecken, auf offenem Meer, sind die pelagischen Gewässer. In Richtung auf die Kontinente folgen die Gewässer des Kontinentalabfalls und schließlich die flachen Schelfmeere. Im Küstenbereich unterscheidet man die Küstengewässer (als weitere Zone) und die Ufergewässer.

Die Mehrzahl der Bartenwale ist in allen Ozeanen zuhause, und die meisten unternehmen auch ausgedehnte Wanderungen. Auch die Zahnwale findet man in einer Vielzahl von Lebensräumen, aber manche von ihnen sind auf relativ kleine Gebiete beschränkt. Bei den Delphinen beispielsweise findet man Arten, die nur bestimmte Flüsse bewohnen, andere, die nur in Küstengewässern vorkommen, und schließlich Arten, die ausschließlich die Hochsee besiedeln. Ganze Familien bei den Zahnwalen leben ausschließlich auf offenem Ozean, so die Pottwale (Familie *Physeteridae*) und die Schnabelwale (Familie *Ziphiidae*). Andere Arten, beispielsweise der Große Tümmler und der Schwertwal, sind sowohl in den Küstengewässern als auch pelagisch verbreitet.

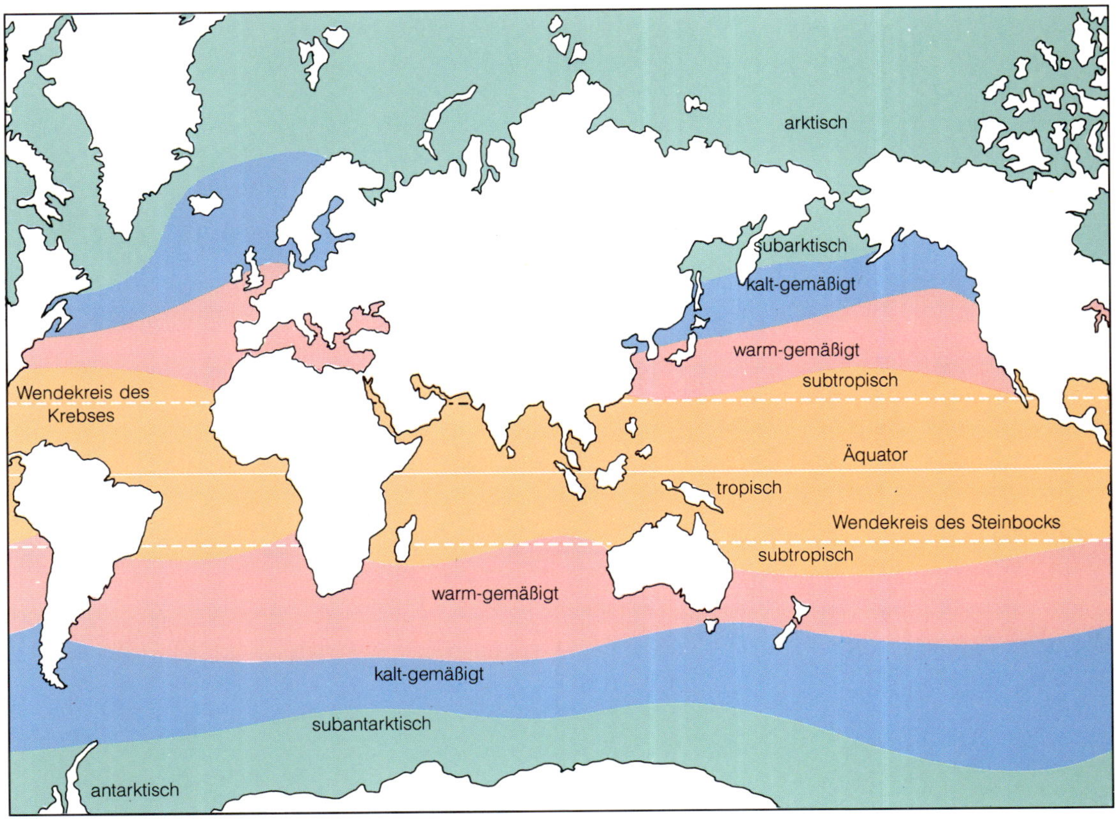

▶ Die Grenzen zwischen den unterschiedlich warmen Wasserzonen (Isothermen) sind – abhängig von der Jahreszeit, von Strömungen und sonstigen Faktoren – fließend. Das Verbreitungsmuster vieler Wal-Arten folgt aber in den Grundzügen diesen Temperaturzonen.

Paul Ensor

VERBREITUNG DER BARTENWALE

Die meisten Furchenwale findet man in allen Ozeanbecken auf der Erde. Der Blauwal hat seinen Lebensraum am Rande der Kontinental-Schelfe, und der Seiwal tendiert zur Hochsee. Finn- und Zwergwal leben sowohl im Küstenbereich als auch pelagisch. Eine Ausnahme macht der Bryde-Wal: er kommt nur in gemäßigten und tropischen Gewässern vor, und dort sowohl im Küstenbereich als auch auf der Hochsee.

Auch die Buckelwale findet man in allen Ozeanen. Auf ihren ausgedehnten Wanderungen aber bevorzugen sie die Küstengewässer.

Den Nordkaper findet man im Nordpazifik und im Nordatlantik, sein Gegenstück, den Südlichen Glattwal, im südlichen Pazifik, Atlantik und Indischen Ozean. Die beiden Arten dringen nicht in tropische Gewässer vor, beide wandern aber jährlich von den hohen Breiten hinab in gemäßigte Gewässer.

Der verwandte Grönlandwal lebt in den arktischen Gewässern. Seine Wanderungsmuster hängen eng mit den jahreszeitlichen Veränderungen der arktischen Eiskappe zusammen.

Über den Zwergglattwal weiß man wenig, er scheint aber sein Lebensgebiet in den gemäßigten Gewässern der Südhalbkugel zu haben. Man hat diese Tiere dort sowohl auf hoher See als auch in Küstengewässern beobachtet.

Grauwale findet man nur im Nordpazifik, und dort vor allem im östlichen Teil. Diese Wale wandern entlang der Westküste Nordamerikas zu ihren Kinderstuben in den Lagunen vor der Küste Mexikos.

▲ Die Hochsee erscheint dem Menschen als verlorener und orientierungsloser Lebensraum. Für den Zwergwal aber, den kleinsten und „verspieltesten" unter den Furchenwalen, ist dieser reich gegliedert, mit unterseeischen Gebirgen und Weidegründen ausgestattet und erstreckt sich von den Tropen bis in die Polarregionen hinein.

VERBREITUNG DER ZAHNWALE

Aufgrund der großen Artenzahl unterscheiden wir hier in Arten mit weltweiter Verbreitung, Arten, die gemeinsam ein weites Verbreitungsgebiet haben, und schließlich in Arten mit eingeschränkter Verbreitung.

WELTWEIT VERBREITETE ARTEN

Gewöhnlicher Delphin, Rundkopf-Delphin und Kleiner Schwertwal leben in den gemäßigten und warmgemäßigten Gewässern sowohl pelagisch als auch im Küstenbereich. Rauhzahn-Delphin, Melonenkopf-Delphin, Zwerggrindwal und Fraser-Delphin findet man in tropischen und subtropischen Gewässern auf der Hochsee.

Der Große Tümmler ist in allen Gewässern zuhause, von den Küstengewässern bis zur Hochsee, von tropischen bis in kalt-gemäßigte Zonen. Dies trifft auch auf den Schwertwal zu. Der Cuvier-Schnabelwal lebt auf beiden Erdhalbkugeln von den kalt-gemäßigten bis in die tropischen Gewässer, wobei er die Hochsee bevorzugt. Auch der Pottwal ist ein richtiger Kosmopolit. Diese Art wandert pelagisch sowie über den Kontinentalabfällen und Schelfgebieten.

Zwergpottwal und *Kogia simus* findet man weltweit in gemäßigten bis tropischen Gewässern. Beide Arten leben pelagisch. Wie es scheint, kommt *Kogia simus* aber auch näher im Küstenbereich vor, wahrscheinlich an den Kontinentalabhängen und in den Schelfmeeren.

ARTEN MIT RELATIV WEITER VERBREITUNG

Der zweite Typ eines Verbreitungsmusters ist dadurch gekennzeichnet, daß eine Gruppe verwandter Arten (eine Gattung) ein weites Verbreitungsgebiet aufweist, innerhalb dessen die einzelnen Arten aber beschränkte Verbreitungsgebiete beanspruchen, wobei diese Gebiete sich in unterschiedlichem Umfang überlappen können. Von besonderem Interesse sind die Gattungen mit nur zwei Arten, deren Verbreitungsgebiete ohne Überlappung aneinandergrenzen (solche Muster kann man auch bei den Glattwalen feststellen). Dieses Phänomen repräsentiert wahrscheinlich das Ergebnis jüngster Entwicklungen: Eine vorzeitliche Art hatte zwei geographisch voneinander getrennte Populationen entwickelt, aus denen schließlich unterschiedliche Arten geworden sind. So lebt beispielsweise der Indische Grindwal in den tropischen und warm-gemäßigten Ozeanen, während der Gewöhnliche Grindwal in den kalt-gemäßigten Gewässern auf beiden Hemisphären heimisch ist.

Bei drei anderen Zweiergruppen von Zahnwalen lebt jeweils die eine Art auf der nördlichen und die andere auf der südlichen Halbkugel. Dazu gehören Südlicher und Nördlicher Glattdelphin, Nördlicher und Südlicher Entenwal sowie Südlicher Schwarzwal und Baird-Wal (letzteres die nördliche Art). Alle genannten Arten findet man pelagisch sowohl in den kalt-gemäßigten als auch in polaren Gewässern. Die südlichen Arten haben ihr Verbreitungsgebiet rund um die Antarktis (zirkumpolar). Den Nördlichen Entenwal dagegen findet man nur im Nordatlantik und in arktischen Gewässern, während Nördlicher Glattdelphin und Baird-Wal nur im Nordpazifik heimisch sind.

Die Gattung *Mesoplodon* innerhalb der Familie der

Don Croll

▶ Der Gewöhnliche Delphin gehört zu den meistverbreiteten und auch zahlenmäßig stärksten kleinen Meeressäugetieren. Er kommt praktisch in allen tropischen und warm-gemäßigten Meeren vor: von Mittelmeer und Schwarzem Meer bis zu den äquatorialen Zonen von Pazifik, Atlantik und Indischem Ozean.

Jacki Kilbride/Earthviews

Paul Ensor

▲ Nahe verwandte Arten können überlappende oder aneinander angrenzende Verbreitungsgebiete haben. Der Indische Grindwal (oben) ist auf tropische und warmgemäßigte Gewässer beschränkt, während der Gewöhnliche Grindwal (unten) seine Beute – hauptsächlich Tintenfische – in kalt-gemäßigten Gewässern jagt.

David Gaskin

▲ Der amerikanische Kontinent trennt die sehr nah miteinander verwandten Arten Weißstreifen-Delphin (lebt im Nordpazifik) und Weißseiten-Delphin (Atlantik).

▶ Das Verbreitungsgebiet des Dunklen Delphins überschneidet sich in den Küstengewässern Südamerikas mit dem des Peale-Delphins. Im übrigen reicht es viel weiter rund um die Südhalbkugel.

Schnabelwale umfaßt elf verschiedene Arten, die alle pelagisch leben. Davon auf der Südhalbkugel der Layard-Wal, der zirkumpolar verbreitet ist, und der Andrew-Wal, der nur im Indischen Ozean und Südpazifik zu finden ist. Der Hector-Wal bewohnt die gemäßigten Gewässer der südlichen Ozeane, scheint dort also zirkumpolar zu sein, findet sich aber auch auf der Nordhalbkugel, dort allerdings nur im Nordpazifik. Auch einige andere *Mesoplodon*-Arten bewohnen den Nordpazifik. Dazu gehören *Mesoplodon ginkgodens* in warm-gemäßigten bis tropischen Gewässern (auch im nördlichen Indischen Ozean), der Hubb-Wal in kalt-gemäßigten Gewässern, und der Stejneger-Wal in subarktischen bis kalt-gemäßigten Gewässern. Im Nordatlantik findet man in den subarktischen bis kalt-gemäßigten Zonen den Sowerby-Zweizahnwal und in den warm-gemäßigten bis tropischen Zonen den Gervais-Zweizahnwal. Der True-Wal hat ein seltsames Verbreitungsmuster: Er wurde sowohl im gemäßigten Gewässer des Nordatlantik als auch vor der Südküste Südafrikas beobachtet. Möglicherweise ist das Verbreitungsgebiet dieser Art größer, als bis heute bekannt ist. Ein anderes ungewöhnliches Muster zeigt der Gray-Wal, den man in allen Meeresbecken der Südhalbkugel findet: Er kam auch schon an der Nordseeküste Hollands vor. Den Blainville-Wal schließlich findet man in den tropischen und warm-gemäßigten Gewässern aller Ozeane.

Manche Taxonomisten betrachten auch den Longman-Wal als zur Gruppe *Mesoplodon* gehörig; andere reihen ihn in eine eigene Unterfamilie, *Indopacetus*, ein. Da man die Art nur von zwei Schädeln her kennt (der eine davon an der Ostküste Australiens, der andere an der Ostküste Afrikas gefunden), ist über die Art selbst und ihre Verbreitung wenig bekannt. Kürzlich wurde über die Sichtung einer unbekannten Schnabelwal-Art auf hoher See im östlichen tropischen Pazifik berichtet. Möglicherweise hat es sich dabei um Longman-Wale gehandelt, möglicherweise aber auch um eine bisher noch gänzlich unbekannte Art.

Bei den Delphinen umfaßt die Gattung *Lagenorhynchus* die größte Zahl von Arten. Ihr Lebensraum reicht von den subarktischen nordatlantischen Gewässern bis zur Antarktis. Der Stundenglas-Delphin lebt pelagisch und zirkumpolar in subantarktischen und antarktischen Zonen. Der Peale-Delphin findet sich in den Küstengewässern auf beiden Seiten des südlichen Südamerika. Der Dunkle Delphin ist auf der Südhalbkugel zirkumpolar verbreitet und lebt vor allem in den gemäßigten Küstengewässern der Kontinente sowie auch einiger Inseln. Im Nordatlantik kommen Weißschnauzen- und Weißseiten-Delphine vor, wobei der Weißschnauzen-Delphin mehr die nördlichen Gewässer bis in subarktische Zonen hinein besetzt und der Weißseiten-Delphin die gemäßigten Zonen. Ihre Verbreitungsgebiete überlappen sich. Der Weißstreifen-Delphin findet sich in den gemäßigten Gewässern des Nordpazifik auf hoher See.

Die Arten aus der Gattung *Stenella* dagegen bevorzugen wärmeres Wasser. Der Blau-Weiße Delphin lebt gewöhnlich auf der Hochsee aller gemäßigten bis tropischen Ozeane. *Stenella clymene* ist auf die entsprechenden Zonen des Atlantik begrenzt. Der Spinnerdelphin dringt zwar gelegentlich in Küstengewässer vor, sein eigentlicher Lebensraum aber ist die Hochsee in tropischen und warm-gemäßigten Zonen rund um die Welt. Ebenso verhält es sich beim Schlankdelphin. Der Zügeldelphin kommt in den tropischen bis warm-gemäßigten Zonen des Atlantik vor. Man weiß, daß er über dem Kontinentalschelf lebt und auch recht nahe in den Uferbereich kommt, aber über eine Verbreitung auf hoher See ist nichts bekannt.

Vier kleine Delphine bilden die Gattung *Cephalorhynchus*, und alle bewohnen Küstengewässer auf der Südhalbkugel. Der Hector-Delphin findet sich rund

VERBREITUNG DER SCHNABELWALE DER GATTUNG *MESOPLODON*

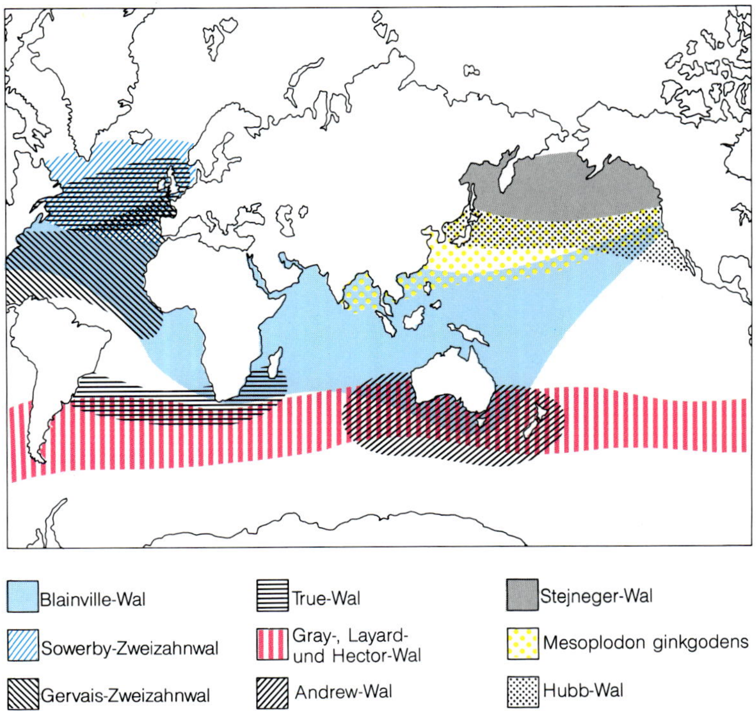

VERBREITUNG DER DELPHINE DER GATTUNG *LAGENORHYNCHUS*

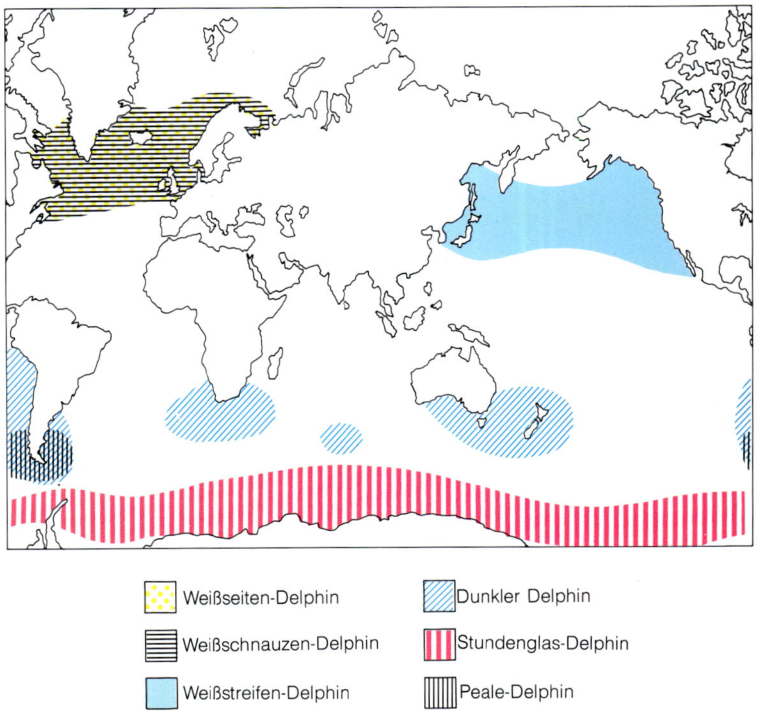

Francisco Erizo/Bruce Coleman Limited

▶ Den Commerson-Delphin findet man nur in den kalt-gemäßigten Gewässern um Südamerika und vor den Kerguelen im Indischen Ozean. Dieser kleine und unverwechselbar gezeichnete Delphin jagt in flachen Küstengewässern, Hafenbecken und Kelpwäldern nach Fischen, Tintenfischen und Garnelen.

Stephen Leatherwood/Earthviews

▲ Von der Körperform her ähnelt der Dall-Hafenschweinswal dem Commerson-Delphin, ohne daß aber eine nähere Verwandtschaft vorläge. Auch er ernährt sich von Tintenfischen und kleinen Fischen, sein Lebensraum umfaßt aber auch das offene Meer. Das Verbreitungsgebiet ist auf die kalt-gemäßigten Zonen des Nordpazifik begrenzt.

um Neuseeland, der Heaviside-Delphin vor Südwestafrika vom Kap der Guten Hoffnung bis etwa zum 18. südlichen Breitengrad. Die anderen beiden Arten sind in den Küstengewässern von Südamerika beheimatet: der Schwarze Delphin, den man vor der Westküste von Chile bis Kap Hoorn findet, und der Commerson-Delphin, der vor der chilenischen Küste vom 50. südlichen Breitengrad ab bis hinauf nach Argentinien zum 42. Breitengrad sowie um die Falkland-Inseln, South Georgia und die Kerguelen verbreitet ist.

Der Schweinswal (Familie *Phocoenidae*) ist möglicherweise das nördliche ökologische Gegenstück dieser südlichen Arten aus der Gattung *Cephalorhynchus*. Er lebt küstennah und findet sich in den kaltgemäßigten und subarktischen Gewässern Westeuropas, Nordamerikas, der Pazifikküste Asiens und des Schwarzen Meeres. Der Hafen-Schweinswal kommt im Golf von Kalifornien vor, und der Burmeister-Schweinswal im Uferbereich der gemäßigten Zonen in Südamerika. Möglicherweise ist er auch weiter verbreitet, als man bis jetzt weiß; jedenfalls wurde kürzlich ein Schädel von ihm auf der Insel Heard (eine Insel auf dem Kerguelen-Rücken, 53° südlicher Breite) gefunden. *Australophocoena dioptrica* lebt wahrscheinlich zirkumpolar und pelagisch in den subantarktischen Gewässern. Man kennt die Art hauptsächlich von gestrandeten Exemplaren her.

ARTEN MIT BESCHRÄNKTEM VERBREITUNGSGEBIET

Andere Arten aus der Familie *Phocoenidae* haben beschränkte Verbreitungsgebiete. Der Dall-Hafenschweinswal lebt pelagisch in den Gewässern des nördlichen Pazifik von den subarktischen bis zu den kalt-gemäßigten Zonen. Gelegentlich wird er auch in Küstengewässern gesichtet. Der Indische Schweinswal dagegen bevorzugt die flachen Küstengewässer des nördlichen Indischen Ozeans. Man findet ihn von Pakistan östlich bis in den Südwestpazifik und nördlich bis nach Japan sowie in den angrenzenden Flüssen und Seen.

Auch der Irawadi-Delphin bewohnt die Küstengewässer. Sein Verbreitungsgebiet liegt im tropischen Indopazifik mit Nordaustralien als östlicher Grenze über den Indonesischen Archipel und Indochina bis in den Golf von Bengalen als westlicher Grenze. Auch in die Flußsysteme dringt er vor. Die Buckeldelphine der Gattung *Sousa*, Chinesischer Weißer Delphin und Kamerunfluß-Delphin, findet man ebenfalls in den Flüssen und Binnengewässern dieser Region, darüber hinaus reicht ihr Gebiet weiter nach Westen die Ostküste Afrikas entlang und an der Westküste Afrikas bis hinauf nach Mauretanien.

Ihr südamerikanischer Verwandter ist der Amazonas-Sotalia. Er lebt in den tropischen bis gemäßigtwarmen Küstengewässern beider Seiten des Subkontinents sowie in den angrenzenden Flußsystemen. An der Ostküste Südamerikas findet man ferner den La Plata-Delphin. Der nördliche Teil seines Verbreitungsgebiets überlappt sich mit dem des Sotalia; jedoch be-

VERBREITUNG DER GATTUNG *CEPHALORHYNCHUS*

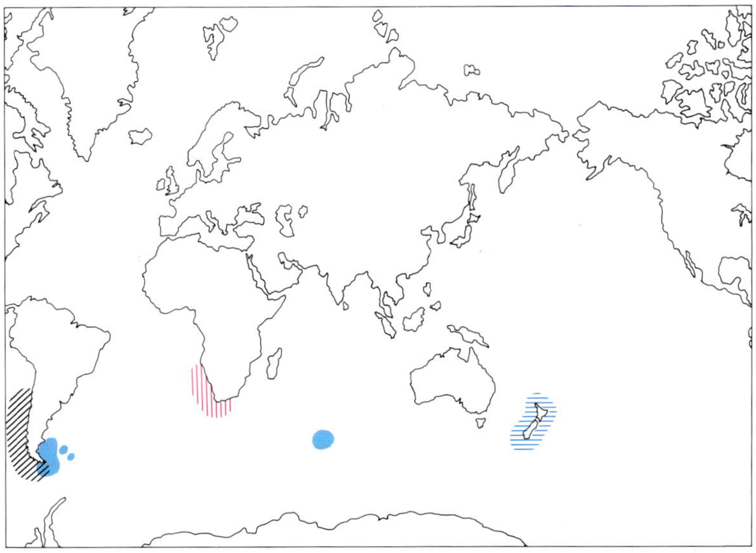

Heaviside-Delphin
Schwarzer Delphin
Hector-Delphin
Commerson-Delphin

VERBREITUNG DER SCHWEINSWALE (FAMILIE *PHOCOENIDAE*)

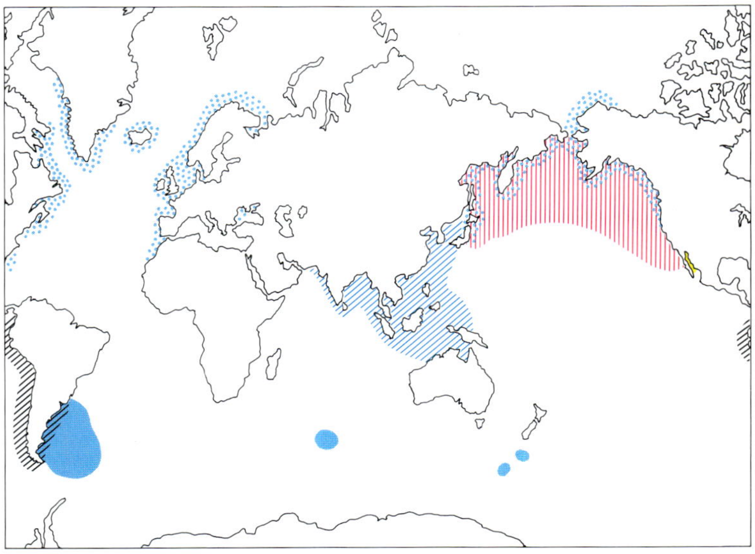

Hafen-Schweinswal
Dall-Hafenschweinswal
Indischer Schweinswal
Schweinswal
Burmeister-Schweinswal
Australophocoena dioptrica

Fred Bruemmer

◀ Evolution und Ökologie arbeiten Hand in Hand, wie man am Verbreitungsgebiet des Narwals erkennen kann: Sein einmaliger Stoßzahn wäre beim Nahrungserwerb in flachen Gewässern nicht geeignet. Sein Lebensraum ist deshalb der offene (arktische) Ozean. Dort ernährt er sich von Tintenfischen, Fischen, Krabben und Garnelen.

▼ Das Verbreitungsgebiet des Weißwals überdeckt sich mit dem des Narwals. Beide kommen nur in arktischen Gewässern vor. Im Unterschied zum Narwal hält sich der Weißwal aber nur im Flachwasser an den Küsten, Buchten, Flußmündungen und in den Flüssen auf. Im Sommer kommt es vor, daß er in den Flüssen Hunderte von Kilometern ins Süßwasser vordringt.

Fred Bruemmer

wohnt er in der Hauptsache die gemäßigteren Gewässer südlich davon.

Die Süßwasserdelphine (auch Flußdelphine genannt) leben ausschließlich im Süßwasser. Dazu gehören der Amazonas-Delphin aus den Flußsystemen von Amazonas und Orinoko in Südamerika, der Chinesische Flußdelphin aus dem Yangtsekiang sowie der Indus-Delphin und der Ganges-Delphin aus Indien. Letzterer kommt neben dem Ganges auch in den Flußsystemen von Meghna und Brahmaputra vor. Im allgemeinen findet man in den Flüssen nur eine Delphin-Art vor. Im Mittel- und Unterlauf des Yangtsekiang aber überlappen sich die Verbreitungsgebiete von Chinesischem Flußdelphin und Indischem Schweinswal, und die beiden Arten müssen sich die Nahrungsressourcen teilen.

Ein weiteres Beispiel für eingeschränkte Verbreitungsgebiete findet sich bei Weißwal und Narwal. Der Weißwal lebt in den arktischen und subarktischen Gewässern rund um die Polgebiete herum, der Narwal noch weiter nördlich und ebenfalls zirkumpolar.

Die dargestellten Verbreitungsmuster spiegeln Anpassungen der Arten an die heute vorherrschenden ökologischen Bedingungen wieder.

ÖKOLOGIE DES SCHWEINSWALS IN DER BUCHT VON FUNDY

Langzeitbeobachtungen an den Schweinswalen in der Bucht von Fundy (Kanada) haben viele Aufschlüsse über die Faktoren erbracht, die das Auftreten und die Verbreitung im engeren individuellen Lebensbereich eines Tieres beeinflussen können. Zuerst wurden weibliche Schweinswale mit begleitenden Kälbern beobachtet. Dabei wurden physikalische und biologische Faktoren in die Erhebung mit einbezogen. Dazu gehörten: Wassertemperatur, vorherrschende Strömungen, Wassertiefe und die Verfügbarkeit von Beutetieren. Man fand heraus, daß die Muttertiere mit ihren Kälbern Gebiete mit warmem, strömungsfreiem Wasser und Planktonkonzentrationen bevorzugten, wo sich ein reiches marines Leben entfalten konnte. Weitere Untersuchungen wurden dann auch auf die Schweinswal-Bullen ausgedehnt und zeigten, daß die Populationsdichte mit physiographischen Faktoren korrelierte, die auch zu einer Anreicherung der Nahrungsbeute (Hering) führt, sowie mit der Wassertiefe. Der Hering pflegt tagsüber in tiefem Wasser zu stehen, und so erklärt sich, warum auch die Schweinswale im tiefen Wasser zu finden sind. Die Beobachtung an bestimmten Stellen innerhalb der Bucht hat auch gezeigt, daß die Zahl der Schweinswale dann am höchsten ist, wenn die größten Heringsfänge eingebracht werden. Möglich ist aber auch noch eine andere Erklärung: Die Schweinswale meiden die Turbulenzen in der flachen Bucht von Fundy, wo wegen des enormen Tidenhubs sehr starke Gezeitenströmungen auftreten. Die Vermutung wird dadurch unterstützt, daß die Delphine in den Mondphasen, in denen der Tidenhub nicht so stark ist, und auch, wenn der Wind landwärts bläst, häufiger auftreten. Ein weiteres interessantes Ergebnis: Die Individuen haben regelrechte Territorien und bewegen sich darin nach festen Bewegungsmustern.

Da die Schweinswale relativ klein sind und in recht kaltem Wasser leben, muß ihr Stoffwechsel-Umsatz sehr hoch sein. Zehn Prozent ihres Körpergewichts müssen sie täglich an Nahrung zu sich nehmen. Deshalb verbringen sie die meiste Zeit auf Nahrungssuche. Hering tritt nicht, wie zum Beispiel standorttreue Tiere, gleichmäßig verteilt auf. Die Schweinswale sind deshalb wahrscheinlich auf die Gebiete beschränkt, wo die größten Konzentrationen sind. Deshalb ist die Reichweite ihres Territoriums relativ eng, verglichen mit dem anderer, im Küstenbereich lebender, Wale.

ÖKOLOGISCHE SEPARIERUNG BEI ZWEI ARTEN IM SELBEN GEBIET

In vielen Meeresgebieten leben, zeitweilig oder dauerhaft, mehr als eine Art von Meeressäugetieren. In den meisten Fällen hat dies keine Auswirkungen auf die Ökologie der einzelnen Art. So zum Beispiel, wenn wandernde Bartenwale durch die Küstengewässer ziehen, in denen Delphine leben. Wo jedoch zwei Arten auf Dauer dasselbe Gebiet als Lebensraum in Anspruch nehmen, müssen wir uns fragen, wie diese Koexistenz möglich ist. Die ökologische Theorie postuliert ja, daß Koexistenz nur möglich ist, wenn die beiden Arten unterschiedliche ökologische Bedürfnisse haben. Ein Beispiel dafür sind die gemischten Herden von Spinner- und Zügeldelphinen im östlichen tropischen Pazifik.

In den letzten Jahren hat sich eine Reihe von Studien mit Populationen des Großen Tümmlers in Küstennähe beschäftigt. Nur in wenigen Fällen ist es jedoch möglich gewesen, ihre Ökologie zu vergleichen mit der anderer Delphin-Arten im selben Bereich.

In einer Bucht vor Patagonien (Argentinien) fand man heraus, daß die Großen Tümmler sich in flacherem Wasser aufhielten als die Dunklen Delphine. In der Regel mischten sich die beiden Arten nicht untereinander. Beide standen aber andererseits in Interaktion mit anderen marinen Säugetieren — mit Walen und Robben. Es war nicht zu klären, ob die beiden

▼ Spinnerdelphine sind in den tropischen und warm-gemäßigten Gewässern vom Atlantik bis hin zu Pazifik und Indischem Ozean verbreitet. Häufig sind sie vergesellschaftet mit anderen Delphin-Arten, deren ökologische Bedürfnisse offenbar komplementär zu den ihren sind.

Marc Webber/Earthviews

Delphin-Arten Nahrungskonkurrenten waren; denn obwohl sie im selben Gebiet auf Nahrungssuche gingen, taten sie das doch zu verschiedenen Tageszeiten.

Zwei Studien haben bestimmte Aspekte der Ökologie von Großem Tümmler und Chinesischem Weißen Delphin verglichen. Die erste, die vor der Südostküste von Südafrika gemacht wurde, fand heraus, daß die Chinesischen Weißen Delphine in kleineren Gruppen lebten als die Tümmler und sich näher am Ufer aufhielten, während die Tümmler sowohl in den Küstengewässern als auch auf der Hochsee vorkamen. Die Freßvorlieben der beiden Arten waren unterschiedlich: die Chinesischen Weißen Delphine fraßen offenbar hauptsächlich Riffische, während die Tümmler sich sowohl von Riffischen als auch von Fischen des offenen Wassers ernährten. Die zwei Arten traten gelegentlich in soziale Beziehungen und spielten manchmal sogar miteinander.

In der anderen Studie wurde in einer Bucht vor Südost-Queensland herausgefunden, daß Chinesische Weiße Delphine sich in flacherem Wasser aufhielten als die Tümmler und hauptsächlich die landwärtigen Bereiche der Bucht besetzten. Die Tümmler schienen sich durch menschliche Aktivitäten weniger stören zu lassen und suchten die Schiffahrtswasserstraßen auf, kamen in kleine Häfen hinein und ebenso in den Bereich eines großen Abwasser-Ausflusses. Beide Arten holten sich hinter Fischerbooten Futter, und auch in den Gruppen mischten sie sich untereinander. Aber innerhalb der Gruppen gab es anscheinend keine sozialen Interaktionen, insbesondere kein Freundschaftsverhalten.

Diese beiden Studien enthüllten also recht verschiedene Verhaltensmuster zwischen den zwei Arten. In einem Gebiet teilten sich Tümmler und Chinesischer Weißer Delphin das Futter (aussortierter Fisch vom Fischerboot), traten aber nicht in soziale Interaktion, im andern gab es soziale Kontakte zwischen den beiden Arten, aber der Nahrungserwerb war unterschiedlich.

ÖKOLOGIE PELAGISCHER DELPHINE

Uns erscheint die Hochsee als ein einförmiger Lebensraum. Die Delphine, die dort leben, zeigen jedoch bestimmte Verteilungsmuster, die möglicherweise in Verbindung stehen mit ozeanographischen Bedingungen und der Topographie des Meeresbodens. Als Teil der Untersuchungen der US-Regierung über die Auswirkungen der Thunfisch-Netzfängerei auf die Delphin-Bestände wurden im östlichen tropischen Pazifik umfangreiche Zählungen durchgeführt. Sie haben gezeigt, daß es in diesem Gebiet zwei große Lebensgemeinschaften gibt, die jeweils aus mehreren Delphin-Arten bestehen. Diese Gemeinschaften sind an zwei verschiedene Wassermassen gebunden. In der einen, wo auch die Thunfisch-Fängerei stattfindet, gibt es relativ geringe Veränderungen in der Temperatur des Oberflächenwassers. Hier dominieren Schlank- und Spinnerdelphin. In der anderen Wassermasse variiert die Temperatur des Oberflächenwassers stärker, und hier herrschen Gewöhnlicher Delphin und Blau-Weißer Delphin vor. Beide Gemeinschaften beinhalten daneben noch mehrere andere Delphin-Arten.

Die genauere Analyse der Häufigkeit und Verteilung von Delphinen in den »Thunfisch-Gewässern« hat weitere Details des Zusammenlebens von Delphinen zutage gebracht. In relativ küstennahen Gewässern dominieren Grindwale, Entenwale und Rundkopf-Delphine (sowie, mit etwas Abstand, auch Gewöhnliche Delphine). Etwas weiter draußen findet man hauptsächlich Schlank- und Spinnerdelphine. Diese Gruppierungen können zusätzlich in unterschiedliche Stämme unterteilt werden, wie weiter unten ausgeführt wird.

In den Gewässern der Bucht von Kalifornien hängen Häufigkeit und Verteilung von Grindwalen und Gewöhnlichen Delphinen direkt mit der Topographie des Meeresbodens zusammen. Grindwale ernähren sich in erster Linie von Tintenfischen, während die Gewöhnlichen Delphine eine Vielfalt verschiedener Nahrungsbeute kennen, darunter auch mehrere Arten Fisch. Beide Delphin-Arten, insbesondere aber der Grindwal, sind häufiger über felsigem Meeresgrund als über flachem zu finden. Leider weiß man wenig über Häufigkeit und Verteilung der Nahrungsbeute dieser beiden Arten, aber es scheint doch wahrschein-

Peter Corkeron

◀ Die Großen Tümmler bilden unterschiedliche Populationen je nach Lebensraum. Die Herden im flachen Wasser des Küstenbereichs setzen sich aus kleineren Individuen zusammen als die auf hoher See. Tümmler-Herden sind häufig vermischt mit anderen Delphin-Arten. Interessant ist, daß teilweise Interaktionen beobachtet werden können, teilweise aber auch nicht.

Robert Pitman/Earthviews

▼ Die Blau-Weißen Delphine weisen eine hohe Gruppenbindung auf. Sie verfolgen gemeinsam ihre Beute – eine Vielzahl verschiedener Lebewesen der tropischen, subtropischen und warm-gemäßigten Zonen in Atlantik, Pazifik, Indischem Ozean und Mittelmeer. Dabei bevorzugen sie die Gebiete, in denen die Temperatur des Oberflächenwassers stark veränderlich ist.

DER THUNFISCH-FANG MIT RINGNETZEN

Überall in den Gewässern des östlichen tropischen Pazifik findet man Gelbflossenthun *(Thunnus albacares)* und Echten Bonito *(Katsuwonus pelamis)* vergesellschaftet mit Gruppen von Delphinen, gewöhnlich dem Schlankdelphin *(Stenella attenuata),* dem Spinnerdelphin *(Stenella longirostris)* und — weniger häufig — dem Gewöhnlichen Delphin *(Delphinus delphis).* Den Grund für dieses Phänomen kennt man noch nicht. Man vermutet, daß die Thunfische den Delphinen zu den Beuteplätzen folgen, da die Delphine wohl weit besser als die Thunfische solche Stellen finden können. Die Thunfisch-Bestände aber werden vom Menschen ausgebeutet. Die Fangboote legen riesige Netze, Ringnetze (oder Ringwaden) genannt, um die Thunfischherden. Diese Netze sind 900 bis 1400 Meter lang und reichen bis zu 130 Meter in die Tiefe. Die Fangmethode wurde in den fünfziger Jahren in den USA entwickelt, aber auch mehrere andere amerikanische Länder unterhalten heute große Thunfisch-Fangflotten.

Die Fangschiffe nutzen das natürliche Zusammenleben von Thunfischen und Delphinen aus. Herden von fünfzig bis zu mehreren tausend Delphinen werden mit Speedbooten durchschnittlich 20 bis 30 Minuten, manchmal aber auch länger bis zu eineinhalb Stunden, zusammengetrieben. Die Delphine sind jetzt auf engem Raum versammelt und mit ihnen die Thunfische, die ihnen gefolgt sind. Das Ringnetz wird ausgelegt. Der Boden des Ringnetzes wird zusammengezogen und dieser Ausgang somit verschlossen. Nun wird das Netz allmählich vom Mutterschiff eingeholt.

Diese Fangmethode ist sehr effizient, führt aber zu unglaublich hohen Verlusten unter den Delphinen. Eine amerikanische Forschungseinrichtung, der United States National Marine Fisheries Service (NMFS), hat sie genau untersucht, die Auswirkungen der Todesfälle auf die Delphin-Populationen bestimmt und vor allem Methoden zur Reduzierung der Delphin-Opfer gesucht.

Der NMFS-Service entsandte Beobachter auf die Thunfisch-Fangschiffe und war so in der Lage, die Zahl der von der US-Fangflotte getöteten Delphine abzuschätzen. Die Zahlen schwanken stark. Aber alleine von 1959 bis 1972 wurden von den unter US-Flagge fahrenden Fangschiffen etwa 4,8 Millionen Delphine getötet. Der Gipfelpunkt lag mit 534 000 Tieren in der Fangsaison 1961. Es hat sich gezeigt, daß die bloße Plazierung eines neutralen Beobachters an Bord der Fangschiffe die Zahl der getöteten Delphine zurückgehen läßt — wahrscheinlich, weil die Besatzung mehr Mühe darauf verwendet, die Delphine unverletzt aus den Netzen entkommen zu lassen. Dieser »Beobachter-Effekt« bedeutet aber auch, daß alle Schätzungen über die Zahl der getöteten Delphine zu niedrig liegen müssen. Niemand kann indessen sagen, um wieviel zu niedrig. Um die genannten Zahlen in ein Verhältnis zu setzen: In der Walfang-Saison 1972/73 wurden etwa 42 500 Großwale (Finn-, Sei-, Zwerg- und Pottwale sowie Bryde-Wale) erlegt, und beim Thunfisch-Fang (niedrig geschätzt) 380 000 Delphine!

Die Einführung einer Gesetzgebung zum Schutz der marinen Säugetiere in den USA hatte auch zur Folge, daß Jahresquoten eingeführt wurden. Wenn die Quoten überschritten waren, mußte mit dem Fang Schluß gemacht werden. Gewöhnlich lagen diese Quoten in der Größenordnung von 20 000 Delphinen jährlich.

Fangschiffe anderer amerikanischer Staaten werden von der Inter-American Tropical Tuna Commission (IATTC) »überwacht«. Für 1984 schätzte die IATTC die Zahl der getöteten Delphine auf 32 000 bis 39 000; für 1985 auf 55 000, und für 1986 auf 125 000 bis 129 000. Es scheint also wenig Hoffnung auf ein internationales Management dieses Problems zu geben. Der Grund liegt darin, daß das IATTC keine Quoten festsetzt und die Mitgliedsstaaten (außer den USA) in ihrem Bereich keine Begrenzungen für die Fangflotte verfügen.

Die Forschung ging dahin, durch Änderungen der Fangausrüstung die Opfer unter den Delphinen zu reduzieren. Einige Details an den Netzen wurden geändert, so daß die Delphine leichter entkommen können, und auch die Methode, mit der die Netze eingezogen werden, wurde modifiziert. Kleine Boote werden an den Stellen positioniert, wo für die Delphine ein Ausschluß gelassen wurde, und die Bootsbesatzung kommt den Tieren zu Hilfe, wenn sie sich im Netz verheddern.

Auch die Delphine selbst haben um die Fangschiffe herum ihr Verhalten geändert und damit zu einer Verringerung der Sterblichkeit beigetragen. In den Gebieten, wo über Jahre hinaus intensiver Fang betrieben wurde, fliehen sie vor herannahenden Schiffen, und es ist auch schwierig geworden, Netze um die Herden herum zu setzen. Wenn sie doch ins Netz geraten, warten die erfahrenen Delphine, äußerlich völlig ruhig, in der Nähe des Netzbereiches, wo sie freigelassen werden.

Die Delphine aus dem östlichen tropischen Pazifik können in unterschiedliche Stämme aufgeteilt werden, die in unterschiedlichem Maß unter der Thunfisch-Fischerei gelitten haben. Der am meisten ausgeblutete ist der östliche Stamm des Spinnerdelphins. Er wurde auf etwa 17 Prozent seines Bestandes vor 1959 reduziert. Noch 1986 wurden schätzungsweise 15 000 bis 16 000 dieser Delphine getötet. Es gibt eine Theorie, wonach die Reproduktionsrate großer Säugetiere ansteigt, wenn ihre Zahl jäh abfällt. Aber diese Erwartung hat sich bei den am meisten ausgebeuteten Stämmen der Spinner- und Schlankdelphine nicht bestätigt. Die Auswirkungen des Thunfisch-Fangs auf die anderen, weniger häufig betroffenen Delphin-Arten Großer Tümmler *(Tursiops truncatus)*, Rauhzahn-Delphin *(Steno bredanensis)*, Blau-Weißer Delphin *(Stenella coeruleoalba)* und Indischer Grindwal *(Globicephala macrorhynchus)* sind nicht genau bekannt, scheinen aber weit weniger schwerwiegend zu sein.

▶ Delphine dienen den Fischern als Indikatoren für die Thunfisch-Schwärme. Einige Delphin-Arten sind in besonderem Maße zum Opfer des Thunfisch-Fangs geworden. Bemühungen zur Reduzierung der Opfer sind erfolgreich, werden aber nicht von allen Thunfisch-Fangnationen ausreichend unterstützt.

P.S. Hammond

P. S.Hammond

Robert Pitman/Earthviews

lich, daß sich in dem eingegrenzten Verbreitungsgebiet der Grindwale ihre einseitige Ernährungsweise widerspiegelt.

Weitere Untersuchungen haben ergeben, daß sich die Zahl der Gewöhnlichen Delphine in diesem Gebiet im Sommer und Herbst erhöht, daß sie von Süden in die Bucht einwandern und in diesem binnenmeerartigen Gewässer entgegen dem Uhrzeigersinn im Kreis wandern.

EINFLUSS DER VERBREITUNG AUF STAMM- UND ARTENBILDUNG

Manche Arten von Meeressäugetieren findet man über weite Bereiche der Weltmeere vor, aber das einzelne Individuum der Art muß deshalb nicht notwendigerweise auch diese gesamten Gebiete abdecken. Deshalb kann man im allgemeinen die Art auch unterteilen in Stämme: Ein Stamm ist eine große Gruppe von Walen einer Art, die man in einem geographisch definierten Gebiet findet. Gewöhnlich gehören zu einem solchen Stamm mehrere Tausend Individuen.

Der Begriff »Stamm«, wie er hier verwendet wird, darf nicht mit den »Stämmen des Tierreichs« verwechselt werden. Gemeint ist lediglich die regionale Differenzierung innerhalb einer Art. Beim Menschen und bei bestimmten — meist durch Zucht manipulierten — Tieren bezeichnet man diese Erscheinung als »Rasse«.

Ein Beispiel: In der Gattung *Sousa* unterschied man im allgemeinen zwei Arten, den Chinesischen Weißen Delphin und den Kamerunfluß-Delphin. Aber Exemplare der erstgenannten Art, die man an der Ostküste Südafrikas findet, unterscheiden sich in der allgemeinen Körperform von denen am östlichen Ende des Verbreitungsgebietes (beispielsweise aus australischen Gewässern): Die südafrikanischen Exemplare haben den deutlichen Höcker auf dem Rücken, der zu ihrem englischen Namen »Humpback dolphins« geführt hat. Bei den Tieren aus Australien findet man diesen Höcker nicht. Sie ähneln deshalb eher dem Kamerunfluß-Delphin als ihren eigenen Artgenossen aus südafrikanischen Gewässern.

▲ Die Raubtiere müssen ihren Lebensraum an das Vorkommen ihrer Beute anpassen. Die relativ tief tauchenden Grindwale beispielsweise findet man häufig im Bereich unterseeischer Gebirgszüge, wo auch die von ihnen bevorzugten Tintenfisch-Arten reichlich vorkommen.

Michael Bryden

▲ Häufigkeit und Verbreitung der Beute kann dazu führen, daß sich einzelne Stämme oder Populationen der Meeressäugetiere isolieren und im Lauf der Zeit getrennt weiterentwickeln. Den Chinesischen Weißen Delphinen aus dem Atlantik und aus Südostasien beispielsweise fehlt der typischen Rückenbuckel, den die Südafrikanische Population aufweist.

David Rootes/Seaphot Limited/Planet Earth Pictures

Der Große Tümmler bietet ein weiteres gutes Beispiel für die Unterteilung der Arten in Stämme. Die im Uferbereich lebenden Populationen eines allgemeinen Meeresgebietes unterscheiden sich von den auf der Hochsee lebenden tendenziell in der Körperform, wobei die ersteren im allgemeinen kleiner sind. Auch die Tümmler aus geschützten, kleineren Randmeeren sind im allgemeinen kleiner als die Hochsee-Tümmler. Die Taxonomisten diskutieren heute noch die Zahl der Arten beim Tümmler und insbesondere, ob einige Stämme unterschiedlich genug sind, um als eigene Arten betrachtet zu werden.

Im östlichen tropischen Pazifik können die Spinnerdelphine aufgrund von Unterschieden in Körperform und Färbung in verschiedene Stämme unterschieden werden. Diese Populationen demonstrieren die Notwendigkeit einer solchen Unterscheidung von unterschiedlichen Stämmen. Verschiedene Stämme sind von der Thunfisch-Fängerei in den vergangenen 20 Jahren unterschiedlich stark beeinträchtigt worden. Einige Stämme sind dramatisch reduziert worden, andere dagegen waren davon weniger berührt.

Die bekanntesten Beispiele für unterschiedliche Stämme bei den Meeressäugetieren findet man bei den Bartenwalen. Blau-, Finn- und Seiwale, Bryde-Wale, Zwerg- und Buckelwale findet man in beiden Hemisphären. Ihre Wanderungen liegen zeitlich auseinander, so daß die Wale der nördlichen Halbkugel zu einer anderer Zeit als die von der südlichen in ihren Paarungs- und Aufzuchtgebieten sind. Deshalb treffen die beiden Gruppen niemals zusammen. Aufgrund dieser Trennung unterscheiden sich die Wale in den beiden Hemisphären in Größe und Körperform. Bei den Glattwalen ist der Unterschied schon so weit ausgebildet, daß man die nördliche und die südliche Art — wenn auch nicht ohne Widerspruch — als zwei unterschiedliche Arten eingestuft hat (Nordkaper und Südlicher Glattwal).

Auf der Südhalbkugel wurden die antarktischen Gewässer in sechs Zonen aufgeteilt, um für das Wal-Management unterschiedliche Stämme definieren zu können. Die Population jeder Art innerhalb einer dieser Zonen gehört im allgemeinen zu einem Stamm. In gewissem Umfang gibt es einen Austausch zwischen den Stämmen. Neuere Forschungen haben auch im Nordatlantik drei unterschiedlich der Nahrungssuche nachgehende Stämme der Buckelwale nachgewiesen (vor Grönland, vor Neufundland und Labrador sowie im Golf von Maine), die sich in ihren Paarungsgründen vor den Westindischen Inseln untereinander vermischen. Ob auf der Südhalbkugel ähnliche Verhaltensmuster vorkommen, muß noch untersucht werden. Erkenntnisse aus der Zeit des Walfangs von der Ostküste Australiens und Neuseelands deuten darauf hin, daß die Subpopulation von Neuseeland unterschiedlich zu der von Australien zu sein scheint.

Viel muß noch erforscht werden über die Ökologie und Verteilung der Meeressäugetiere. Selbst Arten wie Grau- und Buckelwal und Großer Tümmler, die relativ gründlich untersucht sind, bewahren noch ihre Geheimnisse. Bestimmte Aspekte der Ökologie der Meeressäuger wird man auch kaum verstehen können, solange die allgemeinen Kenntnisse über den Lebensbereich Meer nicht vorangekommen sind.

◀ „Ausschau halten" hat man dieses typische Verhalten der Südlichen Glattwale aus der Antarktis genannt. Man kann es genauso bei den Nordkapern in der Arktis beobachten. Diese beiden Arten sind praktisch identisch. Möglicherweise handelt es sich lediglich um geografisch voneinander isolierte Populationen, die sich auch bei ihren jahreszeitlichen Wanderungen nicht mehr untereinander vermischen.

WALWANDERUNGEN

BARTENWALE

Bartenwale unternehmen mit die längsten Wanderungen im Tierreich. Menge und Verbreitung des Nahrungsangebots sowie die geeigneten Fortpflanzungsplätze sind die Faktoren, die diese Wanderungen bestimmen.

In den polaren Gewässern wachsen im Sommer riesige Populationen der kleinen, Krill genannten, Organismen heran, von denen sich die Bartenwale ernähren. Deshalb wandern die Wale in die Gebiete, wo diese Nahrungsbeute am häufigsen vorkommt. Auf der Südhalbkugel ernähren sich Blau-, Finn-, Buckel- und Zwergwal ausschließlich von diesem Krill. Die Glattwale fressen daneben auch eine breitere Palette anderer Krustentiere. Sei- und Bryde-Wale fressen ebenfalls andere Krustentiere sowie zusätzlich auch Fische. Wegen ihrer unterschiedlichen Nahrungs-Präferenzen wandern die Bryde- und Glattwale nicht so weit polwärts wie die anderen Arten. Auf der Nordhalbkugel ernährt sich nur der Blauwal ausschließlich vom Krill; die anderen Bartenwale fressen eine breitgefächerte Palette von Krustentieren und Fischen.

Buckelwal und Grauwal sind in ihren Fortpflanzungsgebieten, die sie im Winter aufsuchen, intensiv studiert worden. Beide Arten halten sich bei ihren Wanderungen dicht an die Küstenlinien der Kontinente und sind so relativ leicht zu beobachten. Ihre Fortpflanzungsgebiete sind gekennzeichnet durch geschütztes, warmes und recht flaches Wasser. Auch die Aufzuchtgebiete der Glattwale liegen in Küstennähe. Andere Bartenwale scheinen im offenen Meer zu gebären, und die entsprechenden Gebiete sind schwer zu identifizieren.

Walwanderungen sind nicht notwendigerweise ein wohlgeordneter Zug von Tieren, der sich zu einer bestimmten Zeit im Jahr nord- oder südwärts bewegt. Bryde-Wale leben zu allen Jahreszeiten in tropischen oder warm-gemäßigten Gewässern; wahrscheinlich ist ihre Nahrungspalette ausreichend breit, und sie sind in der Lage, genug Gebiete mit hoher Produktivität aufzufinden (beispielsweise wo Tiefenströmungen im Ozean zutage treten), um ihren Nahrungsbedarf zu stillen. Auch die Wanderungen der Seiwale muten verwirrend an. Wenn die ökologischen Bedingungen günstig sind, dringen sie auch in Gebiete ein, wo sie sonst nur selten gesichtet werden. Die Wanderungen des Grönlandwals sind abhängig von der Situation des arktischen Packeises, dessen Ausbreitung von Jahr zu Jahr unterschiedlich ist.

Buckelwale und Grauwale wandern regelmäßig entlang der Küstengewässer von ihren polaren Futtergründen zu den subtropischen und den tropischen Fortpflanzungsgründen. Ihre Wege lassen sich genau vorhersagen. Aber auch von diesen Tieren sind schon von der Routine abweichende Sichtungen berichtet worden. Gewisse kleine Stückzahlen von Grauwalen gehen im Sommer in kaltgemäßigten Gewässern dem Nahrungserwerb nach, weit südlich von den Hauptweidegründen. Bei Buckelwalen ist beobachtet worden, daß sie im Winter auf ihren Weidegründen im Nordatlantik verblieben, und andererseits auch im Sommer in ihren Fortpflanzungsgebieten im Süden. Im Indischen Ozean hat man im Sommer Gesänge des Buckelwals aufzeichnen können, während im Pazifik vor der Küste Australiens mitten im dortigen Sommer Buckelwale im tropischen Gewässer weit nördlich ihrer subtropischen Fortpflanzungsgebiete gesichtet wurden.

POTTWALE

Von den Wanderungen der großen Zahnwale sind es nur die des Pottwals, deren Gründe einigermaßen erforscht und verständlich sind. Pottwale findet man in einer Reihe unterschiedlicher Gruppierungen zusammen — Aufzuchtgruppen, die aus Weibchen, Jungtieren und nur gelegentlich erwachsenen Männchen bestehen; Gruppen junger Bullen und schließlich (sehr kleine) Gruppen ausgewachsener Bullen. Die beiden erstgenannten Gruppen ziehen im Herbst Richtung Äquator und im Frühjahr zurück in warm-gemäßigte Gewässer. Die mittelgroßen Jungbullen ziehen in den wärmeren Monaten in niedrigere Breiten, während die größten Bullen, die Herrscher der Harems, im Sommer in den Polargewässern auf Nahrungssuche gehen. Je weiter Richtung Pol ein Bulle wandert, desto später kommt er in der Fortpflanzungszeit in den äquatorialen Gewässern an, und desto eher verläßt er sie auch wieder, um in seine Weidegründe zurückzukehren. Man vermutet, daß diese großen Bullen ihre polaren Weidegründe nicht jedes Jahr verlassen. Mögliche Gründe für diese komplexen Wanderungsmuster werden ausführlicher im Kapitel über das Sozialverhalten diskutiert.

▶ Die Buckelwale unternehmen ausgedehnte Wanderungen von ihren Aufzuchtgebieten in tropischen und subtropischen Gewässern zu den Weidegründen in den Polarmeeren. Einige Individuen bleiben jedoch auch im Winter auf ihren Weidegründen.

WANDERUNGEN DES BUCKELWALS

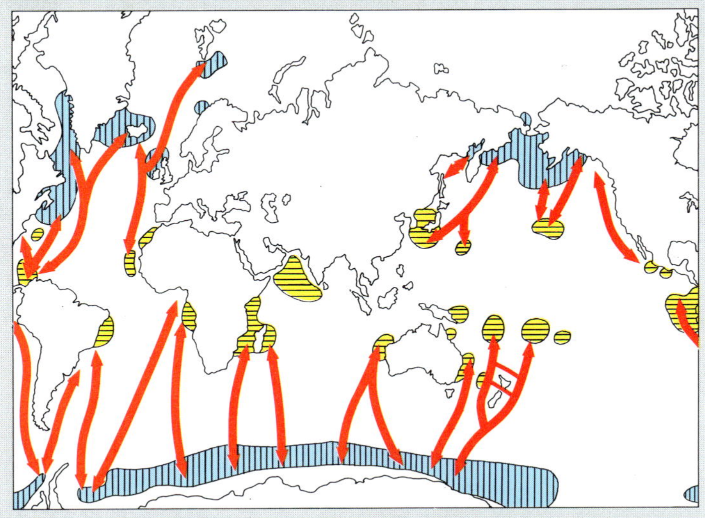

WANDERUNGEN DES GRAUWALS

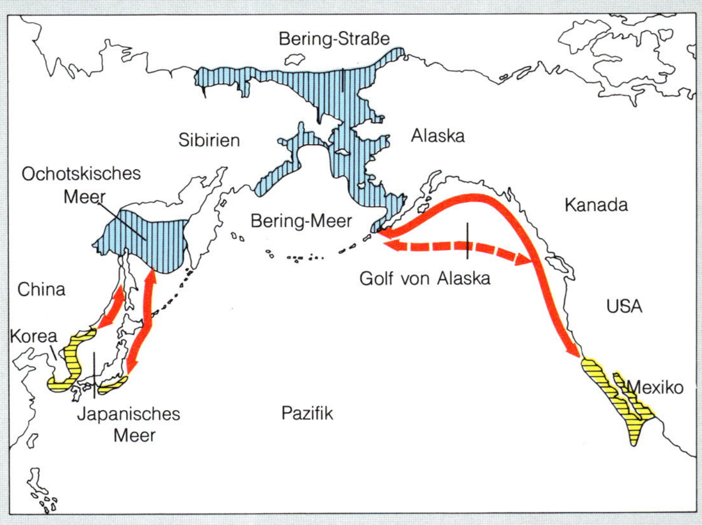

Weidegründe (Sommer) — Fortpflanzungsgebiete (Winter) — Haupt-Wanderroute — Alternative Wanderroute

Eine Gruppe Pinguine beobachtet wachsam den Schwertwal, der zum Atmen an die Oberfläche kam.

DIE WELT

G.L. Kooyman

DER WALE

ANATOMIE

R. EWEN FORDYCE

Wale« ist ein Sammelbegriff für die Meeressäugetiere Wale, Delphine und Schweinswale. Unter den anderen Säugetieren nehmen sie eine besondere Stellung ein, weil sie seit etwa 40 Millionen Jahren ausschließlich aquatisch leben. Die Anatomie der heutigen Wale spiegelt die vollkommene Anpassung an das Leben im Meer wieder. Es gibt allerdings viele verschiedene Möglichkeiten, um ein Tier zu »schaffen«, das dem Leben im Wasser angepaßt ist. Wenn wir die Anatomie der Meeressäugetiere betrachten, interessiert deshalb die Frage: Warum sind die Wale gerade so gebaut und nicht anders? Historische, funktionale und strukturelle Zwänge spielen, wie wir sehen werden, in der Ausbildung der Anatomie eine Rolle.

BARTENWAL

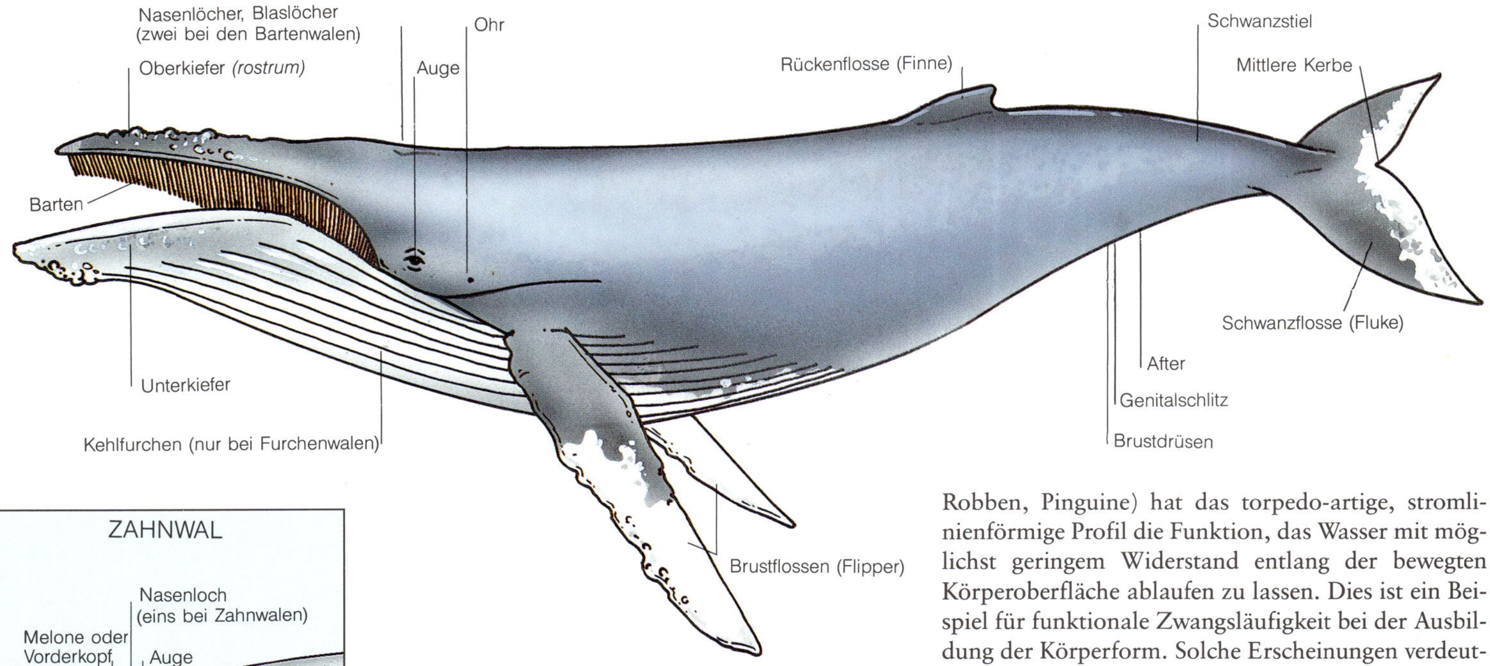

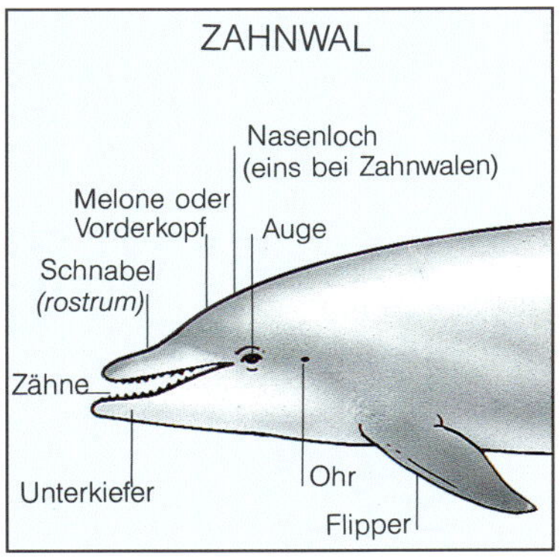

Die Meeressäugetiere haben von ihren weit entfernten Vorläufern Körperstrukturen mit hohem historischem Anteil ererbt. Deshalb weisen sie auch viele Merkmale auf, die bei allen Säugetieren vorkommen, beispielsweise Behaarung (wenngleich rudimentär), ein vierkammeriges Herz, einen verbundenen unteren Kieferknochen, drei winzige Ohrknöchelchen im Mittelohr, Brustdrüsen und eine Plazenta. Diese Merkmale müssen bei einem im Wasser lebenden Wirbeltier nicht zwingend vorhanden sein. Beim Säugetier aber wird man sie stets finden. Die historischen Strukturen sind wichtig, da sie auf die Entwicklungsstufen, also auch auf die verwandtschaftlichen Beziehungen, rückschließen lassen. Im Falle der Meeressäugetiere zeigen sie uns an, daß diese trotz des — ganz andere Vermutungen provozierenden — Äußeren mit den anderen Säugetieren nahe verwandt sind.

Die stromlinienförmige Körperform indessen ist nicht »historisch«. Bei den Meeressäugetieren und bei den weiteren marinen Wirbeltieren (Fische, Haie, Robben, Pinguine) hat das torpedo-artige, stromlinienförmige Profil die Funktion, das Wasser mit möglichst geringem Widerstand entlang der bewegten Körperoberfläche ablaufen zu lassen. Dies ist ein Beispiel für funktionale Zwangsläufigkeit bei der Ausbildung der Körperform. Solche Erscheinungen verdeutlichen die unmittelbaren Notwendigkeiten beim Kampf ums Überleben der Art. Andere Formen mit hoher funktionaler Komponente bei den Meeressäugetieren sind die abgeflachten Vordergliedmaßen und die hervorstehenden Rückenflossen, die beide wahrscheinlich für die Kontrolle der Körperlage beim Schwimmen wichtig sind.

Schließlich haben strukturelle Zwänge wohl auch bei der Herausbildung der Mindest- beziehungsweise Höchstgrößen der Meeressäugetiere eine wichtige Rolle gespielt. Wenn ein Tier an Größe zunimmt, sinkt das Verhältnis zwischen Körperoberfläche und -volumen merklich. Einer der Gründe dafür, daß die Wale so groß sind, ist darin zu suchen, daß die im Verhältnis zum Volumen geringe Körperoberfläche den Tieren hilft, im kalten Wasser ihre Körpertemperatur aufrechtzuerhalten. Eine Konsequenz dieses strukturellen Zwangs ist allerdings, daß die große Körpermasse entsprechend riesige Nahrungsmengen beansprucht. Deshalb benötigt der Blauwal *(Balaenoptera musculus)* eine enorme Menge an Barten (anders ausgedrückt: eine große Nahrungs-Gewinnungsfläche), um seine Körpermassen zu erhalten.

Schließlich kann das Studium der Anatomie der Meeressäugetiere die historischen Beziehungen und Verwandtschaften zwischen den Tieren enthüllen, desgleichen Aufschlüsse darüber geben, wie sie leben (Funktion und Struktur).

DIE KÖRPERFORM

Die meisten heutigen Meeressäugetiere haben einen stromlinienförmigen oder torpedo-artigen Körper, der im Wasser durch vertikale Bewegungen der waagrecht liegenden Schwanzflosse, der Fluke, angetrieben wird. Paddelförmige Brustflossen, die Flipper, übernehmen die Steuerung. Die Flipper entsprechen den Vordergliedmaßen bei anderen Säugetieren. Es gibt am Körper wenige Hindernisse für einen ungestörten Wasservorbeifluß: Alle heutigen Meeressäugetiere sind kaum behaart, haben keine externen Ohrläppchen *(pinna)* oder vorstehende Nase, auch keine außenliegenden Genitalien oder Brustdrüsen. Natürlich variieren die Körperumrisse unter den Arten dennoch. Vor der Entwicklung der Unterwasserfotografie hatte man wenige verläßliche Informationen über das Körperprofil des lebenden, schwimmenden Tieres. Selbst heute verstehen wir noch nicht gänzlich die Bedeutung der unterschiedlichen Profile der einzelnen Arten. So sind beispielsweise die gemächlich schwimmenden Glattwale (Familie *Balaenidae*) fetter, unterscheiden sich aber im Körperprofil nicht wesentlich

GRÖSSENVERGLEICH

Hector-Delphin *(Cephalorhynchus hectori)*, 1,5 Meter

Mensch, 2 Meter

Schwertwal *(Orcinus orca)*, 9,5 Meter

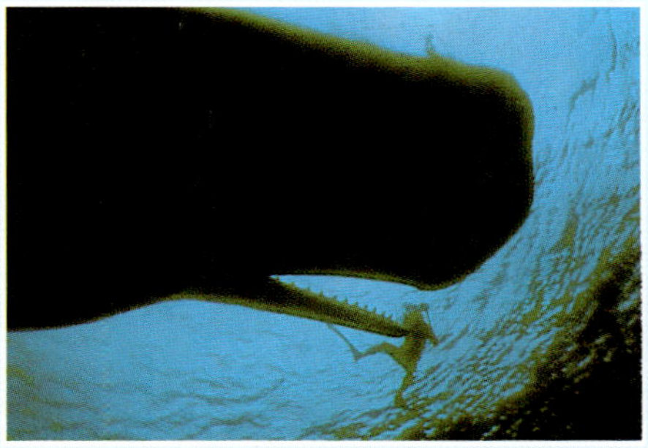

Paolo Curto/The Image Bank

◀ ▲ Die Wale haben im Wasser Auftrieb und sind nicht der Schwerkraft unterworfen. Deshalb konnten sie auch ihre ungeheure Größe entwickeln. Die schnell schwimmenden Delphine sind perfekt stromlinienförmig. Selten werden sie über 5 Meter lang. Die Bartenwale, die in den Planktonschwärmen buchstäblich »in Saus und Braus« leben, haben einen strukturellen Vorteil von ihrer Größe: die im Verhältnis zur Größe geringe Oberfläche hilft, im arktischen Wasser die Körpertemperatur aufrechtzuerhalten.

Buckelwal *(Megaptera novaeangliae)*, 14,5 Meter

Pottwal *(Physeter catodon)*, 18,5 Meter

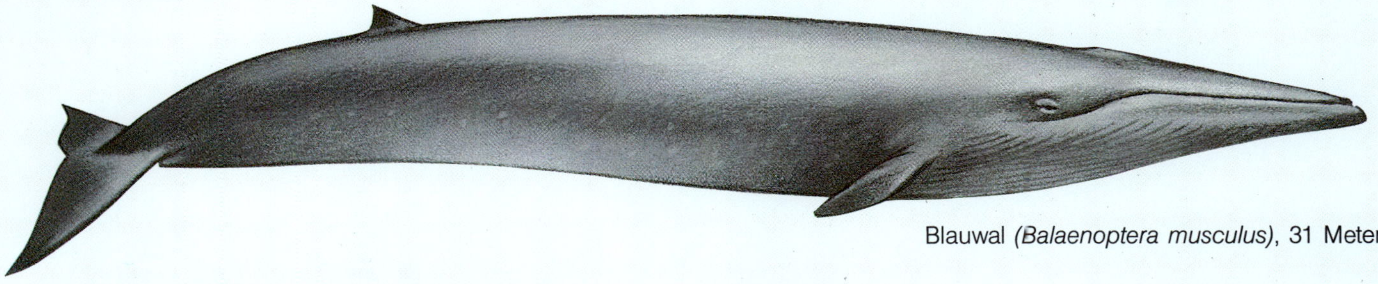

Blauwal *(Balaenoptera musculus)*, 31 Meter

von den typischerweise sehr viel schnelleren Furchenwalen *(Balaenopteridae)*.

DER KOPF

An der Form des Kopfes kann man am besten die Familien und Arten identifizieren. Die meisten Meeressäugetiere haben einen vor den Augen liegenden, herausragenden Oberkiefer *(rostrum)*, der manchmal die Form eines Vogelschnabels aufweist. Bei den heutigen Bartenwalen (Unterordnung *Mysticeti*) ist der Oberkiefer sehr lang. Ob eng und gewölbt oder weit und flach — stets trägt er die Barten, mit denen die Nahrung aus dem Wasser ausgefiltert wird. Ein anderes Merkmal der Bartenwale sind der flache Kopf und die zwei Blaslöcher. Zahnwale (Unterordnung *Odontoceti*) haben im allgemeinen einen engen und geraden Oberkiefer, mindestens ein Paar Zähne im Unterkiefer, eine rundliche »Melone« über Oberkiefer und Augen (sie enthält Fett, Muskeln, Nasengänge und Nebenhöhlen) und ein einfaches Blasloch, das hoch auf dem gewölbten Vorderkopf gelegen ist.

Die Delphine (Familie *Delphinidae*) scheinen immerfort zu lächeln. Aber dies ist eine irreführende, vermenschlichende Interpretation der Kopfform, die — wie auch die Körpersilhouette — durch beträchtliche Speckschichten unter der Haut geformt wird. Die Speckschicht, die bei allen heutigen Meeressäugetieren vorhanden ist, liegt über den Hauptmuskeln, so daß diese nicht die Körperoberfläche formen. Aus diesem Grund sind Wale und Delphine auch nur begrenzt zu mimischen Äußerungen fähig. Einige Zahnwale können aber das äußere Profil der Melone verformen, und bei manchen ist der Hals geringfügig beweglich.

Alle heutigen Bartenwale haben — im Gegensatz zu den Zahnwalen — einen weiten Unterkiefer. Bei einigen Zahnwalen ist der Unterkiefer so eng, daß die beiden Kieferbögen miteinander verschmolzen sind. Bei den langsam schwimmenden, planktonschöpfenden Glattwalen ist die Unterlippe nach oben gewölbt, um die langen Barten zu überdecken. Bei den Furchenwalen finden sich an der Kehle auffallende Furchen oder Falten. Dadurch kann die Kehle stark ausgeweitet werden, wenn die Nahrung filtriert wird. Die Funktion der kleineren, paarweisen Furchen, die man bei den Schnabelwalen (Familie *Ziphiidae*) findet, ist noch ungeklärt.

Die Augen der Meeressäugetiere sind sehr klein und zeigen keinen Ausdruck. Sie liegen seitlich am Kopf dicht hinter den Mundwinkeln. Augenbrauen oder -wimpern sind nicht vorhanden. Es ist schwierig, bei den Zahnwalen die frühere Stellung des externen Ohrkanals hinter und unter dem Auge zu identifizieren, da dieser häufig äußerlich nicht sichtbar ist.

KÖRPER UND FLOSSEN

Alle heutigen Meeressäugetiere haben gut entwickelte Vordergliedmaßen (Flipper), die hinter dem Kopf und

▼ Weil die verschiedenen Arten im Plankton alle sehr klein sind, muß der Bartenwal riesige Wassermengen durchfiltern, um die entsprechenden Mengen an Nahrung zu gewinnen. Die Kehlfurchen bei den Furchenwalen blähen sich dabei erheblich auf, wie auf dem Foto ersichtlich. Das Wasser wird dann mittels der riesigen, muskulösen Zunge wieder herausgedrückt, und die Nahrung verfängt sich in den ausgefransten Barten.

Francois Gohier/Auscape International

Mike Osmond

◀ Bemerkenswert an den Buckelwalen sind ihre besonders langen Flipper (ihr lateinischer Name *Megaptera* bedeutet »große Flügel«). Die Flipper aller Wale sind am Schultergelenk frei beweglich. Die eigentliche Armschaufel aber, die als Stabilisator-Flügel dient, ist steif und nicht biegsam.

unterhalb der Körpermitte liegen. Form und Größe variieren sehr stark von Art zu Art, ohne daß wir hierfür plausible Erklärungen hätten. Man vermutet, daß sie beim Steuern eine wichtige Rolle spielen. Bei einigen Arten stehen sie relativ unbeweglich vom Körper ab. Bei anderen, speziell dem Buckelwal *(Megaptera novaeangliae)*, bei dem sie besonders lang sind, ist das Schultergelenk bemerkenswert beweglich. Bei allen Meeressäugetieren fehlt der bewegliche Ellbogen, den die meisten sonstigen Säugetiere besitzen, und deshalb ist der Flipper an sich steif.

Gewöhnlich findet sich eine herausragende Rückenflosse (Finne) auf dem hinteren Teil des Rückens hinter der halben Körperlänge. Bei einigen Arten fehlt sie ganz. Die Finne wird nicht durch Knochen gestützt, sondern durch hartes, fibröses Gewebe. Größe, Form und Stellung der Rückenflosse sind bei den Arten unterschiedlich.

Hinter dem After verjüngt sich der Körper und geht in den seitlich abgeflachten Schwanzstiel *(Pedunkel)* sowie die Fluke über. Bis weit über den Tod des Tieres hinaus bewahrt die Fluke ihre Festigkeit. Fest ineinander verwobene Sehnen und Bündel fibrösen Gewebes besorgen diese Steifigkeit.

DER SCHÄDEL

Die meisten Meeressäugetiere weisen äußerlich ziemlich gleiche Merkmale auf. Die Unterschiede liegen weniger in der Art als vielmehr im Grad ihrer Ausprägung. Die Merkmale ihres inneren Skeletts aber unterscheiden sich vielfach. Im allgemeinen gilt, daß das Skelett hinter dem Schädel (Wirbelsäule, Rippen und Flipper) von Gruppe zu Gruppe weniger unterschiedlich ist als der Schädel. Eines jedoch ist allen Meeressäugetieren gemeinsam: ihr Knochenbau ist anders als bei anderen Säugetieren.

Schädel und anhängende weiche Gewebe unterscheiden sich bei den Barten- und Zahnwalen so stark, daß man schon vorgeschlagen hat, die beiden Unterordnungen als zwei gar nicht miteinander verwandte Gruppen von Säugetieren zu behandeln. Diese Unterschiede sind möglicherweise aber nur auf ihre unterschiedlichen Ernährungsgewohnheiten zurückzuführen. Jedenfalls können beide Schädeltypen auf die urzeitlichen *Archaeocetae* (Urwale) zurückgeführt werden. Bei beiden Unterordnungen stand am Beginn die bei Säugetieren übliche Schädelform. Dann begann ein Prozeß des »Zusammenschiebens« von vorne nach hinten — vergleichbar dem Zusammenschieben eines Teleskops —, so daß heute einige Teile die anderen überlappen. Die Unterschiede zwischen den Unterordnungen liegen in Details dieser Umformung.

RÜCKENFLOSSEN

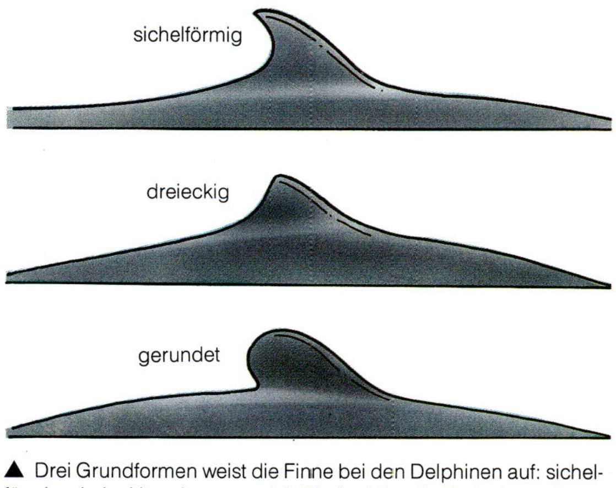

▲ Drei Grundformen weist die Finne bei den Delphinen auf: sichelförmig, dreieckig oder gerundet. Die funktionale Bedeutung dieser verschiedenen Formen ist noch nicht geklärt.

▼ Das Profil der Fluke, von oben betrachtet, ist unterschiedlich von Art zu Art. Meist ist die Hinterkante leicht konvex, bei einigen Arten aber auch beinahe gerade (Pottwal), deutlich geschwungen (Buckelwal) oder sogar bikonvex (Narwal). Bei den meisten Arten — ausgenommen die Schnabelwale — findet sich in der Mitte der Hinterkante eine Einkerbung.

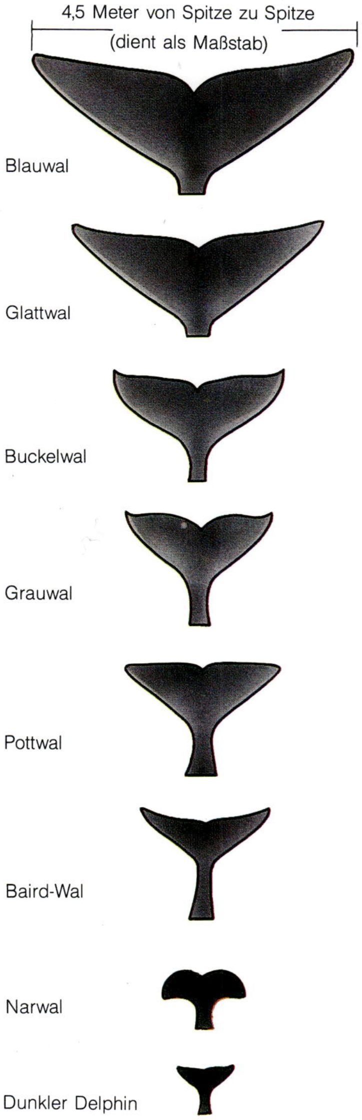

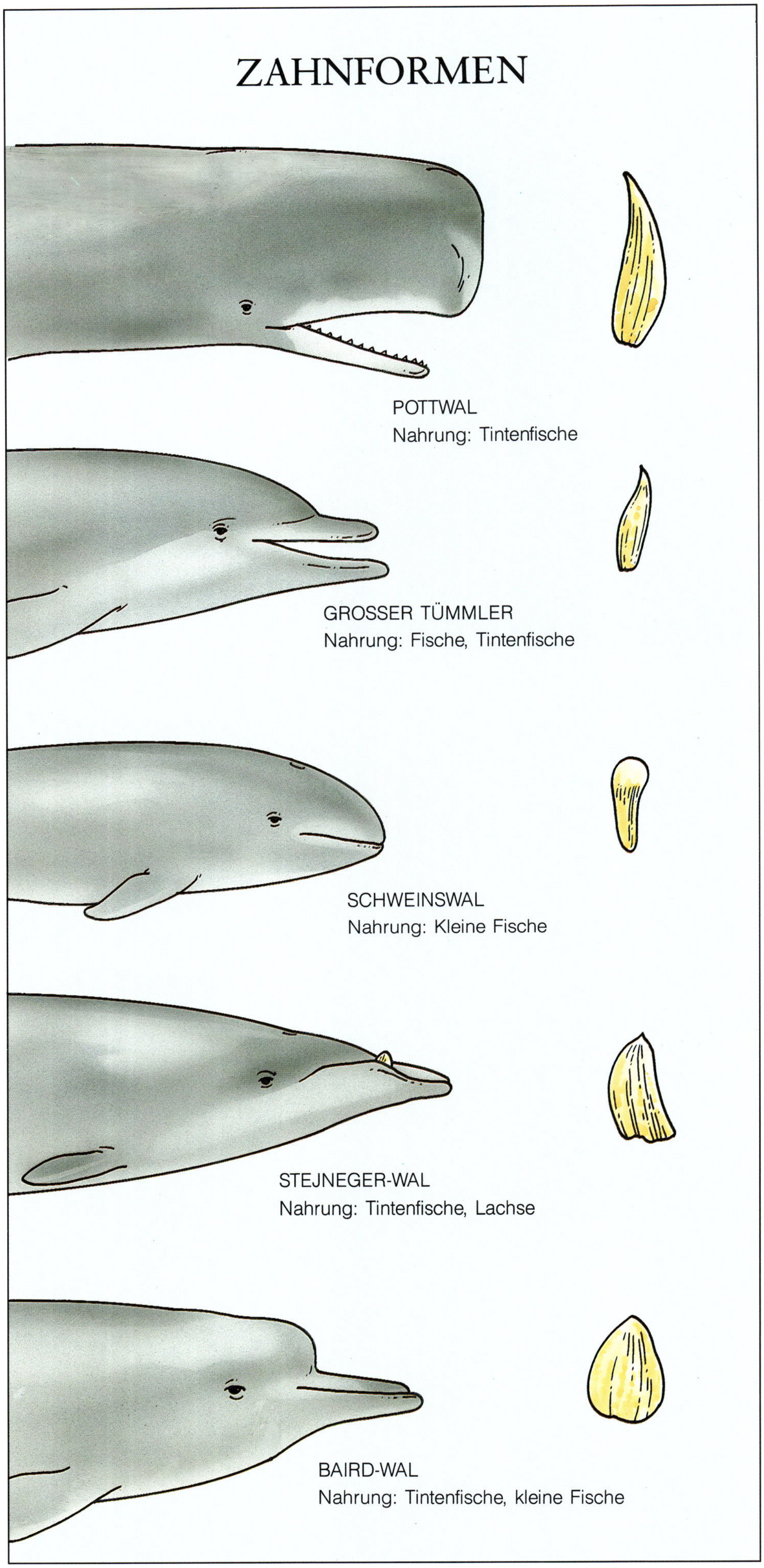

SCHÄDELUMFORMUNG BEI DEN ZAHNWALEN

Bei den Zahnwalen sind die Hauptknochen des Oberkiefers nach hinten und oben (oberhalb der Augenhöhle) geschoben worden. Sie liegen nun quer über der Vorderseite des Schädelkastens. In vielen Fällen sind sie asymmetrisch geworden.

Diese Art der Verschiebung des Oberkiefers hängt wohl mit der Entwicklung der Echolokation bei den Zahnwalen zusammen. Die erweiterten und zurückgewanderten Kieferknochen stützen großvolumige Gesichtsmuskeln — vergleichbar denen, die beim Menschen die Bewegung der Lippen und das Blähen der Nasenflügel bewirken. Diese Gesichtsmuskeln laufen oben in Richtung zum Nasenloch zusammen. Hier sind sie mit einer Reihe von Säcken *(Diverticula)* in den weichen Geweben der Nasengänge zwischen dem Blasloch und den Nasenbeinöffnungen des Schädels verbunden.

Auch andere Merkmale der Schädel dieser Wale scheinen der Fähigkeit angepaßt zu sein, hochfrequente Töne zu erzeugen beziehungsweise zu empfangen. Beispielsweise haben die Zahnwale einen verkleinerten Backenknochen, was mit dazu beitragen mag, die tonerzeugende Front von der tonempfangenden Rückseite des Schädels abzuschirmen.

In jedem Ohr ist die Mittelohr-Höhle stark erweitert und weist an der Schädelbasis zahlreiche Ausbuchtungen auf. Diese Nebenhöhlen dienen vielleicht dem Druckausgleich in den Hohlräumen des Ohres während des Tauchens. Vielleicht haben sie aber auch die Funktion, rechtes und linkes Ohr voneinander zu isolieren und so das Richtungshören des Tieres zu verbessern. Das *Periotic*, der Ohrenknochen, der Gehör und Gleichgewichtsorgan trägt, ist bei den Zahnwalen nicht fest verwachsen, sondern nur mit Bindegewebe am Schädel befestigt. So wird die unerwünschte Schallübertragung über die Schädelknochen verhindert. Ein äußeres Ohr kommt nur in embryonalen Durchgangsstadien vor. Die Schallübertragung auf die Ohrknöchelchen erfolgt wahrscheinlich über Fettgewebe im Unterkiefer auf eine dünne, fladenförmige Knochenplatte (»tympanic plate«) und von dort weiter über das Mittelohr.

DER FRESSAPPARAT DER ZAHNWALE

Die Ausbildung von Ober- und Unterkiefer ist bei den Arten sehr unterschiedlich. Im allgemeinen sind die Kiefer, von der Seite betrachtet, gerade geformt.

Alle Zahnwal-Arten haben Zähne, die sich im allgemeinen von den Zähnen der anderen Säugetiere unterscheiden. Viele Delphine (Familie *Delphinidae*) beispielsweise weisen Dutzende einfacher, konischer Zähne auf Ober- und Unterkiefer auf — wesentlich mehr als typischerweise bei Säugetieren zu finden sind. Einen Zahnwechsel wie bei den meisten Säugetieren gibt es bei den Delphinen nicht. Ein weiterer Unterschied: Im Gegensatz zu den verschieden geformten *(heterodonten)* Zähnen der meisten Säugetiere sind die Zähne bei den meisten heutigen Zahnwalen gleichförmig und undifferenziert *(homodont)*.

Bei einigen Arten, die sich von Tintenfischen ernähren, ist die Zahl der Zähne reduziert. Wahrscheinlich sind einfache, konische Zähne optimal, um solche Beute festzuhalten. Da sie aber nicht dazu geeignet sind, die Nahrung im Maul zu zerkleinern, müssen die Tintenfische meist im Ganzen verschlungen werden.

DIE KNOCHENVERSCHIEBUNGEN BEI DEN BARTENWALEN

Das hervorstechendste Merkmal des Schädels der meisten Bartenwale ist der riesige, flach-breite Oberkiefer. Die Hauptknochen des Oberkiefers tragen die Barten, eine Reihe parallel angeordneter, flexibler Hornplatten. Die ausgefransten inneren Enden dieser Platten filtern die Nahrung aus dem Wasser. Bei den Glattwalen sind die Barten sehr lang, und der Oberkiefer wölbt sich in weitem Bogen. Die Furchenwale dagegen haben kürzere Barten und einen flachen Oberkiefer. Die einzelnen Knochen des Oberkiefers sind nur lose miteinander verbunden, wahrscheinlich, um den Druck absorbieren zu helfen, wenn die Kiefer, prallvoll mit planktonhaltigem Wasser gefüllt, geschlossen werden. Auch die Verbindung des Oberkiefers mit dem Schädel ist nur lose. Der Kiefer reicht nach hinten bis unter den Augenbereich, um das Kiefergewölbe zu verlängern und das Schöpfvolumen zu vergrößern. Bei den Bartenwalen findet man nicht die vergrößerten Gesichtsmuskeln und die Nebenhöhlen der Nasengänge wie bei den Zahnwalen, und auch der Gehirnkasten ist bei ihnen nicht so deutlich nach oben ausgedehnt wie bei den Zahnwalen.

Stattdessen hat der Schädel der Bartenwale andere ungewöhnliche Merkmale. Die Hauptschließmuskel der Kiefer setzen über den Augen an und nicht, wie bei Urwalen und Zahnwalen, hinter ihnen. Der Unterkiefer ist vollkommen zahnlos und trägt auch keine Barten. Die Unterkieferbögen sind nach außen gekrümmt und an der Spitze nicht fest verwachsen, sondern nur durch Ligamente miteinander verbunden. Diese flexible Verbindung ermöglicht wahrscheinlich beim Fressen in gewissem Umfang unabhängige Bewegungen der beiden Bögen.

Die Bartenwale sind nicht so vielgestaltig wie die Zahnwale. Die Arten unterscheiden sich voneinander am augenfälligsten in der Form des Oberkiefers. Zu den bemerkenswertesten Merkmalen dieser großen, filtrierenden Wale gehört wohl das Vorkommen vieler kleiner Zähne im Unterkiefer bei den Embryos — da-

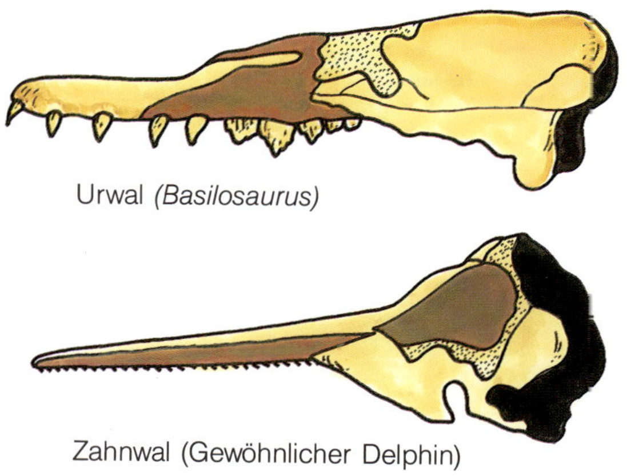

◀ Als die Meeressäugetiere sich der marinen Lebensweise anpaßten, verschoben sich die Knochen des Kopfes teleskopartig. Einige wurden kürzer (die Schädeldecke wurde zusammengedrückt, um Platz für die Melone zu schaffen), andere verlängert (die Knochen des *rostrum* beziehungsweise »Schnabels« wurden schlanker und länger), und einige veränderten ihre Position (das Nasenbein wanderte nach und nach mit den Nasenlöchern rückwärts an die höchste Stelle des Kopfes).

▼ Die Embryonen der Bartenwale weisen in bestimmten Durchgangsstadien Zähne im Oberkiefer auf, die dann wieder abgebaut werden. Stattdessen entwickeln sich die Barten, mit denen die Nahrung aus dem Wasser ausgefiltert wird. Die Barten wachsen ausschließlich im Oberkiefer. Beim Grönlandwal mit seinem weit gewölbten Oberkiefer werden die Barten bis zu 4,3 Meter lang.

Francois Gohier/Ardea London Ltd

SKELETT EINES DUNKLEN DELPHINS

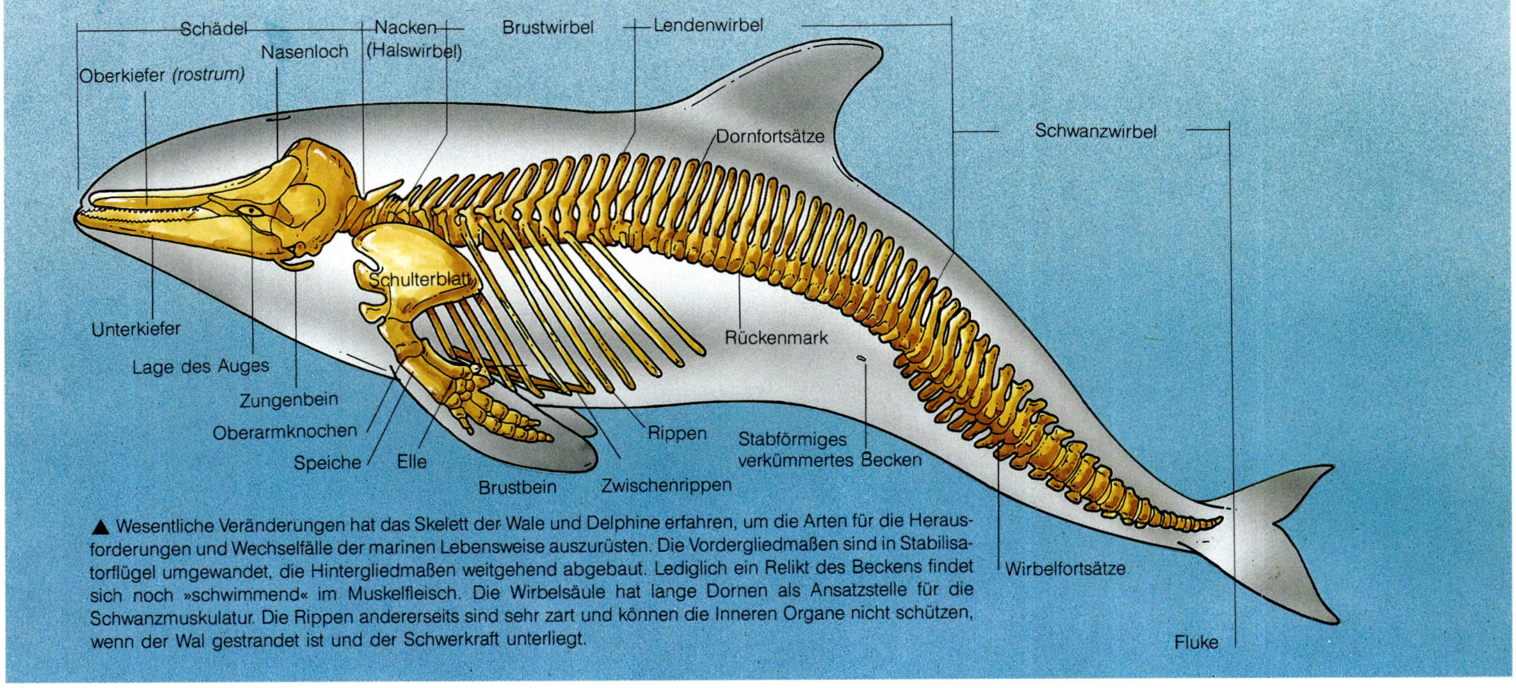

▲ Wesentliche Veränderungen hat das Skelett der Wale und Delphine erfahren, um die Arten für die Herausforderungen und Wechselfälle der marinen Lebensweise auszurüsten. Die Vordergliedmaßen sind in Stabilisatorflügel umgewandet, die Hintergliedmaßen weitgehend abgebaut. Lediglich ein Relikt des Beckens findet sich noch »schwimmend« im Muskelfleisch. Die Wirbelsäule hat lange Dornen als Ansatzstelle für die Schwanzmuskulatur. Die Rippen andererseits sind sehr zart und können die Inneren Organe nicht schützen, wenn der Wal gestrandet ist und der Schwerkraft unterliegt.

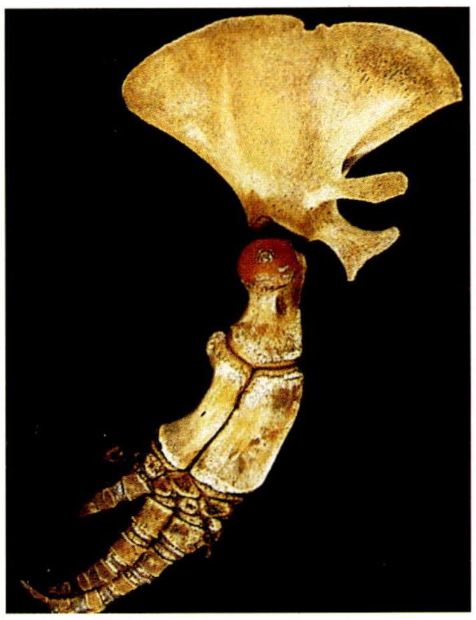

D.V. Weston

▲ Die Knochen des Flippers sind zwar verkürzt, nichtsdestoweniger aber gut entwickelt. Die Beweglichkeit allerdings ist auf das Schultergelenk beschränkt. Vielfach finden sich weniger als fünf Finger, dafür aber haben die Finger mehr Einzelknochen als bei den anderen Säugetieren.

bei handelt es sich wohl um eine Erinnerung an die in ferner Vergangenheit noch mit Zähnen ausgestatteten Vorläufer.

DIE WEITEREN TEILE DES SKELETTS

Vom Nacken ab unterscheidet sich das Skelett der Wale und Delphine radikal von dem der Landsäugetiere. Die Halswirbel sind kurz, und einige oder alle sind zusammengewachsen. Im entsprechenden Maß ging die Beweglichkeit des Halses verloren. Die Meeressäugetiere haben gigantische Körpergrößen entwickeln können, weil ihre Massen vom Wasser getragen werden. Ihr Skelett muß also nicht wie bei den Wirbeltieren an Land eine Stützfunktion erfüllen. Es überrascht deshalb nicht, daß die Rippen der Meeressäugetiere in vielen Fällen sehr fein gebaut und nicht fest mit den Wirbeln oder dem Brustbein verbunden sind. Das bedeutet aber auch, daß die Rippen bei gestrandeten Walen nicht stark genug sind, um das Gewicht des Körpers zu tragen. Anzahl und Ausbildung der Wirbel variieren je nach Art sehr stark, wofür die Wissenschaft bisher noch keine Erklärung hat. Vom Beckengürtel, der einst die Hintergließmaßen stützte, ist nur ein kleiner, stabförmiger Knochen verblieben. Die Vordergliedmaßen (Flipper) sind bei allen Arten gut entwickelt, und obwohl sie heute nur noch eine hydrodynamische Funktion haben, weisen sie noch den für viele andere Wirbeltiere typischen Aufbau auf.

Die Anzahl der »Finger« ist bei manchen Arten von fünf auf vier reduziert. Stattdessen ist im allgemeinen die Anzahl der Fingerknochen höher als bei den landlebenden Säugetieren *(Hyperphalangie)*.

DIE WEICHGEWEBE

Wie auch in anderen Bereichen der Anatomie bestehen bei den Weichgeweben der Meeressäugetiere große Unterschiede zu den Landsäugetieren. Die Sinnesorgane und das Nervensystem weisen bemerkenswerte Besonderheiten auf. Bei den Bartenwalen sind die Geruchs- und Sinneszellen, die um das Nasenloch angeordnet sind, vergleichsweise stark reduziert. Bei den Zahnwalen fehlen sie völlig. Bei Barten- und Zahnwalen sind die Augen relativ klein. Das Gehör ist

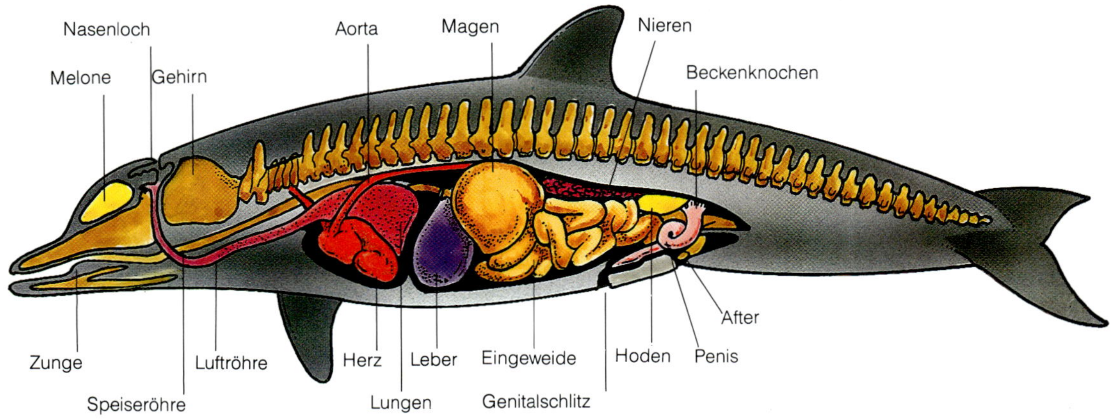

gut entwickelt. Der äußere Gehörgang seitlich am Kopf ist bei den meisten Arten geschlossen. Der Schall wird wahrscheinlich über die Weichgewebe zum Innenohr weitergeleitet. Bei einigen Arten fehlt das Trommelfell, das für das Hören an Luft unbedingt erforderlich ist.

Das Gehirn der Meeressäugetiere ist — im Vergleich zur Körpergröße — relativ groß. Es übertrifft bei den Großwalen an Gewicht das aller anderen Säugetiere. Die Blutversorgung des Gehirns erfolgt nicht auf dem üblichen Weg über die Halsschlagadern, sondern über die sogenannten Wundernetze.

Die Lungen, die nahe beim Herzen liegen, werden über die kurze und häufig sehr weite Luftröhre versorgt. Knorpelringe stützen letztere und die Bronchien.

Der Magen ist, wie bei einigen Huftieren, manchmal in Kammern unterteilt. Diese Ähnlichkeit ist aber wohl nur zufällig, da die Meeressäugetiere nicht wie die Huftiere ihre Nahrung wiederkäuen. Die Ausbildung des Verdauungstraktes ist bei den einzelnen Arten sehr unterschiedlich. Weitere besondere Merkmale in der Leibeshöhle sind das Fehlen von Gallenblase und Blinddarm bei allen Arten. Die Leber ist nicht gelappt. Die Nieren sind groß und in viele Lappen *(renculi)* unterteilt.

SCHLUSSBETRACHTUNG

Über die Anatomie der Meeressäugetiere weiß man weniger als über die anderer Säugetiere. In freier Wildbahn sind die Tiere schwer zu studieren. Aus diesem Grund verstehen wir die Funktion vieler Einzelheiten bis heute noch nicht. Der Transport toter Tiere zu geeigneten Instituten wiederum wirft riesige logistische Probleme auf, so daß es auch schwierig ist, frisches Material zu untersuchen. Immerhin: mehrere Jahrhunderte des Studiums haben bemerkenswerte Erkenntnisse über die Anpassung der Anatomie der Meeressäugetiere an die marine Lebensweise zutage gebracht — Anpassungen, die die ursprüngliche Ausprägung dieser Tiere zwar überlagert, aber niemals völlig verdrängt haben.

▲ Lebensraum und ungeheure Größe der Wale machen es für die Wissenschaftler schwierig, sie zu studieren. Wir wissen über sie immer noch relativ wenig, zum Beispiel über die Funktion des Gehörs oder über den Mechanismus des erstaunlich ausgeklügelten Echolokations-Apparates.

G.L. Kooyman

▲ Ausgeklügelte physiologische Anpassungen haben die Wale in die Lage versetzt, den sehr kalten, aber nahrungsreichen polaren Gewässern zu trotzen.

▼ Die Ähnlichkeit der äußeren Erscheinung von Hai (ein Fisch), *Ichthyosaurus* (ein ausgestorbenes Reptil) und Delphin (ein Säugetier) ist das Ergebnis evolutionärer Anpassungen an die gleichen Rahmenbedingungen, vor allem die Notwendigkeit, den Reibungswiderstand im Wasser zu minimieren.

DIE ANPASSUNG AN DEN LEBENSRAUM MEER

MICHAEL BRYDEN

Die Wale haben sich aus Säugetieren entwickelt, die an Land lebten. Warmblütige, luftatmende Lebewesen werden im aquatischen Lebensraum vor eine Reihe von Schwierigkeiten gestellt. Wasser ist viel dichter und visköser als Luft, weshalb es auch schwieriger ist, sich darin zu bewegen. Der Vergleich zwischen einem Schwimmer und einem Läufer verdeutlicht dies. Wasser absorbiert auch die Wärme schneller als Luft, überträgt den Schall schneller und mit bedeutend weniger Dämpfung und absorbiert das Licht schneller. Schließlich hat es auch einen höheren Brechungsgrad für Lichtstrahlen als Luft.

Aber obwohl das Wasser — insbesondere das sehr kalte — ein fremdartiges und in mancher Beziehung auch feindseliges Milieu für Säugetiere darstellt, kann es auch offenbare Vorteile bringen, darin zu leben. Der Auftrieb des Wassers hebt die Erdanziehung auf — ein Hauptvorteil für die Meeressäugetiere. Es gibt im Meer auch reiche Nahrungsressourcen. Viele Säugetiere holen ihre Nahrung aus dem Meer oder suchen Schutz im Wasser. Dazu gehören Tiere, von denen man es nicht vermuten würde, wie gewisse Katzen, Fledermäuse, Schweine und Primaten (und natürlich auch der Mensch). Es überrascht deshalb nicht, daß diese Vorteile bei einer Reihe von Säugetieren zu einer entsprechenden aquatischen Spezialisierung geführt haben: die Grundstruktur der Säugetiere läßt sich leicht den Erfordernissen eines Lebens im Wasser anpassen (der teilweise im Wasser lebende Eisbär zum Beispiel ähnelt von der äußeren Erscheinung her immer noch den anderen Bären). Bemerkenswerte Veränderungen der Formen und Funktionen wurden erst erforderlich, als Säugetiere sich bis zu einem Punkt entwickelt hatten, an dem sie halb-permanent oder dauerhaft im Wasser lebten. Am weitesten gehen diese Veränderungen bei den Seekühen (Ordnung *Sirenia*) und Walen (Ordnung *Cetacea*), den einzigen Säugetieren, die sich völlig auf ein Leben im Wasser umgestellt haben.

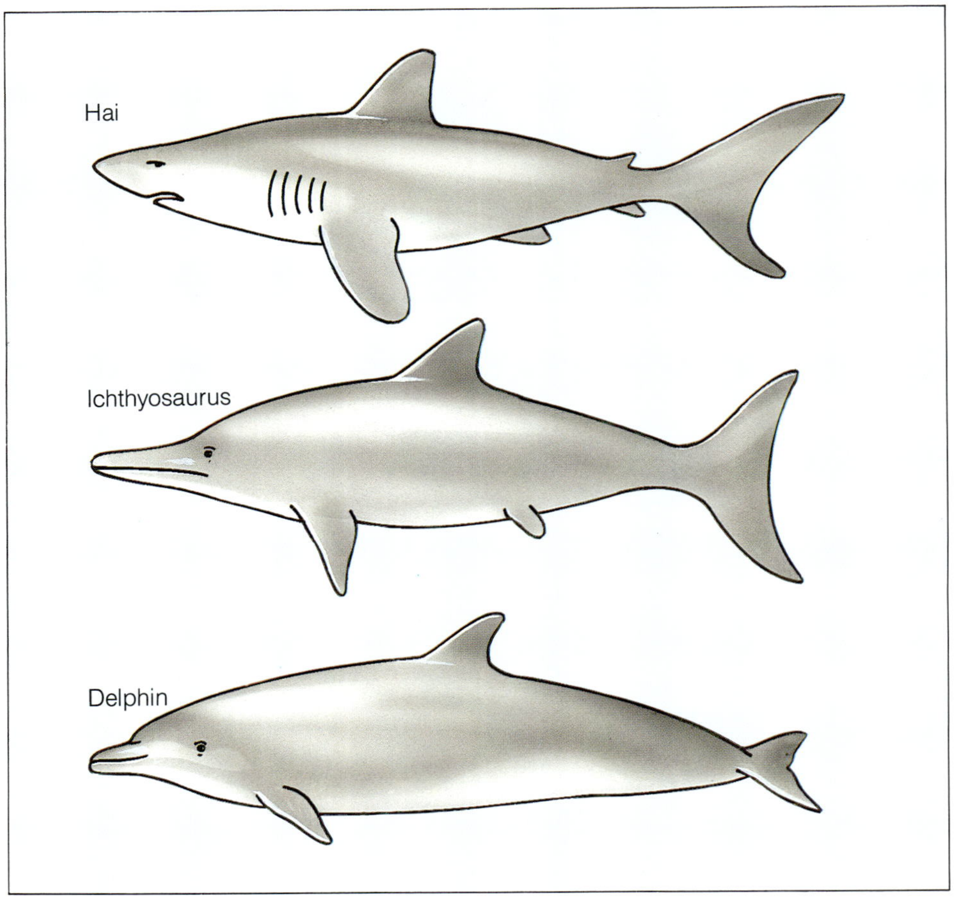

ÄUSSERE FORM, GRÖSSE UND FORTBEWEGUNG

Die äußere Form der Meeressäugetiere ist vollkommen geprägt von den Erfordernissen des aquatischen Lebensraums. Weil Wasser dichter und visköser ist als Luft, muß der Körper stromlinienförmig gebaut sein. Je weiter die Entwicklung fortschritt, desto ähnlicher wurden die Wale äußerlich den anderen marinen Wirbeltieren. Ein grober Vergleich kleiner Wale mit Haien und ausgestorbenen, fischähnlichen Reptilien wie dem *Ichthyosaurus* zeigt die bemerkenswerte Ähnlichkeit der Körperform. Dies ist ein Beispiel für konvergente Evolution.

Die Wale und ihre Verwandten sind vergleichsweise große Säugetiere. Die Bartenwale sind sogar riesig — der Blauwal (*Balaenoptera musculus*), der bis zu 30 Meter Länge und ein Gewicht bis zu 170 Tonnen erreichen kann, ist bei weitem das größte Tier, das jemals auf der Erde lebte.

Ihre Größe verschafft den Walen, von denen viele in sehr kalten Gewässern leben, einen bedeutenden Vorteil bei den Stoffwechselvorgängen. Wie der Mench haben die Wale eine Körpertemperatur von 37° Celsius. Ihr Lebensraum dagegen hat nur bis minus 1,7°. Der Wärmeverlust über die Haut ist im Wasser um ein Vielfaches größer als an Luft derselben Temperatur, und die Geschwindigkeit, mit der die Wärme entzogen wird, hängt von der Körperoberfläche ab, über die die Wärme verlorengeht. Wenn die Körpermasse (beziehungsweise das Volumen) ansteigt, verringert

Heather Angel/Biofotos

sich relativ die Körperoberfläche. Bei den großen Säugetieren ist die Körperoberfläche relativ klein im Vergleich zu einem kleinen Tier. Die Größe der Wale bedeutet also, vor allem in den Polarmeeren, einen geringeren Wärmeverlust und stellt eine besonders wertvolle Anpassung an den Lebensraum Meer dar.

Da die Wale permanent im Wasser leben, wird ihre Größe auch nicht wie bei den Landsäugetieren durch die Auswirkungen der Schwerkraft eingeschränkt. Der Körper des Wals ist im Wasser gewichtslos. Es werden keine Gliedmaßen benötigt, um ihn zu unterstützen. Die Gliedmaßen werden beim Wal nur für die Kontrolle der Bewegung und bei der Regulierung der Körperwärme benutzt. Im dichten aquatischen Medium hat die Verkleinerung der vorderen Gliedmaßen und der Verlust der hinteren (der in gewisser Weise durch die Entwicklung der Fluke kompensiert worden ist) den doppelten Vorteil gebracht, daß die Flipper effektiver für das Steuern und Manövrieren sind und die Körperoberfläche verkleinert wurde.

Da das Wasser schwerflüssig (viskös) ist, bietet es dem auf- und abschlagenden Hinterkörper einen Widerstand, was in Druck nach vorn umgesetzt wird und den Körper vorantreibt. Die Fluke hat die Form eines Paddels, desgleichen die Flipper. Die Flipper dienen aber nicht der Fortbewegung, sondern nur zum Balancieren.

Das Wasser setzt aber auch der Vorwärtsbewegung Widerstand entgegen: Reibungswiderstand entwickelt sich auf der Hautoberfläche. Um diesen Widerstand herabzusetzen, ist der Körper stromlinienförmig und mit weicher Haut überzogen. Jedes unnötig vorste-

▲ Die Stromlinienform des Körpers alleine setzt den Widerstand des Wassers nicht ausreichend herab, um die außerordentliche Geschwindigkeit mancher Meeressäugetiere zu erklären. Hinzu kommt bei ihnen eine besondere Eigenschaft: Wenn sie im Wasser beschleunigen, schaffen sie eine laminare (wirbelfreie) Strömung um ihren Körper und vermeiden so Turbulenzen. Im Bild: ein Großer Tümmler.

WIE DELPHINE SCHWIMMEN

▼ Die Auf- und Abbewegung des Schwanzes und insbesondere der Fluke sind wichtig, um die laminare Wasserströmung über den Körper während der Vorwärtsbewegung zu erzielen.

1948 beschrieb James Gray in einer Veröffentlichung im Wissenschaftsmagazin *Nature* Experimente, die er mit dem starren Modell eines Delphins unternommen hatte. Sie führten zu dem Ergebnis, daß die Antriebsmuskeln ungefähr zehnmal soviel Kraft entwickeln müssen wie die Muskeln anderer Säugetiere, um den Delphinen die beobachteten hohen Schwimmgeschwindigkeiten zu ermöglichen. Das wurde als nicht sehr wahrscheinlich betrachtet, aber es konnte keine andere Erklärung für die Schwimmleistung der Delphine gefunden werden — bis 1963, wiederum in *Nature*, die Arbeit von Peter Purves veröffentlicht wurde, auf der die folgende Erklärung basiert:

Wenn der Schwanz sich durch die Kontraktion der Antriebsmuskeln (der »Kraftschlag« — Zeichnungen A bis C) im Wasser nach oben bewegt, wird Wasser von der Oberseite zur Unterseite der

▲ Ähnlich dem tropfenförmigen Bug bei großen Schiffen scheint auch der gewölbte Kopf bei den schnellen Schwimmern unter den Walen und Delphinen dazu beizutragen, diese Geschwindigkeiten zu ermöglichen.

hende Detail, das den Wasserwiderstand erhöhen würde, wie außenliegende Ohrläppchen oder vorstehende Brustdrüsen und Fortpflanzungsorgane oder auch Körperbehaarung, ist deshalb eliminiert.

Wenn man mit der Hand über einen Wal streicht, ist man überrascht über die seidige Glätte der Haut. Sie ist ohne Falten und Poren, und der Körper selbst ist sehr gleichmäßig geformt: es gibt keinen Halseinschnitt, so daß der Kopf übergangslos an den Rumpf anschließt, der sich dann zum Schwanzstiel hin sanft verjüngt. Alle diese Merkmale tragen zur Stromlinienform bei, aber sie erklären nicht voll die außerordentlich hohen Geschwindigkeiten, die die kleinen Wale erreichen können. Der abgerundete Kopf, wie man ihn beispielsweise bei den Grindwalen *(Globicephala)* findet, mag dabei eine Rolle spielen — wir wissen ja, daß der Tropfenbug großer Schiffe den Strömungswiderstand herabsetzt.

Aber der wichtigste Faktor beim Erreichen solcher Geschwindigkeiten ist die Art und Weise, wie die Schwanzflosse arbeitet, wobei sie eine wirbelfreie Strömung des Wassers über den Körper hervorruft. Das befähigt den Wal, ohne große Anstrengung große Geschwindigkeiten zu erreichen.

Beim schnellen Schwimmen sparen die Delphine auch Energie, indem sie frei aus dem Wasser springen. Das kann man auf See häufig beobachten, wenn sie hinter Beute herjagen.

Auch die Geschmeidigkeit der Haut hilft möglicherweise bei hohen Geschwindigkeiten. Haut und Fettschicht sind zwar fest, aber nicht starr. Wenn ein Delphin schnell Geschwindigkeit oder Richtung ändert, erscheinen auf der Hautoberfläche Falten, die im rechten Winkel zur Bewegungsrichtung verlaufen. Sie zeigen die Stellen an, wo sich Turbulenzen zu bilden beginnen. Die feinen Veränderungen der Haut eliminieren vielleicht die Turbulenzen, bevor sie sich voll ausgebildet haben.

Es gibt zwei weitere Mittel, mit denen die Delphine den Strömungswiderstand herabsetzen oder möglicherweise ihr Vorwärtskommen im Wasser sogar beschleunigen: Die Oberflächenzellen in der Delphin-Haut enthalten ölige Tröpfchen und Kohlehydrate. Ausflüsse aus diesen Zellen »ölen« möglicherweise den Körper ein und setzen so den Widerstand herab. Die Meeressäugetiere haben außerdem eine Vielzahl von Drüsen in der Bindehaut, die reichlich eine schleimige Sekretion produzieren. Man kann sie häufig am

Fluke verdrängt, beginnt zu strömen und einen Wirbel an der nachgezogenen Kante der Fluke zu bilden (Zeichnung A). Eine Zone niederen Drucks bildet sich unter der Fluke, während der Schwanz die Aufwärtsbewegung fortsetzt. Sie zieht die Blätter der Fluke nach unten und Wasser von der Oberfläche des Kopfes und des Körpers nach hinten. Dadurch bewegt sich der Delphin vorwärts-abwärts gegen die tragende Wirkung der Flipper, die die Funktion eines Tiefensteuers haben (Zeichnung B).

Als Ergebnis dieser Vorwärts-Abwärts-Bewegung des Körpers beschleunigt die weitere Aufwärtsbewegung des Schwanzes den weiteren Abfluß des Wassers schräg über den Körper und den Rücken entlang, und der Wirbel am Ende der Fluke wird hinweggespült (Zeichnung C).

Die Blätter der Fluke entspannen sich, ehe der Abwärtsschlag beginnt (Zeichnung D). Wenn der Schwanz durch die Streckmuskeln wieder nach unten gezogen wird (»Streckschlag« — Zeichnungen E und F), beginnt die Fluke sich aufwärts zu biegen und Wasser seitlich abzuleiten, anstatt es wie bei der Aufwärtsbewegung nach hinten zu drücken. Der Auftrieb, den Kopf und Brustkasten aufgrund der großen Öl- und Fettlager in ihnen haben, bewirkt eine Aufwärtsbewegung des Kopfes, während der Streckschlag des Schwanzes weitergeht. Der Fluß des Wassers über den hinteren Teil des Körpers ist ähnlich wie beim Kraftschlag, hat aber keine Beschleunigungswirkung.

Die Beschleunigung des Wassers über den Körper während des Kraftschlags erzeugt eine laminare (wirbelfreie) Strömung auch noch bei hohen Geschwindigkeiten. An starren Körpern wie dem Delphin-Modell von Gray entwickeln sich Wirbel weit eher. Eine wirbelfreie Strömung umfließt während des Schwimmens den größten Teil der Körperoberfläche des Delphins und reduziert somit in großem Umfang die Kraft, die dieser zum Erreichen hoher Geschwindigkeiten aufwenden muß.

Tier sehen. Sie zieht sich als zähflüssiger Belag vom Auge über den Rücken bis über die Schultern. Wahrscheinlich hat sie eine vergleichbare Funktion wie der feine Schleimfilm, den Fische beim Schwimmen ausscheiden.

DIE KONTROLLE DER KÖRPERTEMPERATUR

Die Wale müssen als Warmblüter stetig ihre Körpertemperatur aufrechterhalten, und das in einem Lebenselement, dessen Temperatur häufig beträchtlich niedriger ist als die Körpertemperatur von 37°C. Wasser hat eine höhere Wärmeaufnahme-Fähigkeit (hohe spezifische Hitze), und es entzieht die Wärme schneller (hohe Leitfähigkeit) als Luft. Der Wärmeaustausch in Wasser geht deshalb wesentlich schneller vonstatten als in unbewegter Luft derselben Temperatur.

Wale sind nicht in der Lage, die Körpertemperatur durch entsprechendes Verhalten zu konservieren, wie das manche Landsäugetiere tun. Diese plustern sich beispielsweise auf oder rollen sich zusammen, bauen Nester, scharen sich eng zusammen, suchen an geeigneten Plätzen Schutz oder begeben sich auf warme, sonnige Plätze. Das Wasser, das der Wal in einem gegebenen engeren Zeitraum erreichen kann, hat mehr oder weniger dieselbe Temperatur, und in den Polarmeeren ist es wahrlich kalt!

Um größeren Wärmeverlust zu vermeiden, haben die Wale wie auch die anderen aquatischen Säugetiere ein schweres Schutzschild aus Fett in den tiefsten Lagen der Haut: die Speckschicht, auch Blubber genannt. Der Blubber ist sowohl Isolator als auch wichtiger Aufbewahrungsort für Energie. Zwischen den Arten und auch innerhalb der Arten variiert die Dicke der Speckschicht erheblich. Im Grönlandwal *(Balaena mysticetus)* wird der Blubber bis zu 50 Zentimeter dick.

Blubber hat sich als ein sehr effektiver Wärmedämmer erwiesen. Schon aus der direkten Beobachtung von Walen in guter physischer Kondition läßt sich einsehen, daß Wale offenbar nicht sehr unter der Kälte leiden. Aber die Speckschicht isoliert doch nicht vollkommen, und deshalb verlieren Wale in sehr kaltem Wasser mehr Wärme als in warmem. Sie benötigen mehr Energie und somit auch mehr Nahrung als in wärmeren Gewässern.

Die Speckschicht schafft aber auch ein potentielles Problem: das der inneren Überhitzung, wenn der Wal

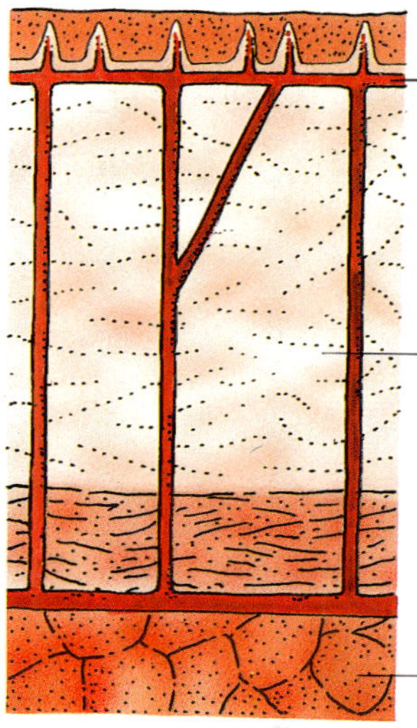

▲ Die Speckschicht, der Blubber, kann bei Walen bis zu 50 Zentimeter dick werden. Sie liegt direkt unter der Haut und isoliert den Körper vor dem kalten Wasser. Arterien verlaufen durch den Blubber zur Körperoberfläche. Über sie kann im Bedarfsfall Wärme abgeführt werden.

David Rootes/Seaphot Ltd/Planet Earth Pictures

▲ Nicht nur die Speckschicht, sondern auch andere physiologische Anpassungen (»gegenläufiger Wärmetauscher«) tragen dazu bei, den Verlust an Körperwärme in Grenzen zu halten. Viele Wale, die in den hohen Breiten leben, wachsen auch zu enormer Größe heran. Auf diese Weise reduzieren sie die Körperoberfläche im Verhältnis zur Masse.

▼ Blut fließt mit einer Anfangstemperatur von 37°Celsius durch eine zentrale Arterie (rote Farbe). Es gibt an die umgebenden Venen Wärme ab. Aus den Flippern oder der Fluke zurückfließendes venöses Blut (blaue Farbe) wird so allmählich wieder auf Körpertemperatur zurückerwärmt.

in voller Aktivität ist. Dieser Gefahr wird begegnet durch viele recht große Arterien, die sich durch die Speckschicht hindurch zur äußeren Haut ziehen. Wenn große Mengen Blut durch die Gefäße gepumpt werden, erwärmt sich die Haut und gibt diese Wärme schnell an das Wasser ab. Die Durchflußmenge durch die Arterien wird von Nervenzellen kontrolliert. Wenn der Durchfluß nahezu auf Null gesenkt ist, übernimmt der Blubber wieder seine normale Funktion als Isolator.

Wie aber wird die Körpertemperatur in den Teilen des Körpers konserviert, die nicht mit einer dicken Speckschicht überzogen sind? Auch diese Teile müssen mit Blut versorgt werden, damit ihren Geweben Sauerstoff zugeführt wird. Wenn das Blut aber mit Körpertemperatur in ihnen flösse, ginge zuviel Wärme verloren. Eine verblüffende Modifikation der Blutgefäße führt diesen Verlust auf ein Minimum zurück: der »gegenläufige Wärmetauscher«. Das Grund-Arrangement dieses eleganten Mechanismus ist bei vielen Landsäugetieren, auch beim Menschen, vorhanden. Hier werden die tief gelegenen Hauptarterien, die die Extremitäten versorgen, von zwei oder mehr Venen begleitet. Wärme wird zwischen Arterie und Venen ausgetauscht, so daß das Blut, wenn es die Extremitäten erreicht, abgekühlt ist. Umgekehrt wird es erwärmt, wenn es durch die Vene ins Körperinnere zurückfließt. Beim Wal ist dieses Arrangement dergestalt verändert, daß die Arterien vollkommen von einem Venen-Bündel oder -Netz *(plexus)* umhüllt sind. Damit erhöht sich der Wirkungsgrad des gegenläufigen Wärmeaustauschs.

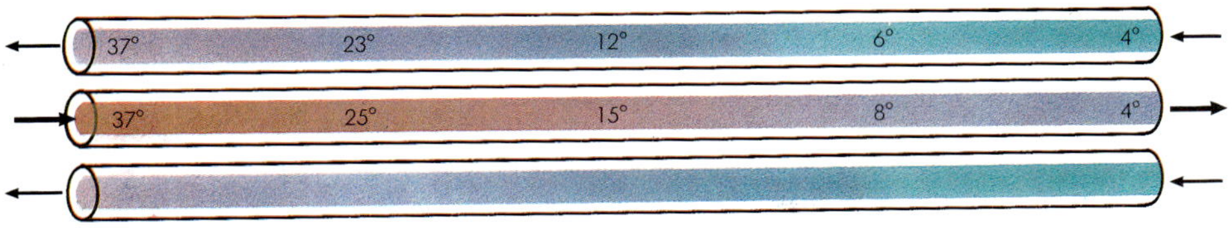

Der Rückfluß des venösen Bluts von Flippern, Fluke und Finne wird mittels eines sehr einfachen Me-

chanismus kontrolliert. Wenn der Blutfluß zu diesen Extremitäten erhöht wird, erhöht sich der Durchmesser der Arterien, damit sie die Menge bewältigen können. Dies wiederum bewirkt einen Druck auf das umgebende Venengeflecht und verringert den Blutfluß in ihm. Somit wird auch die Abkühlung des arteriellen Bluts vermindert. Gleichzeitig wird venöses Blut gezwungen, vermehrt über Venen an der Körperoberfläche zurückzufließen. Diese sind nicht von Arterien begleitet. Auf diese Weise vollzieht sich der Wärmeverlust nunmehr über das relativ warme venöse Blut.

Dieses verblüffende System kann also die Wärmemenge kontrollieren, die über die Extremitäten verloren geht. Sofern erforderlich, wird Hitze über den Mechanismus des gegenläufigen Wärmeaustauschs konserviert. Sofern unter besonderen Bedingungen zuviel Wärme produziert wird, zum Beispiel in Phasen der Anstrengung, wird durch Schließen dieses Mechanismus eine Wärmeabgabe herbeigeführt.

DAS TAUCHEN

Alle Wale sind gute Taucher und suchen sich ihre Nahrung unter Wasser in ihrem natürlichen Lebensraum, aber als Säugetiere müssen sie in regelmäßigen Abständen zum Luftholen an die Oberfläche kommen. Bis vor wenigen Jahren noch hat man Erkenntnisse über die Tauchtiefen der Wale nur indirekt gewinnen können: durch die Untersuchung des Inhalts der Walmägen, oder wenn sich Wale in unterseeischen Kabeln oder ähnlichem verfingen.

Eine direkte, aber nicht experimentelle Methode war die Beobachtung, sei es auf Expeditionen, sei es in Begleitung eines Walfängers. Solche Beobachtungen wurden schon seit langer Zeit aufgezeichnet. Aber erst in den fünfziger Jahren begannen experimentelle Untersuchungen über die Tauchphysiologie bei Walen. Den Auslöser gaben die Bemühungen, kleine Meeressäuger einzufangen und in Gefangenschaft zu halten. Später wurden diese Versuche darauf ausgedehnt, die Delphine zu trainieren. Sie sollten im freien Wasser tauchen, Kommandos befolgen und zuverläs-

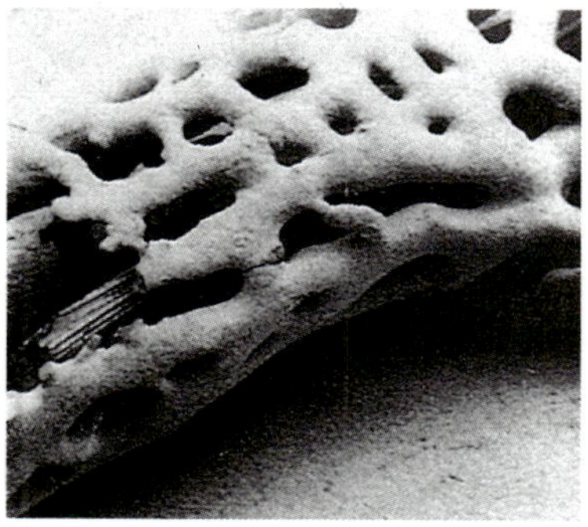

Michael Bryden

▲ Die Aufnahme unter dem Elektronen-Mikroskop zeigt den »gegenläufigen Wärmetauscher« im Gefäßsystem der Meeressäugetiere. Ein Netzwerk von Venen liegt um die zentrale Arterie. Durch Wärmeaustausch wird das Blut entweder abgekühlt oder erwärmt. Siehe auch graphische Darstellung auf Seite 114.

sig zur weiteren Untersuchung zurückkehren. Eine andere Methode setzt die Telemetrie ein: Ein Delphin wird auf dem Meer eingefangen, mit einem Gerät versehen, das Daten über die Tauchtiefen aufzeichnet, sowie mit einem anderen, das die Standort-Verfolgung erlaubt, und dann wieder freigelassen. Wenn der Delphin zum Atmen an die Oberfläche kommt, sendet das Ortungsgerät seine Signale, so daß die Beobachter in ihren Booten das Tier verfolgen können. Das Tiefen-Aufzeichnungsgerät ist mit einer korrosiven Befestigung, die sich im Salzwasser auflöst, am Tier angeheftet. Nach einer gewissen Zeit fällt der Apparat von selbst ab und kann dann geborgen und ausgewertet werden.

Tauchtiefe und -zeit sind bei den Arten unterschiedlich. Die vollkommensten Taucher sind Pottwal *(Physeter catodon)* und Entenwale (Gattung *Hyperoodon*) — sie können 90 Minuten beziehungsweise 120 Minuten lang untergetaucht bleiben. Die Furchenwale (Familie *Balaenopteridae*) tauchen selten länger als 40 Minuten, während der Große Tümmler *(Tursiops truncatus)* bis zu 15 Minuten schafft und der Gewöhnliche Delphin *(Delphinus delphis)* nur 3 Minuten.

Oft verblüfft es, wie kurz nur der Wal zum Atmen an der Oberfläche verweilt. Die Nasenlöcher, die bei den meisten anderen Tieren vorne am Kopf angeordnet sind, sind im Lauf der Evolution der Wale zum Blasloch umgewandelt worden, das am höchsten Punkt des Kopfes liegt. So muß zum Atmen nur ein kleiner Teil der Kopf- und Rückenregion aus dem Wasser gehoben werden, und das Tier kann bemerkenswert schnell aus- und einatmen, während es seine Geschwindigkeit beibehält.

TAUCHEN UND DIE »BENDS«

»The Bends«, so heißt im Englischen die Caisson-

◀ Der Zeitraum, den die einzelnen Arten unter Wasser verbringen, ist sehr unterschiedlich. Alle Meeressäugetiere benötigen bemerkenswert wenig Zeit an der Wasseroberfläche für die Atmung. Zum Teil ist das auf die günstige Lage des beziehungsweise der Blaslöcher an der obersten Stelle des Kopfes zurückzuführen. Im Bild: Schlankdelphine.

▼ Bevor er abtaucht, muß der Wal an der Wasseroberfläche ausreichend Sauerstoff einnehmen. Vor seinen Tieftauchgängen atmet der Pottwal (A) schneller als der Finnwal (B), aber letzerer kommt häufiger zum Atmen an die Oberfläche. Der Gewöhnliche Delphin (C) schließlich unternimmt kurze, aber häufige Tauchgänge.

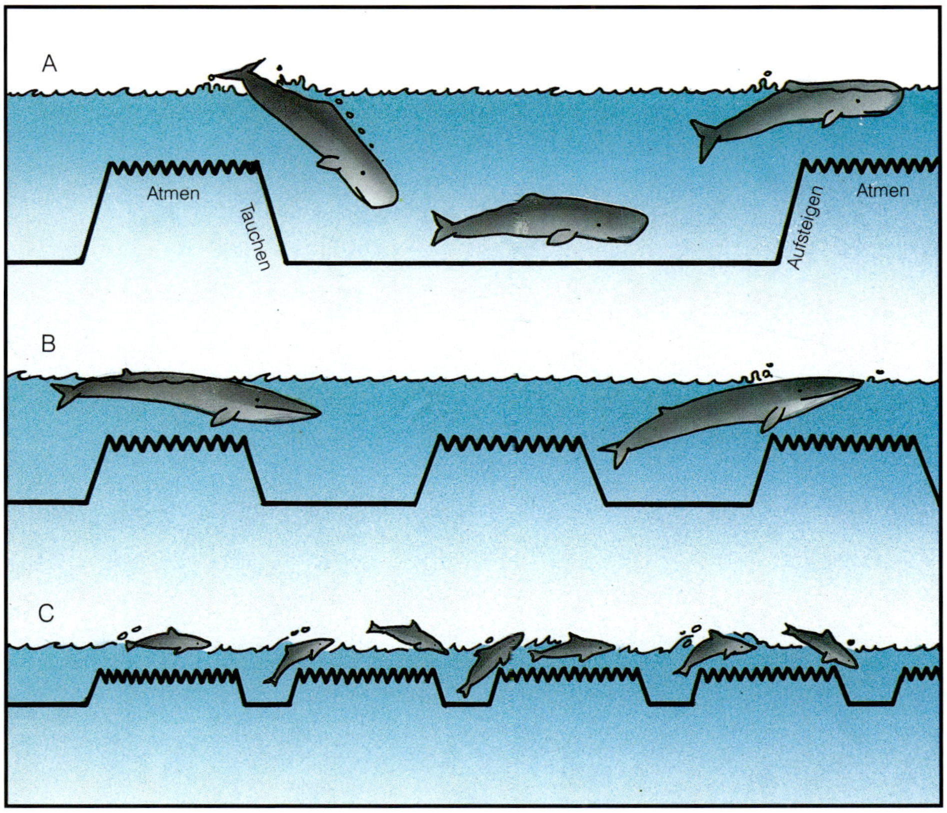

Krankheit, die beim Auftauchen durch ausperlenden Stickstoff im Blut sowie in den Nerven- und Fettgeweben hervorgerufen werden kann. Einige Arten, und insbesondere der Pottwal, tauchen in geradezu phänomenale Tiefen über 2000 Meter (möglicherweise sogar 3200 Meter) hinab. Dabei sind sie gewaltigen Drücken ausgesetzt. Wie vermeiden sie die Bends?

Lange Zeit glaubte man, für Wale existiere dieses Problem gar nicht, da sie nicht wie die Geräte- oder Helmtaucher komprimierte Luft atmen. Je länger ein Taucher solche komprimierte Luft einatmet, und je tiefer er taucht, desto mehr Stickstoff löst sich in seinem Blut. Die Caisson-Krankheit kann als Ergebnis des nachlassenden Drucks beim Auftauchen eintreten — dann nämlich, wenn der Stickstoff wieder als Gas aus dem Blut oder anderen Geweben in solchen Mengen austritt, daß die Lungen das Gas nicht gleichzeitig ausscheiden können. Dann bildet der Stickstoff kleine Bläschen in den Blutgefäßen und Geweben. Ein vergleichbarer Vorgang läßt sich beim Öffnen einer Flasche Mineralwasser beobachten: Wenn der Druck abgelassen ist, perlt die bis dahin im Wasser gelöste Kohlensäure aus.

Der Wal aber atmet nicht unter Druck, sondern nimmt lediglich die in seinen Lungen und Atemwegen enthaltene Luft mit in die Tiefe. Somit kann sich relativ wenig Stickstoff in Blut und Geweben auflösen und beim Wiederauftauchen die Ursache für Bends sein.

Es hat sich jedoch jüngst herausgestellt, daß auch Schnorchler, die ohne Preßluft, nur mit angehaltenem Atem, wiederholt die Tiefe aufsuchen, Symptome der Caisson-Krankheit aufweisen können. Ein Syndrom, *Taravana* benannt, weil es an polynesischen Tauchern aus dem Tuamotu-Archipel beobachtet wurde, schließt Symptome des Zentralen Nervensystems mit ein, die auf Bends schließen lassen. In experimentellen Tauchgängen, die in den sechziger Jahren durchgeführt wurden, zeigte ein Taucher Anzeichen der Caisson-Krankheit, nachdem er innerhalb fünf Stunden 60 kurze Tauchgänge mit je zwei Minuten Grundzeit gemacht hatte. Die Symptome verschwanden beim Aufenthalt in einer Druckkammer schnell wieder. Wie aber vermeidet der Wal die Dekompressions-Krankheit, wo er doch häufiger Tauchgänge in weit größere Tiefen als nur 20 Meter unternimmt und beträchtlich länger als nur zwei Minuten unter diesem Druck bleibt? Diese Frage kann bis heute noch nicht befriedigend beantwortet werden.

ANDERE AUSWIRKUNGEN DES HOHEN DRUCKS

Wenn ein Wal taucht, wirkt der hydrostatische Druck, der alle zehn Meter um 1 bar zunimmt, auf alle Körperteile ein. Da ein Großteil des Körpers aus Wasser besteht beziehungsweise Wasser enthält, wird dieser dabei nicht zusammengepreßt; denn Wasser ist praktisch nicht kompressibel. Wohl aber die Luft in Lunge und Atemwegen. Deshalb verkleinert sich die Lunge mit zunehmendem Druck und kollabiert schließlich. Ein Großteil der Luft wird in die Nasengänge gepreßt. Die Blutgefäße, die diese Partien mit Blut versorgen, sind weiter von den Wänden dieser Gänge entfernt als die Blutgefäße in der Lunge, außerdem gibt es hier viel weniger davon als in der Lunge. Der Gasaustausch ist deshalb im Vergleich zur Lunge wesentlich geringer. Hinzu kommt, daß beim Kollabieren der Lungen die Kapillaren von der Luft abgeschnitten werden. Auch hierdurch wird die Gasaufnahme des Bluts reduziert.

Ein anderer recht großer, luftgefüllter Raum ist das Mittelohr. Unter wachsendem Druck bildet sich — sofern ein solcher Hohlraum nicht kollabiert wie oben für die Lungen beschrieben — eine Druckdifferenz zwischen ihm und den umgebenden Geweben und Blutgefäßen. Eine kleine Druckdifferenz reicht aus, um diese Gefäße anschwellen und brechen zu lassen. Jeder Taucher (beim Menschen bleibt diese Höhle, weil in Knochen eingebettet, starr) kennt den unerträglichen Schmerz, den eine solche, nicht ausgeglichene Druckdifferenz hervorruft.

Der Wal ist vor solchen Problemen gefeit; denn er besitzt weit verzweigte Blutgefäße in den Geweben, die das Mittelohr auskleiden. Wenn der Druck zunimmt, schwellen sie an und verkleinern so den Hohlraum. Dieser einfache Mechanismus, der praktisch automatisch vor sich geht, bewirkt, daß im Mittelohr immer Umgebungsdruck herrscht.

TAUCHEN UND DAS ATEMSYSTEM

Ein Wal muß den Sauerstoff, den er während seines Tauchgangs benötigt, in der kurzen Zeitspanne aufnehmen, in der er an der Oberfläche ist und atmet. Wale atmen weniger häufiger als Landsäugetiere, kompensieren dies aber, indem sie tiefere Atemzüge nehmen und aus der Atemluft einen größeren Anteil des Sauerstoffs entnehmen. Sie tauschen auch bei jedem Atemzug einen größeren Prozentsatz der in der Lunge enthaltenen Luft aus. Im Gegensatz zur Robbe atmet der Wal vor dem Abtauchen ein, taucht also mit zumindest teilweise gefüllten Lungen unter. Erklärt das aber, daß Wale so lange unter Wasser bleiben können?

Um eine Antwort zu finden, sollten wir wohl als erstes das Atemsystem betrachten. Es weist in der Tat einige ungewöhnliche Ausstattungsmerkmale auf, aber das sind nur Vorrichtungen, die verhindern, daß Wasser in die Atemwege eindringen kann: Die Nasengänge sind kompliziert aufgebaut und gewunden, und

▼ Ein komplexes System von Durchgängen, Nebenhöhlen, Absperrvorrichtungen und Pfropfen hindert das Wasser daran, in die Luftröhre einzudringen. Während des Tauchens verschließen Pfropfen und Schließmuskel den Nasengang. Wasser, das in die äußeren Nebenhöhlen des Nasengangs eingedrungen ist, wird beim Ausatmen mit abgeblasen. Es bildet einen Teil des Blas.

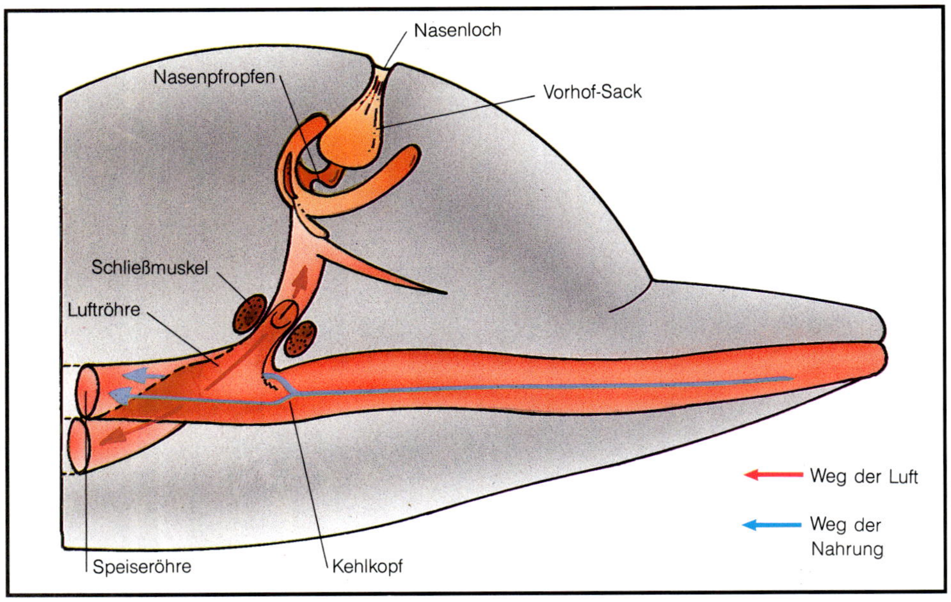

Francois Gohier/Auscape International

der Kehlkopf (das obere Ende der Luftröhre) erstreckt sich hinauf in den Nasengang und öffnet sich nicht zum Rachenraum hin.

Haben Wale aber auch eine ungewöhnlich große Lungenkapazität? Im Vergleich zur Körpergröße ist die Lunge des Wals nicht signifikant größer als bei den Landsäugetieren. Was bedeutender ist: Verglichen mit den Landsäugetieren ist das Lungenvolumen des Wals klein! Noch überraschender ist, daß gerade die besten Taucher unter den Walen die relativ kleinsten Lungen haben. Ganz offensichtlich kann die Lungenkapazität nicht zur Erklärung dafür herangezogen werden, wie die Wale genügend Sauerstoff speichern können, um den Atem für Minuten oder sogar Stunden anhalten zu können.

SAUERSTOFF-SPEICHERUNG UND BLUTKREISLAUF

Nicht durch die Vergrößerung der Lungen, sondern durch Veränderungen des Blutkreislauf-Systems und der chemischen Vorgänge in ihren Muskeln haben die Wale die Speicherkapazität für Sauerstoff vergrößert.

Das Blut macht bei den Walen 10 bis 15 Prozent des Körpergewichts aus. Beim Menschen sind es etwa 7 Prozent. Wichtiger ist noch, daß sie viel mehr Rote Blutkörperchen besitzen als der Mensch. Die Roten Blutkörperchen bewirken den Transport des Sauerstoffs. Auch die Hämoglobin-Konzentration im Blut der meisten Wale ist viel höher als bei den Landsäugetieren. Dadurch erhöht sich die Menge des Sauerstoffs, den das Blut aufnehmen kann.

Hämoglobin kommt auch in den Muskeln vor — dort wird es häufig Myoglobin genannt. Myoglobin hat eine höhere Affinität zu Sauerstoff als das Hämoglobin im Blut. Deshalb wird der im Blut transportierte Sauerstoff schnell an die Muskeln abgegeben. Auch das Myoglobin kommt bei den Walen häufiger und konzentrierter vor als bei den Landsäugetieren und gibt den Muskeln der Wale eine charakteristische, tiefdunkelrote Färbung.

Aber selbst wenn wir zusammenrechnen, wieviel Sauerstoff ein Delphin speichern kann — in der Lunge, im Blut, in den Muskeln — und diese Summe in Beziehung setzen zum bekannten Sauerstoffverbrauch, kommen wir zu dem Schluß, daß die Sauerstoffvorräte für derart lange Tauchzeiten nicht ausreichen. Es liegt auf der Hand, daß noch weitere Wirkmechanismen während des Tauchens eingreifen müssen.

Der französische Physiologe Paul Bert beschrieb 1870 ein Phänomen, das er an Enten entdeckt hatte, wenn diese tauchten: eine weitgehende Verlangsamung des Herzschlags *(bradycardia)*. Diese Erscheinung wurde seither »Tauch-Bradycardia« genannt,

▲ Die Wale nutzen die eingeatmete Luft wirkungsvoller als die anderen Säugetiere: sie tauschen bei jedem Atemzug mehr Luft aus (bis zu 80% des Lungenvolumens — bei Landsäugetieren nur 30%!) und entziehen ihr auch mehr Sauerstoff.

und es ist eine weit verbreitete kardiovaskuläre Reaktion bei tauchenden Tieren, die Wale eingeschlossen. Beobachtungen an Großen Tümmlern haben ergeben, daß die Zahl der Herzschläge sich kontinuierlich im Einklang mit der Atmung verändert. Während der Tümmler zwischen den Atemzügen unter Wasser ist, schlägt das Herz konstant mit 33 bis 45 Schlägen in der Minute, aber wenn er atmet, steigt die Frequenz für eine kurze Zeit scharf an auf 80 bis 90 Schläge je Minute. Je länger er getaucht hatte, desto höher steigt beim Atmen die Frequenz des Herzschlags.

Bei vielen aquatischen Lebewesen wird die Tauch-Bradycardia begleitet von Veränderungen im Blutkreislauf, wobei nur die wichtigen Organe mit sauerstoffreichem Blut versorgt werden. Der Blutstrom zu lebenswichtigen Organen wie dem Gehirn oder der Herzwand wird auch während des Tauchens aufrechterhalten, während sich die Arterien, die andere Organe wie Magen, Eingeweide, Nieren und Muskeln versorgen, zusammenziehen können bis zu einem Punkt, an dem der Durchfluß beinahe völlig abgeschnürt ist. Große Mengen von Blut werden in dieser Phase in den Venen von Bauch und Lungenhöhlen gespeichert, die vergrößert und bogenförmig vernetzt sind.

Ähnliche Mechanismen mag es auch bei den Walen geben. Sie konnten experimentell aber noch nicht nachgewiesen werden, da solche Versuche sehr schwierig durchzuführen sind. Fest steht, daß die Venen in der Körperhöhle der Wale groß und ausdehnbar sind. Das deutet auf Änderungen des Blutkreislaufs während des Tauchens hin. Die Ausdehnbarkeit der Venen kann den zusätzlichen Vorteil haben, den Raum der Körperhöhle auszufüllen, wenn die Lunge während des Tauchen zusammengepreßt ist.

Die Tiere erzeugen die Energie, die sie für die Lebensprozesse und für die Bewegung brauchen, indem sie Glykogen abbauen. Dieser Vorgang ist normalerweise begleitet von Oxidationsvorgängen (aerober Stoffwechsel), wobei Sauerstoff verbraucht wird und Kohlendioxid sowie ungiftige Abfallprodukte produziert werden. Die Aufgabe des Atemsystems ist es, den Sauerstoff an das Blut zu vermitteln und das unerwünschte Kohlendioxid wegzuschaffen.

Wenn nicht ausreichend Sauerstoff für die vollständige Reduktion des Glykogens zur Verfügung steht — beispielsweise bei einem tauchenden Tier —, wird die chemische Reaktion in einem mittleren Stadium unterbrochen. Es entsteht toxische Milchsäure. Diese Erscheinung nennt man anaeroben Stoffwechsel. In diesem Fall erleidet das Tier einen Sauerstoffmangel, der nur durch Rückkehr an die Oberfläche, Atmung und Wiederauffüllung der Sauerstoffreserven behoben werden kann.

Gewöhnung an das Tauchen führt zu erhöhter Toleranz gegenüber Milchsäure und Kohlendioxid. Landsäugetiere ertragen nur geringe Milchsäure-Konzentrationen, aber Robben beispielsweise können während eines Tauchgangs große Mengen dieses Stoffes in ihrem Blut ansammeln.

Es hat den Anschein, daß der Wal ausreichend große Mengen Sauerstoff-Vorräte mitführt, so daß die

DIE WUNDERNETZE

Der Blutkreislauf bei den Walen ist komplex, und bis heute versteht man die funktionale Bedeutung aller Einrichtungen nicht vollständig. Zu den interessantesten Bauformen gehören die *»retia mirabilia«*, die Wundernetze. Dabei handelt es sich um eine umfangreiche Ansammlung verschlungener, miteinander verbundener Blutgefäße, die als schwammige Gewebeblöcke die Innenseite des Brustkorbs in der Nähe der Wirbelsäule und Räume zwischen den Rippen auskleiden. Auch im Halsbereich und im Gehirn finden sich solche Blutgefäßballungen.

Alles Blut, das vom Herzen zum Gehirn fließt, passiert durch ein großes Wundernetz im oberen Teil der Brusthöhlenwand. Man hat vermutet, daß diese Einrichtung den Druck des Blutes, das zum Gehirn führt, herabsetzen soll. Ein anderer Erklärungsversuch ist, daß die Wundernetze bei der Unempfindlichkeit der Wale für Dekompressions-Schäden auch bei wiederholten Tieftauchgängen eine gewisse Rolle spielen. Die größten Wundernetze sind nämlich in den obenliegenden Teilen der Leibeshöhle untergebracht, also an der geeigneten Stelle, um Stickstoff-Bläschen, die sich vielleicht auch bei Walen bilden, aufzufangen.

Andere Vermutungen gehen dahin, daß sie möglicherweise dabei helfen, einen stetigen Fluß des Blutes aufrechtzuerhalten oder auch die Druckunterschiede auszugleichen, oder daß sie (vor allem die Wundernetze im Gehirn) als zeitweilige Reservespeicher für sauerstoffangereichertes Blut dienen, weiter als Auspolsterung (»Kissen«) der Leibeshöhle, als Einrichtung zur Wärmeregulierung im System der gegenläufigen Wärmekonservierung, oder einfach nur als Lagerstätten für das Blut während des Tauchgangs.

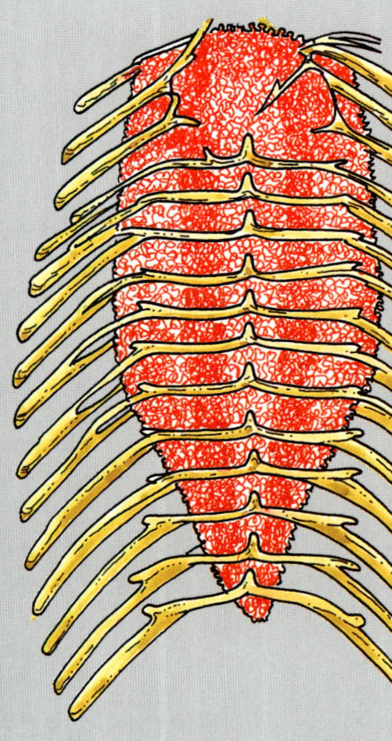

▲ Eines der verwirrendsten Merkmale in der Anatomie des Wals sind die großen *retia mirabilia*, die Wundernetze. Sie bestehen aus vernetzten Blutgefäßen und liegen unter dem Rückgrat und teilweise zwischen den Rippen. Arterien führen aus ihnen heraus zu so wichtigen Organen wie beispielsweise dem Gehirn.

Flip Nicklin/Nicklin & Assoc.

meisten Tauchgänge aerobisch sind, und ein Hauptmerkmal der perfektesten Taucher ist die Steigerung der Speicher- und Transportkapazität für Sauerstoff.

Indessen müssen bei Tauchgängen von sehr langer Dauer zumindest einige der Gewebe völlig sauerstoffleer werden und dem anaeroben Stoffwechsel unterliegen. Man hat vermutet, daß der Wal in der letzten Phase eines tiefen Tauchgangs gerade noch genug Sauerstoff im Körper hat, um den Herzschlag aufrechtzuerhalten, und daß sogar das Gehirn zu anaerobem Stoffwechsel in der Lage ist.

DIE REGULIERUNG DES AUFTRIEBS

Die meisten Wale haben einen leicht negativen Auftrieb. Mit zunehmender Tiefe wird der Körper des Tieres noch schwerer, da die Luft in den Lungen zusammengepreßt wird. Bei vielen Arten hat dies kaum Konsequenzen, da sie nicht in große Tiefen tauchen. Aber bei den sehr tief tauchenden Arten wie den Entenwalen und dem Pottwal wird dies extrem wichtig.

Das bemerkenswerteste Merkmal des Pottwals ist sein Kopf, diese riesige, beinahe rechtwinklige Form. Die inneren Gewebe des Kopfes, die verallgemeinernd als Spermaceti-Organ bezeichnet werden, sind sehr reich an Öl, das anders zusammengesetzt ist als die Öle im Blubber und in anderen Körperteilen. Ein Pottwal von 30 Tonnen hat 2,5 Tonnen davon in seinem Kopf. Oberhalb von 30°C ist dieses Öl eine klare, strohfarbige Flüssigkeit, bei niedrigeren Temperaturen wird es milchig und schließlich fest (Walrat). Das Spermaceti-Organ nimmt am Körper des Pottwals einen riesigen Anteil ein; diese Tatsache und die Erkenntnis, daß es als ähnliches, allerdings nicht so komplex entwickeltes Organ auch bei anderen tief tauchenden Walen vorkommt, sprechen dafür, daß es eine sehr wichige Funktion erfüllen muß. Die Anatomen und Physiologen haben über seine Funktion schon seit vielen Jahren diskutiert — und sie sind noch immer dabei. . .

Ein faszinierender Diskussionsbeitrag des angesehenen Biologen Malcolm Clarke sagt, daß das Spermaceti-Organ als Auftriebs-Regler dient. Er begründet dies damit, daß der Wal beim Tauchen in immer kälteres Wasser vorstoße. Dabei werde der physikalische Zustand des Walrats verändert: es ziehe sich zusammen und werde dichter. Ferner werde der Dichtezuwachs bei der Abkühlung verstärkt durch die Druckzunahme beim Abtauchen. Wenn das Walrat dichter wird, verringert sich der Auftrieb. Aufgrund der großen Menge von Walrat würde eine Temperaturverschiebung von nur wenigen Grad Celsius derart große Dichteveränderungen bewirken, daß dies ausreichte, um beim Tauchen den Auftrieb zu regulieren. Andere haben Clarke's Hypothese aus einer Reihe von Gründen in Frage gestellt. Dennoch ist es eine einleuchtende Erklärung.

▲ Das Öl im Spermaceti-Kissen des Pottwals reguliert möglicherweise den Auftrieb des Körpers. Wenn es kühler und dichter wird, setzt es wohl den Auftrieb herab. Somit wird es dem Wal erleichtert, die riesigen Tintenfische in den großen Tiefen zu jagen.

DIE SINNE DER WALE

ROBERT MORRIS

Wale und Delphine entwickelten sich aus Landsäugetieren. Wir können deshalb unterstellen, daß ihre Vorläufer fünf Sinne hatten genauso wie wir Menschen — Gesichts-, Tast-, Geschmacks-, Geruchssinn und Gehör — und daß diese Sinne, wie bei den anderen Landsäugetieren, darauf eingerichtet waren, Botschaften vorzugsweise durch das Medium Luft (und nicht Wasser!) zu empfangen.
Als die ersten Säugetiere zu einer aquatischen Lebensweise zurückkehrten, war es für sie überlebenswichtig, die Sinne schnell wieder an die Lebensweise im Wasser anzupassen. Und soweit ein Sinn nicht so verändert werden konnte, daß er unter Wasser effektive Dienste tat, war es erforderlich, einen neuen zu entwickeln, der ihn ersetzen konnte.

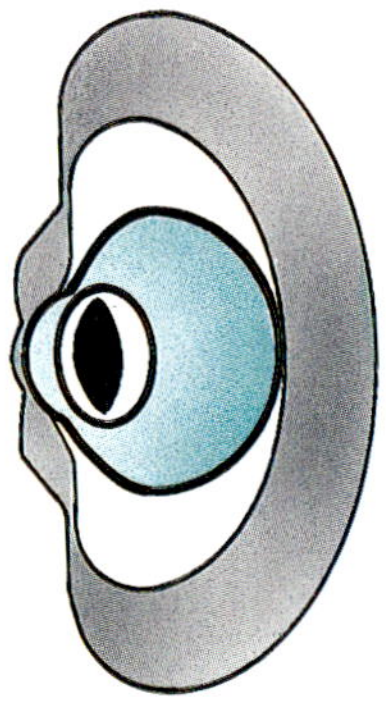

▲ In der Zeichnung wird das runde Auge des Menchen (blau) dem elliptischen Auge der Meeressäugetiere gegenübergestellt. Die Form der Linse kann bei den Walen in großem Umfang verändert werden, so daß das Tier sowohl in Luft als auch in Wasser sehen kann.

Mike Osmond/Pacific Whale Foundation

▲ Der Buckelwal hat Augen, die beweglich und gut den Verhältnissen im Wasser angepaßt sind. In der Tiefe ist die Pupille sehr weit geöffnet, um das geringe vorhandene Licht maximal zu nutzen. An der Oberfläche, wo sehr viel Licht vorhanden ist, ist die Pupille bis auf einen schmalen Schlitz geschlossen.

▶ Die Augen dieser Spinnerdelphine müssen in der Lage sein, sich schnell auf die wechselnden Lichtverhältnisse zwischen dem Tageslicht an der Wasseroberfläche und dem Dämmerlicht in ihren Jagdgründen einzustellen. Einige tief tauchende Wale sind wohl imstande, die biolumineszenten Leuchtorgane ihrer Beute in der absoluten Finsternis der Meerestiefe zu erkennen.

DAS SEHEN

Als Luftatmer müssen die Meeressäugetiere sowohl im Wasser als auch an der Luft sehen können. Ihre Augen dienten ursprünglich nur dem Sehen in der Luft, und es waren wichtige evolutionäre Entwicklungen erforderlich, um sie dazu zu befähigen, in beiden Medien erfolgreich zu funktionieren. Eines der Hauptprobleme dabei war, daß Licht sich im Wasser langsamer verbreitet als in der Luft. Außerdem werden die Strahlen beim Übergang von Luft in Wasser gebrochen. Aufgrund dieses physikalischen Phänomens können Augen, die an die Scharfeinstellung in Luft angepaßt sind, im Wasser nicht fokussieren. Der Mensch umgeht dieses Problem, indem er beim Tauchen eine Maske trägt. Auf diese Weise bleibt vor dem Auge ein Luftraum, auch wenn wir uns unter Wasser aufhalten. Die Wale haben dieses Problem mittels einer physiologischen Veränderung bewältigt. Im Laufe ihrer Umwandlung in ausschließlich im Meer lebende Tiere haben sie kräftige Muskeln rund um die Augen entwickelt, die die Form der Linse so stark verändern können, daß die Augen zum Scharfstellen sowohl im Medium Luft als auch im Medium Wasser geeignet sind.

Ein weiteres Problem, wenn das Auge sowohl an der Oberfläche als auch in den Tiefen des Meeres seinen Dienst tun soll, ist die Lichtintensität. Unter Wasser, speziell in der Tiefe, ist sehr wenig Licht vorhanden, wohingegen es an der Wasseroberfläche sehr intensiv ist. Die Meeressäugetiere haben sich diesen extremen Lichtverhältnissen angepaßt, indem das Auge eine sehr große Pupille hat. Diese Pupille kann große Mengen von Licht einsammeln, so daß das Tier selbst bei sehr schlechten Lichtverhältnissen sehen kann. Im hellen Sonnenlicht dagegen kann die Pupille bis auf einen sehr engen Schlitz geschlossen werden. So dienen die Augen auch zum Sehen an der Oberfläche unter den Lichtverhältnissen, für die das menschliche Auge entwickelt wurde.

Wenn sie ein Objekt in Augenschein nehmen, legen sich sowohl Wale als auch Delphine häufig auf die Seite und benutzen nur ein Auge, das übrigens frei beweglich ist und einen weiten Gesichtkreis abdecken kann. Sowohl unter Wasser als auch an der Oberfläche kann man dieses Verhalten beobachten. Genauso gut können sie aber auch Objekte, die sich dicht vor ihren Schnauzen befinden, fokussieren, indem sie sie mit beiden Augen anpeilen.

Man hat die Vermutung geäußert, daß zu den Auswirkungen ihrer aquatischen Lebensweise vielleicht eine beschränkte Farbsichtigkeit gehören könne. Unter Wasser werden die Farben Rot und Gelb vom Wasser nach wenigen Metern absorbiert, und die vorherrschende Farbe ist deshalb ein Blaugrün. Aber bei unseren eigenen Untersuchungen mit wildlebenden Delphinen haben wir eine starke Vorliebe für gelbe und rote Gegenstände herausgefunden. Das bedeutet, daß zumindest bestimmte Delphine die Fähigkeit besitzen, zwischen den verschiedenen Farben zu unterscheiden.

Das Ausmaß, in dem die Wale ihre Augen in den großen Tiefen der Ozeane benutzen, ist nicht bekannt. Unterhalb von 200 Metern Tiefe ist das vorhandene Licht sehr gering. Manche Zahnwale tauchen regelmäßig auf Nahrungssuche viel tiefer. Man-

Ken Balcomb/Earthviews

che der Tiefsee-Organismen, die die Wale erbeuten, tragen Leuchtorgane. Diese Organe erzeugen mit Hilfe chemischer Prozesse Licht spezifischer Wellenlängen. Vielleicht besitzen die tieftauchenden Zahnwale Augen, die speziell dafür eingerichtet sind, dieses »chemische Licht« unter Wasser zu empfangen.

DER TASTSINN

Normalerweise assoziieren wir diesen Sinn in erster Linie mit Händen und Fingern und eventuell noch mit unseren Füßen und Zehen. Indem wir einen Gegenstand berühren oder befühlen, erhalten wir Informationen über seine dreidimensionale Gestalt, seine Oberflächenstruktur, seine Konsistenz und in gewissem Umfang auch über seine innere Beschaffenheit.

Wale haben keine »Hände« mehr, die sie in ähnlicher Weise gebrauchen könnten, und dennoch ist der Tastsinn bei ihnen weiterhin sehr wichtig. Sie haben eine hochspezialisierte Haut entwickelt, die ein vielfältiges System miteinander verbundener, eingekapselter Nervenenden enthält. In bestimmten, besonders empfindlichen Zonen der Haut finden sich mehr Nervenenden als in anderen. Die Haut der Wale ist weich und kann leicht verwundet werden, heilt aber auch rasch. Ältere Tiere aus freier Wildbahn haben, von nahem betrachtet, häufig eine mit Narben übersäte, beinahe zerfledderte Haut — ein Ergebnis der vielen Kratzer und Wunden, die sie sich im Laufe ihres Lebens zugezogen haben.

Eine wichtige Funktion der Haut ist es, den Walen zu einem effektiveren Schwimmen zu verhelfen. Um sich mit hoher Geschwindigkeit vorwärtszubewegen, müssen sie eine wirbelfreie Strömung um ihren Körper erreichen. Wenn an irgendeiner Stelle ihres Körpers Wirbel auftreten, wird diese Strömung unterbrochen. Deshalb muß die Körperoberfläche beim Schwimmen laufend angepaßt werden. Viele Arten bei den Walen und den Delphinen scheinen in der Lage zu sein, eine solche laufende Anpassung vorzunehmen. Man glaubt, daß ihre hochempfindliche Haut wie ein Drucksensor wirkt. Indem die gesamte

Robert Morris

Körperoberfläche beim schnellen Schwimmen auf die Druckverhältnisse hin überwacht wird, kann das Tier seinen Körper kontinuierlich in der für die wirbelfreie Strömung erforderlichen Form halten.

Einige Hautzonen haben spezialisierte Aufgaben. So sind beispielsweise einige Wale in der Lage, mit Hilfe von Nervenzellen, die in der Haut um die Kiefer herum konzentriert sind, niederfrequente Vibrationen zu empfangen. Gleichfalls sind sie wohl in der Lage, aufgrund des Drucks, der sich in dieser Zone beim Schwimmen aufbaut, ihre Geschwindigkeit zu bestimmen.

Ein wesentliches Problem für luftatmende Tiere im Wasser ist die richtige Koordination der Atmung, damit ausschließlich Luft in die Lungen gelangt und nicht etwa eine Mischung aus Luft und Wasser. Jeder Schwimmer weiß, wie der Körper reagiert, wenn doch einmal versehentlich Wasser in den Gaumen gelangt. Als sich die Wale auf das Leben im Wasser umstellten, entwickelten sie ein zuverlässigeres System: Die Nasenlöcher wanderten an den höchsten Punkt des Kopfes, und kraftvolle Muskeln verschließen sie fest, solange sie unter Wasser liegen. Wenn die Atemöffnung auf dem Scheitel des Kopfes liegt, ist es schwierig zu bestimmen, wann sie völlig aus dem Wasser ist und geöffnet werden kann. Schnorchler kennen dieses Pro-

▲ Kopf- und Kieferregion sind reich mit Nervenenden besetzt. Sie reagieren auf Druckveränderungen und sind auch in der Lage, niederfrequente Vibrationen zu empfangen.

◀ Wie alle Säugetiere würden auch die Wale und Delphine ertrinken, wenn Wasser in ihre Lunge eindringen würde. Hochempfindliche Nervenenden um das Blasloch herum reagieren auf die Druckveränderung, wenn die Wasseroberfläche durchstoßen wird. Kräftige Schließmuskeln verschließen beim Tauchen das Blasloch und öffnen es, wenn es frei aus dem Wasser ragt.

◀ Die Haut der Wale ist sehr empfindlich und verspürt nicht nur Berührungen, sondern auch kleinste Änderungen des Strömungswiderstands, des Wasserdrucks und der Dichte des Wassers. Diese Veränderungen stimulieren kleine Veränderungen der Hautoberfläche, die dabei helfen, Turbulenzen zu vermeiden und eine wirbelfreie Strömung um den Körper aufzubauen.

Robert Morris

▲ Delphine benutzen die empfindliche Haut unter ihrem Kinn, um kleine Gegenstände zu untersuchen – etwa in derselben Weise, wie der Mensch die Fingerspitzen einsetzt. Darüber hinaus besitzen sie Sinne, die die Mehrheit der Landsäugetiere nicht hat.

blem bestens! Wir glauben, daß die Wale das Problem mit Hilfe einer spezialisierten Hautzone rund um die Nasenlöcher lösen. Dort findet man eine besondere Anhäufung komplexer Nervenendungen. Sie fühlen die Druckveränderungen, so daß das Tier genau weiß, wann das Blasloch frei in der Luft ist und geöffnet werden kann. Bei ruhigem Wetter kann man an wildlebenden Delphinen beobachten, daß sie schon abzublasen beginnen, wenn sie noch knapp unter der Wasseroberfläche sind und über ihrem Nasenloch noch fünf bis zehn Zentimeter Wassersäule stehen. Sie atmen dann ein, wenn das Nasenloch gerade eben frei aus dem Wasser ist.

Das Verhalten der Delphine gegenüber ungewohnten Gegenständen im Wasser deutet darauf hin, daß der Tastsinn bei den Meeressäugetieren noch weitere Funktionen erfüllt. Delphine tippen häufig mit der Spitze des Unterkiefers die Gegenstände an, die sie untersuchen, oder sie nehmen diese auch ins Maul. Beide Verhaltensweisen stehen möglicherweise mit dem Tastsinn in Verbindung. Allerdings können sie auch, wie wir später ausführlich sehen werden, zu einem ganz anderen Sinnessystem gehören. Schließlich ist noch ein ganz ungewöhnliches Verhalten zu erwähnen, das man bei Delphinen sowohl in freier Wildbahn als auch in Gefangenschaft häufig beobachtet hat: die Verwendung des erigierten Penis offensichtlich bei der »Untersuchung« eines Gegenstands. Ob der Penis, der überreich mit Nervenendungen ausgestattet ist, tatsächlich im Sinne des Tastsinns gebraucht wird, muß eine bloße Vermutung bleiben — in jedem Fall erscheint dieses Verhalten uns als tollkühnes und gewagtes Manöver!

GESCHMACKS- UND GERUCHSSINN

Bei Landtieren gibt es eine klare Unterscheidung zwischen Geschmack und Geruch. Riechen ist das Aufspüren chemischer, in der Luft verteilter Substanzen, die von einem entfernten Verursacher ausgehen. Schmecken bedeutet das Erkennen chemischer Substanzen, die in Wasser aufgelöst sind, das mit dem Mund in Berührung gebracht wird. Beide Sinne beruhen also auf chemischen Reizungen. Man glaubt, daß dies die älteste Sinnesleistung bei Tieren ist.

Im Wasser ist die Unterscheidung zwischen Riechen und Schmecken weniger wichtig. Der Transfer chemischer Informationen kann nur über die Auflösung im Wasser erfolgen. Dennoch ist es sinnvoll, die zwei Sinne getrennt zu betrachten. Geruch ist im Wasser der chemische Sinn, der Informationen über eine gewisse Distanz hinweg vermittelt (die Anwesenheit eines Verfolgers oder von Nahrung), während der Geschmack hauptsächlich Informationen über Gegenstände nahe oder im Maul vermittelt (im allgemeinen Nahrung).

Wasser ist ein ausgezeichnetes Lösungsmittel für viele Substanzen und ein guter Träger für gelöste Materialien, die darin lange Zeit auffindbar bleiben. Viele marine Organismen hängen vom chemischen Sinnesempfinden *(Chemorezeption)* ab, das ihr Hauptsinn ist beim Nahrungserwerb und beim Aufspüren eines Partners für die Fortpflanzung. Haie beispielsweise haben ein extrem hoch ausgebildetes olfaktorisches System für das »Riechen« in die Ferne sowie wirkungsvolle Geschmacksrezeptoren im Maul für das »Schmecken« im Nahbereich.

Rosemary Chastney/Ocean Images/Planet Earth Pictures

Wir wissen, daß die Wale sowohl in der Luft als auch im Wasser sehen können. Es ist deshalb logisch zu fragen, ob auch der Geruchssinn in beiden Medien arbeitet. In der Tat scheint er bei den Walen in beiden Medien nicht sehr hoch entwickelt zu sein.

Die Meeressäugetiere haben anscheinend die Sinnesempfindung für Geruch in der Luft weitgehend verloren, da sie nur über eine sehr begrenzte Anzahl olfaktorischer Rezeptoren verfügen. Der Verlust des Geruchssinn steht im Zusammenhang mit der Verlagerung der Nasenlöcher an die höchste Stelle des

Kopfes. Diese Verlagerung muß eine Reihe wichtiger Veränderungen in Funktion und Arbeitsweise von Organen zur Folge gehabt haben, die mit den Nasenlöchern verbunden waren. Die Nasenlöcher sind normalerweise geschlossen. Nur wenn das Tier zum Atmen an der Oberfläche ist, werden sie geöffnet. Das Atemholen geht so schnell, daß das »Riechen« nur von beschränktem Nutzen sein kann. Bartenwale scheinen etwas mehr olfaktorische Rezeptoren zu besitzen als die Zahnwale. Möglicherweise sind sie immer noch in der Lage, diese Rezeptoren zum »In-den-Wind-Schnüffeln« bei der Suche nach planktonreichem Wasser zu gebrauchen.

Es gibt bei den Walen keine Hinweise auf ein Unterwasser-Geruchssystem, das vergleichbar dem olfaktorischen System bei den Haien wäre. Dies hätte auch die Entwicklung eines vollkommen neuen Sinnes bei den Walen erfordert. Sein Fehlen muß für die Wale einen großen Wettbewerbsnachteil gegenüber den Haien bedeuten.

Der Geschmackssinn scheint zumindest bei einigen Arten noch vorhanden zu sein. Delphine können mit

▲ Es ist unwahrscheinlich, daß die Buckelwale mehr als nur rudimentäre Fähigkeiten zum Riechen in der Luft haben. Aber sie können möglicherweise im Wasser auch kleine Konzentrationen von Plankton »schmecken«.

Christian Petron/Planet Earth Pictures

▲ Über Funktion und Wichtigkeit des äußeren Ohrs weiß man wenig. Es liegt — klein und unscheinbar — hinter und unterhalb der Augen. Beim Unterwasser-Hören hat es wegen der spezialisierten anderen Sinne sicherlich nur untergeordnete Bedeutung. Möglicherweise wird es aber zum Hören über Wasser gebraucht.

Sicherheit eine Reihe von Chemikalien aufspüren, die im Wasser gelöst sind, und unterscheiden zwischen Geschmacksrichtungen, die wir Menschen als süß, sauer, bitter und salzig beschreiben würden. Bei einigen Zahnwalen finden sich auf der Zunge offenbar auch Geschmacksknospen. Über Geschmackssinn bei Bartenwalen liegen noch keine Erkenntnisse vor.

Wenn bestimmte Meeressäugetiere einen Geschmackssinn haben sollten, könnten sie ihn auf mehrfache Weise nutzen. Der Geschmackssinn könnte eingesetzt werden, um die Nahrung auf ihre Genießbarkeit hin zu untersuchen. Wir haben regelmäßig erleben müssen, daß wilde Delphine sich nicht mit toten Fischen füttern lassen. Urin und Kot der Meeressäugetiere wird im Wasser nur langsam verteilt. Die Geschmacksspuren könnten für andere Tiere der Art als Information dienen. Sie könnten beispielsweise auch sexuelle Botenstoffe *(Pheromene)* enthalten, die die Paarungsbereitschaft signalisieren, oder sie könnten für die anderen Mitglieder der Herde auf der Wanderschaft den Weg anzeigen. Der Geschmackssinn könnte auch dazu benutzt werden, die Anwesenheit von Nahrung in Form großer Planktonschwärme oder verwundeter Tiere festzustellen. Auf all diese Weisen könnte das Aufspüren chemischer Substanzen im Wasser eine vielfältige Informationsquelle über die nähere Umgebung sowie über soziale Verhältnisse in der Gruppe darstellen. Inwieweit die Meeressäugetiere diesen Sinn tatsächlich nutzen können, ist leider weitgehend unbekannt. Ziemlich sicher scheint nur zu sein, daß er nicht als weitreichendes Sinnessystem eingesetzt werden kann wie das olfaktorische Sinnesorgan der Haie.

DAS GEHÖR

Wie beim Gesichtssinn haben sich bei der Anpassung an die marine Lebensweise wichtige Veränderungen in der Methode, wie die Meeressäugetiere hören, eingestellt. Aufgrund der höheren Dichte des Wassers pflanzt sich der Schall dort etwa fünfmal schneller fort als in der Luft. Wegen der Dichteunterschiede kann der Schall auch nur sehr begrenzt zwischen Luft und Wasser wechseln. Zwischen den beiden Medien gibt es ein Ungleichgewicht zwischen den akustischen Scheinwiderständen *(»acoustic impedance mismatch«)*. Deshalb ist ein luftgefülltes Ohr unter Wasser nutzlos.

Ein offensichtliches Charakteristikum der Meeressäugetiere ist das Fehlen äußerer Ohren. Diese wurden im Interesse der stromlinienförmigen Körperform aufgegeben. Dennoch sind Ohren immer noch vorhanden — sie sind nur schwer zu erkennen. Es handelt sich um ein kleines Loch gleich hinter dem Auge. Beim Großen Tümmler *(Tursiops truncatus)* liegt das Ohrloch fünf bis sechs Zentimeter hinter dem Auge und hat einen Durchmesser von nur zwei bis drei Millimetern.

Bei Bartenwalen ist das äußere Ohr ausgefüllt mit einem hornförmigen Wachspfropfen. Man vermutet, daß er die Unterwasser-Geräusche zum Innenohr weiterleitet. Der Scheinwiderstand dieses Pfropfens ist vergleichbar dem von Salzwasser. Möglicherweise sind die Bartenwale deshalb an der Luft taub.

Die Zahnwale haben keine derartigen Ohrenpfropfen. Die Diskussion über ihre Methode zu hören ist immer noch sehr kontrovers. Manche Wissenschaftler glauben, daß der Ohrkanal vom externen Ohrloch zum Innenohr offen, mit Salzwaser gefüllt und unter Wasser voll funktionstüchtig sei. Es gibt aber Berichte, daß manche Delphine auch in Luft recht gut hören können, was, falls zutreffend, voraussetzt, daß der Gehörgang zumindest an der Luft auch mit Luft gefüllt ist. Andere Wissenschaftler sind davon überzeugt, daß das Hören überhaupt nicht über das äußere Ohr erfolgt. Sie glauben, daß zumindest bei manchen Delphin-Arten der Gehörgang verschlossen ist, und daß im Zuge der Evolution Ohrloch und äußerer Gehörgang überflüssig geworden sind für die Funktion der Ohren (so wie beim Menschen der Blinddarm). Sie behaupten weiter, daß entweder die Knochen des Schädels oder aber Fettmassen, die vom Unterkiefer bis in die Gegend des Innenohrs verlaufen, den Schall an das Innenohr weiterleiten (»Knochenübertragung« beziehungsweise »Gewebeübertragung« genannt). Bei manchen Zahnwalen bildet der Unterkiefer im Bereich dieser Fettanlagerung eine dünne, fladenartige Scheibe *(tympanic plate)*. Man hat spekuliert, daß dies eine Art »akustisches Fenster« für den Empfang der Schallwellen sein könnte.

GEHÖR UND ECHOLOKATION

Die Sinne, die wir bisher besprochen haben, waren uns vertraut. Die nun folgende Sinnesleistung ist den meisten anderen Landtieren unbekannt. Nur eine Fledermaus könnte wirklich die Bedeutung der Neuentwicklung einschätzen, die sich bei einigen Meeressäugetieren vollzogen hat.

Eines der schwerwiegendsten Probleme für die Urwale war wohl, daß sie in einen Lebensraum vordrangen, für dessen besondere Bedingungen die anderen Meerestiere schon über Millionen von Jahren ideale Sinnessysteme perfektioniert hatten. Insbesondere die Haie verfügten über hochempfindliche Geruchs- und Schallempfangs-Systeme. Beides machte sie zweifellos zu den erfolgreichsten Raubtieren im Meer. Für die frühen Wale müssen die Haie sowohl als Verfolger als auch als Nahrungskonkurrenten die Hauptbedrohung dargestellt haben. Die Bartenwale lösten dieses Problem weitgehend, indem sie zu riesigen Größen heranwuchsen und sich von Plankton ernährten. Bei den Zahnwalen lagen die Dinge anders. Wenn sie erfolgreich mit den Haien in Wettbewerb treten wollten, mußten sie einen vollkommen neuen Sinn entwickeln, um gleichwertige Sinnesleistungen wie die Haie zu erreichen.

Manche der frühen Walfänger waren verwirrt über den Überlebenserfolg jener Zahnwale, deren Gebiß nur wenige Zähne aufweist, die aber offenbar erfolgreich den schnellen Tintenfischen nachstellen. Am unbegreiflichsten war ihnen der Pottwal *(Physeter catodon)*, der in den Tiefen des Ozeans seine Beute sucht. Der Pottwal hat nur im Unterkiefer Zähne, und bei den Bullen sind diese von Kämpfen mit Rivalen oft

Frans Lanting/Bruce Coleman Limited

so stark beschädigt, daß sie praktisch nutzlos sind. Trotzdem wurden solche Pottwale, deren Gebiß manchmal schon über Jahre derart zerstört war, von den Walfängern regelmäßig in guter körperlicher Verfassung und mit vollem Magen erlegt. Nur eine Erklärung konnten die Walfänger dafür finden: Diese Tiere mußten übernatürliche Kräfte haben. . .

Die Wahrheit ist, daß die Zahnwale gelernt haben, mit anderen »Augen« zu sehen. Sie entwickelten dieses einzigartige, auf Schall beruhende Sinnessystem schon vor Millionen von Jahren, und dieses ermöglichte es ihnen, ihre Nahrung in der Dunkelheit der Ozeantiefen zu suchen und erfolgreich neben dem Hai in dessen Lebenselement zu bestehen. Verständigung unter Wasser mittels Schall ist sowohl wirksam als auch leistungsfähig. Es ist deshalb nicht verwunderlich, daß der Schall von den Zahnwalen als Basis für eine der höchstentwickelten Sinnesleistungen gewählt wurde, die man auf dieser Erde findet: die Echolokation.

Echolokation besteht aus der aktiven Aussendung

▲ Der Ozean, der für uns praktisch keine Orientierungshilfen bietet, liefert den Delphinen so viele Informationen wie uns das Land. Dennoch haben die Delphine im Laufe der Entwicklung neue Sinne wie den magnetischen Sinn als weitere Navigationshilfe entwickelt.

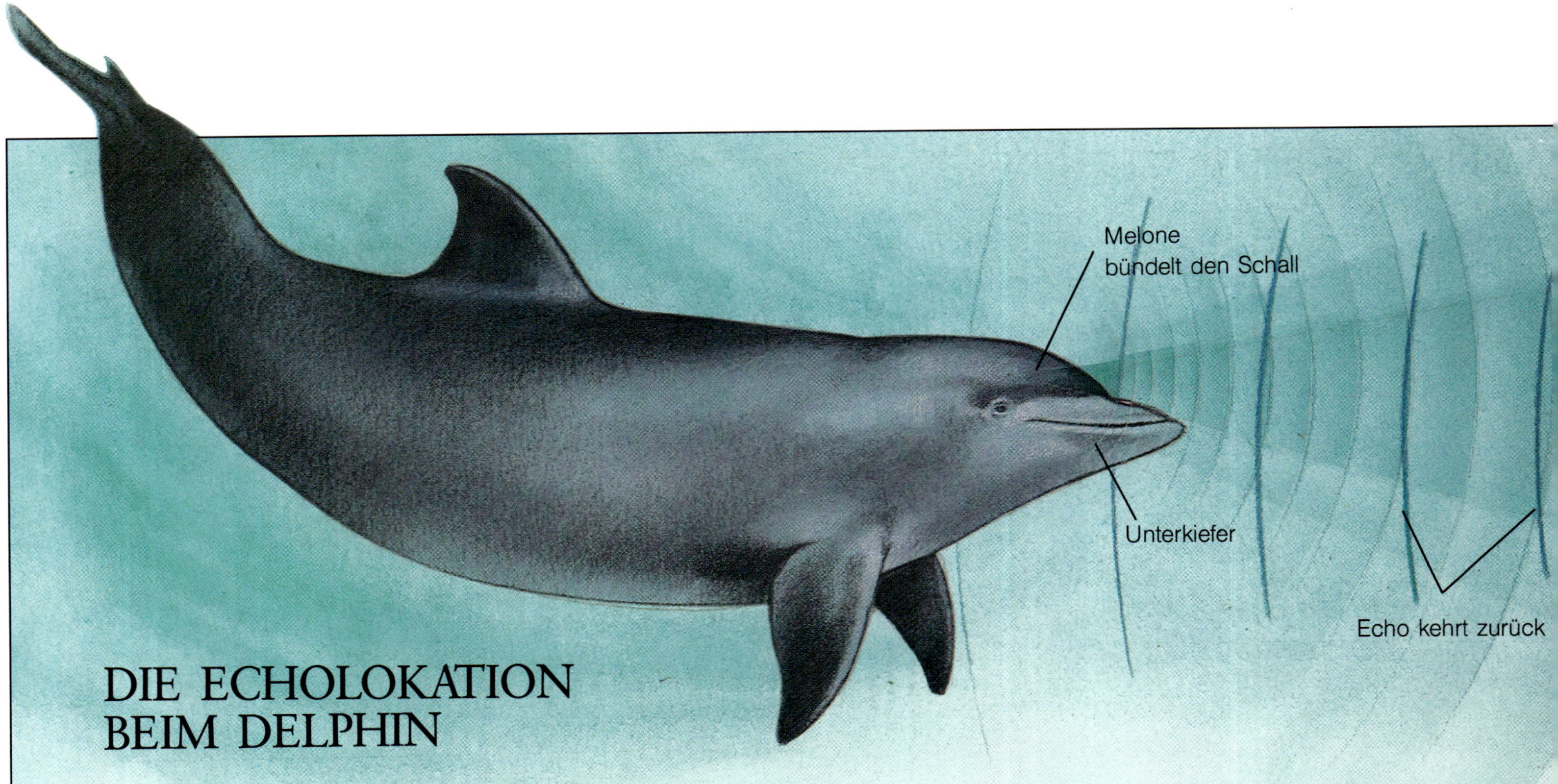

DIE ECHOLOKATION BEIM DELPHIN

Wir glauben, daß die Abfolge während einer Echolokation wahrscheinlich wie folgt ist:

1. Während des normalen Schwimmens, wenn keine spezifische Fragestellung ansteht, wird ein allgemeines Echolokations-Signal niedriger Frequenz benutzt. Dieses wirkt wie das Echolot eines Schiffes und liefert dem Tier Informationen über die Topographie des Gebiets einschließlich Wassertiefe, Veränderungen des Bodenprofils und die Lage und Beschaffenheit der Küste. Die Reichweite des Signals wird bestimmt durch das Zeitintervall zwischen den Klicks und die Energie, mit der das Signal abgestrahlt wird. Für die effektive Echolokation müssen die Echos (sofern es solche gibt!) empfangen werden, ehe das nächste Klick ausgesendet wird. Indem die Zeit zwischen zwei Klicks gemessen wird, kann also die Reichweite, die ein Delphin »überblickt«, abgeschätzt werden. Man schätzt sie auf etwa 800 Meter. Mit dieser Art der Echolokation stellt der Delphin auch fest, ob andere große Tiere in der Nähe sind.
2. Sobald ein neues Echo empfangen wird, ist es erforderlich, Abstand und Richtung genau zu bestimmen und mehr Einzelheiten über dieses Objekt der Aufmerksamkeit zu erfahren — beispielsweise, ob es ein Raubtier wie der Hai ist, oder vielleicht mögliche Beute? Der Delphin sendet eine Reihe von Klicks mit breitem Frequenzband aus, aus deren Echos er viele verschiedene Informationen über das Ziel gewinnt. Die hohen Frequen-

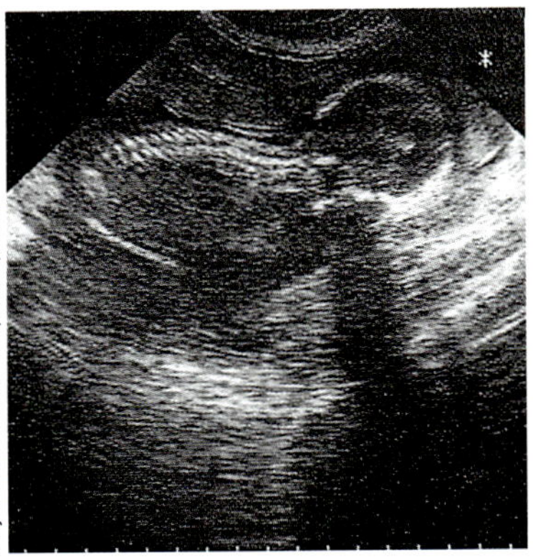

Royal North Shore Hospital/Sydney

▲ Erst seit kurzem kann der Mensch ein ähnliches Hilfsmittel nutzen, wie es die Echolokation bei den Meeressäugetieren darstellt: Ultraschall spielt in der Medizin eine immer bedeutendere Rolle.

von kurzen, breitspektrigen Impulsen — den sogenannten Klicks — und der Auswertung der Echos, die von Hindernissen und sonstigen Objekten in der Nähe zurückgestrahlt werden. Das Echolokations-System der Zahnwale ist sehr präzise, da sie in einem breiten Band sowohl niederfrequente als auch hochfrequente Töne abstrahlen und ein sehr empfindliches Empfangsorgan besitzen. Die Fähigkeit der Wale, im trüben Wasser zu navigieren und Objekte zu identifizieren, die weit außerhalb der Sichtgrenze liegen, hat man an vielen Beispielen schon bewundern können.

Wenn wir mit unseren Augen auf einen Gegenstand sehen, empfangen wir zurückgestrahltes Licht. Vergleichbar wirkt das Echolokations-System der Wale — mit dem Unterschied, daß Schallwellen, die der Wal willkürlich aussendet, das Medium sind. Schallwellen können viel mehr Informationen befördern als das Licht, weil Schallwellen mehr in Wechselwirkung treten mit dem Raum, den sie durchqueren. Lichtstrahlen können durch selektive Absorption bestimmter Wellenlängen Farbmuster hervorrufen. Die Schallwellen dagegen können durch einen ähnlichen Prozeß ein dreidimensionales Bild vermitteln. Auch das Material des reflektierenden Objekts, sein innerer Aufbau und die Oberflächenbeschaffenheit beeinflussen die Reflektion und verursachen ein spezifisches Echo. Erst in den letzten Jahren haben wir erkannt, welch leistungsfähige Sinnestechnik dies ist. Die Ultraschall-Untersuchung der inneren Organe des Menschen ersetzt zunehmend in der ärztlichen Praxis die Durchleuchtung mittels Röntgenstrahlen.

Die Echolokation ist bei den Zahnwalen in unterschiedlichen Ausprägungen zu finden. Wir glauben aber, daß alle diese Typen auf demselben Grundprinzip beruhen und grundlegende anatomische Änderungen in der Grundstruktur des Schädels mit sich gebracht haben.

Bei allen Zahnwalen, die bis jetzt näher untersucht wurden, finden sich große Fettlager in Kopf und Unterkiefer. Sie sind einmalig im Tierreich und aus mehreren Gründen bemerkenswert. Erstens: Im Verhältnis zur Größe des Tieres sind sie sehr groß und stellen einen immensen Vorrat potentieller Energie für den Stoffwechsel dar, auch wenn sie nicht als Energiequelle gebraucht zu werden scheinen. Zweitens: Die chemische Zusammensetzung dieser Fette unterscheidet sich deutlich von der des normalen Körperfetts sowie von der des Fetts, das das Tier mit seiner Ernährung aufnimmt. Drittens: Form und Lage dieser Fettlager waren offenbar so wichtig, daß wesentliche Veränderungen in Form und Struktur des Schädels erfolgten, um sie unterzubringen.

Diese Strukturen stellen also, wenn man so will, auch eine starke »Belastung« für das Tier dar und

◀ Über die Rolle der Echolokation im Kommunikationssystem der Meeressäugetiere wird noch kontrovers diskutiert. Übereinstimmung herrscht jedoch darin, daß Echolokation ein überaus effizienter und hochentwickelter Sinn für Navigation und Jagd ist.

zen ergeben die detailliertesten Informationen, aber sie werden auch am schnellsten vom Wasser absorbiert und sind deshalb nur für kürzere Entfernungen zu nutzen.

3. Sobald die Bedeutung des Ziels erkannt ist, stellt der Delphin die Signale scharf auf dieses ein. Dadurch konzentriert er vor allem die höherfrequenten Komponenten und gewinnt ein detaillierteres Bild von dem Ziel. Der Delphin kann auch durch seitliche Bewegungen des Kopfes das Objekt punktweise abtasten und so Informationen über Größe und Bewegung gewinnen.
4. Wenn sich die Entfernung zwischen Delphin und Ziel verringert, können viel höhere Frequenzen in den Klicks verwendet werden, und umso mehr detaillierte Informationen werden gewonnen. In diesem Stadium folgen die Klicks sehr rasch aufeinander und hören sich für uns an wie ein kontinuierliches Knarren.
5. Schließlich, wenn der Abstand sehr gering geworden ist, mag es erforderlich werden, die Oberflächenbeschaffenheit oder andere Detailinformationen zu bestimmen. Dafür wäre der Einsatz eines Sonarsystems mit sehr hohen Frequenzen erforderlich. Eine Vermutung geht dahin, daß die Angewohnheit, die Spitze des Unterkiefers auf den zu untersuchenden Gegenstand zu legen (oder diesen sogar in das Maul zu nehmen), eher auf ein solches akustisches System für den Nahbereich schließen lassen als auf einen speziellen Einsatz des Tastsinns.

müssen mit verschiedenen Nachteilen erkauft werden. Sie binden große Mengen an Stoffwechselenergie und wertvolle Fettreserven und haben wesentliche anatomische Veränderungen verursacht. Nur eine sehr wichtige Funktion, die dem Tier einen großen Vorteil verschafft, kann dazu geführt haben, daß diese Entwicklungen trotz der beschriebenen Nachteile stattfanden.

Die größten Fettlager liegen vor dem Gehirnkasten. Bei den Pottwalen ist dies das Spermaceti-Organ und wiegt viele Tonnen. Bei den meisten anderen Zahnwalen findet sich ein ähnliches, aber weit kleineres Organ, das »Melone« genannt wird.

Das andere große Fettlager im Unterkiefer liegt hinter einer Zone des Unterkiefers, wo der Knochen nur als dünne Scheibe ausgebildet ist. Dieses Fettlager ist in der Zusammensetzung dem in der Melone vergleichbar und erstreckt sich nach hinten bis in den Bereich des Mittelohrs. Es herrscht weitgehend Übereinstimmung darin, daß es bei der Echolokation eine Rolle spielt. Man vermutet, daß diese wie folgt abläuft:

1. Das Tier produziert innerlich Schallwellen.
2. Das Fettorgan im Kopf bündelt diesen Schall zu einem Richtstrahl.
3. Reflektierte Schallwellen, die Informationen über das reflektierende Objekt enthalten, werden an dem dünnen Knochenblatt im Unterkiefer, dem »akustischen Fenster«, empfangen.
4. Diese Schallwellen werden über das Fettorgan im Unterkiefer zum Mittelohr übertragen und die Informationen schließlich im Gehirn verarbeitet und interpretiert.

Viele Wissenschaftler glauben also, daß die Fettlager im Kopf und Unterkiefer eine neue physiologische und biochemische Entwicklung darstellen, die den Zahnwalen die Möglichkeit verschaffte, ihre einzigartige akustische Sinnesleistung zu entwickeln.

Zwei weitere strukturelle Veränderungen am Kopf der Zahnwale führt man ebenfalls auf die Entwicklung des akustischen Sinnes zurück. Das ist zum einen die Reduktion der funktionalen Zähne, verglichen mit ihren fossilen Vorläufern. Mit der Entwicklung der Echolokation wurde der Fang der Opfer viel einfacher, und die Zähne wurden nicht mehr so dringend für diesen Zweck benötigt. Die zweite Veränderung ist die immense Vergrößerung des Gehirns bis zur heutigen Größe. Echolokation ist ein hochentwickelter Sinn, und dabei müssen viele Informationen verarbeitet werden. Wir wissen heute, daß ein großer Teil des Gehirns bei den Zahnwalen mit der Speicherung, Verarbeitung und Interpretation all der akustischen Signale beschäftigt ist, die laufend hereinkommen und Informationen über die Umwelt beinhalten.

GIBT ES ECHOLOKATON AUCH BEI DEN BARTENWALEN?

Nur bei den Zahnwalen ist der akustische Sinn voll entwickelt. Bartenwale dagegen benutzen niederfrequente Töne für die Kommunikation untereinander, außerdem produzieren sie komplexe »Gesänge«. Falls die Bartenwale überhaupt einen akustischen Sinn haben, dann ist dieser — bestenfalls — primitiv. Es gibt Beobachtungen an gewissen Arten von Bartenwalen, die ebenfalls rein-frequente Klicks aussenden, und man hat die Vermutung angestellt, diese könnten eine Sonar-Funktion haben, um Ziele ausfindig zu machen oder die Wassertiefe festzustellen. Solche Informationen könnten für die Wale sicher sinnvoll sein. Wenn es ihnen zum Beispiel möglich wäre, auf ihren langen Wanderungen durch die Ozeane Informationen über die Topographie des Meeresbodens zu erhalten, könnten sie bestimmte Erscheinungen wie unterseeische Berge, Gebirgsketten und Tiefseegräben als Wegzeichen benutzen. Dies ist eines der gebräuchlichsten Navigationshilfsmittel für U-Boote. Aber gegenwärtig können wir hierüber, was die Bartenwale anlangt, nur Vermutungen anstellen.

DER MAGNETISCHE SINN

Es gibt beachtliche Hinweise darauf, daß viele Organismen, von den Bakterien aufwärts, über eine Sinnesleistung verfügen, die Richtungsinformationen vom Magnetfeld der Erde empfangen kann. In Kotbakterien, Bienen, Schmetterlingen, Fischen, Vögeln, Fledermäusen und Reptilien hat man kleine Kristalle aus Magnetit gefunden, einer magnetischen Form des Eisenoxids. Auch bei einigen Meeressäugetieren wurde Magnetit nachgewiesen. Bei den höheren Organismen ist es gewöhnlich in der Nachbarschaft des Gehirns oder neben Gebieten eingelagert, in denen es eine hohe Konzentration von Nervenenden gibt.

Gegenwärtig werden viele andere Tiere auch auf das Vorhandensein solcher magnetischer Kristalle in ihrem Körper untersucht, und diese Forschungsrichtung befindet sich in einem sehr interessanten und aufregenden Stadium der Entwicklung mit vielen neuen Entdeckungen und Ideen. Man vermutet zur Zeit — vereinfacht dargestellt —, daß die Magnetkristalle sich kontinuierlich parallel zu den natürlichen Magnetfeldern der Erde ausrichten. Sie verhalten sich also wie winzig kleine Kompaßnadeln. Wenn das beherbergende Tier diese Lageveränderungen fühlen kann, kann es vermutlich daraus Informationen ableiten über die Richtung, in der es sich bewegt. Ein solches Sinnessystem wäre von großem Nutzen für die Navigation über große Strecken und könnte in den meisten Regionen auf der Erdoberfläche genutzt werden.

Die Meeressäugetiere scheinen in vorderster Front unter den anderen Säugetieren eine solche Sinnesleistung entwickelt zu haben. Bei einigen Zahnwalen hat man Magnetit-Kristalle in den äußeren Geweben des Gehirns nachgewiesen. In der marinen Umwelt gibt es wenige feste Punkte, die für die Navigation benutzt werden können. Die Entwicklung eines Orientierungs-Systems, das das Magnetfeld der Erde benutzt, könnte deshalb für Wale und Delphine von großem Nutzen sein — vergleichsweise so bedeutsam, wie die Erfindung des Kompaß für die Schiffahrt.

Steven French

Normalerweise verlaufen die magnetischen Feldlinien mit gleichmäßiger Dichte von Norden nach Süden. An bestimmten Plätzen aber wird das Feld durch bestimmte geologische Formationen — beispielsweise eisenerzhaltige Gesteinsformationen — verformt. Derartige Störungen nennt man »geomagnetische Anomalien«. Gebiete mit hohen oder niedrigen geomagnetischen Anomalien findet man überall in den Ozeanen, vor allem im Umkreis unterseeischer Berge, in den Zonen, wo aufgrund der Kontinentaldrift Gestein neugebildet wird, sowie auch in manchen Zonen der Kontinentalschelfe. Sie bilden feste, verläßliche »Landmarken« quer durch die Ozeane — sofern ein Tier sie mit entsprechender Sinnesleistung feststellen kann. Wir glauben, daß zumindest einige der Meeressäugetiere aufgrund ihres magnetischen Sinnes dazu in der Lage sind.

Man vermutet, daß Strandungen das Ergebnis eines schwerwiegenden Navigationsfehlers der Wale sind, wobei sie sich zur Orientierung auf ihren magnetischen Sinn verlassen. Vielleicht ist dieser Sinn bei den Meeressäugetieren noch im Experimentier-Stadium?

▲ Geomagnetische Anomalien treten dort auf, wo das Magnetfeld der Erde durch bestimmte geologische Formationen gestört wird, beispielsweise in der Umgebung unterseeischer Gebirge. Man glaubt, daß die Strandungen der Wale auf solche geomagnetischen Anomalien zurückzuführen sind. Möglicherweise ist der magnetische Sinn noch nicht so weit entwickelt, daß derartige »Desinformationen« verarbeitet werden können.

◀ Immer mehr Erkenntnisse stützen die Theorie, daß die Meeressäugetiere mit Hilfe eines magnetischen Sinnes richtungsgenau ganze Ozeane durchqueren können.

FORTPFLANZUNG UND ENTWICKLUNG

MICHAEL BRYDEN

Unsere Kenntnis über Fortpflanzung und Entwicklung der Jungtiere bezieht sich hauptsächlich auf die Arten, die in der Vergangenheit von kommerziellem Interesse waren. Solche Informationen wurden von Wissenschaftlern gesammelt, die auf Walfangstationen und -schiffen stationiert waren. In neuerer Zeit haben wir viel über die Fortpflanzung bei bestimmten Arten gelernt, die als Beifang bei der kommerziellen Netzfängerei getötet wurden. Dies gilt insbesondere für den Thunfischfang, bei dem bis heute über eine Million Schlank- und Spinnerdelphine (Gattung *Stenella)* in den Netzen gefangen und ertränkt wurden. Auch in den Stellnetzen an der Küste sind vergleichbar große Zahlen von küstennah lebenden Delphinen unabsichtlich mitgefangen worden.

ÄUSSERE SEXUELLE DIFFERENZIERUNG

Die Stromlinienform, die die Wale bei ihrer Anpassung an die aquatische Lebensweise entwickelten, führte auch zu Veränderungen der externen Geschlechtsmerkmale. Bei den meisten Arten ist es schwierig, bei oberflächlicher Betrachtung die Geschlechter zu unterscheiden, weil der Penis des Männchens — wenn er nicht erigiert ist — in einer Vorhaut verstaut ist. Deren Öffnung zur Körperoberfläche ist schlitzförmig (»Genitalschlitz«) und sieht ähnlich aus wie der Genitalschlitz *(vulva)* des Weibchens. Der einzige ins Auge fallende Unterschied zwischen den Geschlechtern ist der Abstand zwischen After und Genitalschlitz. Er beträgt beim Männchen etwa zehn Prozent der Körperlänge, während er beim Weibchen wie die Fortsetzung des Afterschlitzes aussieht. Selbst die Brustdrüsen des Weibchens sind bei den Walen schwer zu erkennen. Die Brustwarzen liegen in Schlitzen beiderseits des Genitalschlitzes, die häufig schwer zu unterscheiden sind. Die Brustwarze tritt nur während des Säugens hervor, und die Brustdrüse selbst liegt unter dem Blubber, breit ausgestreckt über eine große Fläche der bauchseitigen Körperwand. Sie ist äußerlich nur bei stillenden Weibchen zu erkennen.

Bei einigen Arten gibt es allerdings nach Eintritt der Geschlechtsreife eine gewisse sexuelle Differenzierung, beispielsweise beim Pottwal *(Physeter catodon)* und den Grindwalen (Gattung *Globicephala),* bei denen die Bullen signifikant größer sind als die Weibchen. Der männliche Schwertwal *(Orcinus orca)* ist nicht nur größer als das Weibchen, sondern hat auch eine größere und auffallendere Finne. Bei keiner Art aber gibt es Unterschiede in der Färbung oder wesentliche Unterschiede in der Körperform, wie man dies sonst bei Säugetieren finden kann.

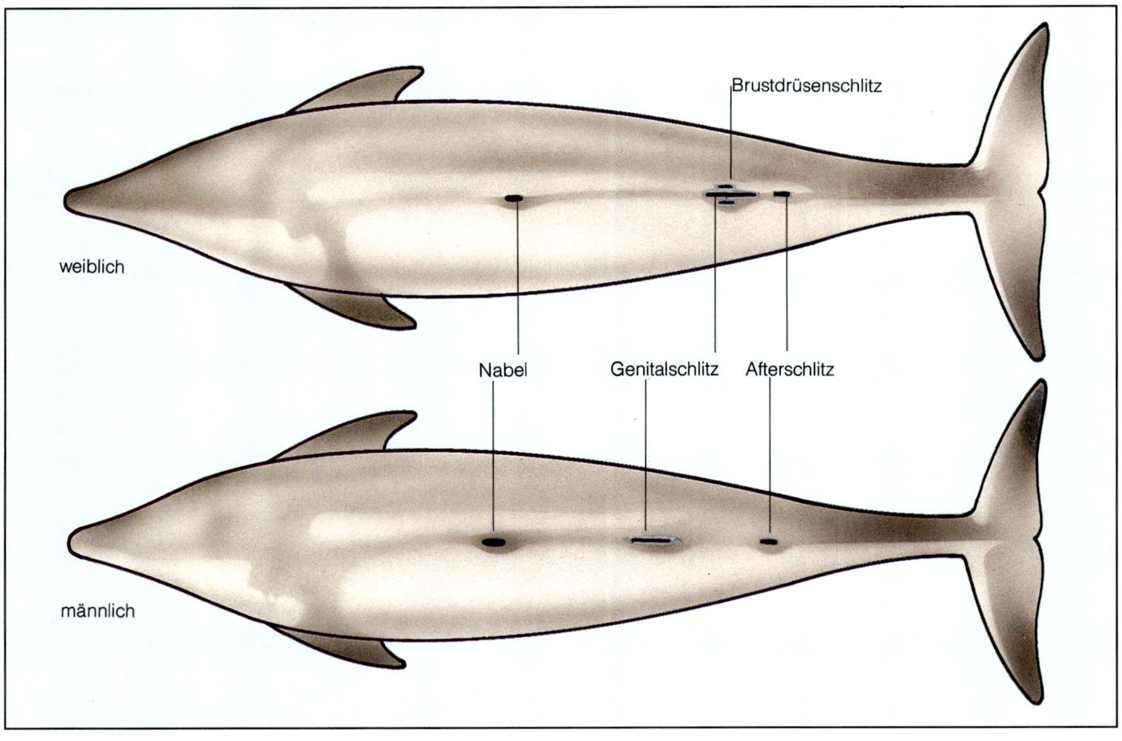

▶ Es ist bei den meisten Walen schwierig, ohne nähere Betrachtung der Bauchseite das Geschlecht zu bestimmen. Beide Geschlechter weisen Nabel, Genitalschlitz und After auf, aber bei den Weibchen sieht man üblicherweise zusätzliche kleine Brustdrüsenschlitze beiderseits der Geschlechtsöffnung. Außerdem liegt letztere beim Weibchen näher zum After als beim Männchen.

M. Osmond

WERBUNG UND PAARUNG

Die Paarung hat man bisher in freier Wildbahn noch nicht häufig beobachten können, deshalb weiß man wenig darüber. Die Erkenntnisse über Werbung und Paarung bei den Walen wurden hauptsächlich an gefangenen Delphinen und Kleinwalen gewonnen.

Verhaltensmuster wie Werbung und Paarung müssen bei Walen nicht notwendigerweise auf die Fortpflanzung ausgerichtet sein. Man hat vermutet, daß solche Verhaltensmuster von Individuen oder Gruppen auch zur Begrüßung und sozialen Bindung nach langen Perioden der Trennung angewendet werden. Bei Gruppen in Gefangenschaft kann man sehr häufig sexuelle Aktivitäten feststellen, und selbst jugendliche Tiere zeigen sich sexuell recht frühreif. Verschiedene Verhaltensweisen, die zur Werbung gehören — Verfolgungsjagden, Reiben mit Schnauze und Körper bis hin zu Erektion und Einführung — sind manchmal schon bei noch nicht geschlechtsreifen Walen beobachtet worden.

Der Geruchssinn, der bei anderen Säugetieren vielfach beim sexuellen Zusammentreffen gebraucht wird, ist bei den Walen gering entwickelt. Sie benutzen wahrscheinlich Verhaltensmuster, um Paarungsbereitschaft auszudrücken. Bei den Buckelwalen *(Megaptera novaeangliae)* hat man eine Reihe von Verhaltensweisen beschrieben, die wahrscheinlich sexuelle Aktivität anzeigen. Dazu gehören zum Beispiel das Rollen, das Schlagen der Wasseroberfläche mit den langen Flippern oder der Fluke und das Springen. Einige dieser Verhaltensweisen mögen auch dazu dienen, rivalisierenden Männchen zu drohen. Direktere und aggressivere Drohhandlungen sind daneben Ausfallstöße mit dem Kopf und Seitwärtsschläge von Schwanzstiel und Fluke.

Dean Lee

▲ Das »Hofmachen« mancher Wale ist möglicherweise eine Verdrängungsreaktion, die die Spannung ableiten soll – also eine Art Begrüßungsritual. Die Buckelwale drücken ihren sexuellen Status mit einer Reihe von Verhaltensmustern aus, wozu auch das Hochstrecken des Flippers gehört.

◀ ▼ Das Verhalten wird sowohl über als auch unter Wasser bedeutend dramatischer, wenn die eigentliche Paarungszeit beginnt. Die Bullen tragen ritualisierte Kämpfe gegeneinander aus, wobei sie mit den Fluken schlagen, die Köpfe zusammenstoßen und sich gegenseitig überrollen. Die Weibchen scheinen solche Rangkämpfe nicht zu kennen.

M. Osmond

Marty Snyderman

▲ Der Penis der meisten Säugetiere besteht aus schwammigem Gewebe, das sich zur Erektion mit Blut füllt. Die Wale haben eher fibröses Gewebe, dessen Spannkraft die Erektion zu unterstützen scheint.

Beinahe keine Informationen haben wir über Häufigkeit und Dauer der Kopulation bei den Walen. Bei Großen Tümmlern *(Tursiops truncatus)* in Gefangenschaft dauert die Einführung zwei bis zehn Sekunden. Das Männchen schwimmt von einer Position unterhalb seines Partners schräg nach oben, und die Körper liegen bei der Vereinigung nahezu im rechten Winkel zueinander. Delphin-Bullen verschiedener Arten versuchen in Gefangenschaft gelegentlich, andere Delphine zu umwerben. Sie machen dabei keinen Unterschied nach Geschlecht, Art, Gattung oder sogar Familie. Aus solchen Kreuzungen ist gelegentlich auch schon Nachwuchs hervorgegangen, selbst wenn die beiden Partner verschiedenen Familien angehörten. In freier Wildbahn erscheint es allerdings unwahrscheinlich, daß solchen Paarungen, sollten sie überhaupt vorkommen, Nachwuchs entspringt.

ENTWICKLUNG VOR UND KURZ NACH DER GEBURT

Die allgemeinen Grundzüge der Entwicklung der Wale vor der Geburt sind gleich wie bei den anderen Säugetieren.

Die Trächtigkeit dauert bei den meisten Walen zehn bis zwölf Monate; bei den wandernden Walen, bei denen Geburt und Paarung mit den jährlichen Wander-

DAS MÄNNLICHE FORTPFLANZUNGSORGAN

Der Penis liegt, wenn er nicht erigiert ist, gewunden oder gerollt in der von der Vorhaut gebildeten Tasche. In dieser Lage wird er von einem Paar bandförmiger Retraktionsmuskeln gehalten. Bei den meisten Säugetieren besteht der Penis im wesentlichen aus drei säulenartigen Schwellkörpern schwammigen Gewebes. Die Erektion erfolgt, wenn diese Gewebe sich mit Blut füllen. Auch der Penis des Wals weist diese drei Schwellkörper auf. Sie sind aber weniger schwammig, sondern enthalten einen hohen Anteil an hartem, fibrösem Gewebe. Man hat vermutet, daß die Erektion einfach dann eintritt, wenn die Retraktionsmuskeln nachgeben. Der Mechanismus ist aber wohl komplizierter, wie man das beim Stier nachweisen konnte, dessen Penis dem des Wals in vielen anatomischen Merkmalen ähnelt.

Die Hoden sind länglich und liegen nicht in einem äußerlichen Skrotum wie bei den meisten Säugetier-Arten, sondern in der Bauchhöhle hinter den Nieren. Diese Anordnung findet man auch bei Elefant und Klippschliefer. In der Pubertät wachsen sie erheblich an — beim nicht geschlechtsreifen Delphin sind sie etwa halb so groß wie der kleine Finger und wiegen um 20 Gramm, beim Erwachsenen dagegen unterarmgroß und beträchtlich dicker, und das Gewicht beträgt mehrere Kilogramm.

Die Spermien werden in den Hoden produziert, gelangen dann in die Nebenhoden, eine lange, stark gewundene Tube wie bei allen Säugetieren. Während sie durch die Nebenhoden wandern, reifen die Spermien und werden dann, nahe dem Ende der Nebenhoden, im Nebenhoden-Kopf gespeichert. Dieser kann bei manchen Arten beträchtliche Größe erreichen. Von hier führt der kurze *ductus deferens* zur Harnröhre.

Der Hauptanteil der Samenflüssigkeit wird bei den Säugetieren durch Geschlechtsdrüsen verschiedener Art ausgeschieden. Bei den Walen findet sich nur eine davon, die Vorsteherdrüse *(Prostata)*. Sie ist vor der Geschlechtsreife recht klein, bei den erwachsenen Walen aber groß.

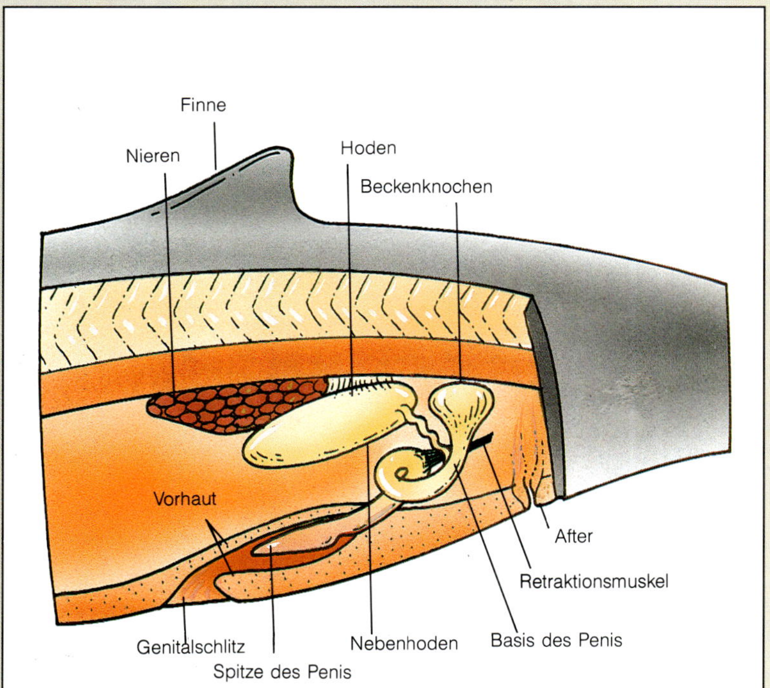

DIE WEIBLICHEN GESCHLECHTSORGANE

▲ Der linke Eierstock eines Weißstreifen-Delphins zeigt die Überbleibsel der Follikel, die Weißen Körper. Sie lassen Rückschlüsse zu auf die individuelle Fortpflanzungsgeschichte. Jeder Weiße Körper steht für eine Ovulation.

Die Anatomie der weiblichen Geschlechtsorgane ist ähnlich der bei vielen Säugetier-Arten. Die zwei Eierstöcke liegen in der Magenhöhle hinter den Nieren an derselben Stelle wie die Hoden bei den Männchen.

Die Gebärmutter besteht aus einem Hauptteil und zwei hornförmigen Fortsetzungen, die sich an den Enden zu den Eileitern verengen. Der Gebärmutterhals öffnet sich zur Scheide. An der Scheidenwand finden sich mehrere ringförmige Falten. Sie zeigen Richtung Geschlechtsöffnung und ähneln einer Reihe von Trichtern. Ihre Funktion ist nicht bekannt. Möglicherweise verhindern sie das Eindringen von Wasser in die Gebärmutter, oder sie verhindern nach der Kopulation das Ausspülen des Samens.

Die Eierstöcke bei den Zahnwalen haben die Form länglicher Eier und eine relativ weiche Oberfläche. Bei den Bartenwalen sind sie ganz unregelmäßig geformt und mit zahlreichen rundlichen Knötchen bedeckt.

Der reife Eierstock enthält Eizellen, die, von anderen Zellen umgeben, Follikel bilden. Einige der Follikel vergrößern sich und entwickeln einen flüssigkeitsgefüllten Innenraum. Bei den Bartenwalen rühren die Knötchen, die man auf den Eierstöcken sehen kann, von diesen vergrößerten Follikeln her.

Wenn die Paarungszeit naht, vergrößert sich einer dieser Follikel weiter, und um die Zeit der Kopulation herum bricht er auf *(Ovulation)* und entläßt die Eizelle. Diese wandert zum Ende des Eileiters.

Die Zellen, die in dem geborstenen Follikel verblieben sind, vermehren sich nach der Ovulation und bilden ein grau-gelbes Gebilde, den Gelbkörper *(corpus luteum)*. Wenn das Ei nicht befruchtet wird, degeneriert der Gelbkörper wieder. Erfolgt die Befruchtung, bleibt er bis zum Ende der Trächtigkeit bestehen. In beiden Fällen ist das schließlich degenerierte *corpus luteum* weiß und wird Weißer Körper *(corpus albicans)* genannt.

Eine Besonderheit bei den Walen ist, daß ihre Weißen Körper auf Lebenszeit erhalten bleiben und somit zuverlässigen Aufschluß über die stattgefundenen Ovulationen geben. Also kann man die Fortpflanzungsgeschichte individueller Wale untersuchen. Jeder Weiße Körper steht für eine Ovulation — nicht notwendigerweise aber auch für eine Schwangerschaft.

Der Biologe kann diese Informationen aber doch häufig nutzen, um die Zahl der Schwangerschaften, die ein Wal hatte, abzuschätzen. Dies ist ein wichtiger Teil der wissenschaftlichen Basis für das Management der Walbestände.

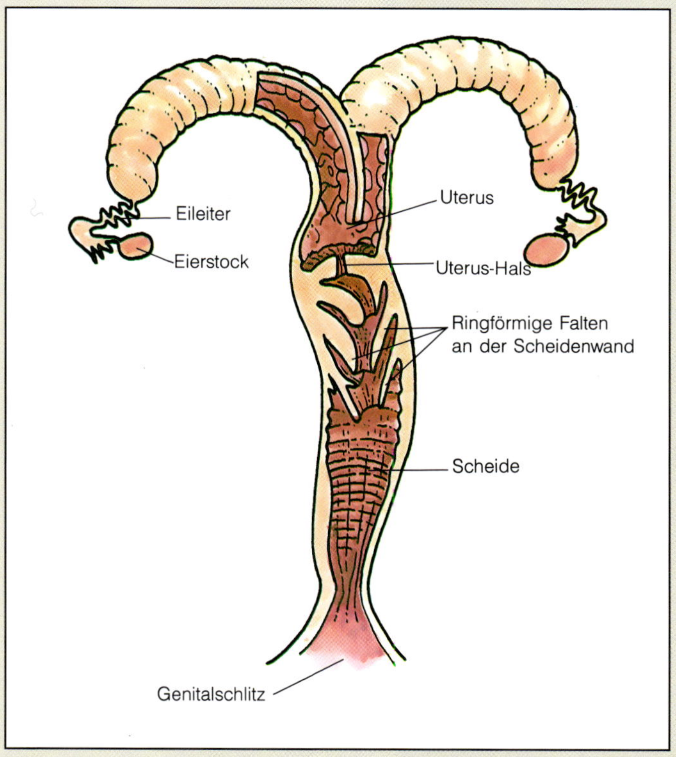

P. Arnantho/Earthviews

▲ Die Phasen der Geburt eines Irawadi Delphins *(Orcaella brevirostris)* zeigen die übliche Geburtslage mit dem Schwanz voran. Das Neugeborene, häufig von der Mutter oder einer »Tante« unterstützt, schwimmt zur Oberfläche, um den ersten Atemzug zu holen.

zügen verbunden sind, sind es wahrscheinlich zwölf Monate oder geringfügig weniger.

Bei den Zahnwalen findet man eine größere Variationsbreite der Trächtigkeit von neun Monaten bei einigen Arten, bis zu 18 bei anderen.

Der Geburtsprozeß bei jedem Säugetier ist mit Streß verbunden. Bei den Walen muß er das in besonderer Weise sein. weil das Neugeborene aus dem Uterus direkt ins Wasser gelangt, wo es ertrinken oder in extremem Umfang an Körperwärme verlieren kann. In Gefangenschaft hat man Geburten schon beobachten können, aber nur sehr selten ist über Geburten in freier Wildbahn berichtet worden. Meist wird das Kalb mit der Fluke zuerst geboren im Gegensatz zu den Landwirbeltieren, bei denen dies zu schweren Geburtskomplikationen führen kann. Der spindelförmige Körper des Wals begünstigt wohl diese Art der Geburt. Auch bei den Robben, die eine ähnliche Körperform aufweisen, werden bis zu 50 Prozent der Jungen mit dem Schwanz voran geboren. Die Geburt des Wals geht sehr schnell vonstatten. Dies ist auch erforderlich, da das Neugeborene zu seinem ersten Atemzug an die Oberfläche muß, sobald die Nabelschnur gerissen ist — sonst würde es an Sauerstoffmangel sterben. Mechanismen, die man noch nicht kennt, müssen das Neugeborene davor bewahren, Atem zu holen, bevor das Blasloch über Wasser ist.

Mehrlingsgeburten kommen vor, sind aber äußerst selten. In toten Walen hat man zu Walfangzeiten Zwillings-, Drillings- und sogar Vierlingsföten gefunden. Es ist aber fraglich, ob diese auf die Welt gebracht oder erfolgreich aufgezogen worden wären. Bei den Robben, die wie die Wale große und sehr weit entwickelte Junge werfen, sind Mehrfachgeburten ebenfalls sehr selten, und selbst Zwillinge können selten erfolgreich großgezogen werden.

Die Mutter beschützt ihr Kalb aktiv und drängt Störenfriede beiseite. Es gibt viele Berichte über die Neigung der Wale und speziell der Delphine, daß andere Erwachsene aus der Herde die Mutter unterstützen. Diese Helfer, die man als »Tanten« bezeichnet, helfen der Mutter, das Neugeborene zum Atmen an die Oberfläche zu bringen, es vor anderen Walen in der Gruppe zu beschützen, und einem kranken oder toten Kalb zu helfen, indem sie es an der Oberfläche stützen. Man hat auch behauptet, daß Menschen auf diese Weise von Walen gerettet worden seien. Die »Tanten« haben aber auch — zumindest in Gefangenschaft — zu manchen Zeiten schon wenig Interesse an schwachen oder totgeborenen Jungen gezeigt und diese manchmal sogar mißhandelt. Mehrfach ist beobachtet worden, daß die Mutter oder ein anderer Delphin ein totgeborenes oder schwaches Kalb zum Boden des Schwimmbeckens mitnahm und dort festhielt. Vielleicht können die »Tanten« erkennen, ob ihr Zögling tot oder lebendig ist, und vielleicht sogar die Überlebenschancen eines Neugeborenen abschätzen.

Die mütterliche Fürsorge, die man bei den Walen findet, entspricht der Erwartung. Das Muttertier hat, um einen Ausdruck aus der Genetik zu gebrauchen, eine sehr bedeutsame Investition in das Kalb getätigt, und es ist nur natürlich, daß sie nun ein Verhalten entwickelt, das die Überlebenschancen des Kalbs sichert. Vielleicht sind die vielen Berichte über Del-

Ralph and Daphne Keller/Australasian Nature Transparencies

▶ Die Walmütter sind sehr aufmerksam um das Kalb besorgt. Häufig stützen sie es an der Oberfläche. Ein »Tante« assistiert wachsam dabei und sorgt für Schutz.

Ken Balcomb/Earthviews

WWF/Hal Whitehead/Bruce Coleman Limited

phine, die Menschen auf dem Meer gerettet haben, auf dieses Verhalten zurückzuführen, also Fälle von Identitäts-Verwechslung. Landläufig werden sie meist als Beweis einer besonderen Beziehung zwischen Delphinen und Menschen interpretiert.

Das Kalb wird unter Wasser, aber dicht an der Oberfläche, gesäugt. So können Muttertier und Kalb dazwischen atmen. Die Milch wird durch Muskelkraft in das Maul des Kalbs gespritzt. Auf diese Weise erhöht sich das Tempo der Übertragung der Milch — unter Wasser ein offensichtlicher Vorteil! Während der ersten Tage und Wochen bleibt das Kalb sehr dicht bei seiner Mutter. Das Stillen dauert bei den Furchenwalen (Familie *Balaenopteridae)* vier bis elf Monate. Im allgemeinen ist die Stillzeit bei den großen Arten länger als bei den kleinen. Bei den Zahnwalen dauert sie ein Jahr und mehr. Es gibt Anzeichen dafür, daß ältere Grindwal-Weibchen (Gattung *Globicephala)* ihre Jungen bis zu 15 Jahre lang säugen.

REPRODUKTIONS-ZYKLEN

Über Verwandtschaft und Zusammensetzung der meisten freilebenden Walherden sowie über die Fortpflanzungs-Zyklen ist wenig bekannt. Das Haupthindernis für eine Überprüfung war in der Vergangenheit, daß man über Alter und Geschlecht der Individuen in einer Herde keine Vorstellung hatte. Nunmehr allerdings kennt man bei einigen Arten Einzelheiten dieser Beziehungen.

Bei den Pottwalen beispielsweise haben wir heute ein recht gutes Bild über die Sozialbeziehungen und das Wanderungsverhalten. Ältere Pottwale, die »Haremsvorsteher«, wandern in der Zeit, in der keine Fortpflanzung stattfindet, auf Nahrungssuche in die hohen Breiten. Die »Aufzuchtherden« mit den erwachsenen Weibchen und den Kälbern bleiben das ganze Jahr über in gemäßigten oder tropischen Gewässern. Da die tragenden Weibchen keine nennenswerten jahreszeitlichen Wanderungen durchführen, ist das Verhalten während der Tragezeit unklar. Die Paarungszeit ist der Winter, die Trächtigkeit dauert etwa 15 Monate und die Stillzeit etwa zwei Jahre. Ein erwachsenes Weibchen bringt etwa alle vier Jahre ein Kalb zur Welt.

In jüngerer Zeit haben die australische Biologin Helene Marsh und ihr japanischer Kollege Toshio Kasuya nachgewiesen, daß der Indische Grindwal *(Globicephala macrorhynchus)* ein äußerst interessantes Reproduktionsmuster aufweist. Ihre Forschungen führten zu dem Schluß, daß die Schwangerschaftsrate

▲ Ganz oben: Dieser Grauwal wird mit dem Kopf voran geboren — bei Meeressäugetieren ganz unüblich!
Oben: Der Pottwal ist bei der Geburt 3,7 bis 4,3 Meter lang und die getreue Kopie eines Erwachsenen. Er ernährt sich von der fettreichen Milch, die ihm das Muttertier mit Muskelkraft ins Maul spritzt. Die Stillphase dauert mindestens ein Jahr.

ENTWICKLUNG

ART	TRAGEZEIT (Monate)	LÄNGE BEI DER GEBURT (Meter)	GEBURTS-GEWICHT (Tonnen)	GEWICHT ERWACHSEN (Tonnen)
Blauwal	11	7,5	2,2	150,00
Finnwal	11	6,5	1,8	70,00
Buckelwal	11	4,2	0,9	40,00
Gewöhnlicher Grindwal (männlich)	16	1,8	0,085	2,80
Schweinswal	9	0,7	0,009	0,070

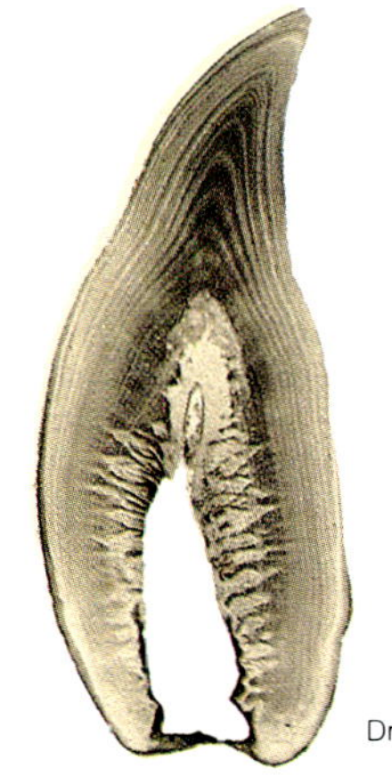

Dr T. Kasuya

▲ Der Schnitt durch den Zahn eines Indischen Grindwals zeigt die aufeinander aufbauenden Schichten — Wachstumsschichten eines Baumes vergleichbar —, die genauen Aufschluß über das Alter geben. In diesem Falle sind es 29,5 Jahre.

mit zunehmendem Alter abnimmt und im Alter von 30 bis 40 Jahren aufhört. Das Stillen scheint bei älteren Tieren fortgesetzt zu werden, und eine enge Verbindung wird zwischen Muttertier und Kalb aufrechterhalten, bis dieses geschlechtsreif wird. Weibchen unter 20 Jahren dagegen säugen ihre Kälber höchstens zwei bis sechs Jahre lang. Verlängerte Stillzeit bedeutet nicht, daß das Kalb sich ausschließlich von der Muttermilch ernährt. Im Gegenteil: Alle Kälber beginnen bereits festes Futter zu sich zu nehmen, wenn sie noch nicht ein Jahr alt sind.

Bartenwale zeigen regelmäßige Fortpflanzungsmuster. Die meisten von ihnen verbringen den Sommer in den Nahrungsgründen der hohen Breiten und wandern im Winter in subtropische und tropische Gewässer. Die Tragezeit dauert etwa elf Monate, die Stillzeit weniger als zwölf, und ein erwachsenes Weibchen bringt etwa alle zwei Jahre ein Junges zur Welt. Es ist aber auch nachgewiesen worden, daß manche Weibchen gelegentlich in der Lage sind, in aufeinanderfolgenden Jahren Junge zu gebären. Möglicherweise ist die Fähigkeit zur schnelleren Reproduktion bei manchen Arten dadurch ausgelöst worden, daß diese in besonders großem Maße der Nachstellung durch den Menschen ausgesetzt waren.

ALTERSSCHÄTZUNGEN

Einen großen Beitrag zum besseren Verständnis der Biologie der Wale hat in neuerer Zeit die Entwicklung von Methoden gezeigt, mit denen das Alter der Individuen besser eingeschätzt werden kann. Nun konnte man festlegen, in welchem Alter die Wale geschlechtsreif werden und wann sie sterben, wie schnell sie wachsen und wie alt sie sind, wenn sie erstmals trächtig werden. All diese Informationen sind wichtig, wenn man sich ein Bild von der Lebensgeschichte eines Tiers machen möchte, und überlebenswichtig für die Sicherung der Erhaltung gefährdeter Arten.

Wenn man das Fortpflanzungspotential eines Tiers beurteilen will, ist es besonders wichtig, das Alter zu kennen, in dem es geschlechtsreif wird. Je früher, desto größer die potentielle Zahl der Nachkommen. Da die Geschlechtsreife eng mit der Körpergröße zusammenhängt, wird ein schneller wachsender Wal früher geschlechtsreif. Ein Faktor dabei ist sicher das erhöhte Nahrungsaufkommen, das als ein Ergebnis des Rückgangs der Gesamtzahl an Walen gesehen werden kann. Zusammen mit der oben erwähnten höheren Trächtigkeitsrate beschleunigt das den Zuwachs der Population. Es spricht viel dafür, daß der Rückgang des Alters, in dem die erste Trächtigkeitsrate beobachtet werden kann, ein Ergebnis der Überausbeutung der Bestände von Finnwalen *(Balaenoptera physalus)* und Seiwalen *(Balaenoptera borealis)* in der Antarktis ist. Zwischen 1930 und 1950 ging der durchschnittliche Eintritt der Geschlechtsreife bei den weiblichen Finnwalen von zehn auf sechs Jahre zurück. Das trifft wohl auch auf die südlichen Bestände der Buckelwale zu; denn man hat an einer Population in den letzten Jahren ein außerordentlich schnelles Anwachsen der Anzahl feststellen können.

Bei Zahnwalen hat man eine Methode der Altersschätzung, die an den Robben entwickelt worden ist — das Zählen der Wachstumsschichten in den Zähnen — erfolgreich anwenden können. Details der Methode variieren von Art zu Art, aber das Grundprinzip ist sehr einfach: Die Schichten werden sichtbar, wenn man einen Längsschnitt durch den Zahn macht. Bestimmte Muster dieser Schichten tauchen zyklisch immer wieder auf, etwa vergleichbar den Wachstumsringen bei Bäumen. Die Methode muß mit Vorsicht verwendet werden, denn die tatsächlichen Wachstumsraten der Schichten kennt man nur von zwei Arten. Aber innerhalb der Arten ist die Schichtbildung im wesentlichen gleich, so daß man zumindest Vergleiche innerhalb der Art anstellen kann, auch wenn ein absoluter Schluß auf das Alter noch nicht zulässig ist.

Bei den Bartenwalen wurde eine andere Methode entwickelt. Der eigentümliche hornige Pfropfen, den sie im Gehörgang haben, zeigt im Längsschnitt ebenfalls Schichtmuster. Schichten schuppiger Hautzellen wechseln sich mit Lagen von Ohrenschmalz ab, so daß man im Schnitt helle (hornige) und dunkle (wächserne) Schichten unterscheiden kann. Auch diese Schichten lassen auf zyklische Vorgänge zurückschließen. Wie bei den Zahnschnitten ist aber auch hier die Kontroverse über das Anlagerungstempo noch nicht beendet.

DAS WACHSTUM

Bei allen Säugetieren ist die Wachstumsrate des Fötus in der letzten Phase der Schwangerschaft am höchsten. Bei den großen Walen ergibt dies erstaunliche Zahlen — der Fötus des Blauwals *(Balaenoptera musculus)* beispielsweise legt in den letzten zwei Monaten etwa zwei Tonnen Gewicht zu. Am Ende der Schwangerschaft beträgt die tägliche Wachstumsrate also ungefähr 100 Kilogramm. Das ist mehr als bei den anderen Walen und mindestens zehnmal mehr als bei jedem anderen Säugetier außer den Walen. Bezogen auf den menschlichen Fötus beträgt der Unterschied 500 bis 1000 Mal soviel. Anders als bei den Landsäugetieren werden die Unterschiede in der Geburtsgröße nicht durch unterschiedlich lange Tragezeiten, sondern durch Erhöhung der Wachstumsrate beim Fötus erreicht.

Heute, wo wir das Alter individueller Wale abschätzen können, können wir auch die Wachstumsrate nach der Geburt bestimmen. Charakteristisch für die Meeressäugetiere ist, daß sie auch in der Phase nach der Geburt sehr schnell wachsen. Wie die Robben produzieren auch die Wale Milch, die sehr viel Fett und — in geringerem Umfang — Proteine enthält. Deshalb wachsen die Kälber sehr schnell heran — so schnell, daß man zwar innerhalb des ersten Lebensjahres das Alter ziemlich genau einschätzen kann, nicht aber mehr danach. Ein zwei Jahre altes Tier kann so groß — oder sogar größer — sein wie ein fünfjähriges. Während der etwa siebenmonatigen Stillzeit wächst das Blauwal-Kalb mit einer täglichen Rate von etwa 80 Kilogramm um annähernd 17 Tonnen! Bei der Geburt acht Meter lang, kann es mit zwei Jahren doppelt so groß oder noch größer sein.

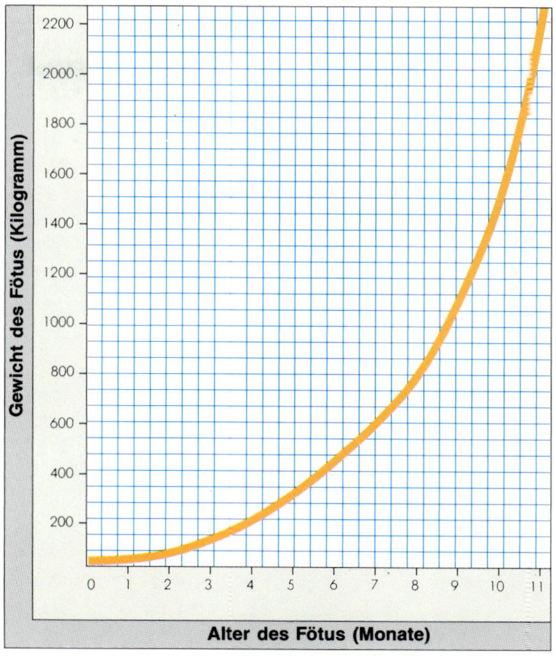

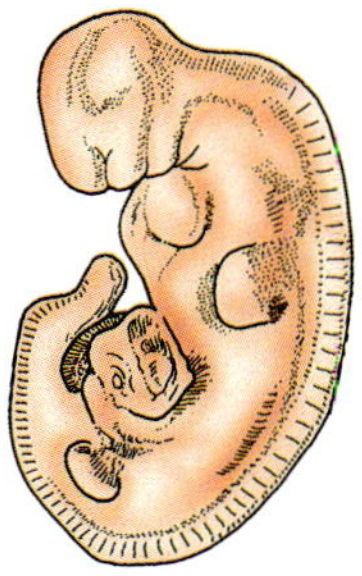

◄ ▲ Das außerordentliche Wachstum der Blauwale wird hauptsächlich während der letzten zwei Monate im Uterus erzielt. Während ein menschlicher Fötus während der letzten zwei Monate vor der Geburt zwei Kilogramm zunimmt, wächst der Blauwal in derselben Zeit um zwei Tonnen.

▼ Ein Blauwal, der bei der Geburt acht Meter lang ist, kann nach zwei Jahren doppelt so groß sein. Er hat eine Wachstumsrate von 80 Kilogramm am Tag.

Francois Gohier/Auscape International

SOZIALVERHALTEN

PETER CORKERON

Die Sozialsysteme aller Tiere sind das Ergebnis entwicklungsgeschichtlicher Prozesse. Dennoch fällt es dem Biologen schwer, die Frage zu beantworten, warum Tiere Gruppen bilden. Da die natürliche Auslese sich auf das Einzeltier auswirkt und nicht auf die Gruppe, muß es offenbar im langfristigen Interesse des Individuums sein, sich einer Gruppe anzuschließen. Mit anderen Worten: Die Kosten des Gruppenlebens für das Einzeltier müssen durch den Nutzen aus dem Zusammenleben in Gruppen überwogen werden.

Die Tatsache, daß tierische Sozialsysteme auch Anpassungen an die ökologischen Bedingungen darstellen, kompliziert die Aufgabe, die relativen Kosten und Nutzen des Gruppenlebens herauszufinden. Hinzu kommt, daß die Entwicklung des Sozialverhaltens auch davon beeinflußt wird, wie nahe verwandt (oder nicht) die Individuen sind.

Zu den ökologischen Faktoren, die das Sozialverhalten der Wale und Delphine zu beeinflussen scheinen, gehören Ausmaß und Art des Verfolgungsdrucks, Ergiebigkeit und räumliche Verteilung des Nahrungsvorkommens (und die Leichtigkeit, mit der es geortet werden kann) sowie die Beschränkungen, die einem Säugetier im Lebensraum Meer auferlegt sind.

Don Croll

In welcher Weise beeinflussen diese Faktoren die Meeressäugetiere? Sehr vereinfacht gesagt, kann schon der Lebensraum die Vergesellschaftung beeinflussen. Die Süßwasserdelphine beispielsweise leben in flachen, sehr vielgestaltigen Lebensräumen, die ihnen Fluchtwege und Verstecke vor Verfolgern bieten und im übrigen offenbar wenig derartiger Feinde. Ihre Beute ist mehr oder weniger gleichmäßig im Lebensraum verteilt.

Diese Delphine findet man in kleinen Gruppen oder häufig sogar alleinlebend. Delphine, die im Küstenbereich in den Buchten leben, bilden etwas größere Gruppen von sechs bis etwa zwanzig Individuen. Ihr Lebensraum ist offener, die Beuteschwärme sind größer und dichter, aber auch der Verfolgungsdruck ist stärker. Pelagisch lebende Delphine versammeln sich im offenen Meer zu außerordentlich großen Herden — bis zu Tausenden von Tieren — dort, wo große Beuteschwärme stehen. Diese Schwärme sind häufig durch weite Wasserstrecken voneinander getrennt. Der Verfolgungsdruck spielt hier wohl eine wesentlich größere Rolle.

Inwieweit die verwandtschaftliche Beziehung das Sozialverhalten beeinflußt, ist schwieriger festzustellen. Es wird als gegeben angesehen, daß das Individuum versucht, ein Maximum seiner Gene an die nächste Generation weiterzugeben. Der naheliegendste Weg, dies zu erreichen, ist die Fortpflanzung. Aber die genetischen Eigenschaften eines Individuums werden auch weitergegeben, wenn dieses das Überleben seiner Nichten und Neffen, Tanten, Onkel, Geschwister oder Cousins unterstützt.

Ein weiterer Weg zur Unterstützung des Weiterbestandes der Art kann in altruistischen Handlungen liegen: Das Hilfsverhalten, das man in vielen Tiergesellschaften beobachten kann, scheint nicht dem Wettbewerbsprinzip zu entsprechen, wonach nur die besten überleben sollen. Aber mathematische Modelle haben ergeben, daß es manchmal im Interesse des Individuums sein kann, seinen Gruppengenossen beizustehen. Dies gilt allerdings nur, wenn alle Angehörigen der Gruppe sich so verhalten und kein »Verräter« darunter ist.

Altruismus bedeutet nicht notwendigerweise den bewußten Entschluß, eine gefällige Handlung zu vollziehen. Der Begriff bezeichnet vielmehr eine in der Evolution erworbene Folge von automatisch ablaufenden Verhaltensweisen. Die Unterstützung von

▼ Die pelagisch lebenden Delphine jagen große Fischschwärme, die über eine riesigen Raum verteilt sind. Wenn sich tausend oder noch mehr Delphine zusammentun, können sie diese Schwärme effektiver zusammentreiben. Die Koordination innerhalb der Gruppe scheint durch »Übungen« wie das gemeinsame Springen und gemeinsame, plötzliche Richtungswechsel unter Wasser hergestellt zu werden.

▼ Am eingehendsten untersucht bei den Bartenwalen ist das Sozialverhalten der Buckelwale. Hauptzweck der Gruppe scheint bei ihnen der Schutz der Weibchen und ihrer Kälber zu sein.

Gruppenangehörigen ist eine von ihnen. Sie geht von der Annahme aus, daß die Gruppengenossen dem Individuum bei Bedarf in gleicher Weise helfen werden (»reziproker Altruismus«).

Beispiele für altruistisches Verhalten findet man bei den Meeressäugetieren wie auch bei den Landsäugetieren häufig. Das Leben im Wasser scheint aber einen vermehrten Anstoß für altruistische Handlungen zu vermitteln. Ein verletzter Wal oder Delphin, der nicht mehr zur Wasseroberfläche schwimmen kann, kann sich darauf verlassen, daß seine Gruppengenossen ihn unterstützen werden. Ob solche Hilfe in der Gruppe angelernt ist oder instinktiv erfolgt, ist hier nicht von Bedeutung. Wichtig ist nur, daß durch die aquatische Existenz die Notwendigkeit, ein solches Verhalten zu entwickeln, gegeben ist. Der Bedarf scheint ausreichend groß zu sein, um reziproken Altruismus zu einem festen Bestandteil des Sozialverhaltens der Meeressäugetiere zu machen.

Die Komplexität der Verhaltensweisen erhöht sich dadurch, daß die langfristigen Interessen von Männchen und Weibchen unterschiedlich sind. Die Männchen müssen sich den Zugang zu den Weibchen im Wettbewerb mit den anderen erstreiten und das Weibchen selbst davon »überzeugen«, daß sie die besten Partner für die Fortpflanzung sind. Die Weibchen dagegen müssen ihre Energie-Einnahme maximieren, da der Energieaufwand beim Austragen und Stillen des Nachwuchses groß ist. Vereinfacht gesagt investieren die Männchen also, um eine möglichst große Anzahl an Paarungsmöglichkeiten zu erreichen, die Weibchen dagegen, um sicherzustellen, daß ihre Jungen überle-

Mike Osmond/Pacific Whale Foundation

Bill Wood/Australian Picture Library

ben und gute Startbedingungen haben. Nepotismus (Vetternwirtschaft), wie die Unterstützung der Sippe biologisch genannt wird, findet sich unter den Meeressäugetieren ebenfalls häufig.

Die Basiseinheit der Säugetiergesellschaft scheint die Bindung zwischen Muttertier und Kalb zu sein. Sie ist viel stärker als beispielsweise die Verbindung zwischen paarenden Männchen und Weibchen. Dies führt unter entsprechenden Bedingungen zu Gruppen, die über die Weibchenbindung zusammengehalten werden (matrilineale Gruppen).

Bei den Grindwalen beispielsweise findet sich diese Form eines Sozialsystems. Es scheint sogar, daß die Grindwal-Weibchen den Wechseljahren unterliegen — eine sehr seltene Erscheinung im Tierreich. Es hat sich auch gezeigt, daß die »Großmütter« der Gruppe das angelernte Wissen speichern — beispielsweise, wo man in welcher Jahreszeit die besten Futterplätze findet — und als Gruppenführer (ähnlich wie Stammesälteste in menschlichen Gemeinschaften) figurieren. Das Vorkommen der Menopause führt auch zur Vermutung, daß die Weibchen eines gewissen Alters mehr auf die Aufzucht eines einzelnen Kindes abstellen, während die jüngeren darauf aus sind, möglichst viele Kälber hervorzubringen.

Wir sind leider weit davon entfernt, das Sozialverhalten der Meeressäugetiere vollständig zu verstehen. In den vergangenen 15 Jahren aber ist die Zahl der entsprechenden Untersuchungen im natürlichen Lebensraum erheblich gestiegen. Einige exzellente Studien an Herden in freier Wildbahn haben ein Licht darauf geworfen, wie das Sozialverhalten der Wale mit dem zu vergleichen ist, was wir über diese Frage von den Landsäugetieren wissen. Obwohl die Beobachtung in freier Wildbahn wesentliche Informationen über die sozialen Strukturen bei den Meeressäugetieren vermittelte, ist die Beobachtung von Tieren in Gefangenschaft immer noch erforderlich, um unsere Kenntnis der Sozialorganisation zu verbessern. Im Vordergrund stehen dabei die verschiedenen Interaktionen zwischen den Mitgliedern eng miteinander verbundener Kleinstgruppen (englisch: »dyads«). Bei den großen Walen ist dies natürlich nicht möglich, da sie nicht in Ozeanarien gehalten werden können. Jeder Versuch zusammenzufassen, was man über das spezifische Sozialverhalten einzelner Arten weiß, würde nur bruchstückhafte Informationen liefern. Es ist deshalb erforderlich, repräsentative Beispiele für Sozialsysteme bei den Meeressäugetieren herauszugreifen und diese im Detail zu untersuchen.

GROSSER TÜMMLER

Große Tümmler *(Tursiops truncatus)* findet man rund um die Welt sowohl in küstennahen Gewässern

▲ Zum Studium des Sozialverhaltens gehört die Feststellung der Interaktionen zwischen den Individuen. Jedes soziale Netzwerk baut auf solchen Interaktionen zwischen jeweils zwei Individuen auf. Diese Paare nennt man in der Sozialforschung »dyads«. Wenn die Gruppe sechs Tiere umfaßt, bedeutet das die Interaktion von 6 +5 +4 +3 +2 +1 »dyads«. Jede Interaktion eines jeden »dyads« ist abhängig sowohl von den vorhergegangenen Interaktionen dieses »dyads« als auch vom gesamten sozialen Netzwerk. Das Studium dieser Netzwerke von Interaktionen ist eine der wichtigsten Methoden bei der Erforschung des Sozialverhaltens.

als auch auf hoher See. Sie gehörten zu den ersten Meeressäugetieren, die in Gefangenschaft gehalten wurden, und haben sich als erstaunlich anpassungsfähig an das Leben in den Ozeanarien erwiesen. Aufgrund dieser langen Beobachtungsdauer konnte eine große Zahl von Daten über die Interaktionen in der Gruppe gesammelt werden. Aus den Studien in Gefangenschaft ergibt sich das Vorhandensein einer Dominanzhierarchie. Das größte erwachsene Männchen dominiert die anderen. Bei den Weibchen scheinen die Dominanzmuster nicht so ausgeprägt zu sein. Zu den beobachteten agonistischen oder aggressiven Verhaltensmustern gehören das gegenseitige Jagen, Rammen, Beißen, Mit-der-Fluke-Schlagen (gegenüber Untergeordneten) und schließlich das Anstoßen mit der Schnauze, wobei der Tümmler diese so fest schließt, daß er dabei einen scharfen Knall erzeugt. Erwachsene Männchen zeigen aggressives Verhalten nicht nur gegenüber den anderen Erwachsenen, sondern auch gegenüber den Kälbern. Hiergegen wehrt sich das Muttertier, oder es versucht, der Aggression zu entkommen.

Bernd Würsig

▲ Den Sprung des Großen Tümmlers haben — im Gegensatz zu den meisten anderen Verhaltensmustern der Meeressäugetiere — viele Menschen schon erlebt. Da diese Art schon lange in Ozeanarien beobachtet werden kann, ist ihr Sozialverhalten auch am besten erforscht.

Andere soziale Verhaltensmuster sind: das Aneinanderreiben, das gemeinsame Springen, das Bauchzeigen der Weibchen gegenüber den Männchen (wohl eine Paarungsaufforderung) und die Kopulation. Bei einer der in Gefangenschaft beobachteten Gruppen erreichte die Anzahl derartiger Interaktionen am mittleren Nachmittag den Spitzenwert.

Da man sie häufig küstennah findet, gehören die Großen Tümmler auch zu den Meeressäugetieren, die in freier Wildbahn am eingehendsten beobachtet worden sind. Solche Gruppenbeobachtungen hat man vor den Vereinigten Staaten, Südafrika, Argentinien, England, Frankreich und Australien unternommen. Aufgrund der weiten Streuung war es möglich, die Unterschiede in den Lebensräumen und Variationen der Sozialstrukturen bei den einzelnen Populationen mit zu erfassen, und das hat Aufschlüsse darüber erbracht, inwieweit die unterschiedlichen ökologischen Bedingungen Auswirkungen auf das Sozialverhalten haben. Wenn Gruppen ökologische Anpassungen darstellen, dann müßten unterschiedliche ökologische Bedingungen — zumindest theoretisch — unterschiedliche Sozialstrukturen zur Folge haben. Also müßte sich die Hypothese von der relativen Wichtigkeit der einzelnen ökologischen Faktoren auf die Vergesellschaftung hier untersuchen lassen.

Große Tümmler findet man einzeln lebend oder in Gruppen, deren Größe von zwei Tieren bis zu mehr als tausend reicht. Das Studium solcher Herden hat gezeigt, daß die Sozialstruktur recht fließend ist. Die Zusammensetzung der Gruppen scheint mit bemerkenswerter Regelmäßigkeit zu wechseln. Es gibt aber erkennbare Grundmuster. Kleine Untergruppen — im allgemeinen zwei bis sechs Tiere — bleiben recht stabil zusammen. Die Großgruppe oder Herde setzt sich aus der Vereinigung solcher Kleingruppen zusammen. Einige Untergruppen, vor allem die der halbwüchsigen und erwachsenen Männchen, meiden sich gegenseitig. Es scheint auch bestimmte Muster zu geben, nach denen sich größere Gruppen vereinigen. Wenn sich die Tümmler innerhalb eines bestimmten Gebiets in der beschriebenen Weise zusammentun, bilden sie Gemeinschaften, die nach außen strenge Demarkationsgrenzen aufweisen. Eine Studie untersuchte die Delphine in einer abgegrenzten Bucht Floridas. Dort lebte eine Herde von etwa 100 Tümmlern, denen ein Raum von etwa 85 Quadratkilometern zur Verfügung stand. Mit den Tümmlern außerhalb ihres Gebietes schienen sie keinerlei Interaktionen zu haben. Ähnliches zeigte sich im größeren Maßstab in einer Bucht vor Queensland (Australien). Dort lebten etwa 250 Tümmler in einem weit größeren Gebiet zusammen, wobei das Gebiet einzelner Tiere 250 Quadratkilometer erreichte. Auch die Tümmler aus dieser Bucht wurden nie dabei beobachtet, daß sie sich mit den vielen anderen Tümmlern zusammentaten, die dort in den Küstengewässern außerhalb der Bucht lebten.

Man hat behauptet, die Dominanzhierarchien bei den gefangenen Tümmlern seien Auswirkungen des Gefangenschafts-Streß, und in freier Wildbahn würde man sie nicht finden. Solche Hierarchien konnten indessen auch in freier Wildbahn nachgewiesen werden. Vor der Küste Queenslands (wie natürlich überall auf der Welt) suchen die Tümmler hinter den Shrimp-Fischerbooten Nahrung. Von diesen Booten wird der nicht zu verwertende Beifang ins Wasser zurückgeworfen und von den Delphinen gefressen. In der Moreton Bay zeigten Tümmler, die einen Großteil ihrer Nahrung auf diese Weise erwarben, bestimmte Dominanzmuster. Die dominierenden Tiere — gewöhnlich erwachsene Männchen — hatten die erste Wahl unter den weggeworfenen Fischen und waren entsprechend wählerisch. Andere Individuen von niedrigerem Rang (gewöhnlich Weibchen und Halbwüchsige) fraßen die Abfälle und Fischarten, die die dominierenden Tiere niemals annahmen.

Dieses Beispiel verdeutlicht auch die bemerkenswerte Spannweite der Ernährungsgewohnheiten des Großen Tümmlers. Im offenen Wasser jagen die Tümmler in der Herde große Fischschwärme, während sie in felsigen Riffgebieten individuell Nahrung suchen. In einem flachen, marschigen Meeresgebiet hat man beobachtet, wie sie die Fische in Richtung Ufer trieben und bei der Verfolgung der Fische selbst Gefahr liefen zu stranden. Es wird auch berichtet, daß die Tümmler — zum Nutzen beider — mit Fischern zusammenarbeiteten. Insgesamt eine Vielfalt unterschiedlicher Methoden des Nahrungserwerbs, was die Vermutung bestärkt, daß die Delphingruppe als eine Art Schule wirkt, in der die jüngeren Exemplare von den älteren lernen.

Diese bemerkenswerte Fähigkeit, die entsprechende

Ben Cropp

Technik zu erlernen, die den Umständen angemessen ist, macht es auch schwierig, den Einfluß der Futterverfügbarkeit auf die Gruppengröße einzuschätzen. Auch die Rolle, die der Verfolgungsdruck beim Zustandekommen der Herde spielt, ist schwer zu entscheiden. Viele der Tiere, die hinter den Fischerbooten in der Moreton Bay herwaren, zeigten Narben von den Begegnungen mit großen Haien, die ebenfalls den Fischerbooten folgen. Diese Wunden heilen indessen schnell, und der Biß eines Hais scheint die Delphine nicht vom Verfolgen der Fischerboote abzuhalten. Beobachtungen in Florida zeigten, daß die Tümmler dazu neigten, in flacheres (und möglicherweise sicheres) Wasser zu gehen, wenn Haie im Gebiet waren, die auch Delphine angreifen. Die Volksmeinung behauptet, Tümmler würden Haie angreifen und töten, und Haie und Delphine treffe man nirgends gemeinsam an. Aber der Beweis dafür ist noch zu erbringen! Im übrigen hat man sie schon nahe beisammen bei der Verfolgung von Fischen beobachtet.

Die Gemeinschaften des Großen Tümmlers sind matrilineal, werden also durch die Weibchen zusammengehalten. Ihr Paarungssystem ist nicht bekannt, und die Funktion, die der Wettbewerb der Männchen für die Paarung in ihrem Sozialgefüge spielt, bleibt ein Geheimnis. Um dies weiter aufzuklären, müßte das Geschlecht frei lebender Tümmler festgestellt werden können. Die Geschlechtsunterscheidung ist aber gerade bei ihnen extrem schwierig.

SCHWERTWAL

Schwertwale *(Orcinus orca)* findet man in allen Ozea-

▲ Wie eine Katze mit der Maus spielt der Große Tümmler gelegentlich mit seiner Beute. Er faßt sie sanft und läßt sie wieder los, um sie schließlich erneut einzufangen.

nen der Welt sowohl auf der Hochsee als auch in Küstennähe. Eine Population in den Küstengewässern von Britisch Kolumbien (Kanada) und Washington (USA) wird seit den 70er Jahren beobachtet. Die einzelnen Tiere werden identifiziert anhand der unterschiedlichen Muster auf der Rückenflosse sowie Größe, Form und Lage des hellen »Sattelflecks« hinter der Finne. In dieser Population gibt es drei getrennte Untergruppen: eine ortstreue nördliche, eine ortstreue südliche und eine unstetige dritte Gemeinschaft, die sich aus Tieren zusammensetzt, die man nur gelegentlich in einer der beiden Lebensräume der ortstreuen Gruppen findet.

Jeff Foott/Bruce Coleman Ltd

▲ Studien an Schwertwalen vor der Westküste Nordamerikas haben gezeigt, daß die Herden relativ stabil sind. Gruppen bis zu 50 Tieren halten den Gruppenzusammenhalt mittels akustischer Kommunikation aufrecht. Jeder dieser »pods« hat seinen eigenen Dialekt.

Die Schwertwale leben in relativ stabilen Gruppen, die man »pods« (amerikanisch für Herde, Schwarm) nennt. Die »pods« scheinen sich aus miteinander verwandten Tieren zusammenzusetzen. Ihre Größe reicht von einem bis zu fünfzig Tieren. Insgesamt gibt es 30 »pods« mit zusammen 260 Individuen. Die »pods« vermischen sich gewöhnlich untereinander, allerdings nicht jeder »pod« mit jedem, sondern nur innerhalb derselben regionalen Gemeinschaft. »Pods« der unterschiedlichen Gemeinschaften gehen nie zusammen. Einzeln lebende Tiere beider Geschlechter findet man selten. Weitere Besonderheiten sind: In einigen der kleineren »pods« finden sich beispielsweise keine Männchen, und in anderen besteht über die Hälfte der Mitglieder aus Männchen, obwohl die erwachsenen Männchen an der Gesamtpopulation nur 23 Prozent ausmachen. Bei den Schwertwalen ist die Geschlechtsbestimmung recht einfach. Die Männchen sind mindestens um ein Drittel größer als die Weibchen, und ihre Finne ist mehr als doppelt so groß.

Die ortstreuen »pods« haben eine Reichweite von mindestens 500 Kilometern entlang der Küste. Bei der unsteten Gemeinschaft sind es mindestens 630 Kilometer Küstenlinie und eine nicht bekannte Reichweite ins offene Meer hinaus.

Die Schwertwale sind besonders stimmbegabt. Sie bringen drei verschiedene Typen von Lauten hervor: die Klicks der Echolokation, Pfeiftöne und stoßweise Laute. Einzelne, stoßweise Laute sind die gewöhnlich-

Flip Nicklin/Ocean Images Inc./Planet Earth Pictures

▶ Bei den Schwertwalen findet man einen ausgeprägten Dimorphismus der Geschlechter. Die Männchen werden bis zu 9,75 Meter lang und haben eine deutlich längere Finne als die Weibchen. Die Finne ist dreieckig und bis zu zwei Meter hoch. Die Weibchen sind leichter und werden nur bis 6,5 Meter lang.

Jen and Des Bartlett/Bruce Coleman Ltd

▲ Schwertwale, die räuberischsten unter den Delphinen, versammeln sich an den Aufzuchtplätzen der Robben und Seelöwen. Sie schwimmen dicht ans Ufer heran und werfen sich auch auf den Strand, um die Robben zu erwischen oder sie so zu verwirren, daß sie ins Wasser fliehen, wo sie eine sichere Beute der anderen wartenden Schwertwale werden.

▶ Es gibt Berichte darüber, wie Schwertwale große Bartenwale angreifen. Sie jagen sie, bis sie geschwächt sind, fügen ihnen Wunden zu und versuchen auch, sie zu ertränken. Dieser Blauwal wurde von einer Gruppe Schwertwale vor der Niederkalifornischen Halbinsel angegriffen und starb schließlich an den zugefügten Wunden.

ste Art von Tönen bei den ortstreuen Schwertwalen. Die Analyse dieser Laute hat gezeigt, daß die beiden »pods« von der Westküste Nordamerikas verschiedene »Dialekte« haben. In jedem »pod« findet man ein bestimmtes, begrenztes Repertoire von Rufen, das über mehrere Jahre unverändert bleibt, und die Dialekte der »pods« innerhalb derselben regionalen Gemeinschaft ähneln sich, wohingegen die Repertoires von »pods« aus unterschiedlichen Gemeinschaften sehr wenige Rufe gemeinsam haben.

Die Lautäußerungen der Schwertwale sind auch in antarktischen Gewässern aufgezeichnet worden: sie sind zwar als Schwertwal-Töne zu erkennen, unterscheiden sich aber wiederum von denen der Schwertwale vor Nordamerika. Dies ist ein weiterer Beweis für das Vorkommen von Dialekten. Gelegentliche Beobachtungen von Schwertwalen in anderen Meeresgebieten haben sehr interessante, offensichtlich erlernte, Aspekte ihres Jagdverhaltens zutage gebracht. Die Schwertwale kommen während der Trächtigkeit der Robben dicht in Ufernähe rund um die subantarktischen Inseln, auf denen diese leben. In den Küstengewässern Argentiniens, wo die Schwertwale genau zu dieser Saison eintreffen, hat man beobachtet, daß sie sich bei der Verfolgung der Robben selbst auf den Strand werfen. Tatsächlich sind diese absichtlichen Strandungen die erfolgreichste Jagdtechnik, die diese Gruppe von Schwertwalen sich angeeignet hat. Wenn sie so versuchen, die Robben in der Brandung zu erwischen, wo diese in sehr schwieriger Lage sind — weder richtig im Wasser, um gewandt fliehen zu können, noch richtig an Land —, gehen die Schwertwale selbst ein gewisses Risiko ein, da sie sich in eine unvertraute Umgebung wagen. Es scheint, daß junge Schwertwale aus der Beobachtung älterer Tiere lernen, wie dieses Stranden bei der Verfolgung der Robben ausgeführt werden muß. Die Schwertwale zeigen auch einen beeindruckenden Grad an sozialer Koordination, wenn sie andere Meeressäugetiere angreifen. Es gibt einige Aufzeichnungen und Berichte von kontrollierten und koordinierten Angriffen auf Großwale, und diese Berichte, über viele Jahre hinweg an verschiedenen Stellen der Erde gesammelt, weisen schlagende Ähnlichkeiten auf. Die Schwertwale umringen die Wale und unterbrechen deren Kommunikations- und Ortungs-Geräusche. Einzelne Schwertwale werfen sich über den Kopf des Wals, offensichtlich im Versuch, das Blasloch ihres Opfers zuzudecken und es am Atmen

zu hindern. Ein weiterer Beweis dafür, daß die Schwertwale die Bedeutung der Atmung bei anderen Walen verstehen, läßt sich aus Beobachtungen in den Gewässern vor Britisch Kolumbien ableiten: Dort wurde ein Zwergwal von Schwertwalen ertränkt, indem sie ihn zwangen, unter Wasser zu bleiben.

Wenn die Schwertwale kleinere Meeressäugetiere jagen, treiben sie diese zu dicht zusammengedrängten Haufen zusammen. Dann schießen einzelne von ihnen pfeilschnell durch den Schwarm wimmelnder Tiere und töten so viel sie können. Ein faszinierender Bericht über die Kooperation der Schwertwale bei der Jagd zeigt auch, wie sie mit Walfängern zusammenarbeiten. In der Twofold Bay im südlichen Neusüdwales (Australien) arbeitete eine landgestützte Walfangstation mit der Hilfe einer Gruppe von Schwertwalen. Die Schwertwale pflegten wandernde Walherden in die Bucht hineinzudrängen und zwangen die Wale, an der Oberfläche zu bleiben, damit die Walfänger sie besser töten konnten, oder sie alarmierten die Walfänger, wenn wandernde Buckelwale außerhalb der Twofold Bay vorbeizogen. Die Walfänger ließen tote Wale ein paar Tage angebunden im Wasser treiben, um ihren »Assistenten« Gelegenheit zu geben, Lippen und

Bob Vile / Hubbs Sea World Research Institute / Harcourt Brace Jovanovich

Dean Lee

▲ Es gibt noch keine eindeutige Erklärung für das Wasser-Schlagen mit der Fluke bei den Schwertwalen. Man sieht darin entweder ritualisiertes Aggressionsverhalten von Männchen oder Versuche, Kälber gegen Aggression zu verteidigen, oder auch Signale für die Gruppe, daß Verfolger oder Beute in der Nähe sind.

▶ Zu den Schwimmustern, die Schwertwale abgestimmt aufeinander ausführen, gehört auch das »Ausspähen«. Dabei heben sie Kopf und Vorderteil des Körpers aus dem Wasser und suchen die Umgebung ab. Studien an frei lebenden Schwertwalen haben ergeben, daß die Jungtiere dieses Verhalten von den älteren Tieren absehen.

Zungen zu fressen. Interessanterweise lebten diese Schwertwale in drei Gruppen, die hier als »mobs« oder »Familien« bezeichnet wurden, die über die Jahre zu einer einzigen Gruppe zusammenwuchsen. Dies ist dasselbe soziale Muster, das auch für die Schwertwale vor der Westküste Nordamerikas beschrieben wurde.

Auch heute noch hängen sich Schwertwale an menschliche Aktivitäten an. Der Heringsfang in den Gewässern zwischen Norwegen und Island zieht Hunderte von Schwertwalen an, die rund um die Fangschiffe auf Jagd gehen. Dies wirft interessante Fragen auf. Wie ermöglicht die Sozialorganisation der Schwertwale die Bildung so großer Ansammlungen? Bleiben in solchen Situationen die Trennungslinien zwischen den unterschiedlichen »pods« und Gemeinschaften bestehen, und wenn ja, wie werden sie aufrechterhalten?

Das Sozialverhalten der Schwertwale ist nicht sehr detailliert untersucht worden, lediglich bei gefangenen Tieren hat man einige Studien gemacht. Die Interaktionsmuster innerhalb der engeren Kleingruppen können unterschieden werden in Fortbewegungsmuster, Spiel, offensichtliches Werben, Vorspiel und Schikanieren (agonistisches Verhalten). Zu den Fortbewegungsmustern gehören das gegenseitige Jagen, aber auch koordinierte Schwimmuster wie das Seite-an-Seite-Schwimmen. Zum Spiel gehören Aktivitäten wie das hautnahe Aneinandervorbeifegen mit hoher Geschwindigkeit. Offensichtliches Werben liegt vor, wenn die Wale bewegungslos im Wasser schweben und sich gegenseitig die Bauchseite zuwenden. Dabei ist der Penis des Männchens erigiert. Eine andere Form ist das Schwimmen in dieser Lage (mit eingezogenem Penis beim Männchen). Weitere Paarungsaufforderungen sind sanfte Stöße in die Gegend der Geschlechtsöffnung des Partners, langsames und zärtliches Aneinanderreiben der Körper, Aufreiten des einen auf dem anderen, der bewegungslos im Wasser schwebt, Aufeinanderzuschwimmen, wobei es nur zu einer sachten Berührung der Köpfe kommt, und zärtliches Knabbern an der Zunge des anderen. Der ausgefahrene Penis ist offensichtlich ein Anzeichen des Vorspiels kurz vor der Kopulation.

Zum antagonistischen oder aggressiven Verhalten gehören Vorstöße gegen andere, das Herumschwenken von Körper oder Fluke gegen den anderen (das häufig, aber nicht zwingend, von einem frontalen Vorstoß gefolgt ist), das vorsätzliche Rammen mit dem Kopf und — als ernsthafteste Aggression — das Beißen.

Beobachtungen an Tieren in Gefangenschaft haben viele Einzelheiten zu diesen hier nur stichwortartig aufgeführten Verhaltensmustern zutage gebracht. Aber es war bisher noch nicht möglich, Vergleiche mit frei lebenden Schwertwalen anzustellen. Das wenige, was wir über die Gruppenbildung der Schwertwale an anderen Orten als vor der Westküste Nordamerikas wissen, läßt vermuten, daß diese Tiere in kleinen Gruppen leben, die vermutlich nicht sehr stabil sind. Die geschilderte Vereinigung der »pods« in der Twofold Bay läßt sich möglicherweise dahingehend verallgemeinern, daß »pods« in ständigen größeren Gruppen aufgehen können — allerdings stünde dies in Widerspruch zur Ansicht, die »pods« seien ihrer Natur nach stabile soziale Einheiten. Das Vorkommen einzeln lebender Schwertwale in den Gewässern vor Britisch Kolumbien und Washington spricht übrigens auch dafür, daß »pods« nicht vollständig stabil sein können — schließlich müssen diese Einzelgänger zu irgendeinem Zeitpunkt auch einmal zu einem »pod« gehört haben. Wieviele Tiere braucht es, und welche Bedingungen müssen vorliegen, um die Stabilität sicherzustellen? Welche Auswirkungen haben Häufigkeit und Verteilung der Beute auf die Größe des »pod«? Auch das Paarungsverhalten der Schwertwale bleibt noch rätselhaft. Wenn die Männchen einer Art viel größer als die Weibchen sind, deutet das in der Regel auf Polygynie hin — das heißt, daß ein Männchen sich mit mehreren Weibchen paart. Ob dies auch bei den Schwertwalen der Fall ist, wissen wir nicht. Es gibt sogar Vermutungen, daß die Männchen ihr Leben lang in der Gruppe bleiben, in der sie geboren wurden. Wenn das so ist, erhebt sich natürlich die Frage: Wer paart sich mit den Weibchen aus der Gruppe? Vielleicht sind dies vorübergehend aufgenommene Männchen, vielleicht vollzieht sich die Paarung aber auch, wenn sich die »pods« mit anderen in gemeinsamen Paarungs- und Aufzuchtgebieten vereinigen. Bei der Mehrzahl der polygamen Säugetiere verlassen die heranwachsenden Männchen die Gruppe, in der sie geboren wurden, und wandern hinweg. Wenn dies bei den Orcas auch der Fall wäre, würde das den kleinen Anteil erwachsener Männchen

▲ Die Fähigkeit, in die Luft zu springen, sich um die Körperachse zu drehen und sich zu überschlagen, findet man bei vielen Arten. Am geschicktesten aber ist der Spinnerdelphin. Meist üben die Tiere diese Aktivitäten in der Herde aus, man kann jedoch auch alleinziehende Individuen dabei beobachten.

an der Population vor der nordamerikanischen Westküste erklären. Beobachtungen des Verhaltens der Schwertwale bei der Jagd lassen darauf schließen, daß die Männchen eine Hauptrolle bei der Überwältigung großer und gefährlicher Beute spielen. Vielleicht ist der geringe Anteil an Männchen auch darauf zurückzuführen, daß unter diesen Umständen die Sterblichkeit bei ihnen höher ist. Um die Verwirrung noch größer zu machen: Diese Schwertwale ernähren sich hauptsächlich von leicht zu erbeutendem Fisch!

SPINNERDELPHINE

Spinnerdelphine *(Stenella longirostris)* findet man in tropischen, subtropischen und gelegentlich auch in warm-gemäßigten Gewässern rund um die Welt. Sie leben sowohl küstennah um Inseln herum als auch pelagisch. Ihre Herden umfassen von 20 bis zu über 1000 Tieren. Populationsgröße und Unterteilung in einzelne Gruppen sind an den Spinnerdelphinen des östlichen tropischen Pazifik näher untersucht worden. Millionen dieser Art sowie die nahe verwandten Zügeldelphine sind dort als Beifang bei der Thunfisch-Fängerei getötet worden. Beobachtungen von den Fangbooten aus haben einige Aufschlüsse über ihr Sozialverhalten erbracht. Die umfassendsten Ergebnisse aber gewann man bei Beobachtungen vor Hawaii.

Auffällig an den Spinnerdelphinen ist, daß sie im Laufe des Tages unterschiedliche Lebensräume bewohnen. Tagsüber ruhen sie in Buchten in Strandnähe. Nachts ziehen sie von der Küste weg in tiefere Gewässer. Dort gehen sie in großen Tiefen auf die Jagd nach Fischen. Bei diesem Wechsel des Aufenthaltsorts ändert sich auch ihre Gruppengröße: Die Gruppen, die tagsüber gemächlich in den Buchten kreisen, umfassen etwa 20 Tiere. Nachts schließen die Spinnerdelphine sich zu Jagdgruppen von mehreren Hundert zusammen. Diese großen Gruppen, die offensichtlich das Auffinden von Ansammlungen der Nahrungsbeute begünstigen, kämmen weite Bereiche des Ozeans durch.

Der Übergang von der Ruhephase zum aktiven Wandern und Jagen ist deutlich erkennbar. Wenn der Abend naht, steigt die Aktivität der Spinnerdelphine (ihr Name leitet sich übrigens aus ihren beeindruckenden akrobatischen Sprüngen und Drehbewegungen ab), dann folgt eine Periode, in der sie im Zickzack schwimmen und offensichtlich überprüfen, ob jedes Gruppenmitglied sich den Bewegungen der Gruppe angepaßt hat. Schließlich begibt die Gruppe sich aufs offene Meer hinaus und vereinigt sich mit den anderen Gruppen zur Jagdherde. Die Sozialstruktur bei den Spinnerdelphinen scheint nicht sehr fest zu sein; denn die Gruppenzusammensetzung ändert sich täglich. Nur gewisse sehr kleine Gruppen (im allgemeinen Paare) bleiben fest zusammen.

Sozialstruktur und Verhaltensmuster bei den Spinnerdelphinen demonstrieren, wie ökologische Faktoren direkt auf das Sozialverhalten einwirken können. Die Spinnerdelphine ziehen sich zur Ruhephase ins flache Wasser in Ufernähe zurück, offensichtlich, weil es ihnen Schutz bietet. Da sie sich von Fischen aus mittleren Wassertiefen ernähren, die dort in großen, über weite Räume verteilten Schwärmen vorkommen, müssen sie zur Jagd große Gruppen bilden, die derart große Räume effizient absuchen können. Diese Faktoren zusammen bewirken das beschriebene Sozialverhalten der Spinnerdelphine. Im Pazifik findet man die Spinnerdelphine in großen Herden zusammen mit Zügeldelphinen *(Stenella frontalis)*. Die Spinnerdelphine jagen nachts und ruhen am Tag, die Zügeldelphine dagegen umgekehrt. Man hat die Vermutung aufgestellt, daß das Zusammenleben beider Arten Vorteile

▶ Der Name der Spinnerdelphine leitet sich von ihren atemberaubenden akrobatischen Kunstsprüngen ab (englisch »to spin« = schnell drehen, herumwirbeln). Weil dieser Begriff auch im Deutschen sehr anschaulich ist (beim Spinnen dreht sich die Spindel), wurde er ins Deutsche übernommen. Ihre Aktivitäten zeigen die Spinnerdelphine vorzugsweise abends bei der Jagd. Tagsüber ruhen sie im flachen Wasser in Ufernähe.

Marc Webber/Earthviews

bringt. Wenn eine Art ruht, ist die jeweils andere aktiv. Auf diese Weise gibt es immer Herdenmitglieder, die ein Auge auf potentielle Verfolger haben.

Aus der Untersuchung toter Spinnerdelphine läßt sich ableiten, daß die Gruppen nach Geschlecht und Alter unterschieden sind. Über die Interaktionen der Geschlechter in freier Wildbahn ist wenig bekannt. Eine Studie an gefangenen Tieren aber brachte interessante Ergebnisse.

Diese Studie beschäftigte sich insbesondere mit spezifischen Verhaltensmustern: Genital-zu-Genital-Kontakt; Schnabel-zu-Genital-Kontakt (bei dem der eine Delphin die Spitze seines »Schnabels«, des *rostrums*, in die Geschlechtsöffnung des andern einführt und sachte stößt); andere genitale Kontakte (hierzu gehört, daß ein Tier seine Finne in den Genitalschlitz eines anderen einführte, außerdem das Reiben oder Anstoßen der Geschlechtszone des anderen); nicht-genitale Kontakte (Delphine streichelten einander mit Schnauze, Fluke, Kopf, Flanken oder Finne); Präsentation der Bauchseite und Verfolgungsjagden. Man fand heraus, daß Genital-zu-Genital-Kontakte und das Präsentieren der Bauchseite am häufigsten vorkommen, wenn der Testosteron-Spiegel bei den Männchen hoch war, und daß die Einführung des Schnabels in den Genitalschlitz mit der Ovulation zusammenzuhängen scheint. Andere Verhaltensmuster, aber auch die Zeitspanne, die der Delphin zusammen mit Gruppenmitgliedern des anderen Geschlechts verbringt, sind nicht korreliert mit den Wechseln des Sexhormon-Spiegels. Diese Studien haben uns nicht viel mehr als einige Grundzüge des Verhaltens der Spinnerdelphine offenbart. Sie bedeuten aber einen bedeutenden Fortschritt in unseren Kenntnissen über diese Art, deren Lebensraum auf offenem Meer uns praktisch nicht erlaubt, komplexere Fragestellungen zu untersuchen.

POTTWALE

Pottwale *(Physeter catodon)* leben im Tiefwasser der Ozeane. Im Gegensatz zu den anderen hier beschriebenen Arten stammen die meisten Informationen über das Sozialverhalten der Pottwale von Untersuchungen, die die Walfang-Industrie angestellt hat. Das Studium der Pottwale ist wegen der ozeanischen Bedingungen ihres Lebensgebiets schwierig. Aber

▲ Das Zusammenleben von Spinner- und Zügeldelphinen bringt wohl beiden Arten Vorteile, weil sie zu unterschiedlichen Zeiten aktiv sind und somit immer eine Art Wache halten können.

Carl Spencer/Earthviews

▲ Obwohl er seit Jahrhunderten bejagt wird, bleibt der Pottwal der mysteriöseste unter den Großwalen. Neuere Forschungen haben ergeben, daß Aufzucht-Gruppen die soziale Basiseinheit darstellen. Während der Paarungszeit stehen sie für wenige Tage unter der Herrschaft eines der großen Bullen, des »Haremsmeisters«.

Ben Cropp

▲ Noch weniger als über den Pottwal weiß man über die großen Tintenfische, die dieser in der Tiefe der Ozeane jagt. Sie werden beinahe ebenso groß wie ihr Verfolger. Das abgebildete Exemplar wurde aus dem Magen eines Pottwals geborgen, der vor Albany (Westaustralien) erlegt wurde. Es ist zwölf Meter lang.

neuerdings hat man sie erfolgreich von kleinen Segelschiffen aus in freier Wildbahn verfolgen können. Auch Berichte aus jener Zeit, als man die Pottwale noch von kleinen Booten aus harpunierte, sind aufschlußreich für das Sozialverhalten dieser Art.

Bei den Pottwalen findet man die ausgeprägtesten Größenunterschiede zwischen den Geschlechtern (Dimorphismus) unter den Walen überhaupt: Wenn er ausgewachsen ist, kann der Pottwal-Bulle anderthalb mal so lang sein wie das Weibchen und dreimal soviel wiegen. Dieser Größenunterschied hängt mit den verschiedenen Wanderungsmustern der Geschlechter zusammen. Hier stehen wir vor einer der klassischen Fragen der Evolutionslehre. Was war zuerst: Huhn oder Ei? Sind die Pottwal-Bullen größer als die Weibchen, weil sie in die reichen Nahrungsgründe in den hohen Breiten ziehen, oder ziehen sie dorthin, weil sie größer sind und deshalb derartige Wanderzüge physisch leichter verkraften? Um diese Frage zu beantworten, müssen wir die Theorie wieder aufgreifen, daß die Männchen bestrebt sind, die Zahl der Paarungsgelegenheiten zu maximieren.

Aus den Walfangstatistiken und neueren Beobachtungen ergibt sich, daß die Basiseinheit der Pottwalgruppe eine Aufzucht-Gemeinschaft (»nursery school«) ist. Erwachsene Weibchen, Kälber und Heranwachsende leben in den wärmeren Gewässern in recht stabilen Gruppen von zwei bis 50 Individuen zusammen. Da die Pottwal-Weibchen anscheinend gemeinsam stillen (mit anderen Worten: Die Muttertiere teilen sich die Verantwortung für das Stillen der Kälber), ist es sehr wahrscheinlich, daß die Gruppen matrilineal, an die Weibchen gebunden, sind. Aber warum gibt es solche Gruppen überhaupt? Aufzucht-Gruppen mögen Schutz für Kälber und Heranwachsende bilden, denen Schwertwale und große Haie nachstellen. Es gibt Berichte über solche Gruppen, die sich Haie und Schwertwale erfolgreich vom Halse hielten, und es ist einleuchtend, daß die Gegenwehr einer Gruppe Verfolger abschrecken kann. Diese Gruppen stellen aber auch in der Paarungszeit eine konzentrierte Ansammlung fortpflanzungsmäßig aktiver Weibchen dar. Die größten Bullen, die »Haremsmeister« kämpfen untereinander um diese Gruppen und nehmen dann darin eine Alleinstellung ein. Neuere Beobachtungen haben gezeigt, daß zwei große Bullen auch koalieren können und gemeinsam die anderen Bullen aus der Gruppe ausschließen. Diese Partner wechseln auf der Suche nach Weibchen auch zur anderen Gruppe hinüber. Es scheint also, daß die Bullen ihren Harem nur für sehr kurze Zeit halten — wahrscheinlich höchstens ein paar Tage.

Berichte über die Kämpfe zwischen den großen Bullen — die meisten stammen aus der Zeit der alten Fangboote — erzählen von Riesenschlachten dieser beeindruckenden Kämpfer. In der Mehrzahl wird berichtet, daß die Bullen sich mit den Zähnen angreifen. Obwohl solche Kämpfe ein gefährlich aussehendes Spektakel sein müssen, ist unwahrscheinlich, daß die Bullen sich dabei im Normalfall schwer verletzen. Solche Kämpfe sind bei den meisten Tieren ritualisiert, so daß beide Gegner meist relativ ungeschoren davonkommen. Die Größe der Bullen — bis zu 19 Meter — hat wohl auch die Funktion, die Rivalen zu beeindrucken — ein Fall von »ehrlicher« Werbung, die auch die Chancen der großen Bullen bei der Fortpflanzung vergrößert.

Für die großen Pottwal-Bullen ist es energetisch gesehen günstiger, sich von beinahe ebenso großer Beute zu ernähren. Das sind vor allem die riesigen Tintenfische. Sie kommen offenbar in den polaren Gewässern in großer Zahl vor. Deshalb — und das ist die Antwort auf die »Huhn oder Ei?«-Frage — wandern die großen Bullen auf Nahrungssuche in die Polargewässer: weil sie groß sind, und sie sind groß, weil das soziale System der Pottwalgruppe ihnen dazu verholfen hat, groß zu werden!

Das Sozialverhalten der geschlechtsunreifen Pottwal-Bullen wirft andere interessante Fragen auf. Diese Tiere wandern in höhere Breiten als die Aufzucht-Gruppen und bilden »Halbstarken«-Gruppen (»bachelor schools«). Die Kleinsten von ihnen, die gerade erst die Aufzucht-Gruppe verlassen haben, bilden Gruppen bis zu 50 Tieren. Wenn sie heranwachsen, schrumpfen die Gruppen auf drei bis 15 Individuen zusammen. Die größten Bullen schließlich, die »Haremsmeister«, findet man alleine oder paarweise. Wir wissen nicht, warum die Gruppen der Bullen immer kleiner werden. Ob die Tintenfische, die die kleineren Pottwale jagen, vielleicht schwarmweise auftreten? Wenn das der Fall wäre, stellte sich die Frage, ob die jungen Bullen kooperativ jagen?

Solange die Methode nicht geklärt ist, mit der die Pottwale ihre Beute fangen (das Gebiß der Bullen ist von den Rivalitätskämpfen häufig bis zur Unbrauchbarkeit beschädigt — daß sie dennoch erfolgreich jagen können, hat zur Vermutung geführt, sie betäubten ihre Beute mit Hilfe eines Biosonars), bleibt auch die Frage offen, welche Rolle Vorkommen und Häufigkeit der bevorzugten Nahrung für die Sozialstruktur der Gruppen spielt. Von Bedeutung könnte bei der Gruppenbildung auch die Notwendigkeit sein, die Tintenfisch-Ansammlungen zu verteidigen. Die jungen Wale — vor allem Kälber und Heranwachsende — werden wahrscheinlich von großen Raubfischen bedroht. Es erscheint unwahrscheinlich, daß große Bullen (von denen berichtet wird, sie hätten hölzerne Walfangboote versenkt) die Haie und Schwertwale nicht im Schwimmen, Tauchen und direkten Kampf übertrumpfen könnten.

Al Giddings/Ocean Images, Inc. /Planet Earth Pictures

Bei den Bullen lassen sich jahreszeitliche Schwankungen der Hoden-Aktivität nachweisen. Also sind wohl auch die Kämpfe zwischen den Bullen auf bestimmte Perioden beschränkt. Möglicherweise führen Kämpfe unter den heranreifenden Bullen zum Auseinanderbrechen der »Halbstarken-Gruppen«.

BUCKELWALE

Die meisten Verhaltensstudien an Meeressäugetieren hat man an den Zahnwalen unternommen. Während der letzten zehn Jahre haben jedoch auch Untersuchungen an zwei Arten von Bartenwalen — Buckelwal und Glattwal — Aufschlüsse über das Sozialverhalten dieser großen Wale gegeben. Die Buckelwale *(Megaptera novaeangliae)* wandern aus ihren Nahrungsgründen in den hohen Breiten, im Winter zur Paarung und Geburt in wärmere Gewässer.

In diesen Aufzuchtgebieten, vor Hawaii und den Westindischen Inseln, hat man die Buckelwale näher beobachtet. In den Gewässern um Hawaii findet man die Tiere einzeln oder in Gruppen von zwei bis 20. Vor der Silberbank nördlich von Hispaniola (Karibik) beträgt die Gruppengröße zwei bis zwölf Individuen. Bei beiden Populationen kämpfen die Männchen um den Zugang zu den Weibchen, wobei sie auch ihren Gesang einsetzen. 30 Jahre ist es schon her, daß man erstmals diese Gesänge aufzeichnete. Aber erst neuerdings hat man den Zusammenhang zwischen Gesang und sonstigem Verhalten näher untersucht. Die Gesänge des Buckelwals sind lang und weisen wiederkehrende Muster auf, die zu melodisch und komplex sind, um einfach nur als Vokalisationen bezeichnet zu werden.

Auf den Weidegründen und während der Wanderungen sind diese Klänge nur selten zu hören. Sie scheinen praktisch auf die Paarungszeit beschränkt zu sein. Ihr Inhalt wechselt von Jahr zu Jahr und verändert sich auch geringfügig während der Paarungssaison. Die Gesänge der einzelnen Populationen unterscheiden sich deutlich voneinander.

Auf dem offenen Meer ist es schwierig, das Geschlecht der Buckelwale exakt festzustellen. Bis heute aber ist jeder singende Wal — mit einer möglichen Ausnahme — als Bulle identifiziert worden. Gewöhnlich singen einzeln schwimmende Wale. Sie verstummen, wenn sie auf andere Wale treffen. Alles in allem

▲ Einer der Erklärungsversuche für das Springen des Buckelwals ist, daß er damit einfach einen Schlußpunkt hinter ein anderes Verhalten setzt. Es kann sich aber genausogut um Kommunikation über eine große Distanz handeln: Indem er in die Luft springt, tut er auf weite Entfernung seine Anwesenheit kund.

Dean Lee

▲ Herman Melville schreibt vom Buckelwal, er sei der verspielteste aller Wale. Aber viele der Verhaltensaspekte haben wohl weniger mit guter Laune und Verspieltheit zu tun als mit Dominanz- und Aggressionsverhalten.

haben die Gesänge der Buckelwale eine ähnliche Funktion wie die der Singvögel — sie sind eine Form des Werbens.

Wenn die (vermutlich) männlichen Wale sich um ein Weibchen versammeln, fechten sie Kämpfe um die Stellung eines Primus nahe beim Weibchen aus. Dies erhöht wohl ihre Chancen, bei der Paarung zum Zuge zu kommen. Zum Kampf zwischen den Bullen gehört das gegenseitige Rammen und Wegdrängen, wobei manchmal die Kehlfurchen ausgeweitet werden, damit das Tier als größerer und prächtigerer Gegner erscheint, sowie das Schlagen mit der Fluke. Weniger dramatische Formen aggressiven Verhaltens bestehen im Herausheben des Kopfes aus dem Wasser beim Schwimmen, in Schlägen mit Fluken und Flippern und im Ausstoßen eines Blasenschwalls unter Wasser (wahrscheinlich ein Versuch, den Opponenten zu desorientieren). Die Rivalen gehen manchmal mit aufgeschürften und blutenden Flecken an Rücken und Finne aus diesen Auseinandersetzungen hervor. Bisher hat leider noch niemand die Paarung der Buckelwale beobachten können. Wir wissen deshalb nicht, was schließlich bei diesen Kämpfen zum Erfolg führt.

Ein anderer Aspekt des Verhaltens der Buckelwale, der viel Aufmerksamkeit auf sich zieht, ist das Springen. Die Wale schleudern sich dabei vollständig aus dem Wasser heraus. Viele Interpretationen versuchten dieses Verhalten zu erklären, unter anderem als Aggression, Beobachtung der Umgebung, Kommunikation auf lange Distanz oder einfach eine Art »Ausrufezeichen«, das das Ende eines anderen Verhaltens bezeichnet. Es ist noch nicht klar, welche dieser Erklärungen zutrifft. Ein anderes interessantes Verhalten beim Buckelwal ist das Winken mit dem Flipper. Dabei liegt der Wal leicht seitlich auf der Wasseroberfläche und streckt eine seiner sehr großen Brustflossen (von ihnen erhielt er seine Namen *Megaptera*, das heißt »großer Flügel«) in die Luft. Hier reichen die Erklärungsversuche von Aggressions-Anzeichen bis zum »auf Wiedersehen-Winken«.

Auf ihren Weidegründen im Sommer zeigen die Buckelwale ein anderes Verhalten. Sie leben in Gruppen von zwei bis zehn Tieren zusammen, die aber nicht stabil sind. Nur Muttertier und Kalb bilden eine feste Einheit. Die Gruppengröße scheint von der Menge des Futtervorkommens abhängig zu sein. Innerhalb der Gruppe werden die Aktivitäten koordiniert, wohl, um den Freßerfolg zu erhöhen. Auch kurzfristige Partnerschaften können beobachtet werden, bei denen sich nicht bei der Nahrungsaufnahme befindliche Wale für einige Zeit begleiten. Solche Partnerschaften dauern weniger als einen Tag an.

Was läßt sich daraus über das Sozialsystem der Buckelwale ableiten? Ihr Paarungsverhalten läßt an einen — über Zeit und Raum verteilten — Harem denken, bei dem nur einige wenige Bullen die Gelegenheit haben, sich erfolgreich mit empfängnisbereiten Weibchen zu paaren. Über ihre hochentwickelten Gesänge und ihre Kämpfe untereinander können wir nur spekulieren. Weder wissen wir, weshalb die Gesänge im Laufe der Zeit wechseln, noch, warum die unterschiedlichen Populationen verschiedene Gesänge haben. Die Bedeutung des Verfolgungsdrucks für die Gruppenbildung ist ebenfalls unbekannt. Es gibt Berichte darüber, wie Schwertwale ein Paar Wale mit

Al Giddings/Ocean Images Inc./Planet Earth Pictures

▶ Beim Fressen, bei Rivalitätskämpfen um die Weibchen, aber auch beim Versammeln vor den Wanderzügen, kommt es bei den Buckelwalen zu ungestümen Verhaltensmustern: Rammen, Verdrängen und Schlagen mit der Fluke. Auch ein Aufblähen der Kehlfurchen hat man beobachtet. Es handelt sich dabei wohl um ein Imponiergehabe.

Kälbern ohne Erfolg angegriffen haben, man weiß auch, daß große Haie Buckelwalen mit Kälbern gefolgt sind — nicht aber das Ergebnis solcher Beobachtungen. Bei der Kooperation zwischen den Walfängern von der Twofold Bay und den Schwertwalen wurde demonstriert, daß Schwertwale sehr wohl mit Erfolg Buckelwale angreifen können. Allerdings scheinen die Schwertwale dabei von der Hilfe der Menschen profitiert zu haben. Ein interessanter Bericht über Schwertwale, die fressende Buckelwale im-

mer wieder belästigten und dabei kleine Fleischstücke aus mehreren Walen herausbissen, läßt die Vermutung zu, daß sie die Buckelwale »testen« wollten, um herauszufinden, welcher am leichtesten zu erlegen sei.

Diese wenigen Beispiele geben eine Vorstellung davon, wie gering unsere Kenntisse über die Meeressäugetiere noch sind, und zeigen, wieviel hier noch zu erforschen ist. Das Sozialverhalten der pelagisch lebenden Delphine, Schnabelwale und der meisten Bartenwale bleibt ein Geheimnis, und viele der Faktoren, die das Sozialverhalten der besser erforschten Meeressäugetiere beeinflussen, bedürfen weiterer Untersuchung. Dabei müssen alle bekannten Methoden eingesetzt werden: die Identifikation von Walen und Delphinen anhand natürlicher Merkmale, Radio- und Satelliten-Telemetrie zur Verfolgung der Tiere und zur Aufzeichnung physiologischer Daten, der Vergleich genetischer Merkmale (DNA-Analyse), die Aufzeichnung und Analyse der Lautäußerungen und schließlich die einfache Beobachtung.

INTELLIGENZ

MICHAEL BRYDEN UND PETER CORKERON

Geschichten über Wale und Delphine erscheinen häufig in Zeitungen und Zeitschriften. Fast immer wird darin auf die »hohe Intelligenz« dieser Tiere hingewiesen. Es ist deshalb weithin zum Allgemeingut geworden, daß Delphine hochintelligent seien. Aber entspricht das überhaupt der Wirklichkeit?
Die Untersuchung der menschlichen Intelligenz ist schwierig, und es gibt viele Beispiele dafür, wie kompliziert es schon ist, sie auch nur zu messen. Die mentalen Prozesse bei den Tieren aber sind noch viel schwerer zu erforschen als beim Menschen, und deshalb ist jede Diskussion über die relative Intelligenz von Tieren in höchstem Grade subjektiv. Wir neigen dazu, solche Vergleiche anzustellen, zum Beispiel, ob ein Hund intelligenter sei als ein Schaf, ein Pferd klüger als ein Schwein, und so weiter. Da herrschen unterschiedliche, sehr individuelle Ansichten vor. Häufig hängen sie davon ab, wieviel Zeit damit verbracht wurde, die betreffenden Tiere zu beobachten oder in Interaktion mit ihnen zu treten.

▼ Für die landläufige Meinung, alle Meeressäugetiere seien hochintelligent, gibt es keine Beweise. Ein Problem bei der Beurteilung dieser Frage ist, daß wir sie nur aus unserer menschlichen Perspektive beobachten können. Unsere Versuche mit den Tieren ergeben deshalb niemals objektive Erkenntnisse, sondern spiegeln immer menschliche Kriterien wider.

Australian Picture Library

Die »Cleverness« eines trainierten Delphins ist beeindruckend und verführt dazu, sie gleichzusetzen mit einer hohen Intelligenzleistung, vor allem, wenn man die besonderen Sinnesleistungen dieser Tiere wie Sonar sowie das Hervorbringen komplexer Laute mit in Betracht zieht.

Einige wenige Biologen haben ebenfalls eine hohe Intelligenz bei den Delphinen vermutet. Dabei stützten sie sich aber alleine auf die Tatsache, daß diese große Gehirne haben. John Ray war im 17. Jahrhundert so beeindruckt von der Größe des Delphin-Gehirns, daß er feststellte: »...diese Größe des Gehirns und die Vergleichbarkeit mit dem des Menschen legen die Vermutung nahe, daß es von mehr als gewöhnlichem Witz und Leistungsvermögen ist.« In den sechziger Jahren unseres Jahrhunderts erreichte John Lilly einen beachtlichen Bekanntheitsgrad mit seinen Beschreibungen des großen, komplexen Gehirns von Delphinen und seiner daraus abgeleiteten Ansicht, diese Tiere besäßen einen hohen Grad von «nichtmenschlicher Intelligenz». Solche Vermutungen sind indessen pure Spekulation, genauso wie Lillys Ansicht, Delphine verfügten über eine komplexe Sprache und tauschten damit beträchtliche Mengen an Informationen aus. Bis heute hat noch keine Untersuchung direkte Beweise für diese Behauptung erbracht.

GRÖSSE UND STRUKTUR DES GEHIRNS

Die Größe des Gehirns bei den Meeressäugetieren ist beachtlich und verführt zu Spekulationen über höhere geistige Prozesse.

Man hat den Versuch unternommen, das relative Ausmaß der Gehirnentwicklung bei Tieren zu messen, und der Begriff »Encephalisation« wurde eingeführt, um auf eine Rangreihe der Gehirnentwicklung bei unterschiedlichen Tieren verweisen zu können. Das Studium des Gehirns des Delphins hat gezeigt, daß es weniger entwickelt ist als das menschliche, aber höher als das anderer hoch encephalisierter Tiere wie beispielsweise das des Schimpansen *(Pan troglodytes)*.

Das besondere Merkmal des menschlichen Gehirns, das die meisten anderen Säugetiere nicht vorweisen können, ist die fortgeschrittene Entwicklung der Großhirnrinde. Diese ist sehr groß und außerordentlich stark gefurcht. In diesem Teil des Gehirns liegen die bewußten Kontrollen der Körperfunktionen sowie komplexe Funktionen wie Korrelation, Assoziation und das Lernen. Ein Merkmal des Gehirns der Meeressäugetiere ist, wie beim Menschen, die Größe der Großhirnhälften. Sie sind ebenfalls in komplexer Weise gefurcht, aber die Großhirnrinde ist viel dünner als beim Gehirn des Menschen und anderer Säugetiere. Von den beschriebenen Merkmalen abgesehen, ist das Gehirn der Meeressäugetiere dem menschlichen Gehirn nicht ähnlich; das Muster der Furchen ähnelt mehr dem der Huftiere wie Rind, Schaf oder Reh.

Die Struktur des Gehirns des Delphins ist durch die Arbeit vieler angesehener Biologen detailliert bekannt. Wenig weiß man aber über die funktionale Organisation, insbesondere die der Großhirnrinde bei Delphinen. Moderne Anatomen haben häufig von »primitiv« und »undifferenziert« gesprochen, um den mikroskopischen Aufbau dieser Rinde zu beschreiben. Sie weicht damit von der anderer Säugetiere ab.

Die Größe des Gehirns bei den Meeressäugetieren ist möglicherweise nicht einmal direkt vergleichbar mit der Größe bei den Landsäugetieren. Eine Erklärung dafür, warum das Gehirn des Delphins so groß ist, und ob es in der Funktion wirklich primitiv ist oder nicht, ist nicht möglich. Eine interessante mögliche Erklärung wurde von dem Nobelpreisträger Francis Crick (er lieferte entscheidende Beiträge für die Entdeckung des Doppelhelix-Moleküls in DNA) entwickelt. Crick setzte das Gehirn der Säugetiere in Beziehung zu ihrer Stoffwechsel-Rate und zur Frage, ob sie im Schlaf Traumphasen oder REM-Phasen (»rapid eye movement« = schnelle Augenbewegungen) haben oder nicht. Er stellte fest, daß jene Säugetiere, bei denen es keinen oder nur einen reduzierten Traumschlaf gibt (und hierzu gehören sowohl Delphine als auch Wale), große Gehirne haben. Crick stellte die Hypothese auf, die Gehirne dieser Tiere seien groß, weil sie viel mehr Speicherplätze für unerwünschte Assoziationen (in seinen Worten »parasitic modes«) brauchen als die anderen Säugetiere, die derartige Erinnerungen während der Traumphasen verarbeiten und löschen. Dies ist eine Hypothese wie viele andere, aber sie liefert eine plausible, neue Erklärung für Größe und Komplexität des Gehirns der Meeressäugetiere.

WIE INTELLIGENT SIND WALE?

In seinem ausgezeichneten Buch *»Whales«* hat Nigel Bonner die Diskussion über Gehirngröße und Intelligenz ausgeweitet. Er vermutet, daß der Versuch, menschliche Konzepte der Intelligenz auf die Meeressäugetiere anzuwenden, sinnlos ist, da diese ein von unserem so verschiedenes Medium bewohnen.

Was ist Intelligenz? In der allgemeinsten Definition ist es die Fähigkeit zu verstehen und beinhaltet häufig auch noch die wechselseitige Übertragung von Informationen. Es kann darüberhinaus auch eine Auswahl aus verschiedenen möglichen Handlungen beinhalten. Das ist ein Vorgang, der ein Vorausdenken und die Beurteilung der Konsequenzen der verschiedenen Handlungsalternativen einschließt. Dies kann natürlich ohne Denkprozesse nicht erreicht werden. Die Frage ist, ob Tiere überhaupt Gedanken und subjektive Gefühle empfinden? Konrad Lorenz gehört zu den wenigen Wissenschaftlern, die sich mit Denkprozessen und Gefühlen bei den Tieren beschäftigt haben. Er unterstrich, daß es außerordentlich schwierig, vielleicht sogar unmöglich ist, überhaupt etwas über subjektive Erfahrungen einer anderen Art herauszufinden. Aber die Anhänger der Verhaltenslehre versuchen immer wieder die Möglichkeit ins Spiel zu bringen, daß Tiere ein Bewußtsein haben. In dem jüngst erschienenen Buch »Animal Thinking« diskutiert Professor Donald Griffin, was es wohl bedeuten mag, ein Tier zu sein, wie Delphine, Affen, Krähen, Bienen und Ameisen wohl darüber denken, und ob sie überhaupt denken.

Der Wal erhält die meisten Informationen über seine Umwelt von den berührungsempfindlichen Sinnesorganen auf beziehungsweise in seiner Haut und über das Gehör. Die Zahnwale ergänzen diese Informationen aktiv durch die Informationen, die die Echolokation liefert.

Menschen, die lange Zeit mit Delphinen und Walen

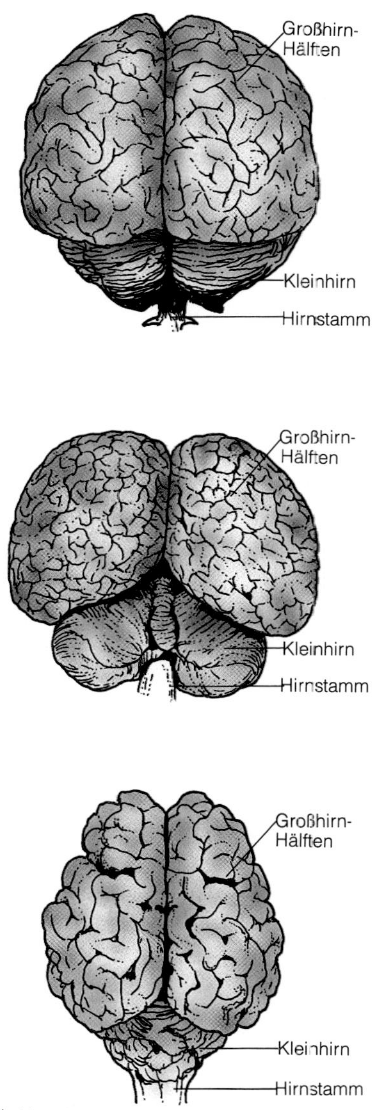

▲ Von oben betrachtet, weisen die Gehirne des Menschen (ganz oben), des Großen Tümmlers (Mitte) und des Rindes (unten) einige grundsätzliche Ähnlichkeiten auf. Sie sind allerdings, entsprechend dem Körpergewicht, unterschiedlich groß. Die Furchung der Großhirnrinde ist bei Tümmler und Rind ähnlich, beim Menschen dagegen viel differenzierter.

GEHIRN- UND KÖRPERGEWICHT

TIERART	GEWICHT DES GEHIRNS (in Gramm)	GEWICHT DES KÖRPERS (in Tonnen)	ANTEIL DES GEHIRNS AM GEWICHT (in %)
Mensch *(Homo)*	1500	0,07	2,1
Indischer Elefant *(Elephas)*	7500	5,00	0,15
Großer Tümmler *(Tursiops)*	1600	0,17	0,94
Gewöhnlicher Delphin *(Delphinus)*	840	0,11	0,76
Grindwal *(Globicephala)*	2670	3,50	0,076
Schwertwal *(Orcinus)*	5620	6,00	0,094
Rind *(Bos)*	500	0,60	0,08
Pottwal *(Physeter)*	7820	37,00	0,021
Finnwal *(Balaenoptera)*	6930	90,00	0,008

Alan Levenson/Courtesy Kewalo Basin Marine Mammal Laboratory

▲ Der Tümmler mit Namen Akeakamai, der von Forschern an der University of Hawaii auf eine Zeichensprache dressiert wurde, hebt auf Befehl einen Rahmen auf und trägt ihn zur bezeichneten Stelle.

Alan Levenson/Courtesy Kewalo Basin Marine Mammal Laboratory

▲ Die Trainerin Jane Taylor kommuniziert mit Akeakamai. Von oben: Zeichen für »Rohrleitung«, »Rahmen« und »apportieren«. Jane trägt eine spiegelnde Brille, um zu verhindern, daß der Delphin aus den Augen Signale abliest, und beschränkt ihre Gesten völlig auf das angelernte Vokabular.

verbracht haben, waren beeindruckt von ihrer Freundlichkeit den Menschen gegenüber, und viele haben dies mit einer Art speziellem Verständnis zwischen Mensch und Tier erklärt. Diese Freundlichkeit macht die Delphine für den Menschen sicherlich mit zu den sympathischsten Tieren, aber es wäre töricht, daraus abzuleiten, daß sie eine spezielle Beziehung zwischen sich und den Menschen empfänden. Die Fähigkeit dressierter Wale und Delphine, bestimmte komplizierte Aufgaben zu erfüllen, darf nicht mit Intelligenz gleichgesetzt werden. Ein erfahrener Trainer kann eine Vielzahl von Tieren — Papageien, Tauben und selbst einige Wirbellose eingeschlossen — dazu bringen, recht komplexe, immer wiederkehrende Aufgaben zu erfüllen. Solche Leistungen sagen mehr über die Fähigkeiten, Geduld und Intelligenz des Trainers aus als über die trainierten Tiere!

Es gibt keinen Zweifel daran, daß Wale und insbesondere die Delphine die Handlungen anderer nachahmen können. Sie sind in der Lage, andere Tiere — selbst andere Arten — zu beobachten und deren Verhalten in kurzer Zeit zu imitieren. Über ihre Intelligenz sagt das aber nichts aus.

Wie aber kann man die Intelligenz bei Walen feststellen? Trotz aller Schwierigkeiten — es wäre gegen unsere natürliche Neugierde, das Studium der Intelligenz der Wale einfach als »zu harte Nuß« zu bezeichnen. Allerdings können wir mit den vorhandenen Fähigkeiten und Kenntnissen lediglich die Möglichkeiten überprüfen.

In den vergangenen Jahren ist die Erforschung der Entwicklung der Intelligenz verstärkt vorangetrieben worden. Die Tiergruppe, die die Verhaltensforscher in dieser Hinsicht am meisten interessiert, ist die der Primaten (speziell langschwänzige Kleinaffen und Menschenaffen), denn die Forschung konzentriert sich sehr stark auf die Entwicklung beim Menschen und seinen nächsten Verwandten. Es ist gezeigt worden, daß in Gruppen lebende Tiere, deren Nahrung entweder schwierig zu fangen oder schwer zu finden ist, das größte Potential für die Entwicklung von Intelligenz aufweisen. So finden wir die intelligenteren Landsäugetiere unter den Primaten und Hundeartigen. Ökologisch gesehen zeigen die Zahnwale Ähnlichkeiten mit diesen beiden Gruppen, während die Bartenwale eher mit den großen Pflanzenfressern wie Rind und Giraffe zu vergleichen sind — letztere keine Tiere, die größerer intellektueller Leistungen verdächtigt werden...

Sowohl bei wildlebenden als auch bei gefangenen Delphinen hat man experimentell versucht, Intelligenz festzustellen.

EXPERIMENTE MIT ZAHNWALEN IN GEFANGENSCHAFT

Die ersten Versuche mit gefangenen Delphinen wiesen gravierende Fehler in Anlage und Durchführung auf, ihre Ergebnisse sind deshalb nicht von Wert. In neuerer Zeit aber ist die Arbeit, insbesondere durch Dr. Louis Herman und seine Kollegen von der University of Hawaii, vorangetrieben worden.

Große Tümmler verarbeiten Informationen über ihre Umwelt durch ihre Hörzentren. Da Schall in der Welt unter Wasser einen wesentlichen Teil ausmacht, war dies zu erwarten. Delphine in Gefangenschaft erbrachten in Tests ihres visuellen Gedächtnisses so lange sehr schlechte Leistungen, bis eine Verbindung hergestellt wurde zwischen der visuellen Information und einem Tonsignal. Dies bewies ein weiteres Mal die Bedeutung des Hörens für diese Tiere.

Die Gruppe um Louis Herman brachte zwei Tümmlern künstliche Sprachen bei — die eine auf Gesten, die andere auf Tönen aufbauend. Im Gegensatz zu derartigen Sprachstudien bei Menschenaffen wurden die Delphine nur auf ihr Sprachverständnis getestet, nicht auch auf ihre Fähigkeit zur Reproduktion. Eine Reihe von Gegenständen (Bälle, Röhren, Frisbee-Scheiben und Reifen) wurden in den Pool des Tümmlers gelegt, und er wurde darauf abgerichtet, jeden davon mit einem bestimmten Ton oder einer Geste zu assoziieren. Dann brachte man ihm eine Reihe von Verben bei (beispielsweise »berühren« und »herholen«) und gab ihm einfache Befehle (beispielsweise: »Berühre den Ball mit deiner Fluke!«). In diesen Versuchen wurde gezeigt, daß Delphine lernen können, Semantik und Syntax zu verstehen — die Regeln also, die einer Sprache zugrundeliegen. Sie verstehen auch Bestimmungswörter wie auf und ab, oben, unten und durch, sowie links und rechts.

Ein anderes Ergebnis dieser Studien ist, daß die Tümmler allgemeine Regeln ableiten können, das heißt, sie verstehen die Regeln, die dem Verhalten zugrunde liegen, das auszuführen man sie gelehrt hat. Auch Trainer, die mit Kleinen Schwertwalen *(Pseudorca crassidens)* arbeiteten, haben darüber berichtet, daß diese Tiere die dem Training zugrundeliegenden Regeln zu verstehen scheinen.

Andere Studien an gefangenen Delphinen sind geeignet, ein Licht auf die Art und Weise zu werfen, wie Delphine ihre Umwelt wahrnehmen. Ein Delphin wurde darauf abgerichtet, Haie anzugreifen. Er griff Atlantische Braunhaie *(Carcharhinus plumbeus)*, Zitronenhaie *(Negaprion brevirostris)* und Ammenhaie *(Ginglymostoma cirratum)* an, von denen keiner dafür bekannt ist, daß er gegen Delphine vorgeht. Er weigerte sich aber, einen Gemeinen Grundhai *(Carcharhinus leucas)* anzugreifen, der als Verfolger der Delphine bekannt ist. Dies deutet darauf hin, daß Tümmler in der Lage sind, die Haie zu unterscheiden nach der Bedrohung, die diese für sie darstellen.

Ein Faktor, der in der Diskussion über die Intelligenz der Zahnwale häufig übersehen wird, ist der Unterschied zwischen den verschiedenen Arten von Zahnwalen. Über die meisten Aspekte ihrer Naturgeschichte weiß man wenig. Am besten kennt man noch die Delphine (Familie *Delphinidae)* und den Pottwal. »Delphin-Intelligenz« ist eine grobe Vereinfachung. Es gibt so viele Unterschiede zwischen den einzelnen Arten in Verhalten und Ökologie, die auch bedeuten können, daß ihre Intelligenz entsprechend unterschiedlich ist. Um dies weiter zu untersuchen, bat man Delphin-Trainer, die erkennbare Intelligenz anderer Delphine mit der des Tümmlers zu vergleichen und in eine Rangreihe zu bringen. Obwohl dies nur subjektive Einschätzungen waren und das Konzept der Untersuchung schlecht definiert, gab es unter den Trainern weitgehende Übereinstimmung — einige Arten wurden als intelligenter als der Große Tümmler eingestuft, andere weniger.

FELDFORSCHUNG

Da die größeren Zahnwale und die Großwale nicht in Gefangenschaft gehalten werden können, kann jegliche Information über ihre Intelligenz nur aus der Beobachtung der Tiere in freier Wildbahn gewonnen werden. Solche Studien waren aber auch für unser Wissen über die Intelligenz der kleineren Zahnwale förderlich.

Es gibt bei den Zahnwalen mehrere Beispiele für ein Verhalten, das Ausdruck für das Verstehen eines Ursache-Wirkung-Zusammenhangs zu sein scheint. Schwertwale *(Orcinus orca)* beispielsweise zeigen dies bei der Jagd. Man hat kleine Gruppen von Schwertwalen beobachtet, die versuchten, zusammen genügend hohe Wellen zu erzeugen, um Robben von Eisschollen herunterzuspülen. In Argentinien werfen sich Schwertwale absichtlich an Land, um in Reichweite der am Strand liegenden Robben zu kommen. Diese Jagdmethode bringen sie auch ihren Jungen bei — ein interessantes Beispiel dafür, welche wichtige Rolle soziale Kommunikation bei der Entwicklung von Verhalten spielt.

Auch große Tümmler stranden absichtlich, um ihre Beute zu erreichen. In den flachen, marschigen Küstenzonen im Südosten der USA treiben sie Fische auf die Schlammbänke. Dann schwimmen sie schnell darauf zu und erzeugen dabei eine Bugwelle, die die Fische auf den Strand hebt. Schließlich werfen sie sich halb aus dem Wasser, um die gestrandeten Fische einzusammeln.

Es scheint auch, daß Tümmler gewisse Knoten lösen können, die die Fischer in die Enden des Schleppnetzes knüpfen. Selbst wenn die Delphine ohne erkennbares Problemlösungs-Muster am Schleppseil ziehen, demonstriert dies zumindest, daß sie verstehen, wie das Netz zusammengehalten wird.

Wenn Pottwale *(Physeter catodon)* von Walfangschiffen gejagt wurden, die mit Echolot-Systemen ausgerüstet waren, die sie wahrnehmen konnten, pflegten sie zur tiefen Streuschicht hinunterzutauchen. Diese Schicht, die von Fischen der mittleren Wassertiefen gebildet wird, bot ihnen ein »akustisches Versteck«, wo sie nicht geortet werden konnten. Aus der Zeit der Segelschiffahrt wird berichtet, daß verfolgte Pottwale häufig in den Wind zu schwimmen pflegten — vielleicht, weil sie gelernt hatten, daß ihre Verfolger nicht direkt gegen den Wind ansegeln konnten.

Welchen Schluß kann man aus diesen Beispielen über die relative Intelligenz der Zahnwale ziehen? Wenn Schwertwale und Tümmler topografische Besonderheiten nutzen, um ihre Beute zu erlegen, kann das mit dem Gebrauch von Werkzeugen bei anderen Tieren verglichen werden. Ein solches Verhalten wird häufig als charakteristisch für die »höheren« Primaten betrachtet. Aber auch andere Tiere, insbesondere Vögel, benutzen Werkzeuge. Bei einigen Seevögeln hat man nachgewiesen, daß sie unter entsprechenden Umweltbedingungen sogar sehr raffiniert Gebrauch von Werkzeugen machen können.

Andererseits hat man bei einigen Delphin-Arten (wie bei vielen Herdentieren) auch bemerkenswert unintelligentes Verhalten beobachten können. So blieb beispielsweise eine Gruppe von 40 bis 60 Spinnerdelphinen *(Stenella longirostris)* beinahe vier Stunden in einem Netz gefangen, das nur aus senkrechten Schnüren im Abstand von zwei Metern bestand. Das Gegenbeispiel liefert dieselbe Art: Spinnerdelphine in den Thunfisch-Fanggebieten haben gelernt, dem Netz auszuweichen und nahe der Stelle, wo sie in Freiheit gelassen werden, zu warten.

Bay Books

▲ Daß der Delphin lernt, durch einen brennenden Reifen zu springen, ist eher ein Zeichen für das Vertrauen, das er in den Trainer hat, als für seine intellektuellen Fähigkeiten.

Graeme Ellis

◀ Intelligenz schließt auch die Fähigkeit ein, das Verhalten anderer zu seinem eigenen Vorteil zu beeinflussen. Die Schwertwale lehren ihre Jungen, Robben und Seelöwen auf ihren Liegeplätzen an Land oder auf dem Eis so in Panik zu versetzen, daß diese versuchen, sich ins Wasser zu retten, wo sie von anderen wartenden Schwertwalen erlegt werden können.

Die Verhaltensforschung beschäftigt sich zur Zeit intensiv damit, wie einzelne langschwänzige Affen und Menschenaffen die sozialen Regeln, die ihre Interaktionen bestimmen, zu ihrem eigenen Vorteil nutzen. Die Entdeckung, daß manche Tiere »mogeln«, indem sie die Regeln zur ihrem Vorteil brechen, demonstriert, daß manche Affen die Regeln verstehen, auf denen ihr Zusammenleben beruht. Die Forschung hat nachgewiesen, daß Tümmler und Kleiner Schwertwal in der Lage sind, verallgemeinerte Regelketten zu entwickeln. Wir wissen allerdings nicht, ob sie solche Regeln auch auf ihr Sozialsystem anwenden. Die Wahrscheinlichkeit ist aber gegeben.

Wir verstehen immer noch nicht, wie Delphine untereinander kommunizieren. Bei Feldstudien an Land-

Deborah Glockner-Ferrari/Center for Whale Studies

▲ Wie die Großen Tümmler untereinander kommunizieren, ist noch nicht bekannt. Manche Forscher vermuten, daß sie hierzu das Sonar-System einsetzen, also mit seiner Hilfe die Körperbewegungen, das Muskelspiel oder die Verteilung der Luft in den Körperhöhlen ermitteln.

Robert Pitman/Earthviews

▶ Die Herden des Kleinen Schwertwals weisen einen hohen Organisationsgrad auf, wobei Alter, Größe und Geschlecht für die Rangfolge von Bedeutung sind. Die älteren und größeren Männchen scheinen die Rangordnung anzuführen und koordinieren die Jagd in der Gruppe. Man kennt aber noch nicht die Regeln, die die Gruppenordnung herbeiführen und auch Schutz vor Verfolgern liefern.

säugetieren wird die soziale Kommunikation stets sehr intensiv beobachtet. Bei Delphinen war dies bisher noch nicht möglich, da sich das Geschehen unter Wasser abspielt und weitgehend der Beobachtung entzogen ist. Auch die Rolle des Sonars für die Kommunikation ist unklar.

In der traditionellen Anschauung wird unterstellt, daß das Sonar (Echolokation) nur dazu benutzt wird, die Umgebung auszukundschaften, während für soziale Interaktionen andere Töne verwendet werden. Für diese Ansicht gibt es keine Beweise. Es ist andererseits aber auch schwierig zu verstehen, wie ein solches Ortungssystem für Kommunikation genutzt werden könnte. Und eines ist auch sicher: Das Echolokationssystem ist bei den Delphin-Arten sehr verschieden. Die Unterschiede erscheinen noch beträchtlicher, nimmt man die Zahnwale als ganze Gruppe. Es ist nachgewiesen, daß die Tümmler lernen müssen, die Sonarsignale zu verstehen. Ob dies für alle Delphin-Arten gilt, ist unbekannt.

Das wirft erneut die Frage auf, ob Delphine eine Sprache haben. Wir haben gesehen, daß Tümmler in der Lage sind, Reihen von Instruktionen zu verstehen und diese zu interpretieren. Es gibt aber keine Anzeichen dafür, daß sie in freier Wildbahn Kommunikationsmittel benutzen, die man als Sprache interpretieren könnte. Vielleicht wurden noch nicht die richtigen Untersuchungsansätze gefunden, vielleicht ist es auch unser generelles Unvermögen, die Kommunikation der Delphine zu verstehen? Dorothy Cheney und Robert Seyfarth haben nachgewiesen, daß frei lebende Affen *(Cercopithecus aethiops)* eine »primitive Sprache« benutzen, um vor Feinden zu warnen, und daß sie lernen, die Tiere um sich herum einzustufen. Derartige Klassifizierungen konnte man auch bei Tümmlern beobachten. Aber die Untersuchung der Pfeiflaute, die die Delphine hervorbringen, hat keinen Anhalt dafür geliefert, daß sie bestimmte Laute für bestimmte Tiertypen verwenden. Diese Untersuchungen beschäftigen sich noch mit der Rolle des Sonars in der sozialen Kommunikation, zeigen aber jetzt schon klar, daß die Delphine keine Pfeifsprache haben.

Eine Schwierigkeit bei dem Versuch, die Intelligenz der Delphine zu untersuchen, ist die Vermutung vieler Beobachter, ein Tier, das auf einem Gebiet einen gewissen Grad von Intelligenz gezeigt hat, werde dies auch auf allen anderen Gebieten tun. Die erwähnten Untersuchungen von Cheney und Seyfarth an Affen haben aber gezeigt, daß diese einerseits hochentwickelt sind und verstehen, auf welche Weise ihr Zusammenleben geregelt ist, andererseits aber nicht in der Lage sind, die Indizien zusammenzukombinieren, die auf die Anwesenheit von Verfolgern hindeuten. Bei den Delphinen mögen die Dinge ähnlich liegen: Sie verarbeiten wohl akustische und mimische Signale gut, sind aber weniger in der Lage, die Einzelheiten ihrer sozialen Situation zu verstehen.

Der Gesang der Buckelwale *(Megaptera novaeangliae)* wird gern als ein Beispiel für intelligentes Verhalten bei Bartenwalen angeführt. Der einzige signifikante Unterschied zwischen dem Gesang der Vögel und dem des Buckelwals ist indessen die Länge des Gesangs beim Buckelwal. Auch der Gesang der Vögel wechselt über Raum und Zeit. Da die Gesänge des Buckelwals immer wiederholt werden, scheint ihnen der Informationsgehalt zu fehlen, den Sprache üblicherweise besitzt. Auch die Fähigkeit, den Gesang der vorhergehenden Paarungszeit zu wiederholen oder quer durch große Ozeanbecken zu wandern, ist kein Anzeichen großer Intelligenz. Bei Vögeln hat man nachgewiesen, daß solches Verhalten genetisch kontrolliert wird und nicht angelernt ist.

Die dringend erforderliche Entwicklung einer auf das Bewußtsein bezogenen Verhaltenslehre als abgesicherte Methode wissenschaftlicher Forschung wird uns vielleicht einmal helfen, auch den Intelligenz-Aspekt bei den Meeressäugetieren besser zu verstehen.

▼ Der Gesang der Buckelwale ist als Beweis für Intelligenz angeführt worden. Die starre Struktur des Gesangs und die Tatsache, daß seine Abfolge bei allen Tieren einer Population gleich ist, deuten aber eher darauf hin, daß es sich dabei um eine recht einfache Kommunikationsform handelt, und daß hiermit keine speziellen Informationen übermittelt werden.

Deborah Glockner-Ferrari/Center for Whale Studies

Claire Leimbach

WAL UND

MENSCH

▲ Diese Münze im Wert von zehn Drachmen stammt aus Syracus und datiert etwa in die Zeit 480 bis 400 v.Chr. Sie zeigt den Kopf von Arethusa, gekrönt mit einem Olivenzweig und umgeben von vier Delphinen. In der griechischen Mythologie wurde die Nymphe Arethusa in eine Quelle auf der Insel Ortygia (vor Sizilien) verwandelt, damit sie so den Annäherungsversuchen des Flußgottes Alpheus entging. Das Delphin-Motiv wurde häufig auf Münzen gezeigt — sie beschützen die Reisenden, hatten also im Altertum etwa dieselbe Bedeutung wie heute St. Christopher.
Michael Holford/British Museum (Natural History)

WALE IN KUNST UND LITERATUR

RUTH THOMPSON

Die frühesten bekannten Darstellungen von Walen, Delphinen und Schweinswalen in der Kunst sind auf etwa 1500 vor Christus zu datieren. Die frühen griechischen und römischen Künstler — inspiriert von der Intelligenz der Delphine und ihrer Freundlichkeit zu den Menschen — nahmen Delphin-Motive in Bildhauerei, Gemälden und Zeichnungen, in den Motiven der Mosaikfußböden und Münzen auf. Diese Tradition, die im Delphin ein Motiv für künstlerische Eingebung sieht, wirkt bis zum heutigen Tag fort. Ein Beispiel dafür mag die unten abgebildete, beschwörende Wandmalerei von Lou Silva sein, in der er Wale, Delphine und Seelöwen in freier Wildbahn darstellt.

▶ Zeitgenössische Darstellung eines Wals. Wandgemälde von Lou Silva am Gebäude der Berkeley University Press, entstanden 1979.

Lou Silva/Photo courtesy of Berkeley University Press

Die Schriftsteller und Dichter der alten Mittelmeer-Kulturen betrachteten die Wale und Delphine als heilig. Viele glaubten, sie seien Reinkarnationen der menschlichen Seele und verkörperten die Lebenskraft des Meeres. Für einige, beispielsweise den griechischen Philosophen und Naturkundler Aristoteles (384 bis 322 v. Chr.), waren sie Gegenstand der Untersuchung und wissenschaftlichen Beobachtung. Er erkannte, daß Wale und Delphine Säugetiere sind, und beschrieb dies in seiner *Naturgeschichte der Tiere.*

> »Der Delphin, der Wal und alle Meeressäugetiere — also alle, die ein Blasloch haben anstelle von Kiemen — sind lebendgebärend. . . Alle Tiere, . . . die lebendgebärend sind, haben Brüste, zum Beispiel alle Tiere, die behaart sind wie der Mensch, das Pferd und die Meeressäugetiere.«

Wie auch die anderen Autoren jener Zeit schmückte Aristoteles seine sachlichen Beschreibungen mit Geschichten aus, die ihm zugetragen worden waren. In diesen Anekdoten erscheint der Delphin als sanftes und liebenswürdiges Geschöpf mit beinahe menschengleicher Intelligenz. In einer Erzählung wird berichtet, wie eine Delphinherde in einen Hafen eindrang und dort solange verblieb, bis ein Fischer, der vor der Küste von Karia einen Delphin gefangen und verletzt hatte, seinen Gefangenen freiließ. Erst dann verließen sie den Hafen wieder.

Wie Aristoteles sammelte auch der römische Schriftsteller Plinius der Ältere (23 bis 79 n. Chr.) für seine Naturgeschichte *Naturalis Historia* derartige Geschichten. Im Gegensatz zu jenem nahm der weitgereiste, gelehrte Soldat aber auch Berichte aus zweiter und dritter Hand auf, was natürlich zu Ungenauigkeiten und Unrichtigkeiten in seinen Darstellungen führte. In Plinius' Naturgeschichte finden wir eine der berühmtesten Erzählungen über die Beziehungen zwischen Mensch und Delphin. Es ist die Geschichte des Jungen, der mittags zur Badebucht »Lucrinus« zu gehen pflegte, wo er mit Brot einen Delphin anlockte. »Simo« nannte der Junge den Delphin. Dieser tauchte regelmäßig auf, nahm das Brot und bot dem Jungen an, Platz auf seinem Rücken zu nehmen. Dann schwamm er mit ihm nach Pozzuoli hinüber, wo der Junge die Schule besuchte. Als der Junge krank wurde und starb, betrauerte der Delphin ihn zutiefst. Und einige Zeit später wurde er, vor Gram verendet, tot am Ufer angefunden.

Eine ähnliche Erzählung von der Liebe zwischen einem Knaben und einem Delphin findet sich bei Aelian und handelt auf Iassos. Es ist die kraftvolle Beschwörung von Liebe und Tod. Die Erschaffung der Welt, die schöpferische und zerstörerische Kraft des Meeres

AELIAN: DER DELPHIN VON IASSOS

Ronald Sheridan/Ancient Art and Architecture Collection

Die Liebe eines Delphins zu einem schönen Knaben von Iassos:
eine berühmte Geschichte:
hier wird sie erzählt

Nahe am Meer liegt das Gymnasion von Iassos
und wenn sie den ganzen Nachmittag lang gelaufen und gerungen hatten
pflegten die Knaben zum Strand hinunterzugehen und sich zu waschen
eines Tages verliebte sich ein Delphin
in den hübschesten Knaben jener Zeit
anfangs lief der Knabe furchtsam weg
wenn der Delphin in Strandnähe herumplantschte
aber indem er immer wieder kam und sich freundlich zeigte
lehrte der Delphin den Knaben, ihn zu lieben

Unzertrennlich waren sie
spielten zusammen
schwammen Seite an Seite
maßen sich im Wettschwimmen
und manchmal schwang der Knabe sich auf den Rücken
und ritt den Delphin wie ein Pferd
er war so stolz, wenn sein Liebhaber ihn auf seinem Rücken herumtrug

auch die Leute aus der Stadt waren stolz
und die Besucher sahen es entzückt

der Delphin trug seinen Schatz hinaus auf das Meer
so weit, wie dieser wollte
dann wendete er um
zurück zum Strand
sagte auf Wiedersehen und kehrte auf die See zurück
der Knabe aber ging nachhause

wenn die Schule zuende war
wartete der Delphin bereits
darüber war der Knabe so glücklich
jedermann liebte es, den Knaben zu sehen
er war so hübsch
Männer und Frauen
und — was das erstaunlichste war — selbst die dummen Tiere
denn niemals gab es einen liebenswerteren Knaben

aber der Neid zerstörte ihr Glück
eines Tages spielte der Knabe zu wild
ermüdet warf er sich bäuchlings
auf den Rücken des Delphins
dessen Finne zufällig gerade aufgerichtet war
und dem Knaben in den Nabel stach
Adern zerrissen, Blut quoll heftig heraus
und der Knabe starb
der Delphin spürte seinen Reiter schwerer als sonst
(der tote Knabe konnte sich nicht durch Atmen leichter machen)
er sah, wie das Meer sich vom Blut rot färbte
als er verstand, was geschehen war
entschied er sich, sich auf ihren Strand beim Gymnasion zu werfen
wie ein Schiff rauschte er durch die Wellen
und trug den Körper des Knaben an Land

beide lagen sie da im Sand
der eine tot
der andere hauchte sein Leben aus
Iassos baute beiden ein Grab
um ihre große Liebe zu vergelten
auch eine Stele errichtete man
die den Knaben auf dem Delphin reitend darstellt
und man gab Silber- und Bronzemünzen heraus
auf denen die Geschichte ihres Liebestods aufgeprägt war

am Strand aber
verehrt man Eros, den Gott, der Knabe und Delphin hier zusammenführte

und die Vieldeutigkeit menschlicher Sexualbeziehungen werden darin lebendig dargestellt. Die Grundlage der Geschichte mag durchaus auf reale Vorgänge zurückzuführen sein: Sie wurde in Zeiten geschrieben, in denen Wale und Delphine für die Fischer vertraute Gefährten waren, die zu töten als böses Omen betrachtet wurde, und in denen in vielen Buchten und Flußmündungen des Mittelmeeres Jungen (und möglicherweise auch Mädchen) mit zutraulichen Delphinen spielten.

In derartigen Erzählungen von Delphin-Reitern sind Delphin und Junge klar als unterschiedliche Geschöpfe gekennzeichnet. Andere Erzählungen geben die alte Anschauung wieder, wonach die Schöpfung aus dem Schoß eines Delphins erfolgt sei. *Delphys,* das griechische Wort für Delphin, ist verwandt mit *Delphis,* was Schoß, Mutterleib oder Gebärmutter bedeutet. In der griechischen Mythologie illustriert die Geschichte vom Sonnen- und Lichtgott Apoll und seinem Kampf und Sieg über Delphyne, das Delphin/Schoß-Ungeheuer, diesen Aspekt der mediterranen Schöpfungsgeschichte. Nach dem Triumpf über Delphyne errichtet er einen Tempel in Delphi (griechisch *Delphoi,* die Stadt der Delphine) und nimmt den Titel *Delphinius,* Delphingott, an. Er verwandelt sich dann in einen riesigen Delphin, zwingt ein Schiff

Michael Holford

◀ Dieses Fresko, das Delphine und andere Meerestiere zeigt, stammt aus dem »Raum der Königin« im Palast von Knossos auf Kreta. Der Künstler, der es schuf, ist unbekannt. Das Wandbild entstand wohl in der späten Minoischen Periode II, etwa 1450 bis 1400 v. Chr.. Es ist eine der frühesten bekannten Darstellungen von Delphinen in der Kunst. Unter den Delphinen Rosetten, die eine Tür einrahmen — eine für die minoische Zeit typische Dekoration. Man beachte die naturgetreue Darstellung und vergleiche mit mittelalterlichen Abbildungen, auf denen die Delphine häufig mit Schuppen oder Kiemen gezeigt werden!

kretischer Kaufleute in seine Dienste und offenbart sich schließlich in Delphi als Gott. So erhebt sich Apoll siegreich aus dem Schöpfungsmeer, das durch den Delphin verkörpert wird, und übernimmt die Herrschaft über das Universum.

Aber nicht nur bei den alten Griechen und Römern findet man Erzählungen über die Freundschaft zwischen Delphinen und Kindern. 1945 freundete sich die dreizehnjährige Amerikanerin Sally Stone auf Long Island South an der Ostküste der USA mit einem Delphin an. Zwischen 1960 und 1966 pflegte ein Delphin mitten zwischen Booten und Schwimmern vor Elie in Fifeshire (Schottland) zu spielen, und gleiches ereignete sich vor Seahouses in Northumberland (England). Aus Neuseeland kommt ein Bericht, der stark an die Erzählung von Plinius dem Jüngeren von dem Delphin aus Afrika erinnert. 1956 erließ das neuseeländische Parlament ein Gesetz zum Schutz eines Delphins in der Hokianga Bay vor Opononi Beach. Der Tümmler »Opo« erlaubte den Kindern, ihn zu streicheln, Ball mit ihm zu spielen und auf seinen Rücken zu klettern. Opo wurde so berühmt, daß die Touristen scharenweise in Opononi Beach einfielen — aber er ging nach kurzer Zeit ein.

Delphin-Legenden und -Motive spielten in vorbiblischer Zeit in einer Vielzahl von künstlerischen Dar-

▼ Die Dionysos-Schale, geschaffen um 540 v. Chr. von Exekias. Sie zeigt die griechische Legende um Dionysos, den Gott des Weines und des Rausches. Dionysos segelt zwischen den Inseln Ikaria und Naxos. Er erfährt von dem Plan der Besatzung, ihn in die Sklaverei zu verkaufen, und sinnt auf Rache: Die Ruder der Schiffer verwandeln sich in Schlangen, Weinstöcke sprossen aus den Lenden des Gottes, und unsichtbare Flöten beginnen zu spielen. Die verängstigten Segler springen über Bord und werden vom Meergott Poseidon gerettet, indem er sie in Delphine verwandelt. Aus Dankbarkeit gehorchen sie fortan seinen Befehlen und ziehen sein Meeresgefährt.

stellungen eine Rolle. Künstler der minoischen Kultur, die vom 14. bis zum Ende des 4. vorchristlichen Jahrhunderts ihre Blütezeit hatte, verwendeten bei ihrer Dekormalerei realistische Motive, vor allem florale und marine Formen einschließlich dem Delphin. Die Delphine sind auf diesen Wandmalereien und Fresken der Paläste von Knossos und Phaestos realistisch und lebendig dargestellt. Im Gegensatz dazu haben später die Künstler am Mittelmeer Wale und Delphine häufig mit Schuppen und Kiemen porträtiert!

In der griechischen und römischen Kunst erscheinen die Delphine auf Mosaiken (zum Beispiel auf Delos im »Haus des Dreizacks«) und in Skulpturen, von denen viele vom Freundschaftsmotiv Delphin/Knabe inspiriert waren. Die griechische Begabung für die Skulptur drückt sich am deutlichsten in der Gestaltung ihrer Münzen aus. Die besten wurden interessanterweise nicht in Athen, sondern in Syracus entworfen. Ein bevorzugtes Motiv dabei waren Delphine, denn man glaubte, sie würden dem Reisenden Sicherheit bringen. Um 650 bis 500 v. Chr. wurde von athenischen Töpfern, darunter Exekias, die Schwarzfiguren-Malerei auf rotem Grund entwickelt. Mythologische Szenen wie auf der unten abgebildeten Dionysus-Schale kamen etwa in dieser Zeit auf.

Ronald Sheridan/Ancient Art and Architecture Collection

BIBLISCHE ERZÄHLUNGEN

Im Zeitalter der Christianisierung erfuhren griechische und römische Mythologie eine rasche Verwandlung. Früher hatten die Delphine heidnischen Göttern wie Apoll und Poseidon gedient. Nun wurden sie Sendboten des Ein-Gottes. Delphine retteten St. Martian, St. Basilius den Jüngeren und Callistratus vor dem Märtyrertod, und als der tote Körper des getöteten St. Lucian von Antiochus den großen und kleinen Raubfischen zum Fraß vorgeworfen wurde, trug ein Delphin ihn bis nach Drepanum, damit er ein richtiges Begräbnis erhalten konnte.

Die nahe Beziehung zwischen Mensch und Delphin kommt in den Geschichten über Wale nicht so offenbar zum Ausdruck. Allein schon die Größe dieser Tiere suggeriert den Eindruck eines Lebens in viel größerem Maßstab. Sie wird gleichzeitig als bedrohlich empfunden: ein schreckliches Monster, das den Menschen als Beute betrachtet. Hiob beispielsweise beschreibt den Leviathan so:

1. Niemand ist so kühn, der ihn reizen darf; wer ist denn, der vor mir stehen könne?

2. Wer hat mir was zuvor gethan, daß ich es ihm vergelte? Es ist mein, was unter allen Himmeln ist.

3. Dazu muß ich nun sagen, wie groß, wie mächtig und wohl geschaffen er ist.

4. Wer kann ihm sein Kleid aufdecken? Und wer darf es wagen, ihm zwischen die Zähne zu greifen?

5. Wer kann die Kinnbacken seines Antlitzes aufthun? Schrecklich stehen seine Zähne umher.

6. Seine stolzen Schuppen sind wie veste Schilde, vest und enge in einander.

7. Eine rührt an die andere, daß nicht ein Lüftlein dazwischen gehet.

8. Es hängt eine an der andern, und halten sich zusammen, daß sie sich nicht von einander trennen.

9. Sein Niesen glänzt wie ein Licht; seine Augen sind wie die Augenlider der Morgenröthe.

10. Aus seinem Munde fahren Fackeln, und feurige Funken schießen heraus.

11. Aus seiner Nase geht Rauch wie von heißen Töpfen und Kesseln.

12. Sein Odem ist wie lichte Lohe, und aus seinem Munde gehen Flammen.

13. Er hat einen starken Hals, und ist seine Lust, wo er etwas verdirbt.

14. Die Gliedmaßen seines Fleisches hangen an einander, und halten hart an ihm, daß er nicht zerfallen kann.

15. Sein Herz ist so hart, wie ein Stein, und so vest, wie ein Stück vom untersten Mühlstein.

16. Wenn er sich erhebt, so entsetzen sich die Starken; und wenn er daher bricht, so ist keine Gnade da.

17. Wenn man zu ihm will mit dem Schwerdt, so reget er sich nicht, oder mit dem Spieße, Geschoß und Panzer.

18. Er achtet Eisen wie Stroh, und Erz wie faules Holz.

19. Kein Pfeil wird ihn verjagen; die Schleudersteine sind ihm wie Stoppeln.

20. Den Hammer achtet er wie Stoppeln; er spottet der bebenden Lanzen.

21. Unter ihm liegen scharfe Steine, und er fährt über die scharfen Felsen, wie über Koth.

22. Er macht, daß das tiefe Meer siedet wie ein Topf; und rührt es in einander, wie man eine Salbe menget.

23. Nach ihm leuchtet der Weg; er macht die Tiefe ganz grau.

24. Auf Erden ist ihm Niemand zu gleichen; er ist gemacht ohne Furcht zu seyn.

25. Er verachtet alles, was hoch ist; er ist ein König über alle Stolzen. *(Hiob 41,)*

Die bekannteste Wal-Geschichte aus der Bibel ist die im alttestamentlichen Buch Jonas. Als Jonas Gottes Befehl nicht gehorchte, nach Ninive zu gehen und gegen die Sündhaftigkeit der Stadt zu predigen, erhob sich ein heftiger Sturm. Das veranlaßte die Schiffer, Jonas ins Meer zu werfen. Ein Wal verschlang ihn, und er verbrachte drei Tage und drei Nächte in seinem Bauch. Schließlich spie der Wal Jonas an Land, und dieser begab sich schleunigst nach Ninive, wie Gott es ihm befohlen hatte. Die sündigen Bewohner von Ninive bekundeten Reue, und Gott verschonte die Stadt. Jonas indessen, der die Stadt zerstört sehen wollte, war über diesen Gang der Ereignisse ärgerlich. Er betete um die Erlaubnis, sterben zu dürfen, wenn also seine Feinde lebten. Gott aber antwortete ihm:

10. Und der Herr sprach: Dich jammert des Kürbis, daran du nicht gearbeitet hast, hast ihn auch nicht aufgezogen, welcher in einer Nacht ward, und in einer Nacht verdarb;

11. Und mich sollte nicht jammern Ninives, solcher großen Stadt, in welcher sind mehr denn hundert und zwanzig tausend Menschen, die nicht wissen einen Unterschied, was rechts oder links ist, dazu auch viele Thiere? *(Jonas 4,)*

Ronald Sheridan/Ancient Art and Architecture Collection

▲ Dieser Holzschnitt, der Jonas und den Wal darstellt, stammt aus dem Jahre 1493. Der nackte Jonas rettet sich aus dem Magen des Wals und fleht um Vergebung. Im Hintergrund sieht man die Stadt Ninive. Das Bild wird beherrscht von dem riesigen Wal mit seiner schuppigen Haut. Die mittelalterlichen Künstler statteten Wale und Delphine häufig mit Schuppen oder auch Kiemen aus.

BPCC/Aldus Archive

MYTHEN UND LEGENDEN

In der japanischen Folklore und Mythologie wird der Wal genauso dargestellt wie der Hase in Aesops Fabel vom Hasen und der Schildkröte. Der riesige Wal brüstet sich damit, daß er das größte Tier im Meer ist, und fordert die langsame Meeresschnecke zu einem Wettrennen auf. Die beiden vereinbaren, den Wettkampf in drei Tagen zu beginnen. Die Schnecke bittet alle befreundeten Schnecken, sich jeweils auf einem anderen Strand zu postieren und dort den Wal zu erwarten. Der Tag des Wettkampfs rückt heran. Der Wal stürzt davon, und die Schnecke folgt langsam in seinem Kielwasser. An dem Strand, der als Ziel verabredet war, ruft der Wal: »Schnecke, Schnecke, wo bleibst Du?« Die dort wartende Schnecke ruft zurück: »Was ist, Wal? Bis Du jetzt erst angekommen?« Dann schlägt sie ein zweites Rennen zu einem anderen Strand vor. Als der Wal dort ankommt, wiederholt sich derselbe Dialog. Weitere Rennen folgen, bis der Wal sich schließlich geschlagen geben muß.

Eine der wenigen Geschichten, in denen Wale ähnlich wie die Delphine in der griechischen Mythologie dargestellt werden, stammt aus Polynesien. Sie handelt von Putu (in einer ähnlichen Maori-Legende auch Tinirau genannt), der Königin der Insel Nuku Hiva in der Marquesas-Gruppe. Putu reitet auf dem Rücken

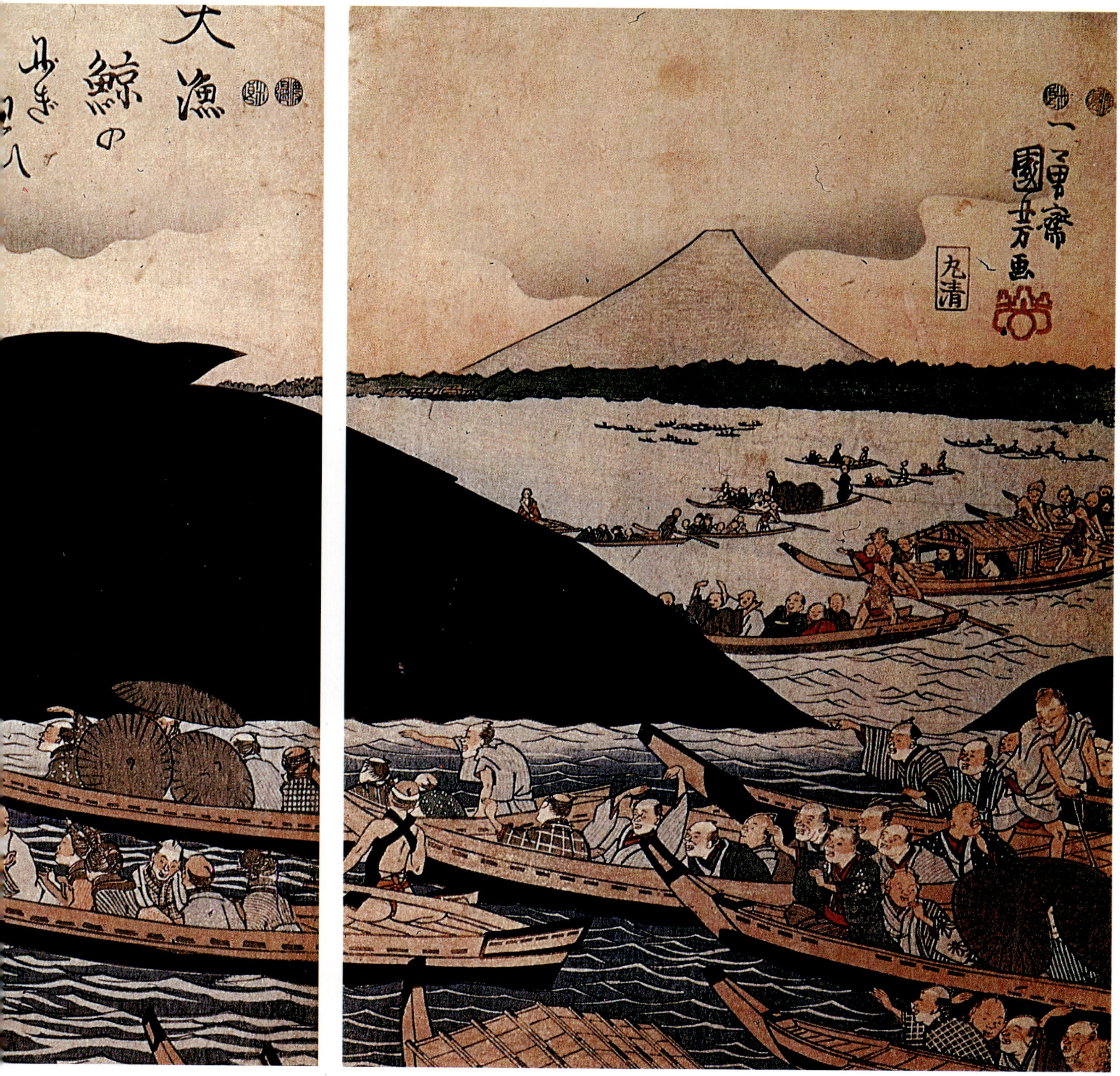

des großen Pottwals Tokama (bei den Maoris: Tutunui), während ihre Töchter, Zwillinge, auf den Zwillingssöhnen Tokamas reisen. Der böse Kae kommt aus dem 2400 Kilometer entfernten Upolu. Er will die Zwillings-Prinzessinen kidnappen und heiraten, aber die Inselbewohner nehmen ihn gefangen. Er bittet darum, nach Upolu zurückkehren zu dürfen. Putus Töchter schlagen vor, daß Tokama ihn nach Hause tragen soll, weil sie nicht Schiff und Mannschaft riskieren wollen. Als Tokama mit Kae in den Hafen von Upolu einschwimmt, wird er heftig mit Speeren und Äxten angegriffen. Schließlich treibt Kae einen Speer in den Schädel des Pottwals, und dieser stirbt — der erste Wal also, der von menschlicher Hand umkommt. Tokamas Söhne kehren nach Nuku Hiva zurück, um Zeugnis von diesem Verrat abzulegen. Obwohl sich Putu darüber im Klaren ist, daß die Wale nicht länger den Menschen zu Diensten sein werden, bittet sie die Söhne um einen letzten Gefallen: Sie sollen Tokamas Tod rächen. Ihre Zwillingstöchter reiten auf Tokamas Söhnen nach Upolu und nehmen Kae gefangen. Der Priester von Nuku Hiva verflucht Kae und opfert ihn den Göttern. Putu befiehlt den Söhnen Tokamas, ins offene Wasser hinauszuschwimmen, weit weg von den Menschen, und bereitet den Zwillingssöhnen einen traurigen Abschied.

▲ Diese japanische Druckgraphik aus dem Jahr 1851 stammt von Ichiyusai Kuniyoshi. Sie zeigt einen gestrandeten Wal. Das Triptychon ist beschriftet »Diagyo kujita no nigiwai« (»Großer Fischzug. Versammlung um den Wal«).

▶ Dieser Kupferstich von Richard Furnival trägt den Titel »Bestiaire d'Amour«. Die Darstellung zeigt mittelalterliche Schiffer, die einen Wal für eine Insel halten. Im Mittelalter zirkulierten zahlreiche solcher Geschichten. Meist klärt sich in ihnen das Versehen auf, wenn die Männer ein Feuer entzünden. Erst nun, da der Wal abtaucht, wird den Seeleuten die eigentliche Natur ihrer »Insel« klar.

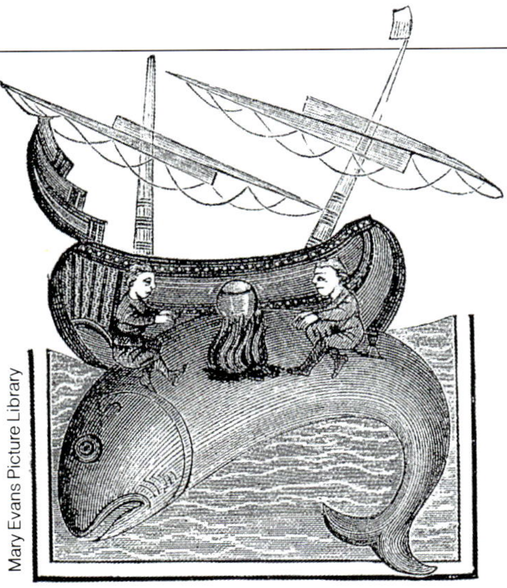

Mary Evans Picture Library

In dieser polynesischen Erzählung kann man die Elemente des griechischen Delphin-Mythos wiedererkennen: die Unschuld des Tieres, die angedeutete sexuelle Beziehung der Frauen zu den Wal-Bullen, der Verrat der Menschen diesen Tieren gegenüber und die Vorstellung, daß Mensch und Wal auch in Harmonie miteinander leben könnten.

DAS MITTELALTER

Im Mittelalter kündigt sich ein bedeutsamer Wandel in der Mythologie an, die die Wale umgibt. Sie werden erstmals als Tiere gesehen, die mehr darstellen, als es ihre bloße Erscheinung ausdrückt. Das bekannteste Beispiel ist die Geschichte von St. Brendan, dem Benediktinermönch, der sein heimatliches Irland im

MOBY DICK

VON HERMAN MELVILLE

Moby Dick ist eines der klassischen Werke aus dem 19. Jahrhundert. Es ist die Geschichte der grausamen Rache des Kapitäns Ahab an dem weißen Pottwal, der ihn so verstümmelt hatte, daß er nun eine Prothese aus schimmerndem Elfenbein tragen mußte. In dem Buch hat Melville seine Erfahrungen vom Walfang auf dem Fangboot »Acushnet« verarbeitet, mit dem er 1841 in See stach. Zehn Jahre später wurde *Moby Dick* veröffentlicht. Das Buch wurde von der Kritik kaum beachtet. Erst nach dem Tod von Melville 1891 belebte sich das Interesse an dem Buch wieder.

Der Roman beginnt mit den heute berühmten Worten: »Nenn' mich Ishmael!« Das ist einer der vielen Bezüge im Buch auf die Bibel. Ishmael, ein Sohn, den Abraham mit einer Sklavin hat, wird zur unerwünschten Person, als Abrahams Frau Sarah selbst einen Sohn gebärt. Sarah treibt Ishmael und seine Mutter aus dem Haus, um zu verhüten, daß sie die Erbfolge beanspruchen können.

In *Moby Dick* wird der junge Mann Ishmael von einem »unheimlichen und geheimnisvollen Monster«, dem Wal, angezogen. Er möchte unbedingt »die wilden und fernen Meere, wo dieser seine inselgleichen Massen durchs Wasser wälzt«, sehen. Er beschließt, auf dem Walfänger »Pequod« anzuheuern, der an einem kalten Weihnachtstag »blind wie das Schicksal in den einsamen Atlantik sticht«. An Bord der »Pequod« sind Kapitän Boomer und drei Offiziere: Starbuck, der gottesfürchtige, kluge Quäker, sowie Stubb und Flask. Die drei Harpunierer an Bord sind Heiden: Queequeg, ein tätowierter Maori; Tashtego, ein Indianer, und Daggoo, ein Afrikaner. Der Rest der Crew besteht aus Abschaum, wie Ishmael das nennt: Einzelgänger und Ausgestoßene wie er selbst. Später erst erfahren sie, daß Ahab in seiner Kabine eine weitere Schar von Heiden versteckt hält, die von Fedaleah befehligt werden.

Die Erzählung erreicht ihren Höhepunkt, als der weiße Wal endlich gesichtet wird. Starbuck, der einzige Christ unter lauter Heiden, versucht Ahab von seinem Rachefeldzug abzubringen, aber dieser verweigert sich. Er ignoriert auch das böse Omen des Elmsfeuers an der Mastspitze während eines Wirbelsturms — es ist das Anzeichen dafür, daß der Tod nahe ist. Die Jagd beginnt. Drei Tage lang kämpft Ahab mit Moby Dick, wobei er eine spezielle Harpune benutzt, die mit seinen eigenen Rasiermessern bestückt ist. Moby Dick, den riesigen Körper schmerzverzerrt wegen der eingestoßenen Harpunen, rammt die ins Meer gelassenen Fangboote der »Pequod« mit seinem Kopf. In der schäumenden See ein ununterscheidbares Durcheinander von halbertrunkenen Seeleuten, verwickelten Tauen und sinkenden Booten. Am dritten Tag stößt der Wal laute Töne aus, erhebt sich aus dem Wasser und wirft sich, alles zerschmetternd, gegen den Bug der »Pequod« selbst. Ahab, nur von dem Gedanken an Rache erfüllt, stößt ein Eisen in den Wal — aber als dieser sich im Todeskampf wälzt, verwickelt sich Ahab in ein Tau und wird in die See gerissen. Nur Ishmael überlebt.

Moby Dick ist voller Anspielungen und Symbole, unheilvoller Vorzeichen und grüblerischer Reflektionen, dies alles prächtig vorgetragen in spannender Erzählung. Die Literaturwissenschaft hat sich eingehend mit ihrer Bedeutung beschäftigt. Eine Ansicht geht dahin, daß *Moby Dick* das nordische Bewußtsein widerspiegelt — den endlosen Kampf gegen die Naturelemente. Andere Interpretationen sehen im Wal das Symbol für eingeborene Naturrechte, die der Mensch nicht anerkennen will, oder meinen, Ahab sei zur Verdammnis bestimmt, weil er der christlichen Sünde des Hochmuts schuldig sei. Im Sinne der Freud'schen Psychoanalyse stünde Ahab für das »id«, Moby Dick für das »ego«, und der aufrechte Starbuck verkörperte das »Über-Ich«. Und wenn Ahab durch die Harpunenleine, die am Körper von Moby Dick befestigt ist, zu Tode kommt, dann sei dies ein Symbol für die Nabelschnur, das heißt für die Unterwerfung Melvilles unter das elterliche Gewissen.

Aber Melville hatte eigentlich gar nicht die Absicht, einen allegorischen Roman zu schreiben, wie ihm nachträglich vielfach unterstellt wird. In einem Brief beschrieb er seine Arbeit als »eine Abenteuerromanze, die auf einigen wilden Legenden der Pottwalfänger im Südmeer aufbaut, ausgeschmückt mit den eigenen Erfahrungen des Autors als Harpunierer für mehr als zwei Jahre«. Es gibt keine Anhaltspunkte dafür, daß Melville seine Symbole bewußt gesetzt hat. Vielmehr muß man wohl mit Robert McNally (in: *So Remorseless a Havoc*) unterstellen: »Er arbeitete mit seinen Anspielungen und Symbolen, wie sie sich im Laufe des Schreibens an dem Roman selbst entwickelten. Die Kritik unterstellt ihm ein deduktives Vorgehen; aber Melville schrieb *Moby Dick* induktiv.«

Die Schriftsteller D. H. Lawrence und E. M. Forster werden in ihren Arbeiten *Moby Dick* wohl am gerechtesten. D. H. Lawrence verfaßte einen Essay über Melville in seinen *Studies in Classic American Literature*. Er führt aus: »Natürlich ist *Moby Dick* ein Symbol — fragt sich nur, wofür?« Lawrence bezweifelt, ob selbst Melville sich darüber eigentlich im klaren gewesen sei, und sagt dann:

Jahre 565 verläßt, um das Gelobte Land der Heiligen zu finden. Um die Messe zu feiern, legt er — wie er glaubt — an einer Insel an und geht an Land. In Wirklichkeit handelt es sich dabei um einen Wal. Gott verwandelt den Wal in eine richtige Insel, die nach dem Mönch benannt wird. Leicht- und Abergläubigkeit der Menschen jener Zeit waren so groß, daß Entdeckungsreisende bis in die Mitte des 18. Jahrhunderts hinein im Atlantik diese Insel gesucht haben.

Um das 15. Jahrhundert herum, parallel zum Aufkommen des kommerziellen Walfangs, begannen die Volkssagen und Märchen über Wale zu verschwinden. Die Menschen betrachteten sie nun eher unter dem Aspekt, welchen Ertrag sie versprachen, und weniger als kraftvolle und gefährliche Geschöpfe des Meeres. Wenn man die riesigen Dimensionen bedenkt, die die Walfang-Industie im 19. Jahrhundert angenommen hatte, erscheint bemerkenswert, daß bei den zeitgenössischen Romanautoren — beispielsweise Alexandre Dumas oder W.H.G. Kingston — die Wale keine Rolle spielten. Einer der wenigen Autoren, der über Wale schrieb, war der in London geborene Frank Bullen. In *The Cruise of the Cachalot,* einem Reisebericht, beschreibt er sehr realistisch Art und Weise sowie Gefahren der Jagd auf den Pottwal. In 17 Jahren verfaßte er 36 Bücher, von denen die meisten auf seinen Erfahrungen als junger Mann auf einem Walfang-Boot aufbauten.

Der bekannteste und wohl auch bedeutendste Roman, in dem Wale eine Rolle spielen, ist *Moby Dick* von Herman Melville.

Sotheby's, London/The Bridgeman Art Library

▲ Diese chinesische Porzellanmalerei, im 18. Jahrhundert für den Export nach Europa geschaffen, zeigt Walfänger mitten zwischen den Eisschollen des arktischen Meeres.

»Das ist das beste an *Moby Dick*. Er ist ein Wesen mit warmem Blut, er ist liebenswert. Er ist ein einsamer Leviathan, aber keiner von der Sorte wie bei Hobbes. Oder doch?«

Über Melville schreibt Lawrence: »Er war ein großer, tiefsinniger Künstler, auch wenn er persönlich ein eher salbaderischer Mann war. Er war insoweit ein richtiger Amerikaner, als er stets das Gefühl hatte, er stehe vor einem Publikum. Aber wenn er aufhört, Amerikaner zu sein und all diese Zuhörer vergißt und uns eine bloße Vorstellung von dieser Welt vermittelt, dann ist er wundervoll, dann vermittelt sein Buch einen Frieden in der Seele, flößt Ehrfurcht ein.« (Lawrence 1924, 146)

Es war diese »Ehrfurcht in der Seele«, die Lawrence zum Schluß führte, *Moby Dick* sei »die tiefste Seelennatur der Weißen Rasse, er verkörpert unsere Naturinstinkte«.

»Und er wird gejagt, gejagt, gejagt durch den wahnsinnigen Fanatismus unseres weißen Bewußtseins. Wir wollen ihn zugrunderichten. . . Und in dieser wahnsinnigen, bewußten Jagd, die uns selbst gilt, spannen wir die dunklen und bleichen Rassen ein, um uns zu helfen, Rote, Gelbe und Schwarze, Ost und West, Quäker und Feueranbeter, wir bringen sie alle dazu, uns zu helfen in dieser gespenstischen, wahnsinnigen Jagd, die unsere Verdammnis und unser Selbstmord ist.«

E. M. Forster vermutet in *Aspects of a Novel*, daß beide, Melville und Lawrence, vergleichbarer Natur seien. Er nennt sie »prophetische« Schriftsteller. Ihre Romane greifen auf universale Themen zurück, die im Menschen tiefe und häufig zerstörerische Saiten zum Schwingen bringen und in uns »das Gefühl eines Weltgesangs« erwecken. Forster meint deshalb: »Das Wesentliche in *Moby Dick*, seine prophetische Sendung, fließt wie ein unterirdischer Strom unterhalb der Handlung und der bewußten sittlichen Vorstellungen.«

Das Geheimnis des Romans *Moby Dick* liegt in der überragenden literarischen Qualität, der Majestät des Meeres, das in einem geliebt und gehaßt wird, und vor allem in dem Geheimnis, das Moby Dick umgibt. Wie Melville bewegend schreibt:

»Denn dieses seltsame Schauspiel, das man bei allen sterbenden Pottwalen beobachten kann — sie richten den Kopf zur Sonne und machen so ihren letzten Atemzug —, dieses seltsame Schauspiel, das sich an diesem friedlichen Abend abspielte, rief in Ahab eine Empfindung hervor, die er so noch nie verspürt hatte. Er dreht und wendet ihn zur Sonne — wie langsam, aber wie unerschütterlich —, seinen ehrfurchtserweisenden und rachebeschwörenden Kopf, während er sterbend seine letzten Bewegungen vollführt. Auch er verehrt das Feuer, ist ein gläubiger, mächtiger, freiherrlicher Vasall der Sonne!«

Jonathan Cape Ltd/Mary Evans Picture Library

▲ In Rowland Hilders Illustrationen zu Moby Dick schwingt die schreckliche Schönheit der Erzählung weiter. Hier nähert sich die »Pequod« dem Fangboot, auf dem Daggoo gerade zum Stoß gegen einen Pottwal ansetzt.

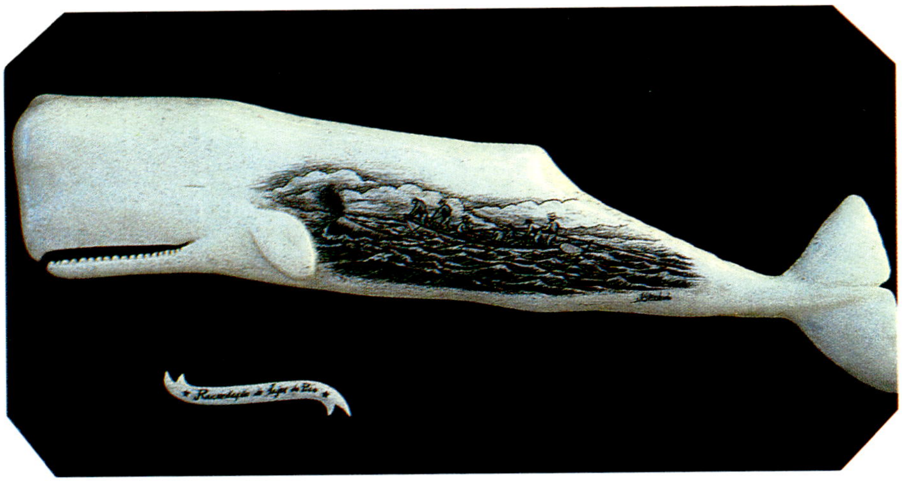

Jonathan Gordon/Seaphot Limited/Planet Earth Pictures

▲ Mit einfachen Taschenmessern, aber auch mit raffinierterem Werkzeug schufen die Walfänger aus den Zähnen und Knochen der Pottwale dekorative Gegenstände von zum Teil bestrickender Schönheit. Diese Walfang-Szene von den Azoren wäre Herman Melville sicherlich vertraut gewesen.

SCRIMSHAW

SIR RICHARD HARRISON

In *Moby Dick* beschrieb Herman Melville 1851 »die lebensechten Szenen von Walen und dem Walfang, die die Fischer selbst auf den Zähnen von Pottwalen eingravieren, oder die Korsettstangen der Ladies, die aus dem Walbein der Glattwale herausgeschnitten werden, und andere »Skrimshander«-Artikel, wie die Walfänger diese zahllosen erfindungsreichen Gegenstände nennen, die sie in ihren Musestunden auf See aus dem Rohmaterial herausarbeiten.«

Muse ist kaum das richtige Wort für den monotonen Leerlauf und die Untätigkeit, mit denen sich die Besatzungsmitglieder der Walfangschiffe konfrontiert sahen. Die Crews auf diesen Schiffen waren zahlenmäßig bei weitem größer als auf Handelsschiffen vergleichbarer Größe. Alle vier oder fünf Fangboote mußten bemannt, und das Mutterschiff mußte auch manövriert werden, wenn die Boote ausgesetzt und die Bootsbesatzungen mit dem Fang beschäftigt waren. So gab es also viele untätige Hände, während das Schiff zu den Fanggründen kreuzte, wenn es in den Windstillen ruhig lag oder wegen Nebels keine Fahrt machen konnte. Tage, Wochen, sogar Monate konnten ohne Arbeit vergehen. . . und gewisse Fangfahrten konnten vier Jahre lang dauern!

Die Walfänger besannen sich dann auf ihre handwerklichen Fähigkeiten, um Geist und Hände zu beschäftigen. Melville fährt fort: »Einige von ihnen haben kleine Schachteln mit Instrumenten, die dem Zahnarzt-Besteck ähneln und speziell für Skrimshandering-Arbeiten geeignet sind. Im allgemeinen aber mühen sie sich lediglich mit ihren Klappmessern ab; und mit diesem beinahe zu allem geeigneten Werkzeug des Seemanns zaubern sie Dir alles hervor, was Du wünschst. . .«

Möglicherweise gab es einmal einen Mister Scrimshaw, der diesem Kunsthandwerk zu seinem Namen verholfen hat. Das wäre ein passender Name für den Zweiten Offizier gewesen; denn dieser war es gewöhnlich, der das Rohmaterial für diese Arbeiten zuteilte. Oder es handelt sich vielleicht um einen Spottnamen, den die »richtigen« Matrosen, die das Fangschiff in den südlichen Ozean führten, den untätigen »Scrimshankers« gaben, die erst dann zur Arbeit herangezogen wurden, wenn ein Wal in Sicht war.

Die angefertigten Gegenstände waren dekorativ und manchmal künstlerisch, und häufig auch von praktischem Nutzen. Daß man den Männern die Walzähne und -knochen überließ, hatte aus Sicht der Schiffsleitung auch beschäftigungstherapeutische Gründe. Holz, Muscheln, Metall und sogar Steine dienten ebenfalls als Ausgangsmaterial zum Schnitzen und Gravieren. Als Motive wurden gewöhnlich nautische, patriotische oder auch chauvinistische Sujets gewählt. Viele stellten Jagd und Tod des Wals dar oder Szenen und Gefahren des Walfangs. Auch Seeungeheuer, Seejungfrauen, Robben, Seepferdchen, Delphine und Schweinswale waren beliebte Motive. Auch Non-Figuratives findet sich: kompliziertes Maßwerk, das an die Muster der Spitzenklöppelei erinnert, oder verschlungene geometrische Figuren. Ein anderer Motivbereich waren sentimentale, leidenschaftliche, poetische und gelegentlich auch leicht erotische Szenen.

Obwohl manche Zeichnungen klar für eine bestimmte Person angefertigt wurden und dem Sweetheart Liebesgrüße übermitteln sollten, was durch Herzchen und Blumen symbolisiert wurde, gibt es gelegentlich doch auch leichte Zweifel, wem sie wirklich gewidmet waren: »Dies, mein Herz, soll Dich erfreuen, Du sollst es tragen und nicht verleihen!« Initialen und Signaturen findet man nur sehr selten. Wahrscheinlich waren sich die Männer der Treue ihrer Geliebten niemals zu sicher. . . oder aber auch ihrer eigenen Chancen, lebend wieder nach Hause zu kommen. Einige Pottwalzähne zeigen auf der einen Seite eine gesetzte viktorianische Dame und auf der anderen ein leichtbekleidetes Mädchen — vielleicht drückte das die Hoffnung aus, daß sich Frau und Geliebte niemals begegnen sollten? In meiner Sammlung ist ein Zahn, auf dem ein Unfall beim Walfang dargestellt ist, zusammen mit der Inschrift: »Der Große Walfänger fordert alle zu sich« (gemeint ist Gott).

Die Technik der Schnitzerei war recht einfach. Aber auf dem Segelschiff, ohne Drehbank und elektrische Maschinen, war zur Bearbeitung eine Menge Ellbogenschmalz erforderlich. Der Zahn oder das Knochenstück mußten gereinigt, vorbereitet und anschließend poliert werden. Dann wurde graviert, wobei das Klappmesser,

Hull Fisheries Museum

▲ Auf den Fangfahrten, die bis zu vier Jahren dauern konnten, hatten die Walfänger Muße, solchen »Scrimshaw« für ihren persönlichen Gebrauch oder als Geschenk für Frau oder Freundin anzufertigen. Manchmal verkauften sie ihre Erzeugnisse auch bei der Heimkehr im Hafen.

die Segelmachernadel oder ein zugefeilter und in einen Handgriff eingelassener Nagel verwendet wurden. Als Vorlage dienten häufig freihändige Zeichnungen. Gelegentlich wurden auch Illustrationen aus Seemanns-Handbüchern und populären Magazinen über das Werkstück gelegt und dann durch das Papier hindurch die Umrisse eingekratzt. Die eingravierten Linien wurden mit Lampenruß eingefärbt. Abschließend wurden die Kanten mittels Holzasche oder anderer Schleifmittel noch einmal geglättet.

Ebenfalls zu dem Scrimshaw-Objekten rechnet man Schnitzwerk, das aus dem harten Unterkiefer des Wals angefertigt wurde, beispielsweise gezackte Kuchenrädchen mit Handgriff. Die geschicktesten (oder geduldigsten) Handwerker fertigten aus Kieferknochen prächtig verzierte Schnupftabak-Dosen für Männer und Puderdosen für Frauen. Gekrümmte und verzierte Bartenlamellen wurden zu Brustkörbchen für Korsetts verarbeitet, und häufig wurde der Name der vorgesehenen Trägerin darin verewigt. Serviettenringe, Haarnadeln, Fingerhüte, Stricknadeln, Knöpfe, Broschen, Spazierstöcke, Handgriffe für Messer und Reitpeitschen sowie Zahnbürsten waren andere häufige Erzeugnisse.

Einige Scrimshaw-Arbeiten lassen sich auf das 18. Jahrhundert zurückführen. Die meisten Stücke entstanden aber zwischen 1830 und 1860. Seit jener Zeit haben Kunsthandwerker in vielen Ländern diese Kunstform aufgenommen. Vielfach entstehen solche Arbeiten heute noch in den Hinterzimmern der Läden, in denen man solche Pottwalzähne kaufen kann. Es ist praktisch unmöglich, irgendeinen bestimmten Scrimshaw-Gegenstand einem bestimmten Kunsthandwerker oder einer bestimmten Zeit zuzuordnen, und manchmal kann auch nur der Experte unterscheiden, ob das Stück aus Zahn oder Knochen gefertigt ist.

Die meisten alten Scrimshaws haben ihren Weg ins Museum gefunden. Sollten Sie zufällig in irgendeiner Dachstube noch eines finden, so seien Sie vorsichtig: Neu hergestellte Scrimshaws unterliegen der CITES-Konvention, die bedrohte Tierarten schützen soll. Sie dürfen seit 1976 in den Ländern, die der Konvention angehören, nicht mehr eingeführt oder gehandelt werden. Diese Konvention ist nicht etwa nur ein wirkungsloses Kapitel Bürokratie, sondern hat wahrscheinlich mehr als jede andere gesetzgeberische Maßnahme zum Schutz bedrohter Tiere beigetragen.

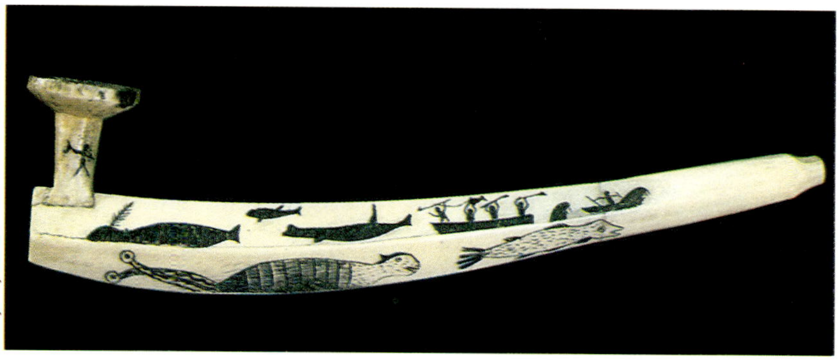

Daisy Hayes/RPCC/Aldus Archive

▲ Woher der Begriff »Scrimshaw« stammt, ist nicht bekannt. Die Kunstform selbst wurde mit ziemlicher Sicherheit von den Eskimos übernommen, die mit den europäischen Walfängern auf Grönland schon im 16. und 17. Jahrhundert in Kontakt kamen. Diese Pfeife ist eine Eskimo-Arbeit und zeigt Walfang-Szenen.

▲ ▶ Der französische Künstler Jean-Luc Bozzoli verbindet in seinen Bildern menschliche Wünsche und Träume, die Baugesetze des Kosmos und die Anmut der Delphine. Er beschreibt seine Kunst wie folgt: »Haben Sie sich selbst je in eine Blume versetzt oder in kristallklare ozeanische Gewässer? Wenn man sich aufmerksam durch die Schönheiten dieses Planeten bewegt, führt einen die Geometrie der Natur zu universalen Mustern. . . Ich schreite in diesen Tanz hinein und baue mir Brücken in den Traum. . . zu einem Platz, wo mein Herz eins wird mit der Natur.«

Jean- Luc Bozzoli/Ocean Bozzoli Productions

GESCHICHTE DES WALFANGS

SIR RICHARD HARRISON

Wale sind schon gejagt worden, noch ehe unsere eigentliche Geschichte begann. Auf den Orkney-Inseln vor der schottischen Küste benutzten unsere stein- und bronzezeitlichen Vorfahren Walknochen als Dachsparren für ihre Behausungen. Neolithische Völker an der Küste Dänemarks ernährten sich hauptsächlich von Muscheln, aber man hat auch Walknochen in ihren riesigen Küchenabfall-Gruben gefunden. Die gelegentlichen Strandungen großer Wale haben wohl die primitiven Urmenschen unerwartet mit Nahrung und anderen willkommenen Produkten versorgt. Plinius der Ältere (24 bis 79 n.Chr.), ein berühmter Sammler von Anekdoten und Berichten, hat Erzählungen von Delphinen überliefert, die sich mit Knaben anfreundeten. Er berichtet auch von der Jagd auf einen Schwertwal, die Kaiser Claudius zusammen mit seiner Prätorianer-Garde in der Bucht von Ostia veranstaltete. Aber dieses Ereignis muß man wohl mehr von der sportlichen Seite her betrachten denn als Beginn des kommerziellen Walfangs. Für viele Jahrhunderte danach gibt es keinerlei schriftliche Überlieferung über Walfang-Aktivitäten.

▼ Im landwirtschaftlich wenig ergiebigen Nordeuropa wandten sich die Menschen schon in der Steinzeit dem Meer zu, um ihre Nahrung zu gewinnen. Diese neolithische Felsgravierung aus Skegerveien in Norwegen zeigt die Bedeutung, die gelegentlich gestrandete Wale als Proteinlieferant für die Menschen hatten.

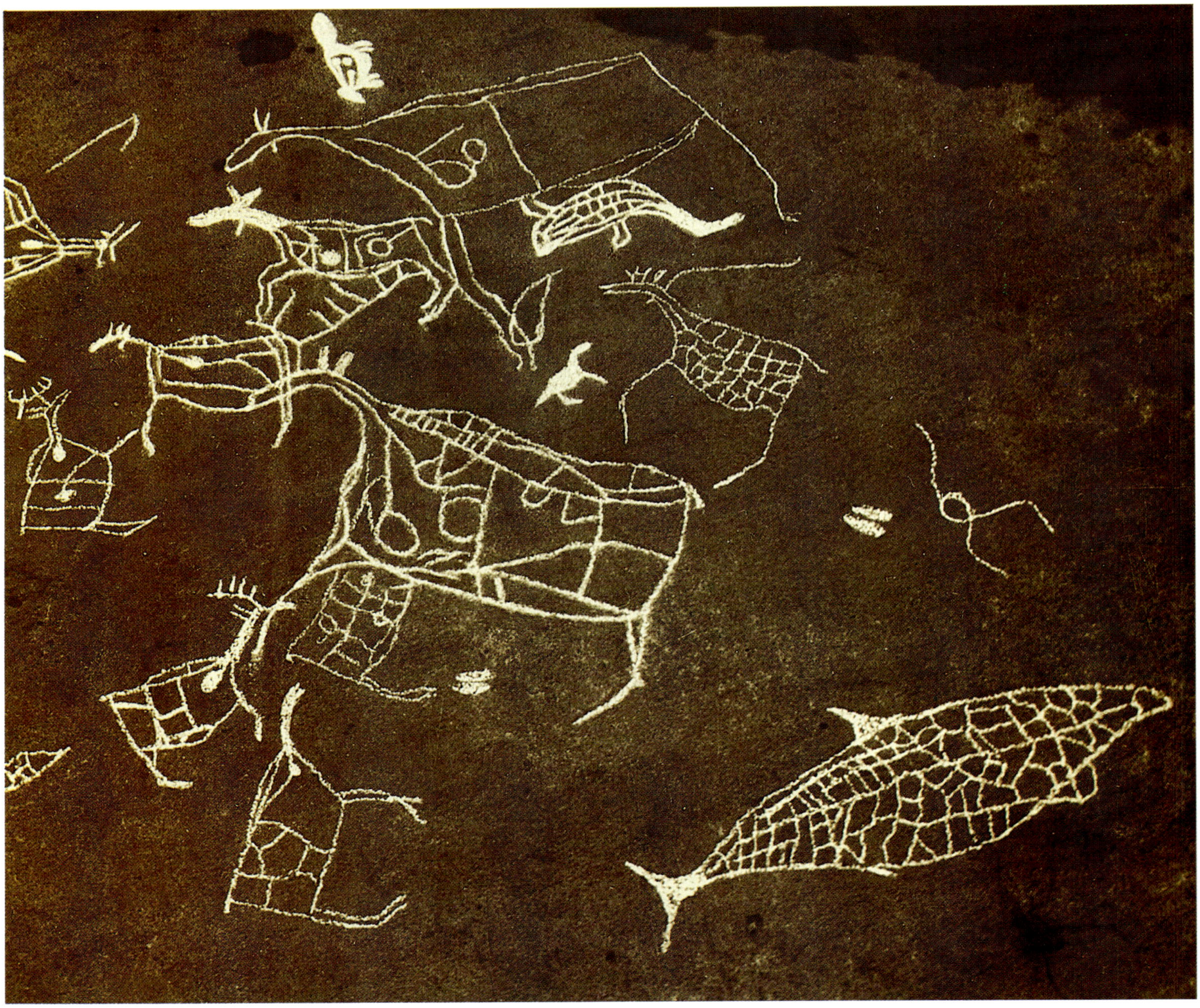

University Museum of National Antiquities, Oslo, Norway

Die Inuit, die Eskimovölker Grönlands und der arktischen Zonen Asiens und Amerikas, jagten Meeressäugetiere von dem Zeitpunkt an, an dem sie die Harpune entwickelt hatten, die mit Schwimmern versehen war. Von ein- und zweisitzigen Kajaks aus jagte man Robben und Narwale. Gefährlicher war die Jagd auf den Grönlandwal; sie erforderte den Mannschaftseinsatz auf dem größeren, mit Fellen bespannten Walboot, dem »umiak«. Die Crew wurde durch einen erfahrenen Führer aufgestellt und manchmal auch bestochen: Zeitweiliger Frauentausch zwischen dem Führer und einem Mannschaftsmitglied half häufig dabei, die Jagdfreundschaft zu festigen.

Primitiver Walfang andernorts sah häufig so aus, daß die Jäger in Ruderbooten die Herden kleiner Wale zusammen- und dann ans Ufer trieben. Insbesondere die Gewöhnlichen Grindwale wurden im flachen Wasser abgeschlachtet oder auch, nachdem man sie ans Ufer gezogen hatte. Die Methode ist in Japan beispielsweise wohl schon im 10. Jahrhundert praktiziert worden. Auch auf den Orkney- und Shetland-Inseln jagte man so, hat das aber seit langem aufgegeben. Auf den Färöer-Inseln sind Grindwale viele Jahrhunderte lang ans Ufer getrieben worden. Aufzeichnungen seit dem Jahr 1584 zeigen, daß die jährlichen Fänge zwischen 300 bis zu 1700 Tieren erreichten.

Der Fang großer Wale als richtiger Geschäftszweig erfordert beachtliche Fertigkeiten, Organisation und Ausrüstung. Man nimmt an, daß kommerzieller Walfang erstmals durch die Basken aus Nordspanien ausgeübt wurde. Sie jagten im Golf von Biskaya schon im 12. Jahrhundert den Nordkaper. Wale bevorzugen das Tiefwasser, und man findet dort, am westlichen Ende der Pyrenäen, eine Zunge sehr tiefen Wassers, die bis dicht vor die Küste des Baskenlandes reicht. Anfangs pflegten die Walfänger mit ihren Fangbooten direkt vom Ufer aus auf Jagd zu gehen, aber später benutzte man größere Schiffe, und bereits im 16. Jahrhundert hatte man sich damit schon in den westlichen Nordatlantik bis hinauf nach Neufundland gewagt.

Wachtürme an der Küste meldeten die Ankunft von Walen, und die Besatzungen standen bereit, die Boote sofort zu Wasser zu bringen. Viele Städte im Baskenland führen einen Wal im Wappen. Königliche Gesandte gewährten den Küstenstädten im 13. Jahrhundert Privilegien, um sie zum Walfang zu ermutigen. Im Gegenzug konnten die Könige vom ersten gefangenen Wal ein Stück Fleisch verlangen, das vom Kopf bis zum Schwanz reichte (oder manchmal sogar den ganzen Wal).

Um 1250 herum wird in einer norwegischen Schrift, dem *»Kongespeil«*, erstmals eine Beschreibung der Unterschiede zwischen lokalen Arten gegeben. Diese Schrift ist deshalb besonders interessant, weil sie den verschiedenen Arten gute und schlechte Eigenschaften zuschreibt. Von einigen glaubte man, sie seien blutrünstige Monster, die Schiffe verfolgten und versenkten. Dies waren die schlechten Wale, die nach dem Verzehr von Menschenfleisch begehrten: »Erwähne nie ihren Namen, wenn Du auf See bist, oder. . . noch Jahre später, wenn Du an der Stelle wieder vorbeikommst, wird der Wal Dich holen.« Es gibt auch gute Wale: Finnwale »werden Dich beschützen. Aber werfe keine Steine auf sie, sonst werden sie böse«. Solche Vorstellungen hielten sich hartnäckig bis ins 19. Jahrhundert hinein — möglicherweise werfen sie ein Licht auf unsere tiefsten Gefühle über das Seelenleben von Tieren.

Aus dem Mittelalter ist uns über den Walfang nichts wirklich Bedeutsames überliefert. Die gelehrten Scholaren wiederholten, was die antiken Autoren behauptet hatten. Es hätte an Gotteslästerung gegrenzt, Aristoteles und Plinius anzuzweifeln, und nahezu alles, was neu erschien, wurde deshalb nur anekdotisch genommen. In den Illustrationen erhielten die Wale Blasrohre statt der Nasenlöcher sowie Stoßzähne und Bärte und buschige Augenbrauen, und man zeigte sie, wie sie Schiffe und deren Besatzung verschlingen. Die Wale in den Heimatgewässern der baskischen Walfänger wurden in dem Maße rarer, wie die Bestände ausgebeutet wurden. Etwa ab der Mitte des 17. Jahrhunderts hatten die Basken begonnen, die Wale in neufundländischen Gewässern zu jagen. Ihre langen Reisen in Verfolgung der Wale wurden von anderen (mit ebenfalls beachtlicher maritimer Erfahrung) bemerkt, die auch von den Reichtümern des Meeres ernten wollten. Im Jahre 1578 traf ein Abenteurer aus Bristol in den Gewässern vor Neufundland französische, englische, portugiesische und spanische Schiffe, die dort Kabeljau fischten, und die Spanier stellten auch den Walen nach.

Nach der Entdeckung der Davis-Straße im Jahre 1585 durch den englischen Kapitän John Davis auf seiner Bark »Sunshine« und der Wiederentdeckung

Rose Bierce, Centre for Environmental Education

▲ Die Inuit (Eskimos), die die arktischen Landmassen besiedeln, verwerten beinahe jedes Teil der gestrandeten oder erbeuteten Wale: Fleisch zum Verzehr, Speck für Öllämpchen, Sehnen, Haut und Knochen für die Kajaks und schließlich die aufgeblasenen Eingeweide als Schwimmer für die Harpunen.

◀ Nach Aristoteles und Plinius gingen die naturwissenschaftlichen Kenntnisse über die Wale und Delphine für eine lange Periode von über 1000 Jahren verloren. Auf diesem Holzschnitt aus Conrad Gesners *Historia Animalium* (Erstveröffentlichung 1551-58) wird deutlich, wie verschwommen die Kenntnisse über Größe und Kraft der Wale, aber auch über ihre Anatomie und ihr Verhalten, waren.

Shelburne Museum, courtesy American Heritage/BPCC/Aldus Archives

▲ »Der Fang eines Pottwals«, ein amerikanisches Gemälde aus dem frühen 19. Jahrhundert, zeigt lebendig die Dramatik und direkte Gefahr des Walfangs von kleinen, offenen Booten aus. Ein verletzter oder erzürnter Pottwal konnte mit einem einzigen Schlag seiner mächtigen Fluke ein derartiges Boot zerschmettern.

Mary Evans Picture Library

▲ Diese holländischen Verarbeitungseinrichtungen aus dem 18. Jahrhundert verpesteten die Luft mit Rauch und Gestank des ausgelassenen Blubbers — aber sie arbeiteten viel effektiver und sicherer, als man dies auf dem Schiff auf hoher See mit dem damaligen Stand der Technik erreicht hätte.

der Bäreninsel und Spitzbergens (eine Inselgruppe 930 Kilometer nördlich von Tromsö, die auch »Svalbard« = Goldküste genannt wurde). 1596 durch den holländischen Weltreisenden William Barents zogen natürlich sofort die baskischen Walfänger nach. Holländische und englische Segler folgten ihnen bald, vom Geruch des Walöls angezogen. Die von englischen Abenteurern gegründete Muscovy Company (=Moskowiter Handelsgesellschaft), die von Königin Elizabeth I. ermutigt worden war, mit Rußland Handel zu treiben, schickte ihr erstes Walfang-Unternehmen im Jahre 1610 in Richtung Spitzbergen.

Es war eine ertragreiche Reise. Im folgenden Jahr wurden sechs altgediente baskische Harpuniere angeheuert, die auf zwei größeren Schiffen der Gesellschaft als Ausbilder im Walfang Dienst tun sollten. Im gleichen Jahr traten andere interessierte Parteien in den Walfang ein: Französische, holländische, dänische, norwegische, deutsche und portugiesische Walfänger und natürlich die Basken, die den anderen (vor allem den Holländern) gegen Bezahlung zu helfen bereit waren. Die Rivalität um die Beute begann. Die Engländer machten Souveränitätsrechte geltend und bereiteten sich darauf vor, um diese zu kämpfen. Gut bewaffnete Schiffe der Moskowiter Gesellschaft versuchten, Eindringlinge zu vertreiben, sogar Landsleute aus den englischen Häfen Hull und Yarmouth. Die Auseinandersetzungen um die Walfangrechte führten schließlich zur Aufteilung der Küstenlinie. Es waren die Holländer, die schließlich die Übermacht errangen, indem sie mehr Schiffe und Mannschaften herbrachten.

Die niederländischen Städte Amsterdam, Haarlem, Middelburg und andere trugen zur Gründung einer Walfängerstadt auf Spitzbergen bei. Sie wurde 1622 mit einer eigens hinübergeschickten Schiffsladung voll Baumaterial erbaut und Smeerenburg (= »Speckburg«) genannt. Damit war Schluß mit den Unterbringungsproblemen für die Beschäftigten im Walfanggeschäft, namentlich »die Männer, die in den Ölkochereien beschäftigt sind, daneben die Händler, Weinhändler, Tabakhändler, Bäcker und alle Arten Handwerker.« Nachgetragen seien noch die Wachmänner an den Küsten. Einmal bot eine holländische »Scheune« (damals auch »Zelt« genannt) auch einen Winter lang einer Mannschaft der Moskowiter Gesellschaft Schutz, die von ihrem Schiff getrennt worden war.

Auf dem Höhepunkt ihrer Aktivitäten vor Spitzbergen behaupteten die Holländer, 300 Schiffe und 18 000 Männer im Einsatz zu haben. Für einen bestimmten Typ von Mann hatte der Walfang in jener Zeit eine unwiderstehliche Anziehungskraft: Man konnte dort — mit etwas Glück — ein Vermögen verdienen. Die Arbeit war hart, aber immer nur für die kurze Zeit, wenn die Fänge gemacht und verarbeitet wurden. Das geschah am Ufer von Smeerenburg — bis man erkannte, daß man Zwischenhändler ausschalten konnte, indem man einfach den rohen Speck nach Hause brachte und dort auf seinen eigenen Anlagen auskochte.

Die Fänge des Nordkapers stiegen angesichts derartiger internationaler Aktivitäten stark an, und deshalb wandte sich die Aufmerksamkeit auch dem Grönlandwal zu. Dieser wenig bekannte Wal war leicht zu jagen, da er in den Küstenbereich kommt. Beide Arten wurden vom Spitzbergen-Walfang bis auf winzige Restbestände reduziert und schienen in Gefahr zu sein, auszusterben.

Neue Fanggebiete wurden ausgemacht in den Gewässern vor Grönland und in der Davis-Straße. Die Holländer erschienen hier 1719, die Engländer 1725. Die Holländer blieben den größten Teil des 18. Jahrhunderts hindurch vorherrschend, hatten allerdings unter den Nachstellungen durch französische und englische Piraten zu leiden. Die englischen Walfänger wurden durch Prämien der Regierung ermutigt, desgleichen die Kolonisten. Auf diese Weise wurde auch die Entwicklung des amerikanischen Walfangs angeregt.

Politische Ereignisse — namentlich der Amerikanische Unabhängigkeitskrieg (1775 bis 1783) und die Französische Revolution, als deren Folge 1793 praktisch ein Weltkrieg ausbrach, wirkten sich nun buchstäblich überall auf der Welt aus. Die Meere waren zunehmend in der Hand der kriegsführenden Nationen. Frankreich und England zwangen Holland aus dem Walfanggeschäft heraus, und ab 1798 war der holländische Walfang im Nordatlantik zu Ende.

Mittlerweile war schon 1644 an ein Interesse am Walfang in Nantucket und auf Long Island aufgekommen, wo die Siedler sich bewußt geworden waren, welchen Wert die in Wurfweite von der Küste vorbeiziehenden Wale darstellten. Im Jahre 1690 hatte der amerikanische Walfang seine bescheidenen Anfänge mit landgestützten Fangbooten. Um 1700 herum waren die Dinge schon wohlorganisiert, mit Wachtürmen entlang der Küste, von denen Wächter die zahlreichen Glattwale in der Nachbarschaft ausspähen konnten. Diese Praxis verfolgte man bis 1712. In diesem Jahr blies ein Sturm einen gewissen C. Hussey weit vom Land weg. Auf hoher See traf er auf eine Herde Pottwale. Er erlegte einen, brachte ihn im Schlepp in den Hafen zurück und war so auf einen Schlag ein reicher Mann. Es gab mehr Pottwale draußen im Ozean, aber gewöhnlich weiter südlich, und zu ihrem Fang brauchte es größere Schiffe und Mannschaften.

Eifersüchteleien und der Streit um die Walfangrechte zwischen den benachbarten Siedlungen wurden noch durch die von England auferlegten Gesetze und Steuern verschlimmert. Dennoch waren 1715 sechs Schaluppen für Nantucket im Einsatz. Sie arbeiteten jeweils etwa sechs Wochen draußen auf hoher See und kehrten immer mit wertvoller Fracht beladen zurück. Die Glattwale begannen in Küstennähe selten zu werden; auch dies war ein Grund dafür, sein Glück draußen über dem Tiefwasser zu suchen. Auch den Buckelwalen wandten sich die Walfänger zu — langsamen Schwimmern, die während ihrer jährlichen Wanderungen dicht an der Ostküste Nordamerikas vorbeizogen.

Bis zum Jahr 1730 waren viele weitere Fangboote von Nantucket aus im Einsatz, wobei die Prämie aus England Entwicklungshilfe leistete. Die Schiffe wurden größer und die Fangreisen länger — bis zum Äquator und sogar darüber hinaus. Manche Häfen an der Ostküste Amerikas sind für ihre Walfang-Aktivitäten in jener Zeit bekannt. Neben Nantucket war Bedford (später New Bedford genannt) ein führendes Zentrum, daneben Martha's Vineyard, Cape Cod, Sag Harbor, Salem, New Haven und Providence. Viele dieser Häfen bewahren auf ihren Kirchhöfen und in ihren Mussen noch Erinnerungsstücke an ihre Walfang-Vergangenheit auf.

Ein technologischer Fortschritt wurde in den sechziger Jahren gemacht, als man aus Backstein gemauerte Öfen auf dem Deck der Fangschiffe einrichtete, in denen der Blubber ausgekocht werden konnte. Natürlich war das wegen der Brandgefahr auf den hölzernen Schiffen ein Wagnis, aber es hat den Anschein, daß deswegen nicht viele Schiffe verloren gegangen sind. Der Vorteil lag darin, daß die Fahrten nun tief in den Süden verlängert werden konnten. Auch konnte man in wärmeren Gewässern fangen, da die sofortige Verarbeitung in den Öfen die Gefahr des Verderbs der Beute verhinderte.

Der amerikanische Küstenfang verzeichnete zu Beginn des 19. Jahrhunderts einen Rückgang, aber der Fang auf offenem Meer und weit von der Heimat entfernt nahm zu. Man begann, die Pottwalbestände auszubeuten, angeregt durch die zunehmende Nach-

▼ Der sterbende Wal, dessen Blas mit Blut durchsetzt ist, wird vom Fangboot aus unter Kontrolle gehalten. Auf dieser Darstellung des südlichen Walfangs im 19. Jahrhundert wird auch gezeigt, wie auf dem Mutterschiff der Wal abgeflenst und zu Walöl und Korsettstangen verarbeitet wird.

Ann Ronan Picture Library

▶ »Ein Wal wird längsseits des Schiffs gebracht« heißt diese romantische Darstellung von 1813. Auf ihr wird zwar präzise die jahrhundertealte Technik des Abflensens gezeigt, nichts aber von den Gefahren dieser Arbeit bei rauher See und in der Kälte der antarktischen Zonen, nichts auch von der Beengtheit und Unbequemlichkeit des Lebens auf dem Fangschiff.

Coo-ee Historical Picture Library

WENN DIE HARPUNE ZUGESCHLAGEN HATTE. . .

In den Tagen des alten Walfangs wurde der erlegte Wal durch ein Fangboot zum Mutterschiff geschleppt und dort längsseits an Kopf und Schwanz festgetäut, wobei ein Tau durch den Flipper gezogen wurde, um ihn über Wasser zu halten. Ein oder zwei Boote legten sich dann neben den Wal, und die Harpuniere sowie die übrige Mannschaft begannen damit, den Speck »abzuflensen«. Sie befestigten Steigeisen an ihren Bootsstiefeln und stiegen auf den Wal, um mit langstieligen, spatenähnlichen, scharfgeschliffenen Messern den Blubber in lange Streifen zu schneiden. Zu Beginn einer jeden Bahn wurde ein Loch eingeschnitten und ein Tau mit einem Knebel am Ende hindurchgeführt. Dieses starke Tau führte zum Mast, und mit seiner Hilfe schälten die Arbeiter auf dem Fangschiff die Speckstreifen von der Karkasse ab. Die Blubberstreifen wurden in kleinere Stücke zerschnitten. Dann wurden Haut und unerwünschte Bindegewebe an der Innenseite entfernt, und nach weiterer Zerkleinerung wurden die Speckstücke unter Deck befördert, wo sie in Fässern verstaut wurden. Dies war eine anstrengende und verantwortungsvolle Tätigkeit, bei der viel hin- und hergeladen werden mußte, denn wenn das Stauen nicht ordentlich erledigt wurde, konnten die Fässer explodieren, da der Inhalt sich zersetzte und Gase freisetzte.

Wenn der Kopf an der Reihe war, wurden die Barten beiderseits herausgetrennt und an Deck ausgebreitet. Was von der Karkasse übrig war, wurde als Abfall dem Meer übergeben, damit Haie und andere Tiere sich daran gütlich tun konnten.

Die später angewendeten Methoden wichen je nach Wal-Art und verfügbarer Technik etwas davon ab. So setzte man später Arbeitsbühnen ein, die über die Schiffsseite herabgehängt wurden und den Flensern einen sichereren Stand ermöglichten. Auf Fangschiffen, die mit Verarbeitungsöfen an Deck ausgerüstet waren, wurden die gesäuberten Speckstücke in Fleischwölfen zerkleinert und zum Auslassen des Öls in die Pfannen gefüllt. Viel Aufmerksamkeit war erforderlich, damit das Feuer unter den Öfen nicht das aus Holz erbaute Schiff in Brand setzte, und dennoch kam dies gelegentlich vor. Eine Lösung dieses Feuerproblems boten erst die modern ausgerüsteten Fabrikschiffe beziehungsweise die Landstationen.

Die schwimmenden Fabrikschiffe waren für einige Zeit sehr beliebt. Sie konnten den ganzen Wal an Bord nehmen und ihn — entweder auf hoher See oder an geeigneten Ankerplätzen — vollständig verarbeiten. Sie konnten am Beginn der Fangsaison vollbeladen mit Versorgungsgütern ankommen und am Ende mit einer Ladung Walöl und anderen wertvollen Rohstoffen zurückkehren. Aber die Behausungen waren beengt, Sauberkeit und Wohlergehen der Mannschaft schwierig aufrechtzuerhalten, und der Schutz vor den Unbilden der Witterung war unabdinglich für eine hohe Arbeitseffektivität.

Landstationen wiesen offensichtliche Vorteile auf — Raum, genug Frischwasser, um Dampf für die Winschen und Sägen zu erzeugen und die Reinigungsarbeiten durchzuführen, Schutz vor Stürmen und schließlich technische Einrichtungen, die die Verarbeitung aller Teile der Karkasse mit bestmöglicher technischer Präzision ermöglichten. Da gab es Platz genug für das Flensdeck, auf das der Wal heraufgezogen und mit einer Kette gesichert werden konnte. Raum war auch genug für Kocher, Kühlkammern, Lager für die Knochen, Aufbewahrungstanks, Leimfässer, Werkstätten, Behausungen für das Personal und Freizeiteinrichtungen. All dies erleichterte es, so viel zu vermarktendes Material wie möglich aus dem Wal zu gewinnen.

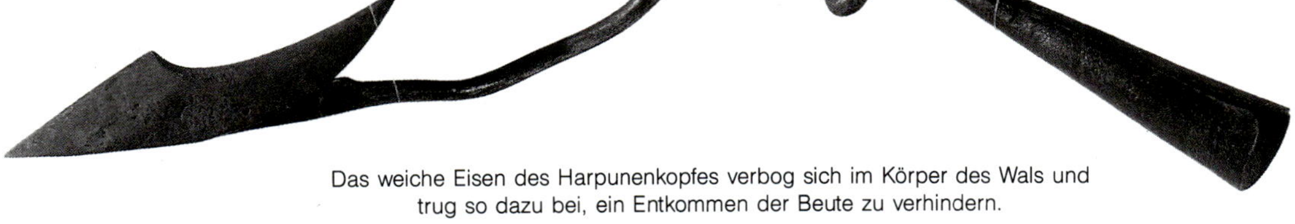

Das weiche Eisen des Harpunenkopfes verbog sich im Körper des Wals und trug so dazu bei, ein Entkommen der Beute zu verhindern.

The Whaling Museum, New Bedford, Mass.

frage nach Lampenöl und Kerzen. Auf der Südhalbkugel wurde der Südliche Glattwal gejagt. Während die europäischen Walfänger weiterhin nach Norden fuhren, um dem Nordkaper nachzustellen, stießen die amerikanischen Walfänger von der Westküste 1848 auf der Suche nach den Glattwalen bis in den antarktischen Pazifik vor. Bald wurden die Glattwale so selten, daß viele der Fanggründe wieder aufgegeben werden mußten.

1857 waren in New Bedford 429 Walfangschiffe registriert. Der Amerikanische Bürgerkrieg von 1861 bis 1865 bedeutete eine Einschränkung für den Walfang, aber ein noch tödlicherer Stoß war die Entdeckung der Erdölvorkommen in Pennsylvania im Jahre 1859. Beinahe über Nacht ersetzte Petroleum das Walöl für Beleuchtungszwecke. Als Schmiermittel aber blieb Walöl weiterhin unentbehrlich.

Der Beginn des modernen Walfangs wird häufig auf 1864 datiert, als der norwegische Walfänger Svend Foyn die Harpunenkanone erfand, die vom Bug eines kleinen Fangschiffes aus abgefeuert werden kann. Es war aber nicht eigentlich die Kanone, die den Walfang revolutionierte. Ein Harpunengewehr, das auf einem Drehgestell montiert war, gab es nämlich schon seit 1731, allerdings auf Fangbooten mit Segel und Rudern. Wegen der schweren Harpune war aber der Rückstoß dieses Gewehrs so beträchtlich, daß zum Einsatz die Segel eingeholt, der Mast umgelegt werden und die letzte Annäherung an den Wal mit Ruderkraft erfolgen mußte.

Die eigentlichen Verbesserungen, die Foyn einführte, waren die Montage der Harpunenkanone auf kleinen, dampfbetriebenen Fangbooten, die verbesserten Aufbauten des Fangbootes, die es dem Harpunier erlaubten, auf einem Laufsteg schnell an seine Position zu gelangen, und der Einsatz explosiver Harpunenköpfe. Die Fangboote wurden mit stärkeren Antrieben ausgestattet, waren schneller und wendiger, hatten einen Mastkorb für den Ausguck, und später wurden sie sogar von Flugzeugen und Hubschraubern zu den Walen geleitet. Die Harpunenleinen wurden länger und stärker, liefen auf speziellen Winschen mit Maschinenantrieb und wurden über einen Block geführt, der an speziellen Federn (Akkumulatoren) auf-

Mary Evans Picture Library

◀ Der legendäre Ruf »Wal! Da bläst er!« bedeutete ein Extra-Einkommen für den wachsamen Ausguck, der in dem schwankenden, Wind und Gischt ungeschützt ausgesetzten Mastkorb keinen leichten Job hatte.

▼ Der norwegische Walfänger Svend Foyn führte mit der am Bug aufgestellten, granatenbewehrten Harpunenkanone und den dampfbetriebenen Fangbooten die modernen Fangmethoden ein. In wenig mehr als einem Jahrzehnt erhöhte sich die Ausbeute des Walfangs dramatisch.

Mary Evans Picture Library

Colin Monteath/Hedgehog House New Zealand

Colin Monteath/Hedgehog House, New Zealand

▲ ▶ »Slum des südlichen Ozeans« — diesen Namen gaben die Walfänger den Landstationen auf der Insel South Georgia, einem kahlen subantarktischen Eiland östlich von Kap Hoorn. Über ein halbes Jahrhundert lang war Grytviken, das heute verlassen daliegt, der Brennpunkt des entsetzlichen Abschlachtens ganzer Wal-Populationen.

gehängt war, so daß die Ausfälle des Wals nicht zu einem Brechen der Taue führen konnten. Die toten Wale wurden maschinell mit Luft aufgeblasen, damit die Karkassen schwammen (Buckelwale beispielsweise sinken sehr rasch nach ihrem Tod auf den Grund und haben erst wieder Auftrieb, wenn die Zersetzung weit fortgeschritten ist).

Ab 1903 wurden die Mutterschiffe der Fangflotte zu schwimmenden Ölkochereien, und ab 1924 wurden sie mit einer Heckaufschleppe ausgerüstet. Der ganze Wal konnte nun an Bord genommen und vollständiger verwertet werden, als dies in Zeiten der Fall war, da er längsseits des Schiffes im Wasser abgeflenst werden mußte. Dabei wurde die restliche Karkasse nicht verwertet, während sie nun Stück für Stück einschließlich der Knochen ausgekocht wurde.

Während der letzten 30 Jahre des 19. Jahrhunderts lagen die Hauptaktivitäten im Nordatlantik, ausgehend in erster Linie von Landstützpunkten in Nordnorwegen. 1885 erreichten die Fänge in dieser Region ihren Gipfelpunkt.

Dann, 1904, erlaubte eine Landstation auf der subantarktischen Insel South Georgia die verstärkte Ausbeutung der Populationen des Südlichen Glattwals. Zu dieser Zeit wurden die Fabrikschiffe sowohl in Häfen als auch in die Fanggründe verlegt, wie es gerade am praktischsten war. Zum Ende der zwanziger Jahre waren sie dann so groß und gut ausgerüstet, daß sie auch auf der Hochsee operieren konnten und keine Landstützpunkte mehr benötigten.

In den Jahren 1930/31 waren über 30 große Fabrikschiffe im Einsatz, jedes von ihnen Mutterschiff für acht oder mehr leistungsfähige, motorisierte Fangboote, die ausgerüstet waren mit Harpunenkanonen mit Explosivköpfen (den sogenannten Granaten: 400 Gramm Explosivstoff und ein Zünder). Die Granaten hatten eine spezielle Form, um ein Abprallen zu vermeiden — aber häufig war dennoch mehr als ein Schuß vonnöten.

Der pelagische Walfang hat niemals den landgestützten ganz ersetzen können, aber er war doch der Hauptverantwortliche für den Rückgang des Südlichen Glattwals bis hin zur kommerziellen Erschöpfung der Bestände. 1912 wurde bereits gewarnt: »Foyns Harpune setzt ihren tödlichen Siegeslauf durch die Ozeane fort. . . Bei der geringen Reproduktionskraft werden die Bestände der Wale unvermeidlich reduziert werden.« Es waren die Schnelligkeit der Fangboote und die verbesserten Techniken der Markierung nach dem Erlegen, die in Wirklichkeit den Hauptschaden bewirkten: Der erlegte Wal wurde nach dem Aufblasen mit einem Radiosignal markiert, so daß er später aufgesammelt werden konnte, wähend das Fangboot schnell zum nächsten Fang eilt.

Auch die Navigationshilfen waren verbessert, die Wettervorhersage genauer, und neue Technologien machten den Walfang sowohl sicherer als auch ertragreicher. Walprodukte halfen den Volkswirtschaften von Ländern wie Norwegen und Japan, die für ihre Proteinversorgung hauptsächlich vom Meer abhängen. Länder, die im 18. und 19. Jahrhundert über keine nennenswerten Ölvorräte verfügten, wie Großbritannien und andere westeuropäischen Länder, förderten ebenfalls den Walfang.

Im Jahre 1911 rief das British Museum (Natural History) angesichts des ungeheuren Abschlachtens der antarktischen Wale, vor allem der Buckelwale, erstmals zu wissenschaftlichen Untersuchungen auf. Schutzmaßnahmen auf internationaler Ebene wurden vom Colonial Office verlangt, Komitee-Sitzungen fanden statt, und nach dem Ersten Weltkrieg wurden Berichte veröffentlicht. 1924 nahm die »Discovery« Forschungsarbeiten an den Walen der südlichen Ozeane auf. Über viele Jahre erbrachte dieses Forschungsschiff wichtige Beiträge zu unseren Kenntnissen über die Großwale. Die Walfänger wußten im allgemeinen weit mehr darüber, was sie taten, als ihre Vorgänger ein Jahrhundert zuvor, aber trotz all dieser Bemühungen mußte ein Experte eingestehen: »Wie alle Welt weiß, war der ungeheure Aufwand an Zeit, Geld und Anstrengung vergeblich. Denn die Informationen, die der Walfangindustrie als Leitfaden dienen sollten, wurden konstant nicht beachtet, die Walpopulationen ernsthaft reduziert bis zu dem Punkt, wo die einst gewinnträchtige Walfangindustrie ruiniert war.«

Im Jahre 1929 wurde in Norwegen das Bureau of International Whaling Statistics eingerichtet — ein Versuch, Einzelheiten zu den Walfängen überhaupt erst einmal zu erfassen. 1930/31 gab es 41 Fabrikschiffe mit über 200 Fangbooten, und die Gesamtzahl erlegter Wale betrug 38 000. 1931 beschloß der Völkerbund eine Convention für die Regulierung des Walfangs, die 1935 in Kraft treten sollte. Aber nichts geschah, da nicht alle Länder dieser Regelung beitraten. Die Überausbeutung führte zu einem starken Rückgang der Fänge im Jahre 1932, aber von 1934 an — die Weltkriegsjahre ausgenommen — überstiegen die Fänge jährlich die Zahl von 30 000. Zu jener Zeit war Norwegen die größte Walfangnation, gefolgt von Großbritannien.

Ann Ronan Picture Library

▲ Die Heckaufschleppe eines Fabrikschiffes. In den technologie-besessenen zwanziger Jahren wurde ein neuer Höchststand in der effizienten Umwandlung von Walen in Margarine und Seife erreicht. Die Abbildung stammt aus der französischen Jugendzeitschrift »Le petit inventeur« (»Der kleine Erfinder«) und zeigt ein norwegisches Fangschiff.

Internationale Konferenzen in den Jahren 1937/38, 1944 und 1945 (International Council for the Exploration of the Sea) haben schließlich begonnen, den Blick in die Zukunft zu richten. Zum ersten Mal wurde die Notwendigkeit postuliert, die jungen, geschlechtsunreifen Wale zu schützen. Für die Glatt- und Grauwale wurde die Notwendigkeit der Schutzmaßnahmen mit erster Priorität festgelegt, nachrangig dann erst für die Buckelwale. Es wurde entschieden, daß die Aktivitäten der Fabrikschiffe eingeschränkt, im Südpazifik ein Schutzgebiet eingerichtet, die Fangzeiten verkürzt und ein Inspektor für den Walfang eingesetzt werden sollten.

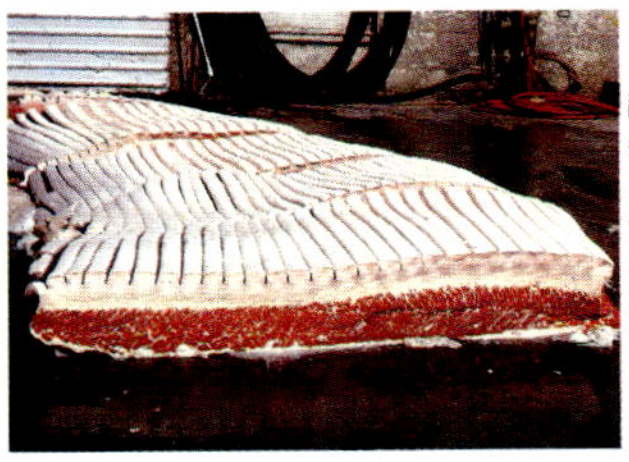

Tony Martin/Oxford Scientific Films

▲ In Gold verwandelte sich für den Kapitän des Fangschiffs die Speckschicht des Wals (Blubber), aus der Öl gewonnen wurde, das man zu Beleuchtungszwecken und zum Schmieren benötigte.

Cooee Historical Picture Library

▶ In den landgestützten Verarbeitungsanlagen konnte effektiver gearbeitet werden. Man war unabhängig von der Witterung und konnte mit moderner Technik fast alle Teile des Wals verwerten.

VERWERTUNG DER WALE

Lange, ehe der europäische Walfang begann, konsumierten Eskimos, amerikanische Indianer, Japaner und die Eingeborenen der Inseln im Pazifik Walfleisch. In gebirgigen Ländern wie Japan oder Norwegen, wo zusätzliche Proteinlieferanten gefunden werden mußten, war das Fleisch auch der Hauptgrund für die Jagd. Aber selbst für diese frühen Walfänger lieferte der Wal daneben mit der Haut und den Knochen auch weiteres, nützliches Material.

Die ersten Siedler in Amerika benötigten einige Zeit, um das Land für die Landwirtschaft vorzubereiten. Deshalb wandten sie sich auch dem Ozean zu, um eine wirtschaftliche Ergänzung zu gewinnen. Der Walfang in der Neuen Welt begann im Küstenbereich und weitete sich später auf die Hochsee hinaus aus. Die Wale wurden nicht mehr in erster Linie für die Nahrungsversorgung gejagt. Der Nordkaper *(Eubalaena glacialis)*, die erste Art, die gejagt wurde, und auch der Grönlandwal *(Balaena mysticetus)* lieferten auch Speck. Dies konnte zu Öl verarbeitet werden. Eher noch wertvoller war das sogenannte Fischbein, das als Versteifung bei Kleidungsstücken sowie Peitschen und Schirmen verwendet wurde und — über das Schnürkorsett — sogar einen beachtlichen Einfluß auf die Mode ausübte. Über ein Jahrhundert lang waren Walprodukte für die höheren Stände unentbehrlich — in ihrer Kleidung, um Figur und Haltung zu verbessern, in ihren Wohnungen für die Beleuchtung mittels Öllampen und Wachskerzen aus Walrohstoffen.

Die Kapitäne machten auf ihren langen und wagemutigen Reisen beachtliche Profite. Weniger fiel ab für die eigentlichen Walfänger, die Besatzung. Ein großer Glattwal lieferte etwa zwei Tonnen Fisch-

The Whaling Museum, New Bedford, Mass.

The Whaling Museum, New Bedford, Mass.

▲ ▶ Vermögen brachte es den einen, Mode den anderen: das Walbein. Im 19. Jahrhundert war es ein wichtiger Handelsartikel. Man fertigte daraus unter anderem Korsettstangen, Regenschirm-Gestelle und Stiefelspitzen an.

Ann Ronan Picture Library

Ann Ronan Picture Library

bein und 25 Tonnen Öl. Wenn die Marktpreise gut waren, deckte die Ausbeute alle Kosten und warf darüber hinaus einen Gewinn von vielen hunderttausend Dollar ab. Nur ein Wal reichte aus, um die Kosten der Fangreise zu decken. Es verwundert also nicht, daß der Glattwal bald selten wurde, so daß die Walfänger sich anderen Arten zuwenden mußten.

Das wirklich große Geschäft mit Walprodukten begann, als im frühen 19. Jahrhundert die Pottwale *(Physeter catodon)* bejagt wurden. Wichtigstes Produkt war der Waltran. Er wurde bei der Herstellung von Margarine und Seifen verwendet. Ein Nebenprodukt der Seifenherstellung war das Glyzerin, das zu einem kriegswichtigen Material wurde, als das Nitroglyzerin erfunden worden war. Der Tran wurde auch als Grundlage für Malfarben sowie beim Gerben von Wildleder benutzt.

Das Spermaceti, das Öl aus dem Kopf des Pottwals, wurde anfänglich zur Herstellung von Kerzen verwendet. Die erste in der Wissenschaft verwendete Maßeinheit für Licht — die »Standardkerze« — bezeichnete die Lichtausbeute (beziehungsweise Zeit) aus einem Pfund Walrat. Später wurde das Spermaceti zur Herstellung von Poliermitteln, Seifen, Zeichenstiften und Schminken und für Lebensmittel-Überzüge verwendet. Auch als wachsige Basis für viele Kosmetik-Artikel diente es — für Lippenstifte, Rouge und Lidschatten bis hin zu Reinigungscremes, Shampoos und Antischwitzmitteln. Einige dieser Reinigungs- und Hautschutzmittel waren ohne Zweifel von großem medizinischem Nutzen.

Eine Mischung aus Waltran und Spermaceti nannte man Spermöl. Auch dieses wurde zuerst zu Kerzen verarbeitet. In neuerer Zeit stellte man daraus keimtötende Substanzen, Detergentien und Schaumbremser her. Schwefel kann an die Ölkomponenten gebunden werden, so daß verschiedene sulforisierte Öle entstehen. Sulforisiertes Spermöl ist ein hervorragendes Additiv gegen Verschleiß in Schmiermitteln für extreme Drücke und Temperaturen. Besonders in den Kriegen war es sehr begehrt. Sulfo-Öle wurden bei der Lederherstellung sowie als Schmiermittel verwendet. Beim Schneiden von Metall sowie Ziehen von Draht waren sie unersetzlich. Erst in neuerer Zeit ist es gelungen, entsprechende Ersatzstoffe zu entwickeln.

Die verbleibenden Rückstände nach der Extraktion von Ölen und Wachs enthalten einen hohen Anteil an Protein und können zu nahrhaften Fleischbrühen und Suppenwürfeln verarbeitet werden. Das Fleisch des Pottwals ist nicht wohlschmeckend, und kein Koch kann daraus etwas Genießbares zubereiten — aber die Menschen

Hull Town Docks Museum, UK

▲ Ob man an dieser Ruhebank aus dem 19. Jahrhundert, hergestellt aus Walrippen und geschnitzten Wirbeln, Gefallen findet, ist Ansichtssache. Ganz sicher aber stellt sie einen »Triumpf des Erfindungsreichtums« dar. Viele der »Scrimshaw«-Artikel waren künstlerisch von ähnlich fragwürdiger Qualität, jedoch gibt es auch sehr feine Gravierungen und Schnitzereien darunter.

The Whaling Museum, New Bedford, Mass.

▲ Für lange Zeit war das wichtigste Produkt des Walfangs das Spermöl. Dieses Öl wurde für Beleuchtungszwecke gebraucht und auch bei der Seifen- und Farbherstellung benötigt. Ganz unersetzlich war es für die Herstellung von Kerzen, die Schmierung schnell laufender Maschinen und als Grundlage für Kosmetika.

mancherorts kauen mangels besserer Nahrung doch auf Pottwalsteaks herum. Der Bauchspeck wird in Island als Delikatesse betrachtet, und in Japan serviert man rohen Speck zusammen mit scharfen Saucen.

Zähne und Knochen des Pottwals wurden geschnitzt und mit Gravierungen verziert. So entstanden Schnupftabak-Dosen, Schmuckkästchen, Knöpfe, Schachfiguren, Manschettenknöpfe, Broschen und anderer Schmuck. Für solche Arbeiten hat sich die Bezeichnung »Scrimshaw« eingebürgert. Aus den Sehnen fertigte man die Saiten für Tennisschläger sowie medizinisches Nähmaterial, das sogenannte Katgut. Das Walbein der Bartenwale verwendete man, um die Stiefelspitzen auszusteifen, ferner für Schutzhelme und Angelruten, und aus den feinen Borsten fertigte man Bürsten aller Art an. Die Walhaut wurde zu Schnürsenkeln, Schuhleder, Pantoffeln und Kofferbezügen, Bezügen von Fahrradsätteln und so weiter verarbeitet. Die Überreste des Skeletts ergaben Dünger, aus den Bindehäuten wurden Leim und Gelatine ausgekocht — letztere wurde von Foto- und Lebensmittelindustrie gebraucht. Aus den Lebern schließlich gewann man Vitamine, und aus den endokrinen Organen Hormone.

Ein ganz spezielles Produkt des Pottwals konnte — mit etwas Glück — sogar gewonnen werden, ohne daß man den Wal tötete oder ihm auch nur begegnete: das Ambra. Dies ist eine wachsähnliche, flexible Substanz von aschgrauer oder brauner Färbung, die im tropischen Meer schwimmt oder auch am Ufer angeschwemmt wird; sie stammt aus den Eingeweiden der Pottwale. Da man darin Reste der härteren Gewebe von Tintenfischen (vor allem deren »Schnabel«) findet, vermuten die Experten, daß es in den Eingeweiden aufgrund pathologischer Prozesse bei der Verdauung gebildet wird. Ambra riecht nach Moschus und wurde deshalb in Liebestränken als Aphrodisiakum verwendet, später als Fixiermittel in hochwertigen Parfümen und Seifen. Einst wog man sein Gewicht in Gold auf. Heute aber gibt es synthetische Substitute, deshalb ist Ambra nicht mehr so gesucht und entsprechend im Wert gesunken.

In neuerer Zeit ist die Nutzung von Wal-Produkten aus drei Gründen sehr stark zurückgegangen: Stop des Walfangs, Entwicklung brauchbarer Ersatzstoffe und schließlich das Handelsverbot für Walprodukte, das eine wachsende Zahl von Ländern erlassen hat. Die Länder aber, die heute noch unter dem Vorwand »wissenschaftlicher« Zwecke den Walfang betreiben, exportieren weiterhin auch noch die Produkte. Auch wildernde Walfänger haben noch versucht, ihre Waren zu vermarkten. Wie viele davon es heute gibt, ist allerdings nicht genau bekannt.

International Whaling Commission

▲ Die Arbeit der IWC wurde vielfach kritisiert — sowohl von Seiten der Walforscher als auch der Naturschützer. Unbestritten aber bleibt das letztliche Verdienst der IWC, den Walfang eingeschränkt und beinahe zum Ende gebracht zu haben.

Wo sollte dieses Schutzgebiet eingerichtet werden? Was konnte ein Inspektor in einem derart riesigen Meeresgebiet und ohne Zwangsmittel ausrichten? Man hoffte, man könne eine generelle Obergrenze für den Fang in der Antarktis erreichen. Und in der Tat erreichten die Fangzahlen 1944 eine realistische Obergrenze — weil viele Fangschiffe während des Krieges versenkt worden waren. Nach dem Krieg begann 1945 der Walfang wieder, anfänglich in kleinem Maßstab. Man machte den Versuch, die Gesamtzahl der Fänge durch Verrechnung in »Blauwal-Einheiten« (1 Blau- = 2 Finn- = 2,5 Buckel- = 6 Seiwale. Es war dabei nicht erforderlich, überhaupt Blauwale zu erlegen) zu begrenzen. Traurigerweise wies dieses Verrechnungsschema den Weg, den die Fänge zukünftig nahmen: Eine Population nach der anderen und danach eine Art nach der anderen wurden erbarmungslos bis zur Erschöpfung ausgebeutet.

Smithsonian Institution

▲ Die International Whaling Commission (IWC) wurde im November 1946 in Washington gegründet. Sie hatte zwar keine Exekutivgewalt gegenüber den ihr angehörenden Nationen, bot aber ein Forum für die internationale Diskussion von Fragen des Walfangs und für die Beobachtung und Datensammlung. Im Bild: Die Gründungsakte wird unterzeichnet.

▶ Ein unbekannter Besucher von King George Island hat die ausgebleichten Knochen eines antarktischen Wales so arrangiert und damit ein Denkmal geschaffen für die vielen tausend Wale, die vom späten 19. bis in die sechziger Jahre unseres Jahrhunderts dem Walfang in der Antarktis zum Opfer gefallen sind.

1946 erfolgte endlich, was man einen »ehrenvollen Akt internationaler Staatsmannskunst« genannt hat: In Washington wurde die Internationale Walfangkommission (International Whaling Commission, IWC) eingerichtet. Aufgabe der IWC ist es, die möglichst schonende Nutzung der Walbestände zu erreichen und die Zukunft der Bestände als einer Weltnahrungsreserve zu sichern. Seit 1949 finden jährliche Tagungen statt, auf denen die Statistiken erarbeitet und Fangbegrenzungen sowie -quoten festgesetzt werden. Übereinstimmung ist schwer zu erzielen, und die Vereinbarungen sind auch nicht immer eingehalten worden. Manche Länder weigerten sich, der IWC beizutreten, oder traten später wieder aus. Die meisten Experten befürchteten, daß unkontrollierbare Faktoren das unvermeidliche Ende der Wale herbeiführen würden, selbst wenn die IWC-Quoten eingehalten würden. Wenn IWC beschuldigt wird, zu wenig und zu spät einzugreifen, um die Walfangindustrie davon abzuhalten, die Bestände zu vernichten, dann muß zu ihrer Verteidigung auch gefragt werden, welche anderen praktischen Aktionen möglich sind, die auch nur den mindesten Effekt hätten? Denn der Internationalen Walfangkommission wurde keinerlei Befugnis zur Durchsetzung ihrer Beschlüsse verliehen.

Von 1950 bis 1960 veränderten sich die Walfangmethoden radikal, wobei die einzelnen Schritte wie höhnische Antworten auf die Bemühungen der Kommission wirken. 1946 betrug die durchschnittliche Tonnage der Fabrikschiffe knapp über 13 000 Bruttoregistertonnen, 1955 etwa 16 000. Die Zahl der Fangboote stieg von neun auf 15, und die Stärke ihrer Motoren um nahezu 50 Prozent. Obwohl die Fang- und Abschußkapazität mit der besseren Technologie erhöht worden war, blieb als limitierender Faktor für den Walfang die Unfähigkeit der Fabrikschiffe, mehr als eine bestimmte Zahl von Walen in der Zeiteinheit zu verarbeiten (dies hat man einmal »Zahl der Blauwal-Einheiten je Tagewerk des Walfangschiffes« genannt). Ein anderes Problem war, die erlegten Wale zu den Fabrikschiffen zu schaffen. Während ein Fangboot den Wal markierte, konnte es nicht weiter jagen, und außerdem mußten die erlegten Wale spätestens 33 Stunden nach dem Tod verarbeitet sein. So gab es mehrere praktische Probleme, die die Fangtätigkeit bremsten. Schlechte Wetterbedingungen beeinflußten außerdem mehr als eine Fangsaison.

Nach 1945 reduzierte sich die englische Beteiligung am Walfang und ging schließlich 1965 zu Ende. Auch die norwegischen Aktivitäten sind zurückgegangen, wenngleich der Walfang noch nicht gänzlich eingestellt wurde. Es waren die japanischen und russischen Walfangindustrien, die nach dem Zweiten Weltkrieg anwuchsen, und dies bis in die sechziger Jahre hinein. Vom antarktischen Walfang abgesehen wurden beachtliche Industrien auch in Peru, Südafrika, Chile und Australien (das seine Aktivitäten 1963 dann wieder einschränkte) aufgebaut. In geringerem Umfang und nicht so regelmäßig wurden Wale auch von Argentinien, Brasilien, Kanada, Dänemark, den Färöer-Inseln, Frankreich, Island, Neufundland, Neuseeland, Panama, Portugal, Schottland, Spanien und den Vereinigten Staaten aus gejagt.

Der gesamte Fang an Bartenwalen zwischen 1956 und 1965 betrug 403 490 Exemplare, an Pottwalen 228 328. Die meisten Bartenwale wurden in den Jahren 1960 und 1961 erlegt: jedes Jahr über 40 000 Tiere! Bei Pottwalen erreichte man 1964 mit 29 000 einen Gipfelpunkt.

Schon 1910 waren bei den Buckelwalen die ersten Anzeichen der Überausbeutung sichtbar geworden. 1946 wurde diese Art in gewisser Weise unter Schutz gestellt. Blauwale wurden vor allem zwischen 1925 und 1940 und dann wieder in den fünfziger Jahren bevorzugt gefangen; sie wurden ab 1967 geschützt. Nachdem die Zahl der erlegten Blauwale zurückgegangen war, hatte die Industrie sich den Finnwalen zugewandt. Aber auch diese Art ging in den sechziger Jahren zurück. Nun waren die Seiwale an der Reihe. Schließlich, zu Beginn der siebziger Jahre, waren nur noch von dem kleinen Zwergwal für die Jagd interessante Bestände übriggeblieben.

1975 entwickelte die IWC eine neue Methode zur Verwaltung der Bestände. Man unterschied zwischen geschützten Beständen, Beständen mit beschränkter Abschußquote und Beständen, die nur beobachtet wurden. Ziel war es, die Quoten noch weiter einzuschränken und schließlich für jeden Stamm einen Mindestbestand (»Maximum Sustainable Yield«) zu erreichen. Mit leistungsfähigen Computern und ma-

Q. Compton-Bishop/Seaphot Ltd/Planet Earth Pictures

▲ Als die Internationale Walfangkommission der Forderung von Wissenschaftlern und Naturschützern nachkam, die Ausbeutung der Bestände einzuschränken, ließ sie in einigen Fällen Ausnahmen zu: Die Inuit im hohen Norden sowie einige kleinere Inselgemeinschaften, deren Ernährung vom Meer abhängt, dürfen weiterhin gewisse Fangquoten einbringen. Im Falle der Azoren ist dabei argumentiert worden, aufgrund der Art des Fangs von kleinen Fangbooten aus könnten die Pottwal-Bestände ohnehin nicht gefährdet werden.

▼ Einige Wal-Arten, die früher stark bejagt wurden, weisen ein schnelles Wiedererstarken ihrer Bestände auf. Viele andere Arten aber sind immer noch durch illegale Jagd und Meeresverschmutzung bedroht. Abbildung: Verarbeitung eines Finnwals in einer Landstation auf Island.

SCHÄTZUNGEN ÜBER DIE GESAMTVORKOMMEN

Arten	Gebiet	ursprünglich	heute
Pottwal	Südhalbkugel Nordhalbkugel	1 250 000 1 150 000	950 000 1 000 000
Blauwal	Südhalbkugel Nordhalbkugel	220 000 8 000	11 000 3 000
Finnwal	Südhalbkugel Nordhalbkugel	490 000 58 000	100 000 20 000
Seiwal	Südhalbkugel Nordhalbkugel	190 000 66 000	37 000 17 000
Bryde-Wal	Südhalbkugel Nordhalbkugel	30 000 60 000	30 000 60 000
Zwergwal	Südhalbkugel Nordhalbkugel	436 000 140 000	380 000 125 000
Grauwal	Südhalbkugel Nordhalbkugel	— 20 000	— 18 000
Glattwal	Südhalbkugel Nordhalbkugel	100 000 —	3 000 1 000
Grönlandwal	Südhalbkugel Nordhalbkugel	— 30 000	— 7 200
Buckelwal	Südhalbkugel Nordhalbkugel	100 000 15 000	3 000 7 000

Anmerkung zur Tabelle: Unter »ursprünglich« wird die bestmögliche Schätzung vor Beginn der intensiven Ausbeutung angegeben. Die Zahlen für den heutigen Bestand basieren auf kürzlich veröffentlichten Schätzungen. Bewußt wurde nicht auf die Zahlen des Wissenschaftlichen Komitees der IWC zurückgegriffen, da diese in jüngerer Zeit sowohl wegen der Ausgangsdaten als auch wegen der Auswertungsmethoden von unabhängigen Wissenschaftlern angezweifelt worden sind.

Jean-Paul Ferrero/Auscape International

Rose Bierce, Centre for Environmental Education

thematischen Modellen glaubte man erfolgreiche Bewirtschaftungsmethoden entwickeln zu können. Später setzte sich dann wieder ein strengeres Schutzdenken durch. Die IWC trat nunmehr für ein Moratorium über die Einstellung des Walfangs ein, bis »wissenschaftlich« nachgewiesen sei, daß die Bestände sich wieder erholt hätten.

1979 endlich wurde Übereinstimmung über die Beendigung des Walfangs von Fabrikschiffen aus erzielt. Dabei wurde aber nicht klargestellt, wie und von wem die Entscheidung gefällt werden soll, ob sich die Bestände wieder ausreichend erholt haben, und wer in Zukunft wieder berechtigt sein soll, Wale zu jagen. In der Praxis wurde aus dem Anliegen der IWC, den Walfang zu regulieren, inzwischen die Zielsetzung, alle Walbestände der Welt zu sichern. Ein unbeschränktes Moratorium für den kommerziellen Walfang, wie es die IWC befürwortete, trat im Januar 1986 in Kraft — gegen den Widerstand vieler Länder, die lediglich eine zeitweilige Beschränkung des Walfangs befürworteten. Die Haltung der IWC ist für viele heute noch verwirrend: Geht es ihr nur um eine Schonung der Bestände zum Zweck später wieder möglicher Ausbeutung, oder strebt sie die endgültige Abschaffung des Walfangs an?

1987 bekundeten Norwegen, Japan, Island und Südkorea ihre Absicht, aus »wissenschaftlichen« Gründen den Walfang fortzusetzen. In der Tat bringt diese Umgehung des Fangverbots, die von der IWC zugelassen wurde, auch Aufschlüsse über die Fortpflanzung, die altersmäßige Verteilung und den Zustand der Herden. Aber die Zahl der von diesen Ländern getöteten Finn-, Sei- und Zwergwale ist außerordentlich hoch — und unnötig, sofern andere Überwachungsmethoden, beispielsweise die bloße Beobachtung, denselben Dienst tun.

Es ist nun vordringlich, internationale Übereinkunft zu erzielen in der Frage, was zukünftig mit den Walbeständen geschehen soll. Und sollte eines Tages der Walfang wieder zugelassen werden, muß eine weniger grausame Art der Jagd entwickelt werden. Die Technik hat viel dazu beigetragen, die Wale in unseren Meeren zu reduzieren. Sie muß nun auch dabei helfen, diesen »Krieg gegen die Wale» zu beenden, so daß die Walbestände gesichert werden können — zum Wohl der Wale, aber auch zum Wohl der Menschheit.

▲ Parallel zum Anstieg der Kosten für Energie und Arbeit fiel der Wert der Walprodukte, da preiswertere Ersatzstoffe entwickelt worden waren. Es gab Zeiten, da wurden auf der Station Port Lockroy auf Graham Land in der Antarktis auch die Knochen der Wale noch zu Düngemitteln verarbeitet. Als sich das nicht mehr rentierte, ließ man sie einfach unverarbeitet liegen — heute ein Zeugnis für die sterbende Walfangindustrie.

WALE UND DELPHINE IN GEFANGENSCHAFT

VICTOR MANTON

Wenn ein Kind am Fenster des Aquariums erscheint und ein Delphin herbeigeschwommen kommt und mit offenem Maul das faszinierte Kind anglotzt, beginnt der Annäherungsprozeß von der einen zur anderen Art. Dies ist meines Erachtens die schönste Rechtfertigung für das Halten der Meeressäugetiere in Delphinarien.

Im Gegensatz zu Robben und Seelöwen, die sich für lange Zeit auf dem Trockenen aufhalten können, leben Wale und Delphine ausschließlich im Wasser. Deshalb haben wenige Menschen die Gelegenheit, sie in ihrem natürlichen Lebensraum zu beobachten. Nur unter den — freilich begrenzten — Bedingungen der Seewasser-Aquarien können viele Menschen eine Begegnung mit diesen herrlichen Geschöpfen erleben. Alleine in den Vereinigten Staaten besuchten 1985 100 Millionen Menschen derartige Schaueinrichtungen. Über tausend Besucher auf einmal sehen zu, wenn im »Sea World« von San Diego drei Schwertwale ihre Kunststücke zeigen. Nur einer Minderheit von ihnen wäre es wohl möglich, Expeditionen in den Nordatlantik zu unternehmen, um beispielsweise den Buckelwal in freier Wildbahn zu beobachten. Es ist deshalb unumgänglich, daß wir eine repräsentative Auswahl dieser prächtigen und auf einmalige Weise an ihr Lebenselement angepaßten Tiere in Gefangenschaft halten.

▼ Bei den ersten Versuchen, Meeressäugetiere in Gefangenschaft zu halten, stieß man auf Schwierigkeiten, weil man wenig über deren Biologie wußte. In den letzten 20 Jahren hat man jedoch eine Menge dazugelernt – nicht nur darüber, wie man die Tiere in Gefangenschaft gesund erhalten kann, sondern auch über die Biologie frei lebender Wale und Delphine.

Ian Beames/Ardea London Ltd

GESCHICHTE

Bis heute sind weltweit mindestens 2700 Große Tümmler *(Tursiops truncatus)* in Gefangenschaft gehalten worden, weiter 250 Grindwale (Gattung *Globicephala)*, 150 Zügeldelphine (Gattung *Stenella)*, 120 Schwertwale *(Orcinus orca)*, 100 Weißwale *(Delphinapterus leucas)*, über 80 Schweinswale *(Phocoena phocoena)*, zahlreiche Gewöhnliche Delphine *(Delphinus delphis)*, Amazonas-Delphine *(Inia geoffrensis)*, Kleine Schwertwale *(Pseudorca crassidens)*, Indische Schweinswale *(Neophocaena phocaenoides)* und ein paar Chinesische Flußdelphine *(Lipotes vexillifer)*.

Schon um 1870 herum waren in England fünf Weißwale für das Publikum ausgestellt, und im Battery Aquarium in New York hielt man 1913 Tümmler und Schweinswale. Die letzteren allerdings waren nicht sehr gern gesehen, da sie — ohne Rücksicht auf das Alter der Besucher — dazu neigten, »offensichtliches sexuelles Verhalten« zu zeigen. In den 30er Jahren stellte das Aquarium of the Marine Biological Association of the United Kingdom in Plymouth Tiere aus, die bei Strandungen gerettet worden waren. Aber erst 1962, als man zwei Tümmler erhielt, begann man dort mit der permanenten Hälterung.

1938 richtete eine Filmgesellschaft aus Hollywood, »Marine Studios« genannt, in Florida ein Meerwasserbecken ein. Man wollte dort in erster Linie die Unterwasser-Aktionen von Delphinen filmen. Als man feststellte, daß die Delphine eine große Touristen-Attraktion waren, wurde ein Kurator bestellt, der sie ausbilden sollte — was sich als relativ einfache Aufgabe herausstellte. Wichtiger aber ist, daß damit die erste Beobachtung des Verhaltens und der Gruppenbeziehungen von Delphinen über einen längeren Zeitraum verbunden war.

1965 wurden in den verschiedenen Ozeanarien in Nordamerika schon 365 Meeressäugetiere gezeigt,

Australian Picture Library/Volvox

◀ Weißwale sind anspruchslos und wenig empfindlich. Die ersten Meeressäugetiere überhaupt, die der Öffentlichkeit vorgestellt wurden, waren fünf Exemplare dieser Art, die in den 70er Jahren des vorigen Jahrhunderts nach England verschifft worden waren. Studien an den gefangenen Tieren haben wesentliche Erkenntnisse über ihre Physiologie, ihr Verhalten und ihre Fortpflanzung erbracht – Erkenntnisse, die man wegen ihres arktischen Lebensraumes in freier Wildbahn nicht hätte gewinnen können.

DIE ERSTEN DELPHINARIEN

Marineland of Florida

▲ Adolph Frohn war der erste Delphin-Trainer. Auf dieser Aufnahme aus den 40er Jahren sieht man ihn bei der Arbeit mit Flippy in den Marine Studios, Florida.

1938 Die Marine Studios in St. Augustine, Florida (später »Marineland of Florida« genannt) stellen Große Tümmler aus. Zwischen 1939 und 1963 gelingt es dort, 27 Delphine nachzuzüchten.

1954 In Pallos Verdes, Kalifornien, wird ebenfalls ein Marineland eröffnet. Zwei Große Tümmler, die in den Marine Studios geboren wurden, bilden den Erstbestand.

1955 Das Miami Sea Aquarium stellt Große Tümmler aus.

1956 Im Fort Worth Zoological Park, Texas, kan ein Amazonas-Delphin besichtigt werden.

1957 Der Zeedierenpark Harderwijk in Holland zeigt Schweinswale.

1961 Im Chicago Zoological Park, Illinois, werden Große Tümmler gehalten.

1963 Das New York Aquarium stellt einen Weißwal vor.

1965 Große Tümmler werden auch in Europa gehalten: im Zeedierenpark Harderwijk, im Zoo von Barcelona, Spanien, und im Duisburger Zoo.

1965 Das Seattle Aquarium, Washington, stellt einen Schwertwal aus, der den Namen Namu erhält.

1965 Im Enoshima Aquarium and Marineland, Japan, werden Große Tümmler und Rundkopf-Delphine *(Grampus griseus)* gehalten. Bei beiden Arten gelingt die Nachzucht von Jungen, die bis zum Erwachsenenalter überleben.

1965 Das Marineland von Pallos Verde stellt Grindwale und Weißstreifen-Delphine *(Lagenorhynchus obliquidens)* aus.

1967 Sea World of California in San Diego hält Weißstreifen-Delphine und einen Schwertwal namens Shaun (ihm werden später zwei weitere Artgenossen zur Seite gegeben).

1968 Die Königliche Zoologische Gesellschaft von Antwerpen, Belgien, stellt Große Tümmler und Amazonas-Sotalia *(Sotalia fluviatilis)* aus.

1969 Flamingoland, England, verfügt über einen Schwertwal und Große Tümmler.

1969 Der Duisburger Zoo hält einen Weißwal.

darunter 299 Tümmler, 17 Schwertwale, 10 Weißwale, 14 Weißstreifen-Delphine, 12 Schlankdelphine, 7 Grindwale, 2 Kleine Schwertwale und 4 Schweinswale. Bis 1983 war die Gesamtzahl auf 376 angestiegen, wovon 304 Tümmler waren. 1984 verzeichnete man 1341 Individuen aus 27 Arten von marinen Säugetieren in Nordamerika — allerdings waren auf dieser Liste auch die Robben und Seelöwen mit erfaßt.

Marty Snyderman

▲ Bis 1965, als Namu im Seattle Aquarium die Herzen der Besucher eroberte, galten Schwertwale als Konkurrenten der Berufsfischer und zügellose Killer von Seelöwen und Delphinen. Der Umschwung in der öffentlichen Meinung führte zu Schutzmaßnahmen und näheren Untersuchungen der Art in ihrem natürlichen Lebensraum.

KONTROLLE DER WASSERQUALITÄT

Anfangs lehnte man sich bei den Techniken der Wasserkontrolle sowie der Ernährung und Hygiene der Meeressäugetiere an die Erfahrungen an, die man bei der Haltung von Robben und Seelöwen gewonnen hatte und schenkte dabei den Unterschieden zwischen den beiden Ordnungen wenig Aufmerksamkeit. Robben und Seelöwen aber verbringen lange Zeiten an Land, so daß eine akkurate laufende Wasserkontrolle nicht erforderlich ist. Von noch größerer Bedeutung ist der Unterschied in der Art der äußeren Körperhülle bei den beiden Ordnungen. Die Haut der Meeressäugetiere besteht aus lebenden Zellen mit Zellkern. Ein langer Aufenthalt in Wasser, das einen niedrigeren Salzgehalt als ein Prozent hat, verursacht deshalb flächige Nekrosen und Geschwüre. Nach etwa drei Wochen unter diesen Bedingungen beginnt eine schnelle Degeneration der Hautzellen. Robben und Seelöwen dagegen sind erfolgreich jahrelang in Süßwasserbecken gehalten worden.

Ein Delphin produziert ungefähr vier Liter Urin und 1,4 Kilogramm Kot täglich. Das entspricht der Belastung eines vergleichbaren Schwimmbad-Filtersystems durch etwa 70 Badegäste! Die Exkremente des Tieres, einschließlich Hautabschilferungen und Nahrungsreste, sowie alles, was vom Publikum ins Becken geworfen oder vom Wind hineingeweht wird, verschmutzen das Wasser und müssen entfernt werden. Da das meiste davon organisches Material ist, setzt unter entsprechenden Temperatur-Bedingungen die Fäulnis ein, und viele krankheitserregende Bakterien, Pilze und Pflanzen entwickeln sich.

Die Oxidation verwandelt die potentiell schädlichen Substanzen in harmlose Moleküle, die ausgefiltert werden können. Die ersten Filtersysteme in den Ozeanarien wurden von Spezialisten für Swimming-Pools geplant und gebaut. Sie hatten weder Erfahrung mit Meerwasser, das stark korrosiv wirkt, noch mit der laufenden Verschmutzung des Wassers durch die Tiere rund um die Uhr. Einige der ersten Meerwasserbecken hatten überhaupt keine Filteranlage, und man mußte das Wasser alle sieben bis zehn Tage komplett austauschen. So ist das heute noch bei vielen Robbenbecken. Heute sind die meisten Meerwasserbecken zweckentsprechend eingerichtet, und man hat Versuche mit chemisch-biologischen Systemen unternommen, die mit den enormen Belastungen durch die Insassen fertigwerden. Die vorstehenden Ausführungen gelten natürlich nur für »geschlossene« Systeme von Meerwasserbecken. »Offene« Systeme an der Küste oder dort, wo nicht verschmutztes Wasser unbeschränkt zur Verfügung steht, so daß das Wasser laufend aufgefrischt werden kann, benötigen solche kostenträchtigen Filtersysteme natürlich nicht. Aber auch bei ihnen muß die Wasserqualität ständig überwacht werden.

Randy Wells

▲ Die Haut aller Wale und Delphine ist sehr empfindlich, und trotz ihrer hervorragenden Anpassungen an das Leben im Meer weisen die Tiere häufig Verwundungen auf. Obwohl die Tiere in Gefangenschaft selten derartig schwere Wunden erleiden wie dieser Delphin, haben Unwissenheit oder Boshaftigkeit von Besuchern schon zu schweren Verletzungen und sogar zum Tod von Tieren geführt.

ÖFFENTLICHES BEWUSSTSEIN

Das Interesse der Öffentlichkeit an den Tieren ist unabdingbar für eine angemessene Kontrolle der Schutzmaßnahmen für die Meeressäugetiere. 1954 fuhren auf Geheiß der isländischen Regierung Soldaten aufs Meer hinaus und töteten an einem einzigen Morgen mit Gewehren und Maschinengewehren über 100 Schwertwale. Bevor Schwertwale in Ozeanarien gehalten wurden, wo die Menschen mehr über sie erfahren konnten, wurden sie als unerwünschte Räuber und Konkurrenten der Fischer betrachtet. Sie wurden unterschiedslos erschossen und verkrüppelt. In den frühen 60er Jahren noch erwog die Bundes-Fischereibehörde der Vereinigten Staaten, auf der Insel Seymour Narrows, zwischen Vancouver Island und dem Festland von British-Kolumbien, Maschinengewehr-Stellungen einzurichten, um die Zahl der Schwertwale im Sund zu reduzieren.

Indessen wurden 1964/65 die ersten lebenden Schwertwale in Gefangenschaft gehalten. Das rief ein großes öffentliches Interesse hervor, und es dauerte nicht lange, bis sogar Bootstrips zu den Schwertwalen in freier Wildbahn veranstaltet wurden. Eine allgemeine Stimmung für den Schutz und die Bewahrung kam auf, und in Kanada und den USA wurden Schutzbestimmungen erlassen. In den USA wurde sogar eine Kommission für marine Säugetiere (Marine Mammal Commission) berufen. 1985 und 1986 war die Zahl der Schwertwale an der Küste von Britisch-Kolumbien offensichtlich stabil.

Die beiden Ozeanarien (das Sealand in British Columbia und das Aquarium in Vancouver), in denen man Schwertwale lebend sehen kann, halten das öffentliche Interesse und die Sympathie für diese Tiere wach. Die erfolgreiche Geburt eines Schwertwals in Orlando (Florida) zeigt, daß man mit verbesserten Haltungsbedingungen diese Tiere vielleicht sogar in Gefangenschaft vermehren kann. Man könnte auf diese Weise zu Populationen in Gefangenschaft kommen, die sich selbst immer wieder ergänzen. Das Halten von Schwertwalen und anderen Meeressäugetieren — natürlich unter möglichst optimalen Bedingungen — ist erforderlich, um das öffentliche Bewußtsein für die Bedrohung der Wale in freier Wildbahn aufrechtzuerhalten — einem Lebensraum, wo sie durch gewisse Fischer kontinuierlich bedroht sind.

Ähnliche Besorgnis erhebt sich angesichts der großen Zahl Schwarzer Delphine *(Cephalorhynchus eutropia)* und Burmeister-Schweinswale*(Phocoena spinipinnis),* die in Chile getötet werden, weil man ihr Fleisch als Köder für Krabben verwendet. Obwohl das illegal ist, sind zwischen Mitte 1976 und Ende 1979 in chilenischen Gewässern über 7000 Delphine für diesen Zweck gefangen worden. Für die Jahre 1980/81 schätzt man das Gewicht des Delphin-Fleisches, das als Köder benutzt wurde, auf etwa 204 Tonnen. Ein Delphin wiegt ungefähr 40 Kilogramm. Das bedeutet also, daß über 5000 Tiere pro Jahr getötet worden sind. Offiziell als Köder zugelassen ist Hammelfleisch, aber es kostet offensichtlich bedeutend weniger, an Delphin-Fleisch heranzukommen. Weder der Schwarze Delphin noch der Burmeister-Schweinswal finden sich häufig in Ozeanarien. Wenn man ihre Zahl erhöhen könnte, könnte man sicherlich auch das öffentliche Bewußtsein über ihre Bedrohung

Ben Cropp

steigern und eventuell auch auf die Regierungen Druck ausüben, dieses unnötige Abschlachten zu unterbinden.

FORSCHUNG AN GEFANGENEN TIEREN

Durch die Haltung von Meeressäugetieren in Ozeanarien ist es möglich gewesen, genaue Informationen über ihr Paarungsverhalten und die Reproduktionszyklen zu gewinnen. Ohne sie wären Schätzungen über die Bevölkerungsdynamik der Bestände in freier Wildbahn nicht zuverlässig anzustellen. Die Beobachtung in Gefangenschaft hat Aufschlüsse über die Sinne der Wale und Delphine, das Echolokations-System, ihre Art zu tauchen und ihre Sozialbeziehungen erbracht.

Kritiker wenden ein, daß in der Gefangenschaft nicht das normale Verhalten beobachtet werden kann, das die Tiere in freier Wildbahn zeigen. Insbesondere sei die Beschränkung des Lebensraums für diese frei umherziehenden Tiere ganz unnatürlich. Beobachtungen an frei lebenden, markierten Tieren haben aber gezeigt, daß sie häufig in einem sehr begrenzten Gebiet etwa im Umkreis von fünf Kilometer um die Markierungsstelle herum verbleiben und — obwohl sie in der Lage sind, in große Tiefen hinabzutauchen — Wassertiefen von zwei bis sechs Meter bevorzugen. Studien an Tieren in Gefangenschaft können sehr detaillierte Daten ergeben, während die sorgfältigste Beobachtung auf dem Meer nicht mehr als grobe Ver-

▲ Aufgrund ihre Verspieltheit, ihrer – scheinbar – lächelnden Physiognomie und ihrer Bereitwilligkeit, neue Aufgaben und Tricks zu erlernen, sind die Tümmler die beliebtesten Tiere in den Delphinarien geworden. Sie stellen aber auch für die Wissenschaftler die bevorzugte Art dar, an der Verhalten, Kommunikation und Intelligenz untersucht werden.

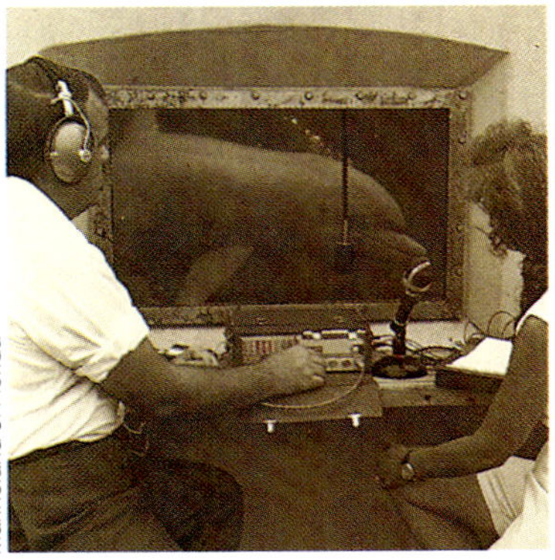

Marineland of Florida

▲ Durch Untersuchungen an gefangenen Delphinen konnten die Wissenschaftler einige Geheimnisse der Echolokation ergründen. Hier werden mit dem Hydrophon die Lautäußerungen von »Delphin Nummer 232« aufgenommen.

haltensraster einbringen kann. Offensichtlich ist es wichtig für die wissenschaftliche Forschung, eine Kombination beider Verfahren zu finden. Die Wundrose *(erysipelas)* beispielsweise ist eine Krankheit, die die Tiere in freier Wildbahn befällt. Es ist aber nur bei gefangenen Tieren möglich, die Krankheit zu studieren und Impfstoffe dagegen zu entwickeln.

Schon 1961 begannen im Sealife Park von Oahu, Hawaii, die Forschungen über das Verhalten der Meeressäugetiere, und gegenwärtig werden im Marineland Africa USA, Kalifornien, Stimmbildung und Echolokation untersucht. Am Seven Seas Panorama von Brookfield (Chicago) wurden kürzlich Studien durchgeführt, bei denen die Wissenschaftler herausfinden konnten, wie die Delphine die zurückreflektierten Überschall-Signale empfangen, die sie ausgesendet haben. Sie fanden heraus, daß die Fähigkeit eines Tieres, zwischen einem Ring und einem Zylinder zu unterscheiden, nicht größer war als nach den Wahrscheinlichkeits-Gesetzen zu erwarten — solange der Unterkiefer des Tiers mit einer schalldichten Kappe abgedeckt war. Wenn dagegen eine Kappe aufgesetzt wurde, die den Unterkiefer nicht abdeckte, lag die Trefferzahl bei etwa 70 Prozent. Obwohl dieser Versuch nicht beweist, daß das Tier seinen Unterkiefer immer für die Echolokation benutzt, zeigt es doch, daß das Tier mit unbehindertem Unterkiefer besser zwischen zwei Objekten unterscheiden kann.

Die meisten Untersuchungen über die Echolokation bei den Delphinen wurden an gefangenen Exemplaren durchgeführt. Erst jüngst wurden vergleichbare Arbeiten auch an einzelnen Tieren in freier Wildbahn angestellt. Auch diese sind übrigens auf flache Gewässer im Küstenbereich oder in Flußmündungen beschränkt. Es ist berichtet worden, daß Delphine in Gefangenschaft vom Echo ihrer eigenen Echolokation schwerhörig werden. Eine neuere vergleichende Studie aus Frankreich hat anhand von Aufzeichnungen gezeigt, daß die Emissionen eines bestimmten Individuums in Freiheit nicht so laut waren wie in Gefangenschaft. Außerdem wurde in freier Wildbahn mehr Gebrauch von der möglichen Bandbreite der Signale gemacht.

Der Delphin wird von vielen Menschen als hochintelligent eingestuft. In Deutschland hat man an Tieren in Gefangenschaft aber gezeigt, daß der Kalifornische Seelöwe in der Lage ist, nach 60 Versuchen eine Anzahl unterschiedlicher Formen fehlerlos zu unterscheiden, während Delphine nach 120 Versuchen nur eine Trefferquote von 90 Prozent erreichten.

Indem man das Verhalten verschiedener Muttertiere gegenüber ihrem in Gefangenschaft geborenen Nachwuchs vergleicht, kann man darstellen, wie unterschiedlich die Individuen in ihrer Fähigkeit sind, für die Jungen Sorge zu tragen. Auch das Säugeverhalten von Neugeborenen hat man untersucht, und mit der Zahl in Gefangenschaft geborener Tiere steigt auch die Literatur zu diesem Thema schnell an.

Andere interessante Experimente an Tieren in Gefangenschaft betrafen die Fähigkeit, geschmacklich zwischen sauer, salzig, bitter und süß zu unterscheiden, und den Geruchssinn. Jüngere Untersuchungen haben auch gezeigt, daß Delphine beim Schlafen nicht träumen — eine Erkenntnis, die man unmöglich an Tieren in freier Wildbahn gewinnen kann.

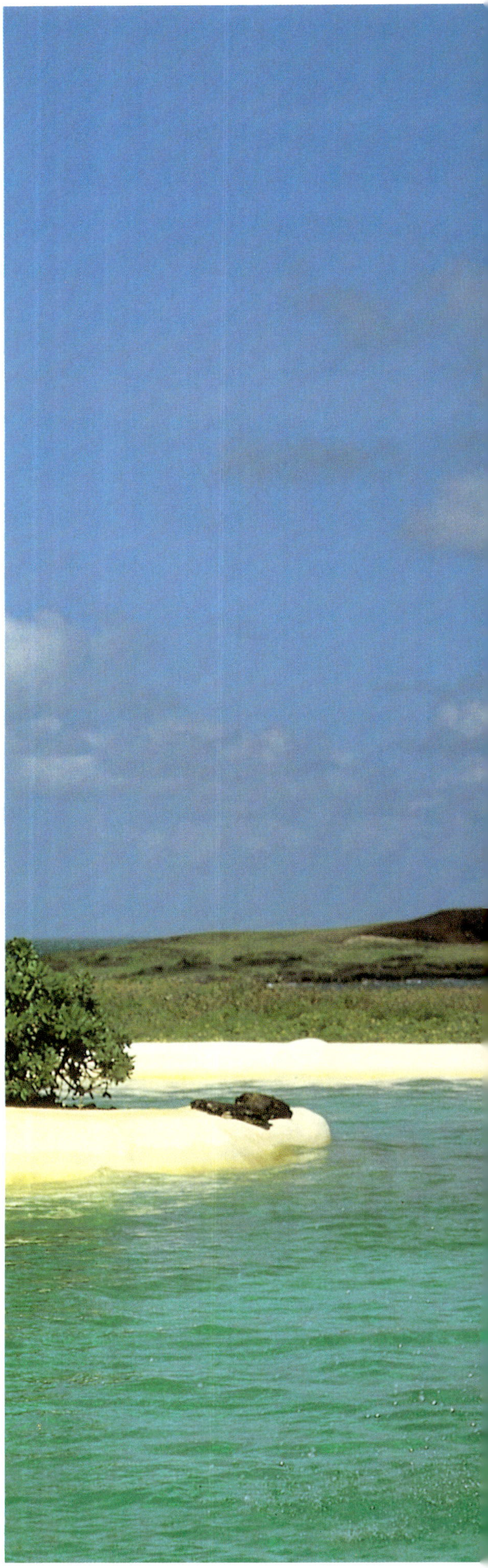

Australian Picture Library

▶ Delphine, die ihre Kunststücke zeigen, haben viel zur öffentlichen Bewußtseinsbildung beigetragen. Viele Tausend Menschen, die sonst nie einen Wal oder Delphin zu Gesicht bekommen hätten, haben nun eine Vorstellung von diesen Tieren und beginnen, die Notwendigkeit ihres Schutzes und ihrer Bewahrung zu begreifen.

▶ ▼ Kritiker der Delphinarien haben eingewendet, daß die Tiere durch die Vorstellungen vor der Öffentlichkeit entwürdigt und zu unnatürlichen Verhaltensweisen gezwungen würden. Die neuere Forschung hat aber nachgewiesen, daß viele Verhaltensweisen, die die Tiere in Gefangenschaft zeigen, auch in freier Wildbahn zu finden sind. Auch dort springen sie zum Beispiel »aus Übermut« in die Luft oder spielen mit ballartigen Gegenständen.

Hugh Edwards

Hugh Edwards

ANZEICHEN FÜR GEFANGENSCHAFTSKOLLER?

Man hat Besorgnis geäußert über die Entwürdigung, die Delphine angeblich erleiden, indem sie ihre »Vorstellungen« für das Publikum geben. Glücklicherweise sind sie aber im allgemeinen extrovertierte Tiere, die auf Applaus oder die Begeisterung der Zuschauer reagieren. Die Verhaltensmuster in Gefangenschaft simulieren häufig diejenigen in freier Wildbahn. So beispielsweise, wenn die Delphine aus dem Wasser herausspringen oder »Umschau halten«, wobei der Körper senkrecht im Wasser steht und der Kopf über Wasser ist. In der Freiheit spielen sie mit Quallen »Fußball«, indem sie sie mit der Schwanzflosse aus dem Wasser kicken, so wie sie das in Gefangenschaft mit einem Ball vorführen. Bei verschiedenen Gelegenheiten ist in freier Wildbahn auch das »Kinderwerfen« beobachtet worden. Hierbei stößt ein erwachsenes Tier ein Kalb in die Luft, indem es seinen Kopf plötzlich unter dem Leib des Kalbs anhebt. Das könnte selbstverständlich eine Strafe für das Kalb bedeuten, illustriert jedoch nur eine der Verhaltensweisen, die von manchen als durch die Gefangenschaft hervorgerufen betrachtet wird. Die Beschäftigung des Delphins mit den Tauen von Booten und Netzen mag für die Bootsleute lästig sein — sie zeigt aber nur die neugierige Natur dieser Tiere, die häufig auch für vorzuführende Tricks genutzt wird.

DIE GEGENWÄRTIGE SITUATION

Im Jahre 1983 waren 32 Prozent aller Großen Tümmler in den Ozeanarien der Vereinigten Staaten bereits in Gefangenschaft geboren, 1979 erst 18 Prozent. Dieser Anteil konnte nur erreicht werden, weil es gelang, die Tiere so lange am Leben zu erhalten, bis sie die Geschlechtsreife erreichten. Bei den Männchen ist dies mit zehn bis zwölf, bei den Weibchen mit fünf bis zwölf Jahren der Fall — abhängig von der Herkunft und Aufzucht der Individuen. Aus den an gefangenen Tieren gewonnenen Erkenntnissen kann die Populationsdynamik in freier Wildbahn hochgerechnet werden. Untersuchungen der Schichten in den Zähnen haben ein Höchstalter für Tümmler-Männchen von 25, für Weibchen von 30 Jahren ergeben. Aus 1985 veröffentlichten Details weiß man von einem 30 Jahre alten Weibchen, das in Gefangenschaft geboren wurde und nun Großmutter ist.

Das interessante Experiment, Tiere aus der Gefangenschaft freizulassen, hat viele Probleme offenbart. Aus den Vereingten Staaten und England wird berichtet, daß Tiere, denen entweder kurz nach ihrer Freilassung (oder auch noch in Gefangenschaft) lebender Fisch vorgesetzt wurde, diesen nicht annahmen. Stattdessen brachten sie den Köder zu ihren Trainern und tauschten ihn gegen toten Fisch um, an den sie gewöhnt waren. Delphine, die kurz nach ihrer Freilassung einer Schule fremder Tiere begegneten, kehrten sehr schnell wieder in ihre Gehege zurück. Möglicherweise erleiden die freigelassenen Individuen aggressive Attacken, wenn sie versuchen, sich an »fremde« Gruppen anzuschließen, mit denen sie nicht verwandt sind. An Tieren in freier Wildbahn hat man frische Bißwunden auf der Haut festgestellt. Eine amerikanische Untersuchung von 1985 hat nachgewiesen, daß die meisten toten Delphine, die am Strand angeschwemmt wurden, Verletzungen aufwiesen, die möglicherweise auch ihren Tod herbeigeführt hatten, und in freier Wildbahn gibt es sicherlich auch eine hohe Rate von Totgeburten oder Todesfällen nach der Geburt. Es ist also tatsächlich möglich, daß die durchschnittliche Sterblichkeit der Meeressäugetiere in freier Wildbahn — auch ohne Walfang — über 15 Prozent liegt.

Zusätzlich zu den naturgegebenen Risiken, denen sich die Meeressäugetiere in der Freiheit ausgesetzt sehen, haben unglücklicherweise die Menschen beschlossen, daß die Ozeane, die einen so großen Teil unseres Planeten bedecken, ideale Müllgruben darstellen. Dies kann natürlich verheerende Folgen für das Leben in den Meeren haben. Indem man Schwer-

Pat Morris/Ardea London Ltd

metalle wie Quecksilber heranzog, das ein Indikator für diese Verschmutzung ist, hat man 1970 gezeigt, daß Delphine, die nach dem Einfangen einen sehr hohen Quecksilber-Spiegel im Blut aufwiesen, nach einer Reihe von Jahren in Gefangenschaft reduzierte Werte hatten. Dieser Rückgang setzte sich bis heute fort. Es kann deshalb gesagt werden, daß es für bestimmte Arten notwendig werden könnte, sie in Gefangenschaft zu halten und zu vermehren, um einen gewissen Bestand an unverseuchten Tieren zu erhalten, die dann eines sehr fernen Tages in wieder sauberes Wasser entlassen werden könnten.

Ozeanarien stellen eine Brücke zwischen dem Menschen und der Natur dar. Meines Erachtens sollten wir unsere Bemühungen darauf richten, diese Brücke zu verbessern, nicht aber, sie hinter uns abzubrennen.

▲ Die Lebensumstände in Gefangenschaft führen zu interessanten Freundschaften unter Arten, die in freier Wildbahn Jäger und Gejagter wären, wie zum Beispiel (im Bild) Schwertwal und Weißstreifen-Delphin.

Al Giddings/Ocean Images Inc./Planet Earth Pictures

▲ Begegnungen mit Delphinen sind häufiger geworden, seit Taucher mit ihrer modernen Ausrüstung deren Lebensraum inspizieren können.

KONTAKT ZUM MENSCHEN

ROBERT MORRIS

Die Beschäftigung der Menschheit mit den Meeressäugetieren reicht viele tausend Jahre in die Geschichte zurück. Seit den frühesten Tagen der überlieferten Geschichte spielen Wale und Delphine im Volksbrauchtum sowie in Sagen und Legenden eine Rolle. Viele der Großwale leben vorwiegend auf der Hochsee. Mit ihnen kamen unsere Vorfahren nur gelegentlich in Berührung. Einige Delphin-Arten aber leben nahezu ausschließlich in den Küstengewässern. Diese Tiere konnten die Menschen als erste genauer beobachten. Von den ersten Begegnungen an haben die Menschen die Delphine sehr geschätzt, und es gibt viele Geschichten von engen Freundschaften zwischen Menschen und diesen Geschöpfen des Meeres.

Eine davon findet sich in einem Brief, den Plinius der Jüngere um 109 n.Chr. herum schrieb. Er schilderte die Freundschaft zwischen einem Bauernjungen und einem Delphin, der Simo genannt wird, und spielt in der kleinen Stadt Hippo an der nordafrikanischen Mittelmeerküste des heutigen Tunesiens. Der Junge hatte sich mit dem Delphin angefreundet, nachdem dieser ihn vor dem Ertrinken gerettet hatte. Die zwei pflegten in der Bucht regelmäßig miteinander zu spielen, und der Delphin ließ den Jungen auch auf seinem Rücken reiten. Die Einwohner der Stadt erfuhren davon und pflegten sich am Strand zu versammeln, um diesen Spielen zuzusehen. Nach und nach verbreitete sich der Ruf des Delphins, und die Leute kamen von weit her, um ihn zu sehen. Das brachte Menschen in die Stadt, und die einheimischen Geschäftsleute erkannten, daß sie mit den neuen Besuchern eine Menge Geld machten konnten. Da der Besucherstrom immer mehr anwuchs, waren die städtischen Einrichtungen dem nicht mehr gewachsen. Es kam zu ernsthaften Knappheiten bei der Unterbringung, den sanitären Anlagen, bei Wasser und Nahrungsmitteln. Heftige Diskussionen wurden in der Bürgerschaft ausgetragen, und die Gemeinschaft teilte sich in zwei Lager. Schließlich wurde dem Rat der Gemeinde klar, daß etwas getan werden mußte, um die städtische Gemeinschaft zu retten: Man tötete den Delphin.

Diese Geschichte mag klingen, als sei sie frei erfunden. Sie ist aber dennoch recht plausibel, und es gibt in den zurückliegenden Jahrhunderten viele andere Berichte über ähnliche Freundschaften. Die traurige Geschichte Simos illustriert bildhaft, welche Gefahren der Delphin eingeht, wenn er sich dem Menschen freundschaftlich anvertraut.

Delphine leben entweder gesellig mit anderen Individuen ihrer Art oder aber auch einzelgängerisch mit nur gelegentlichen Sozialkontakten. Der Ausdruck »gesellig« drückt auch eine gewisse Freundlichkeit aus und wird auf diejenigen Delphine angewendet, die von sich aus aktiv Kontakt mit Menschen suchen.

Diese Kontakte können verschiedener Natur sein und reichen vom Begleiten von Schiffen über das Reiten auf der Bugwelle bis zu direkten Menschenkontakten, wenn einzelne Delphine sich längere Zeit bei Schwimmern aufhalten und ihnen auch erlauben, sie zu berühren. Im letzteren Fall ist es möglich, daß der Delphin solche nahen Kontakte auf bestimmte Personen beschränkt, die zu erkennen er offenbar in der Lage ist. Wahrscheinlich erkennt der Delphin eine Person an ihrer Stimme, ihrer Erscheinung oder auch an ihren Bewegungen. Zusätzlich kann er über das Sonar-System ein detailliertes, dreidimensionales anatomisches Bild von dem Schwimmer gewinnen und ihn damit identifizieren.

Für jeden, der je in einem Delphinarium war, mag der Kontakt zwischen Mensch und Delphin als eine Selbstverständlichkeit erscheinen. Es darf aber nicht übersehen werden, daß die Delphine dort keine Ausweichmöglichkeit haben, und daß ihre Gesellschafts-Freudigkeit dort durch sorgfältige Pflege sowie Training und Futter laufend gefördert wird. In freier Wildbahn haben die Delphine die Möglichkeit, wegzuschwimmen, wenn sie keinen Kontakt wünschen. Enge Freundschaften, wie sie zwischen Mensch und Delphin vorgekommen sind, sind also auf eine freie Entscheidung des Delphins zurückzuführen.

PERCY

Percy war ein sehr großer, voll geschlechtsreifer männlicher Großer Tümmler *(Tursiops truncatus)*. Er wurde vor der Nordküste Cornwalls (England) erstmals im Januar 1981 gesichtet. Vier Jahre lang hielt er sich in einem kleinen Streifen in Küstennähe auf, der etwa 25 Kilometer lang war.

Ursprünglich war Percy recht zurückhaltend. Er zeigte sich sehr an Tauchern interessiert und folgte oft den ausfahrenden Booten, aber nahen Kontakt mit Menschen erlaubte er erst 1983. Während dieses Jahres ging er eine enge Freundschaft mit einem einheimischen Taucher ein und verbrachte lange Zeiträume in dessen Gesellschaft, wobei er recht nahe Kontakte erlaubte. Aber im September wurde er bei Berührungen extrem furchtsam und vorsichtig, und man konnte sehen, daß er einen großen Angelhaken am Kopf nahe beim rechten Auge im Fleisch sitzen hatte.

▶ »Mörderwal« oder »Killer-Wale« werden die Schwertwale auch genannt. Diese Bezeichnung leitet sich von ihren Angriffen auf andere Delphine und große Wale ab. Angriffe gegen den Menschen oder auch gegen Boote sind nur in ganz wenigen Fällen vorgekommen.

Horace E. Dobbs

▲ Zwischen 1981 und 1984 hielt sich Percy, ein Großer Tümmler, im Küstenbereich vor Cornwall, England, auf. Er suchte häufig Kontakt zu Tauchern und Schwimmern.

▼ Es war offensichtlich, daß Percy die Kontakte zum Menschen selbst bestimmen wollte. Nur von seinen »Freunden« ließ er sich streicheln und füttern. Unwillkommene Kontakte wurden mit Püffen oder leichten Warnbissen quittiert.

Horace E. Dobbs

Es wurde befürchtet, daß er an diesem Auge vielleicht erblindet sei. Während des Winters gelang es niemandem, nahe an ihn heranzukommen. Im folgenden Frühjahr aber war der Haken verschwunden, und offensichtlich hatte Percy keinen Schaden davongetragen. Er war jetzt wieder kontaktfreudig wie früher.

Der wichtigste Jagdgrund in Percy's Territorium lag in dem engen Kanal zwischen Godrevy Point und der Insel Godrevy, wo die Gezeitenströmung besonders stark ist. Er jagte dort etwa in der Mitte der jeweiligen Tide eine Stunde lang oder auch länger. An diesem Platz hatte er wenig Konkurrenz durch Menschen oder andere Tiere. Nur einmal legte ein einheimischer Fischer sein Netz quer durch den Kanal. Er hatte wohl gehört, daß der Delphin regelmäßig den Kanal befischte, und daraus geschlossen, was gut für den Delphin sei, müsse auch ein guter Fangplatz für ihn als Fischer sein. Ausgesperrt von seinen gewohnten Jagdgründen, biß und zerrte Percy an dem Netz, bis er es geschafft hatte, eine der Haltebojen zu lösen.

Die Fischerboote wurden regelmäßig von Percy begleitet, wenn sie hinausfuhren, um die Reusen zu legen und die Hummerkörbe neu zu beködern. Percy war offensichtlich in der Lage, die ausgelegten Bojen den einzelnen Booten zuzuordnen. Wir konnten ihn manchmal beobachten, wie er vor dem betreffenden Boot die einzelnen Bojen abschwamm. Wenn er alleine war, spielte er häufig am Meeresgrund mit den dort verankerten Reusen und brachten deren Leinen durcheinander. Von den Klippen aus haben wir ihn häufig dabei beobachtet. Bei einer Gelegenheit hatte er es geschafft, die Leinen einer Gruppe von Reusen so ineinander zu verschlingen, daß der Fischer weder in der Lage war, sie zu entwirren, noch das ganze Gewirre zusammen anzuheben. Er holte einen ortsansässigen Taucher zu Hilfe. Zufällig war dies Percy's spezieller »Freund«, und während dieser bemüht war, die Leinen zu entwirren, schien Percy mit dem Maul auf bestimmte Taue hinzuweisen — offensichtlich genau in umgekehrter Reihenfolge, wie er sie ursprünglich durcheinandergebracht hatte. Der Taucher konnte mit dieser Hilfe die Leinen entwirren, ohne auch nur eine einzige durchschneiden zu müssen.

Bei einer anderen Gelegenheit war dieser Taucher mit Percy zusammen im Wasser, als der Delphin plötzlich begann , ihn zu seinem vor Anker liegenden Boot zurückzustoßen. Als der Taucher versuchte, Widerstand zu leisten, schnappte ihn der Delphin so rauh bei der Hand, daß blutende Wunden entstanden, und schleppte ihn mit Gewalt zum Boot. Dort wartete er, bis der Taucher aus dem Wasser war. Der Taucher war geschockt, denn in den mehreren Jahren ihrer Bekanntschaft hatte Percy sich niemals derartig verhalten. Doch nach zwanzig Minuten sprang er wieder ins Wasser. Percy gesellte sich sofort wieder zu ihm, dieses Mal in sanfter und freundlicher Stimmung. Wir vermuteten, daß der Delphin bei dem vorangegangenen Zwischenfall seinen »Freund« aus irgend einem Grund nicht im Wasser haben wollte. Über den Grund können wir nur mutmaßen — kurze Zeit zuvor wurden jedenfalls in der Gegend Haie gesichtet.

Viele Stunden verbrachte Percy mit uns im Wasser oder neben unserem Boot. Er versuchte dabei immer, in unsere jeweilige Beschäftigung mit eingebunden zu werden. Besonders gern schaute er zu, wenn der Anker ausgebracht oder gehoben wurde. Bald lernte er abzutauchen, den Anker zu fassen und ihn zu uns hinauf zum Boot zu bringen. Wenn er den Anker gefaßt hatte, waren wir häufig zu einer freien Spazierfahrt eingeladen, denn er zog unser schweres Schlauchboot mit großem Tempo in der Bucht herum.

Im Frühjahr und Frühsommer 1984 war Percy im allgemeinen sanft und freundlich. Gewöhnlich duldete er, daß man ihn streichelte, und regelmäßig erlaubte er einzelnen Tauchern auch, sich an seine Rückenfinne zu hängen und durchs Wasser ziehen zu lassen. Nun, da wir seine Narben und Schrammen von nahem studieren konnten, erkannten wir, daß er offenbar neueste und regelmäßige Kontakte mit anderen Tümmlern, Walen oder auch Robben haben mußte — er lebte also nicht vollständig solitär.

Im Laufe des Sommers kamen mehr und mehr Leute an die Küste Cornwalls, um Percy zu sehen. Die örtlichen und die nationalen Zeitungen schrieben über seine Aktivitäten, und auch das Fernsehen schickte ein Aufnahmeteam. Auf einem Bild, das von ihm veröffentlicht wurde, sah man, wie er offensichtlich mit einem seiner Bewunderer eine Tasse Tee trank. Percy war eine Berühmtheit geworden, und tagsüber wurde er von einer großen Zahl von Schwimmern umlagert.

In dieser Periode veränderte sich seine Stimmungslage dramatisch. Sehr häufig kam jetzt ein Verhalten vor, das man als aggressiv beziehungsweise drohend bezeichnen mußte. Häufig wurde es unterstrichen durch einen festen Stoß mit der Schnauze auf die Brust oder auf den Arm. Der Grund für dieses Verhalten ist entweder in übermäßiger Erregung oder, angesichts der vielen Menschen um ihn herum im Wasser, auf Angst zurückzuführen, die ihn dazu veranlaßte, Dominanzverhalten zu zeigen. Von manchen Menschen ergriff er förmlich Besitz, andere schien er gelegentlich als Eindringlinge zu betrachten, die sein Spiel zu behindern oder gar seinen Spielgefährten wegzu-

Robert Morris

▲ Wissenschaftler sind immer bestrebt, sich von der gefühlsmäßigen Identikation mit ihrem Untersuchungsobjekt freizuhalten. Im Falle von Percy mußten sich aber viele eingestehen, daß sie durch seinen Charme, seine gute Laune und seine Neugierde bezaubert waren und Gefahr liefen, ihre Objektivität zu verlieren.

nehmen drohten. Häufig teilte er jetzt Bisse aus, und manchmal pflegte er seine »Favoriten« auch daran zu hindern, das Wasser zu verlassen, indem er sie Richtung See drängte. Zum Glück waren die Gefährten, die er sich erkoren hatte, gute Schwimmer, und die, die sein Mißvergnügen zu spüren bekommen hatten, kamen mit ein paar blauen Flecken davon. Es hätte aber auch ernsthafter ausgehen können. . .

Percy begann auch, recht unterschiedslos Sexualverhalten an den Tag zu legen. Bei einem Zwischenfall beispielsweise, der von der gesamten Crew eines Fischdampfers bezeugt wurde, hatte Percy versucht, seinen Penis in ein Rohr von fünf Zentimeter Durchmesser einzuführen, das über Bord hing. Er unternahm mindestens fünf klar erkennbare Anläufe hierzu. Ein anderer lustiger Zwischenfall wird von den vier Insassen eines Fischerbootes berichtet. Percy begleitete das Boot, bog plötzlich etwa zwölf Meter weit ab, drehte um und kam mit großer Geschwindigkeit wieder zum Boot zurück. Dicht neben dem Boot rollte er sich auf den Rücken und schoß mit erigiertem Penis einen Strahl Urin in das Heck des Bootes und auf den überraschten Steuermann.

Andere Zwischenfälle waren gewalttätiger. Einer betraf einen Windsurfer, der hier auf Urlaub weilte und von dem Delphin noch nichts gehört hatte. Percy verfolgte häufig die Windsurfer. In diesem Fall war der Surfer unter vollem Segel und weit draußen auf dem Meer. Percy erreichte ihn und versuchte, quer über das Board zu springen. Ob Versehen oder Absicht — jedenfalls landete Percy mitten auf dem Vorderteil des Boards, das unter dem Gewicht von (geschätzt) 360 Kilogramm natürlich zerbrach. Der entsetzte Surfer wurde ins Wasser geworfen und schoß, offenbar in Panik, eine Seenotrakete ab. Die Wasserrettung fischte ihn auf. Dieser Vorfall erregte natürlich nationales Aufsehen und steigerte noch den Bekanntheitsgrad Percy's.

In dieser Phase begannen — wie bei Plinius im Altertum — Konflikte unter den Einheimischen auszubrechen, was mit dem Tümmler weiter geschehen solle. Percy war der Grund für einige sehr bittere Beratungen und Diskussionen direkt vor Ort auf seinen Tummelplätzen. Die meisten hier an der Küste waren erleichtert, als dieser besondere Sommer zu Ende ging.

So wie die Zahl der Touristen zurückging, kehrte Percy wieder zu seiner sanften, friedlichen und freundlichen Natur zurück. Im darauffolgenden Winter verschwand er aus der Gegend.

Claire Leimbach

DIE DELPHINE VON MONKEY MIA

HUGH EDWARDS

In einer heißen Nacht im Sommer 1964 saß Ninny Watts auf ihrem Boot, das vor der Mole von Monkey Mia vor Anker lag. Monkey Mia liegt an der Shark Bay in Westaustralien an der Ostseite der menschenleeren, wüstenartigen Halbinsel Denham. »Es war eine heiße, ruhige Nacht. Der Vollmond schien«, erzählte sie. »Ich konnte nicht schlafen, und dieser Delphin spritzte und blies um das Boot herum. Da nahm ich einen Fisch aus der Eisbox und warf ihn ihm hin.«

Bald nahm der Delphin Fisch direkt aus Ninnys Hand an. Sie nannte ihn Charlie, und er wurde zu einer gewohnten und beliebten Erscheinung an der Mole von Monkey Mia. Charlie brachte weitere Delphine in die Bucht mit, und so entstand eine Freundschaft zwischen den Einheimischen und den Delphinen. Nachdem Charlie in den 70er Jahren verendet war, setzten seine Freunde die Besuche in der Bucht fort und bildeten so die Kerngruppe für die Delphine, die heute noch Monkey Mia besuchen.

Jedes Jahr strömen faszinierte Touristen in Massen nach Monkey Mia, um diese wilden Großen Tümmler *(Tursiops truncatus)* in ihrem natürlichen Lebenselement zu erleben. Die Delphine kommen und gehen, wie sie wollen — es gibt keine festgelegten Belohnungen oder Strafen. Sie springen auch nicht durch Reifen oder vollführen andere Kunststücke, um den Menschen zu gefallen. Die Besucher können die Tiere liebkosen und mit ihnen spielen.

Monkey Mia, das eigentlich nur aus einer Ansammlung von Wohnwagen und einer Pier für die Fischer besteht, hat nun jedes Jahr mehr als 40 000 Besucher — sie kommen teilweise von weit her, aus Europa, Japan und Nordamerika. 1986 wurden wegen des starken Andrangs Wildhüter in Monkey Mia stationiert, um die Sicherheit und Wohlfahrt der Delphine sicherzustellen. Als Teil eines Entwicklungsprogramms erbaute die westaustralische Regierung zusammen mit der Bezirksregierung der Shark Bay 1986 auch ein Informationszentrum. Als dieses eröffnet wurde, beschrieb der westaustralische Premierminister es als ein Wunder, daß die Delphine sich Menschen als Freunde auserkoren hätten.

Wissenschaftler, die sich vorsichtiger auszudrücken pflegen, gestehen ein, daß dies in der Tat eine einzigartige Erscheinung ist; denn hier in Monkey Mia findet sich weltweit die einzige Herde von Delphinen, die sich mit Menschen angefreundet hat.

Einzelne Delphine haben schon immer spezielle Freundschaften mit Menschen gepflegt, so wie heute in den Ozeanarien auch gefangene Delphine mit ihren Trainern befreundet sind. Die meisten bekanntgewordenen derartigen Freundschaften waren von kurzer Dauer, und zu häufig hatten sie ein trauriges Ende. Man denke beispielsweise nur an den tragischen Fall des Delphins »Oppo« in Neuseeland, der 1956 während seines einzigen Sommers mit den Menschen weltweit Schlagzeilen machte.

Es gibt keinen Zweifel daran, daß Delphine offensichtlich die Menschen mögen. Sie kommen gut gelaunt zu den Booten, begleiten häufig die Fischer und scheinen es zu lieben, aufzutauchen und aus dem Wasser zu springen, wenn Menschen zugegen sind. Manchmal scheinen sie sich sogar freiwillig halb auf den Strand zu werfen, um näher an die Menschen heranzukommen. Die Delphine von Monkey Mia haben ihre eigene Technik entwickelt, um nach solchen Strandungen wieder ins Wasser zurückzukommen: einen

Claire Leimbach

Claire Leimbach

Claire Leimbach

◀ ▲ Der einzige Platz auf der Welt, an dem es zu regelmäßigen Begegnungen zwischen Delphinen und vielen Menschen kommt, ist der Strand von Monkey Mia in Westaustralien.

Jean-Paul Ferrero/Auscape International

▶ Die Großen Tümmler von Monkey Mia werfen sich freiwillig auf den Strand und nehmen dort Futter von den Besuchern an. Sie haben eine spezielle Technik entwickelt, um danach wieder in tieferes Wasser zurückzukommen.

»Rückwärtsgang«. Durch bogenförmige Krümmung der Schwanzwurzel ziehen sie sich rückwärts wieder in tieferes Wasser.

Große Tümmler sind in den Meeren rund um Australien sehr häufig, von den Kelpwäldern Victorias und Südaustraliens bis zu den warmen, kaffeebraunen Wattgebieten des Golfs von Carpentaria. Die Herde von Monkey Mia ist dennoch die einzige, die regelmäßige Kontakte mit Menschen unterhält. Etwa 20 Delphine sind im Laufe der Zeit in die Bucht und zum Bootssteg gekommen, und acht bis zehn davon kommen beinahe jeden Tag ganz nahe an den Strand. Einige Delphine wurden geboren, während das Elterntier Besuch in der Bucht machte, und ein Kalb repräsentiert die dritte Generation von besuchenden Delphinen.

Bevor die Wildhüter eingesetzt wurden, dienten Wilf und Hazel Mason als inoffizielle Wächter. Hazel gab den meisten Delphinen Namen. Ihr anfänglicher Favorit war »Speckeldy Betty«, ein sehr zahmes, altes, beinahe zahnloses Weibchen. »Sie war so zahm«, erinnert sich Hazel, »daß sie eines Tages, als sie einen Fischhaken im Maul hatte, zum Strand kam, damit Wilf ihn herausholen konnte. Er war tief eingedrungen, und es muß wirklich weh getan haben, als er den Haken mit einer Zange herausholte. Aber sie lag vertrauensvoll und ruhig da und hielt das Maul geöffnet, bis er den Haken frei hatte.«

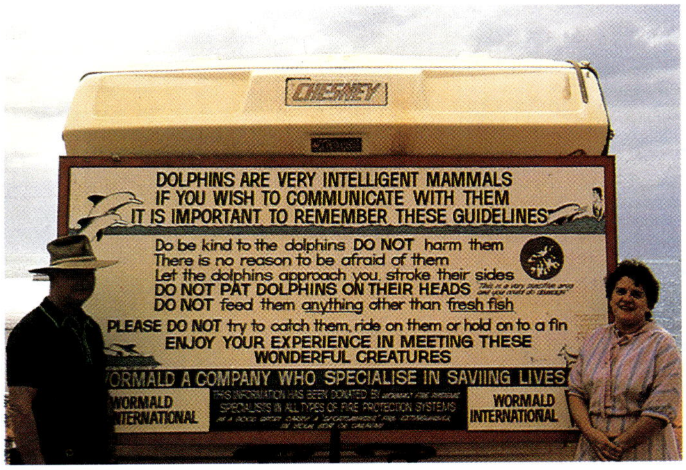

Hugh Edwards

▲ Bevor in Monkey Mia Wildhüter stationiert wurden, sorgten die Campingplatz-Besitzer Wilf und Hazel Mason für einen vernünftigen Umgang mit den Delphinen.

Gewisse Campingplatz-Besitzer, die mit den Delphinen gerne ihr Geschäft beleben, hätten auch gerne versucht, eine richtige Goldgrube aufzuziehen mit Ringen und Bällen und — unvermeidbar — gefangenen Delphinen. Aber Wilf und Hazel Mason widersetzten sich den Versuchen, den Delphinen Kunststücke beizubringen. Sie stellten Verhaltensregeln für die Touristen auf, zum Beispiel, nicht die Kinder auf den Rücken der Delphine zu setzen, diese nicht an den Flossen zu ziehen, und Hunde fernzuhalten.

Die Besucher werden darüber aufgeklärt, daß die Delphine es lieben, an der Flanke und am Bauch gestreichelt zu werden. Ich habe bei den Fotoarbeiten die Delphine lange Zeit unter Wasser beobachtet und herausgefunden, daß sie abrupte und schnelle Bewegungen nicht mögen. Sie haben auch eine Aversion dagegen, an der Melone am Vorderkopf angefaßt zu werden, in der ihr empfindliches Echolokations-Zentrum liegt.

Die wichtigste Regel aber gilt dem Fressen, das man ihnen anbietet. Tümmler haben einen engen Schlund und verschlingen den Fisch mit dem Kopf voran. Falsches Futter würde ihren Tod bedeuten. Man sollte sie mit kleinen Fischen füttern, vor allem mit dem grätenreichen Hering, den sie lieben. Leute haben ihnen aber auch schon Hühnerknochen angeboten oder sogar die Rippen vom T-Bone-Steak, die beim Grillen übriggeblieben waren. Auch andere gefährliche Gegenstände wie Kronenkorken und so weiter hat man den Delphinen schon zugeworfen. Bisher haben die Delphine solche Angebote nicht angenommen. Jeder Zoodirektor aber hat seine eigene Story vom Lieblingstier, das an heruntergeschlungenen, nicht geeigneten Besuchermitbringseln gestorben ist. . .

Seit Charlies erstem Kontak mit Ninny Watts ist Fisch immer das Bindeglied zwischen den Menschen und den Delphinen in Monkey Mia gewesen. Wenn man mit dem richtigen Fisch in der Hand zur Wasserlinie hinuntergeht, wird ein Delphin herantänzeln, einen freundlichen Blick auf einen richten und den Fisch aus der Hand nehmen. Man sollte sich davor hüten, zu spielen und den Fisch im letzten Moment wegzuziehen, genauso davor, nur so zu tun, als hätte man einen Fisch in der Hand. Die Delphine können auch die Geduld verlieren und in die Hand beißen.

Der von den Touristen dargebrachte Fisch wird von den Delphinen geschätzt, ist aber nicht lebensnotwendig für sie. Häufig kreuzen die Delphine auch zwischen den Touristen herum, wenn sie nicht hungrig sind, und nehmen dann den Fisch nur an, um ihn anschließend spielerisch hoch in die Luft zu schleudern. »Meistens nehmen sie den Fisch nur aus Höflichkeit«, sagt Wilf. »Du hast Dir

Benn Cropp Productions/Auscape International

▲ Die Taucherin Lyn Cropp bietet einem Tümmler von Monkey Mia Fisch an. Die Tiere lieben es offenbar, an den Flanken gestreichelt zu werden, sind aber empfindlich gegen Berührungen am Vorderkopf im Bereich der Melone, wo ihr Echolokations-Organ sitzt.

die Mühe gemacht, Fisch mitzubringen. Sie machen sich im Gegenzug die Mühe, die sozialen Formen zu wahren. Es ist eine Form des Miteinanderbekanntwerdens wie das Händeschütteln unter den Menschen.«

Manchmal kehren die Tümmler den Spieß um und bringen Fisch für die Touristen mit in die Bucht hinein. Bei verschiedenen Gelegenheiten haben sie Schulen von Schnappern ins Flachwasser getrieben. Diesen Fisch fressen die Tümmler nie, die Touristen dagegen schätzen ihn. Deshalb treiben sie wie marine Schäferhunde die Schnapper den Touristen vor die Füße.

Die Delphine von Monkey Mia faszinieren die Menschen, die ihretwegen hierher kommen. Auch Fernsehteams sind häufig zugegen, um das Phänomen festzuhalten. Soichiro Tabizaki, der Regisseur eines japanischen Dokumentarfilms, sagte dazu vor 20 Millionen Japanern: »Japanische Menschen haben niemals den Ausdruck im Auge eines wilden Delphins gesehen (sonst würden sie diese Tiere nicht mehr verfolgen. Anm. d. Übersetzers). Es ist wirklich wundervoll. . .«

Welches Schicksal wird die Zukunft den Delphinen von Monkey Mia bereithalten? Es gibt offensichtliche Anzeichen dafür, daß der Massenandrang und unverantwortliches Verhalten einzelner Besucher die Harmonie zwischen Tier und Mensch zerstören könnte. Noch immer wächst die Zahl der Besucher an. Aber das Erziehungsprogramm, das von den Wildhütern getragen wird, scheint gute Wirkung zu zeitigen, und die Delphine haben sich von den Massen noch nicht beeindrucken lassen. Wir können nur sehen und bewundern — und hoffen, daß dieser bemerkenswerte Kontakt zwischen Menschen und Delphinen ungestört bleibt.

Don Croll

▲ »Whale watching«, das Beobachten der Grauwale, lockt jährlich Tausende von Besuchern in die flachen Buchten der Niederkalifornischen Halbinsel (Baja California). Dort liegen die Fortpflanzungsgebiete dieser Wale, die sich durch die Motorengeräusche der Schlauchboote offensichtlich nicht irritieren lassen.

AUGE IN AUGE MIT EINEM VIERZIGTONNER

MARTY SNYDERMAN

Ich bin mir nicht sicher, ob jemand die enge Beziehung, die die Menschen zu Walen empfinden, vollkommen versteht. Vielleicht sind es so etwas wie verwandtschaftliche Empfindungen zu den Walen, die ja Säugetiere sind wie wir, vielleicht ist es aber eher ein Schuldgefühl wegen der Grausamkeiten, die wir so mancher Art angetan haben. Es gibt daneben auch sachliche Gründe, die unser großes Interesse an diesen Tieren erklären helfen: ihre bloße Größe und unsere Bewunderung ihrer Fähigkeit, unter den unwirtlichen Bedingungen des Lebensraums Meer zu überleben. Für Taucher und professionelle Unterwasser-Filmer wie mich ist dieses intensive Interesse sogar noch dramatischer gewachsen.

Mein Leben lang habe ich davon geträumt, mit den Walen zu schwimmen, und zwar nicht nur einen flüchtigen Blick auf sie zu erhaschen, sondern einige Zeit mit dem Tier zu verbringen. Immer schon wollte ich wissen, wie es wohl sei, dem Wal direkt ins Auge zu sehen, und ich habe davon geträumt, diesen Augenblick auf einem Film festzuhalten.

In meinen Träumen schwimme ich neben dem Wal im klaren, ruhigen Wasser irgendeines tropischen Paradieses. Ich kann so schnell schwimmen wie das Tier, meinen Atem ebenso lange anhalten und ebenso tief tauchen. In meinen Träumen ist der Wal so neugierig auf mich wie ich auf ihn, und deshalb kann ich mit meinem Foto-Objekt Auge in Auge stundenlang zusammen schwimmen.

Mein erstes reales Zusammentreffen unter Wasser mit einem Wal wich von meinen Träumen erheblich ab. Das Wasser war kalt und rauh, der Wind toste, die Stömung riß einen davon, und die Sicht war schlechter als drei Meter — das alles nichts Ungewöhnliches in Magdalena Bay, wo ich versuchte, einen Grauwal *(Eschrichtius robustus)* zu filmen. Magdalena Bay ist eine abgelegene Bucht etwa auf der pazifischen Seite der Halbinsel von Niederkalifornien (Mexiko). Sie ist bekannt als eine der Fortpflanzungsstätten der Grauwale, wo diese sich paaren und ihre Kälber zur Welt bringen. Howard Hall und ich waren ohne festen Auftrag hier, um uns einmal unsere Träume zu erfüllen und mit den Walen zu schwimmen.

An einem beliebigen Wintertag wird ein Besucher der Magdalena Bay wahrscheinlich Dutzende von Grauwalen sehen. Es ist aber schwierig, unter Wasser nahe an sie heranzukommen. Die Wale vom Boot aus zu finden, war leicht, sie unter Wasser zu erwischen, würde unmöglich sein. Howard und ich wurden uns darüber einig, daß wir entweder einen Wal finden mußten, der sich an der Oberfläche »ausruhte«, oder darauf warten, bis ein außerordentlich neugieriger Wal von sich aus auf uns zukäme. Eines Nachmittags erspähte ich einen einzelnen Grauwal, der an der Oberfläche zu spielen schien und sich das eine um das andere Mal im Wasser herumrollte.

Wir lösten uns immer ab, wenn wir schnorchelnd beziehungsweise frei tauchend die Wale filmten. Ich war diesmal an der Reihe beim Versuch, mit dem Wal zu schwimmen. Als ich ins Wasser eintauchte, sah ich das Tier noch an der Oberfläche seine Rolle drehen. Howard wies mir die Richtung zum Wal, und ich dachte mir noch, wie lächerlich das sei, daß er mir die Richtung zum 15 Meter langen Wal wies, der weniger als 14 Meter vom Boot entfernt war. Andererseits: Über Wasser konnte ich wegen der Wellen nichts sehen, und unter Wasser war die Sichtweite sehr beschränkt.

Ich nahm den Kopf unter Waser und schwamm in die Richtung, die Howard mir gewiesen hatte. Und plötzlich fand ich mich vor einer Wand von Wal, rund und grau gesprenkelt. Der Wal wirkte enorm groß. Ich hatte keine Vorstellung, an welcher Stelle des Körpers ich mich befinden mochte. Die ganze Partie, die ich überblicken konnte, war vollkommen gleichförmig.

Wenn sie vollständig erwachsen sind, erreichen Grauwale beinahe 15 Meter Länge. Sie wiegen dann ungefähr 40 bis 50 Tonnen. Dieser Wal war offensichtlich erwachsen. Ich hatte vorher eine ganze Zahl von Problemen durchdacht, die beim Filmen eines Wals auftreten können. Eines aber hatte ich nicht bedacht: daß ich gar nicht wissen würde, an welcher Stelle des Körpers ich mich überhaupt befinde. Um zu begreifen, was ich eigentlich sah, mußte ich vor meinem inneren Auge das Abbild eines Wals Revue passieren lassen. Ich orientierte mich also, so gut ich konnte, und beschloß dann, am Körper entlang zu schwimmen, um den riesigen Kopf und die Augen zu suchen. Der Wal verschwand und tauchte dann aus dem unsichtigen Wasser genau so schnell wieder auf. Genau vor meiner Maske hatte ich die vier Meter breite Fluke. Ich war also in die falsche Richtung geschwommen.

Der Wal bewegte sich, als ob er sich meiner Anwesenheit bewußt wäre. Wiederholt schwenkte er seine kraftvolle Fluke nur Zentimeter von meiner Maske entfernt auf und ab, nie aber berührte er mich. Ich konnte der Versuchung nicht widerstehen, auszuholen und die gummiartige Haut des Wals zu berühren. Dann schwamm ich am Körper entlang zurück Richtung Kopf des Tieres. Das große Geschöpf rollte sich erneut, als ich gerade auf Höhe der Flipper war. Mir wurde schlagartig klar, was das eigentlich bedeutet: 15 Meter lang, 40 Tonnen schwer. Die Brustflosse ist ja nur ein kleiner Teil des Körpers — aber sie war größer als ich! Es war eigentlich nicht die Größe, die mich so beeindruckte, sondern Anmut und Körperkontrolle des Tiers. Ich hatte keinen Augenblick Zweifel daran, daß dieses sich meiner bewußt war. Auch die Flipper schwenkten nur Zentimeter von mir entfernt vorbei, berührten mich aber nicht.

Ich schwamm weiter am Körper entlang und fand mich plötzlich an der Oberfläche, wo ich in das Auge des Wals sah, das etwa die Größe eines Tennisballs hat. Keinen Augenblick dachte ich an Gefahr. Im Gegenteil, ich empfand ein unglaubliches Glücksgefühl. Wenn ich heute darüber nachdenke, empfinde ich das Paradoxon immer noch: Ich befand mich Auge in Auge mit einem Tier, das 500 Mal schwerer war als ich, und ich hatte gleichzeitig Angst, ich

Stephen Leatherwood, Earthviews

Marty Snyderman

◀ ▲ Dem Taucher werden bei der Begegnung mit dem Wal dessen furchterregende Dimension deutlich: Er ist über achtmal so groß und 25 mal so schwer wie der Mensch.

könne es erschrecken und verjagen. Ich wollte nicht, daß dieser Augenblick zu rasch vorbei wäre. Ich weiß noch, wie angestrengt ich spähte, ob ich irgendein Anzeichen — einen Gesichtsausdruck, eine Bewegung — sähe, die mir anzeigte, was der Wal über mich dachte. Aber ich konnte nichts wahrnehmen, was ich als Zeichen verstanden hätte. Ich sagte mir: Solange der Wal Dich sieht — und er sah mich ohne Zweifel — und nicht davonschwimmt, solange stört ihn Deine Anwesenheit offensichtlich auch nicht! Das gab mir ein Gefühl der Erleichterung. Ich stelle nämlich häufig fest, daß diejenigen, die behaupten, sie liebten und respektierten die wilden Tiere, bei ihrer Film- und Fotoarbeit Situationen schaffen, die eben diese bewunderten Tiere belästigen. Vielleicht war in meinem Fall hier das große Geschöpf genauso neugierig auf mich wie ich auf es.

Der Wal erhob sich plötzlich über die Wasseroberfläche, und als ich nach oben sah, stellte ich fest, daß der Horizont seine Lage änderte. Wir waren so nahe zusammen, daß der Wal meinem Blick ein Stück des Himmels entzog. Dann ließ er sich wieder unter die Wasseroberfläche fallen, und ich folgte ihm schnell. Wir waren nur zwei Meter tief, als der Wal sich auf die Seite rollte und mich ein letztes Mal mit den Augen fixierte. Wenige Sekunden später tauchte er ab und verschwand im milchigen Wasser.

Ich weiß nicht genau, wie lange ich mit dem Wal schwimmen konnte. Es werden rund drei Minuten gewesen sein. Obwohl ich immer davon geträumt hatte, eine solche Begegnung auch zu filmen, hatte ich nur einige wenige Bilder aufgenommen. Ich hatte versucht, diese Augenblicke zu genießen und meiner Kamera nicht erlaubt, mir dieses Vergnügen zu nehmen.

Marty Snyderman

◀ Von der Begegnung mit einem Wal träumen viele Menschen. Marty Snyderman stellte bei der Erfüllung seines Traumes fest, daß er trotz der überwältigenden Größe des Wals keine Furcht verspürte, sondern durch dessen Freundlichkeit und Neugierde fasziniert war.

STRANDUNGEN: TATSACHEN UND MEINUNGEN

MARGARET KLINOWSKA

An der überwiegenden Mehrheit der Strandungen von Walen, Delphinen und Schweinswalen ist überhaupt nichts Geheimnisvolles dran — es handelt sich schlicht um die Körper toter Tiere, die von Strömungen und Gezeiten an den Strand gespült wurden. Diese Tiere starben eines natürlichen Todes durch die Wechselfälle des Lebens in freier Wildbahn (dazu gehören das Verheddern in Netzen ebenso wie Krankheit, Alter und sonstige »natürliche« Ursachen). Es ist wichtig, sich klar zu machen, daß nur ein gewisser Anteil toter Meeressäugetiere an den Strand gespült wird, und daß nur ein gewisser Anteil dieser an den Strand gespülten Tiere wiederum von Menschen registriert wird. Deshalb ist es auch nicht möglich, aus der Anzahl der Aufzeichnungen solcher Strandungen Hochrechnungen auf die Gesamtzahlen und auf Veränderungen dieser Gesamtzahlen vorzunehmen.

British Museum (Natural History)

▲ Lebend-Strandungen kommen selten vor. Sie bilden aber jedesmal dramatische Ereignisse und ziehen die Aufmerksamkeit der Öffentlichkeit auf sich — wie an dieser historischen Aufnahme von der Küste Cornwalls (England) illustriert. Viele Theorien versuchten, diese Strandungen zu erklären. Aber erst in jüngerer Zeit hat die Vermutung, daß die Meeressäugetiere durch Fehlleitungen ihres Richtungssinnes an die Strände geführt werden, eine plausible Erklärung für die Strandung erbracht.

▶ Zahnwale, deren Lebensraum üblicherweise die Hochsee ist, stranden häufiger in großen Gruppen als die Arten, die gewöhnlich im Küstenbereich leben. Ihr hoch entwickeltes Sozialverhalten führt sie wohl zu Rettungs- oder Unterstützungsaktionen für die Gruppengenossen, wodurch dann umso mehr Tiere in Bedrängnis geraten.

STRANDUNGEN LEBENDER TIERE

Die Ursache solcher Strandungen lebender Tiere, bei denen Individuen oder auch Gruppen freiwillig an den Strand zu schwimmen scheinen, ist seit langem schon Gegenstand von Spekulationen. Solche Strandungen sind sehr selten: In den 70 Jahren, seit sie im Vereinigten Königreich systematisch erfaßt werden, konnten nur 137 Vorkommnisse (von insgesamt 3000 Meldungen) als Strandungen lebender Tiere identifiziert werden. Darin waren 28 Gruppenstrandungen (drei Tiere und mehr), 96 von Einzeltieren oder Paaren, und 13 Beinahe-Strandungen von Gruppen. Letzteres sind die Fälle, in denen es allen oder doch den meisten Tieren gelang, sich wieder ins freie Wasser zu retten. Solche Ereignisse ähneln eher einer Sichtung als der klassischen Strandung und illustrieren die Tatsache, daß nicht alle Meeressäugetiere, die zu stranden scheinen, dieses Schicksal auch wirklich erleiden. Es ist auch nicht notwendigerweise wahr, daß alle Gruppenmitglieder folgen, wenn ein Tier der Gruppe gestrandet ist. Außerdem scheinen in etwa der Hälfte der Fälle die Bemühungen, ein einzelnes gestrandetes Tier zu retten, erfolgreich gewesen zu sein.

Dieser niedrige Anteil der Strandungen lebender Tiere stellt keine Besonderheit dar, die nur für England zutrifft. Überall auf der Welt, wo zuverlässige, systematische Berichte darüber aufgezeichnet werden, liegen die Verhältnisse ähnlich. Strandungen lebender Tiere kommen bei allen Wal- und Delphin-Arten (außer möglicherweise einigen Süßwasser-Delphinen) vor. Proportional gesehen, stranden Hochsee-Tiere allerdings häufiger als die Bewohner der Küstengewässer. Wieviele Tiere jeweils davon betroffen sind, hängt vom Sozialverhalten der einzelnen Arten ab — diejenigen, die in Schulen leben, stranden meist auch gruppenweise. Das erklärt, warum die Bartenwale, die nur kleine Gruppen bilden, auch nicht in großen Gruppen (häufig »Massenstrandung« genannt) stranden. Einzeltieren und kleinen Gruppen kann dies aber sehr wohl unterlaufen.

ERKLÄRUNGSVERSUCHE

Warum kommen diese Tiere, die normalerweise ihr ganzes Leben im Wasser verbringen, in Strandnähe? Aristoteles, der wohl als einer der ersten diesen Verhaltensaspekt der Meeressäugetiere beschrieb, zog sich einfach darauf zurück, daß er keine Erklärung dafür habe. Andere indessen haben sich eine Reihe von Erklärungsversuchen ausgedacht, wozu gehören: Selbstmord; Aufsuchen des Flachwassers zum Ausruhen oder um die Haut durch Reiben an festen Gegenständen zu reinigen; Rückfall auf eine primitive geistige Entwicklungsstufe, wobei Schutz an Land gesucht wird; Irreführung der Echolokation durch flaches Wasser; Ausfall der Echolokation wegen Hörstörungen, die durch Parasiten im Innenohr verursacht werden; Gehirninfektionen, die zum Orientierungsverlust führen; der Versuch, alte Wanderrouten zu benutzen, die heute durch geologische Veränderungen versperrt sind; Übervölkerungs-Druck; Lärm durch die moderne Schiffahrt und andere Aktivitäten auf dem Meer; Umweltverschmutzung; Radar-, Fernseh- und Radiowellen als Störsender; Erdbeben; Sturmphasen des Mondes.

Das neuerdings gewachsene Interesse an solchen Vorkommnissen mag zum Eindruck verleiten, daß Lebend-Strandungen, insbesondere von Gruppen, zugenommen haben. Aber die Aufzeichnungen der letzten Jahrhunderte sprechen eine andere Sprache. Die modernen menschlichen Aktivitäten haben also die Strandungsrate nicht beeinflußt, und das schließt ei-

nige der oben angeführten Theorien von vornherein aus. Einige der anderen Erklärungsversuche können ebenfalls ausgeschlossen werden. Nur ungefähr zwei Drittel der Strandungen in England ereignen sich an den sanft abfallenden, sandigen Küsten, von denen man behauptet hat, sie führten das Sonarsystem in die Irre; das restliche Drittel kommt genau an den Steilküsten vor, die der Theorie zufolge ein gutes Echo abgeben müßten. Kommt hinzu, daß auch Bartenwale lebend stranden, und sie verfügen überhaupt nicht über die Echolokation. Einige gestrandete Tiere haben in der Tat Parasiten oder Gehirnverletzungen, andere aber scheinen bei bester Gesundheit zu sein. Strandungen kommen auch an Stellen vor, die niemals in den entsprechenden erdhistorischen Perioden Seewege darstellten, deshalb erscheint es auch unwahrscheinlich, daß ein archaisches Gedächtnis früherer Wanderwege die Tiere irreleitet.

Die Theorie, Übervölkerungsdruck führe die Tiere zu Lebend-Strandungen, ist aus der Beobachtung abgeleitet, daß Gruppenstrandungen Gewöhnlicher Grindwale (*Globicephala melaena*) in Kanada zunahmen, nachdem der Walfang eingestellt worden war. Auch aus den Aufzeichnungen der Sichtungen, Lebend-Strandungen und Fängen dieser Art im Vereinigten Königreich und Irland von 1602 bis heute läßt sich der Schluß ableiten, die Sichtungen und Lebend-Strandungen nähmen zu, seit um 1900 die Fänge zurückgingen. Das ist aber nicht überraschend, wenn man sich klarmacht, daß in früheren Zeiten die Walherden in Küstennähe bejagt wurden. Auf diese Weise kamen Rekordzahlen gefangener Tiere zustande. Als dann die Fangtätigkeit zurückging, wurden die Beobachtungen als Sichtung oder Strandung bewertet. Übervölkerungsdruck ist also kein plausibler Grund für Strandungen lebender Tiere.

Dave Watts/Australasian Nature Transparencies

▲ Man hat vermutet, daß sanft abfallende, sandige Küstenlinien die Echolokation der Zahnwale außer Funktion setzen, und daß dadurch Strandungen verursacht würden. Dieser Erklärungsversuch kann aber für Massenstrandungen an Felsküsten, beispielsweise vor Tasmanien, nicht zutreffen. Dort sind mehrfach Herden Gewöhnlicher Grindwale gestrandet.

Die Theorien vom Selbstmord oder Rückfall auf eine primitive Verhaltensstufe sind nicht überprüfbar, erscheinen aber unwahrscheinlich. Zum normalen Verhalten der Meeressäugetiere gehört überhaupt nicht, sich im Flachwasser auszuruhen. Und obwohl einige Schwertwal-Gruppen (*Orcinus orca*) bestimmte Gebiete haben, wo sie an Felsen scheuern, ist bei solchen Gelegenheiten nie beobachtet worden, daß sie dabei stranden. Bei anderen Meeressäugetieren sind solche »Scheuerplätze« nicht bekannt. Tatsächlich haben die Meeressäugetiere, wie russische Wissenschaftler kürzlich nachgewiesen haben, eine interessante Methode entwickelt, freischwimmend im Wasser zu schlafen, ohne Gefahr zu laufen, dabei zu ertrinken. Wenn die Tiere schlafen, ist nur die eine Gehirnhälfte inaktiv — die andere Seite ist wach und kontrolliert Bewegungen und Atmung.

Falls Erdbeben die Ursache wären, könnten wir mehr Lebend-Strandungen in den Gebieten erwarten, die besonders den Erdbeben ausgesetzt sind — aber dies ist nicht der Fall. Auch bei den Wetterfaktoren, die zu den Zeiten der Lebend-Strandungen vorherrschend waren, läßt sich anscheinend kein gemeinsamer ursächlicher Faktor finden.

Man könnte nun argumentieren, diese Ausführungen zeigten, daß eine einzelne Erklärung nicht ausreiche, um die Vielfalt von Möglichkeiten für die Lebend-Strandungen abzudecken. Es gibt indessen eine Theorie, die auf alle diese Strandungen zuzutreffen scheint. Diese Erklärung wurde gefunden, als man ein anderes, lange Zeit ungeklärtes Geheimnis lüftete: wie Wale ihren Weg durch die Weltmeere finden.

WIE WALE SICH ORIENTIEREN

Wale nutzen das geomagnetische Feld der Erde, das ihnen sowohl eine Art einfache Landkarte als auch eine Art Timer liefert, mit dem sie ihre Position und deren Veränderungen auf der Landkarte bestimmen können. Sie nutzen dabei aber nicht die direkte Rich-

▲ Daß Bartenwale sehr selten stranden, erklärt sich teilweise aus ihrer Lebensweise: Man findet sie selten in Küstennähe.

tungsinformationen des Magnetfeldes, wie der Mensch dies mit dem Kompaß tut, sondern kleine relative Unterschiede im Gesamtfeld. Diese Erklärung fand man, als man die Originalaufzeichnungen der Strandungen im Vereinigten Königreich genau analysierte. Bisher haben vergleichbare Untersuchungen zweier Gruppen in den Vereinigten Staaten, die ihr eigenes Datenmaterial benutzten, die Erkenntnisse bestätigt, und in anderen Teilen der Welt sind ähnliche Arbeiten noch im Gange.

Das gesamte Magnetfeld der Erde ist nicht einförmig. Es gibt lokale Störungen, verursacht durch die magnetischen Charakteristika der unterliegenden Geologie. Aus diesen Abweichungen läßt sich eine Topographie ableiten, die man übertragen »Berge und Täler« nennen könnte. Die Meeressäugetiere scheinen sich parallel zu den Konturen zu bewegen. Sie behalten also die Felder höheren Magnetismus zur Linken, die Felder niedrigeren Magnetismus zur Rechten — und umgekehrt (wie der Skifahrer, der einen Hang quert. In den Ozeanen haben die Verschiebungen der Kontinente Reihen beinahe paralleler magnetischer »Hügel und Täler« hervorgerufen, die als Wanderrouten benutzt werden können.

Unglücklicherweise treten dabei aber in der Nähe der Küsten Probleme auf, denn die magnetischen Formationen enden nicht am Strand, sondern setzen sich auch an Land fort — und manchmal folgen ihnen die Wale. Alle Lebend-Strandungen im Vereinigten Königreich ereigneten sich an Stellen, wo die magnetischen Konturen senkrecht zur Küste verlaufen. Tote Körper dagegen werden mit gleicher Häufigkeit an Stellen mit gleichlaufendem wie an Stellen mit senkrechtem Verlauf der geomagnetischen Konturen zur Küste angeschwemmt.

Lebend-Strandungen scheinen also etwas Ähnliches wie Straßenverkehrs-Unfälle zu sein, die durch falsches Ablesen der Karte verursacht wurden. Das er-

EIN »TYPISCHES« STRANDUNGSGEBIET

Das Gebiet um die Bucht »The Wash« weist viele der typischen Merkmale der Strandungsplätze auf. Der gesamte Küstenbereich zeigt die »klassischen«, sanft abfallenden Strände und Unterwasserzonen. Die Strandungen verteilen sich aber nicht über die gesamte Küste, sondern konzentrieren sich auf bestimmte Punkte. Strandungen toter Wale kommen innerhalb der Bucht kaum vor, wie aufgrund der Strömungsverhältnisse auch zu erwarten war. Die drei Lebend-Strandungen am Nordende der Bucht ereigneten sich an einer Stelle, an der auch viele tote Wale angeschwemmt wurden. An diesem Platz stehen die Konturen des geomagnetischen Feldes senkrecht zur Küste. Diese Stelle illustriert die Tatsache, daß manchmal Strandungsstellen sowohl lebender als auch toter Tiere sowie Stationen der Küstenwacht (als Hauptberichterstatter über Strandungen) zusammenfallen können. Auf der anderen Seite der Bucht, wo viele Wale tot angeschwemmt wurden, verlaufen die geomagnetischen Konturen sowohl parallel als auch senkrecht zur Küstenlinie. Die Häufigkeit der Strandungen toter Tiere ist typisch für die Küsten des südlichen England; typischerweise sind die Meldungen auch konzentriert auf die Standorte der Küstenwacht.

Die Analyse der Strandungen im gesamten Vereinigten Königreich von The Wash im Süden bis zum Solway Firth im Norden hat ein sehr klares Bild ergeben. Die Küste wurde in Planquadrate von je fünf Kilometer Seitenlinie unterteilt, und jedes der 600 Planquadrate wurde daraufhin untersucht, ob die geomagnetischen Konturen im allgemeinen senkrecht oder parallel zur Küste verlaufen. Man fand heraus, daß Berichte über die Strandung toter Tiere sich in dem erwarteten Verhältnis sowohl in Küstenzonen mit senkrechtem als auch solchen mit parallelem Konturverlauf finden. Weiter wurde der Zusammenhang mit der Verteilung der Berichtsperson (insbesondere den Stationen der Küstenwacht) deutlich. Lebend-Strandungen dagegen wurden ausschließlich an Küsten mit senkrecht verlaufenden geomagnetischen Konturen vermeldet, und die Lage dieser Stellen war nicht korreliert mit den Stationen der Küstenwacht. Dieser starke Zusammenhang zwischen senkrechtem Verlauf der Konturen und Lebend-Strandungen kann nur dadurch erklärt werden, daß die Wale parallel zu den geomagnetischen Konturen wandern.

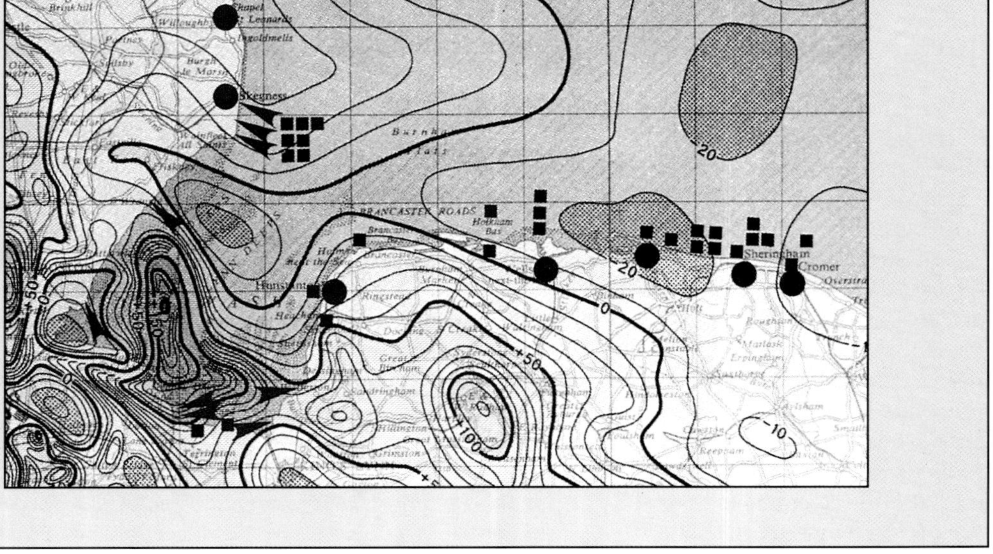

▶ Diese Karte des British Geological Survey zeigt die geomagnetische Topografie im Bereich der flachen Meeresbucht The Wash an der Ostküste Englands (eingerahmt von den Grafschaften Lincoln im Nordwesten und Norfolk im Südosten). Die geomagnetischen Konturen verlaufen im Abstand von je zehn Nanotesla, das Kartengitter zeigt je zehn Kilometer an. Punkte, an denen Lebend-Strandungen festgestellt wurden, sind durch Pfeile gekennzeichnet. Quadrate bezeichnen die Stellen, an denen tote Meeressäugetiere aufgefunden wurden. An den mit Kreisen markierten Plätzen ist die Küstenwache stationiert — sie spielt eine Hauptrolle bei der Auffindung und Registrierung der Strandungen.

Jiri Lochman/Auscape International

◀ Orientierungsverlust, Erschöpfung, Panik, Schock und möglicherweise auch das instinktive Verlangen, sich in sein Schicksal zu ergeben — alle diese Faktoren mögen mit dazu beitragen, daß Tiere, denen bereits ins freie Wasser zurückgeholfen wurde, erneut zum Ufer und den dort noch gestrandeten Herdenmitgliedern zurückkehren. Geduld und sorgfältige Überwachung sind vonnöten, um das Vorkommen solcher erneuten Strandungen zu verhindern.

klärt, warum die Hochsee-Arten, die nicht so vertraut sind mit dem Gebrauch ihrer Navigationssysteme im Küstenbereich, häufiger stranden als die Bewohner der küstennahen Zonen. Wenn es sich wirklich um Unfälle handelt, dann erklärt das auch, warum gestrandete Tiere unter Schock zu stehen scheinen und Hilfe benötigen, um den Strand wieder verlassen zu können. Ein Fehler in ihrer geografischen Orientierung ist auch der Grund, warum die Tiere manchmal zum selben Strand zurückkehren oder an der nächsten »magnetischen Falle« entlang der Küste erneut stranden.

WIE DIE FEHLER UNTERLAUFEN

Die Frage bleibt: Wo und warum begehen die Tiere einen Fehler? Oder: Wo beginnt der falsche Weg, der sie in unvertraute Gewässer führt?

Das gesamte geomagnetische Feld verändert sich täglich in recht regelmäßiger Weise und liefert jeden Morgen und Abend einen Zeitschlüssel, etwa vergleichbar Morgen- und Abenddämmerung. Daneben gibt es auch unregelmäßige Schwankungen, die durch die Sonnenaktivität verursacht werden. Diese kommen tendenziell häufiger nachts als tagsüber vor. Diese unregelmäßigen Schwankungen nachts überdecken gewöhnlich das regelmäßige Abendsignal. Das Morgensignal aber ist normalerweise empfangbar, und die Meeressäugetiere nutzen es, um eine Art biologische Reise-»Uhr« danach zu stellen. Diese »Uhr« scheint dazu zu dienen, ihnen die Länge ihrer Reise anzuzeigen: Wenn sie eine Vorstellung davon haben, wie schnell sie gewandert sind, können sie damit ihre Position ermitteln.

Die Veränderungen beeinflussen die Grundzüge der geomagnetischen Topographie nicht, sondern wirken sich eher wie lokale Störungen des globalen Felds durch magnetische Charakteristika der örtlichen Geologie aus. Die Situation ist in etwa vergleichbar mit der eines Bootes auf gezeitenabhängigem Wasser: Die Wassertiefe unter dem Kiel verändert sich regelmäßig mit den Gezeiten, und die Wellenhöhe unregelmäßig abhängig vom Wetter, immer aber schwimmt das Boot auf der Oberfläche.

Die Veränderungen des geomagnetischen Feldes spiegeln jahreszeitliche sowie vom Mond beziehungsweise der Sonnenfleckenaktivität ausgehende zyklische Einflüsse wider. Es müßte also möglich sein, die Strandungen mit diesen Veränderungen in Verbindung zu bringen. Leider sind die für England vorliegenden Aufzeichnungen zu lückenhaft, um solche langfristigen Veränderungen zu demonstrieren. Auch die Daten von andernorts reichen nicht aus, weil sie entweder zu kurze Zeitspannen umfassen, nicht ausreichend detailliert oder nicht systematisch erfaßt sind. Dieses Problem sollte aber angesichts der heute üblichen systematischen Erfassung solcher Ereignisse in Zukunft einmal gelöst werden können.

Die folgende Darstellung der Wanderstrategie der Meeressäugetiere basiert auf Berechnungen anhand der Veränderungen des geomagnetischen Feldes an Tagen, an denen Strandungen vorkamen. Zur Kontrolle wurden die Anschwemmungen toter Tiere gegenübergestellt. An Tagen, an denen das Morgensignal durch irreguläre Veränderungen überlagert war, kamen Strandungen vor. Allerdings pflegen die Strandungen nur an Nordsee und Irischer See am selben Tag zu erfolgen, an dem das Signal nicht richtig empfangen werden konnte. Im Süden erfolgen die

Steven French

▶ Trotz aller Bemühungen der Helfer ist es praktisch nicht möglich, alle gestrandeten Wale wieder ins Meer zurückzuleiten. Streß, Überhitzung und die Zeitdauer bis zu ihrer Auffindung führen zum Tod vieler gestrandeter Wale.

▶ Lebend-Strandungen können gut mit Verkehrsunfällen verglichen werden — gefährlichen Zwischenfällen, die auf Navigationsfehler zurückzuführen sind. Bei den Strandungen liegen diese Fehler manchmal schon ein oder zwei Tage zurück.

Strandungen gewöhnlich etwa zwei Tage später, im Norden etwa eineinhalb Tage später. Die Überprüfung der geomagnetischen Karten ergab, daß es zwei »Hauptkreuzungen« gibt: die eine etwa zwei Tagesreisen für Wale von der Südküste, die andere eineinhalb Tagesreisen von der schottischen Küste entfernt. Nordsee und Irische See sind zu eng, als daß die Tiere weiter als etwa eine Tagesreise von der Küste entfernt sein könnten.

Das legt den Schluß nahe, daß der auslösende Fehler wohl in einiger Entfernung vom Land gemacht wird. Die Tiere verfolgen dann einfach den falschen Weg und treffen so auf die Küste. Natürlich wissen wir nicht, wie häufig solche Fehler unterlaufen oder wie viele davon korrigiert werden, bevor Probleme auftauchen (die Beinahe-Strandungen sind möglicherweise als derartige Korrekturen in letzter Minute aufzufassen!). Wir wissen allerdings, daß Lebend-Strandungen sehr, sehr selten sind — von den Hunderttausenden von Meeressäugetieren in den Meeren geraten wirklich nur sehr wenige lebend auf den Strand. Das zeigt, daß die Tiere gewöhnlich sehr gut ihre Wanderrouten finden. Ihr einfaches System, bei dem nur eine Karte und ein Timer verwendet werden, wobei die erforderlichen Informationen aus einer Quelle stammen, kann für Wanderungen jeder beliebigen Länge überall auf der Erde und zu jeder Zeit eingesetzt werden. Kein Kompaß spielt dabei mit, deshalb ist auch keine Kompensation der Verlagerungen des Pols oder der Umkehrungen des gesamten magnetischen Felds erforderlich. Die Tiere müssen vertraut sein mit dem geomagnetischen Gebiet, in dem sie sich bewegen, aber das erlernen sie wohl schon in der Stillzeit vom Muttertier. Später kann die Ortskenntnis durch eigenständige Exploration oder durch das Wandern mit erfahrenen Tieren ausgedehnt werden.

KÖNNEN STRANDUNGEN VERHINDERT WERDEN?

Leider liefert die Erklärung der Entstehung der Fehler keine Ansatzpunkte für eine Verhütung der Strandungen. Der Verlust eines Tieres oder einer Gruppe stellt aber auch keine Bedrohung für das Überleben irgendeiner der Arten dar, den Chinesischen Flußdelphin (*Lipotes vexillifer*) hier einmal ausgenommen. Die Rettung gestrandeter Wale ist deshalb auch keine Frage des Naturschutzes, sondern der Hilfe für die betroffenen Individuen. Kleinere Arten können gegebenenfalls ohne Risiko für Helfer und Betroffenen wieder ins Meer zurückgeleitet werden. Gelegentlich können die Tiere auch zur Genesung in Ozeanarien gebracht werden. In den Fällen, in denen das Tier sehr groß, krank oder verwundet ist oder an Plätzen, von denen aus eine Rettung nicht möglich ist, bleibt die möglichst schmerzlose Tötung die einzige Möglichkeit, dem Tier weiteres Leiden zu ersparen.

DER MAGNETISCHE SINN

Wie die Meeressäugetiere die geomagnetischen Informationen aufnehmen, ist praktisch noch unbekannt. Fest steht, daß sie über ein sehr empfindliches Empfangsorgan verfügen müssen, das sie befähigt, diese kleinen lokalen Veränderungen im geomagnetischen Feld zu unterscheiden. Sie erfassen beispielsweise Veränderungen von etwa einem Nanotesla (das gesamte geomagnetische Feld hat etwa eine Stärke von 50 000 Nanotesla). Bis heute ist nur das geomagnetische Rezeptor-System gewisser Bakterien und Algen voll erforscht worden. Sie speichern kleine, magnetische Eisenoxid-Kristalle (Magnetit), die als passive Anzeiger diesen Organismen den Weg hinunter in ihre Lebensräume im Schlamm weisen. Ihr Organismus bringt die Fortbewegung hervor, aber die Magnetit-Kristalle wirken wie kleine Magnete, die die Bewegung an den Kraftlinien des magnetischen Feldes entlang leiten. Magnetit ist in vielerlei Organismen, auch in den Meeressäugetieren, nachgewiesen worden. Allerdings hat es neuerdings den Anschein, daß die früheren Untersuchungen unbrauchbar sind, weil sie durch Verschmutzungen sowie methodische Fehler beeinträchtigt waren (sie reagierten auf Eisen generell und nicht nur speziell auf Magnetit).

Indessen, auch wenn die kleinen Magnetit-Kristalle theoretisch in der Lage sind, die winzigen Feldunterschiede anzuzeigen, ist damit noch nicht geklärt, ob ein solches System ausreichend wäre, um komplizierte Systeme wie die Orientierung der Wale bei ihren Wanderungen zu ermöglichen. Hierzu wäre eine Detektor erforderlich, der Feldstärken messen kann. Magnetit kann Richtungsinformationen erfassen wie ein Kompaß — aber kann es auch »eine Karte lesen«? Ein weiterer Gesichtspunkt: Das Fehlen der Zeitinformation an einem einzigen Tag reicht aus, um die Reise-»Uhr« zu verwirren, wie wir gezeigt haben. Das bedeutet offenbar, daß die Meeressäugetiere in der Lage sind, Zeitinformationen 24 Stunden lang zu speichern. Danach benötigen sie ein externes Signal, um das System wieder in Gang zu setzen. Wir wissen bisher nicht, ob ein System, das allein auf Magnetit aufbaut, dazu in der Lage ist. Möglicherweise könnten größere Magnetit-Kristalle diese Aufgabe übernehmen, aber die Tiere würden riesige elektromagnetische Kräfte (beispielsweise den Einschlag eines Blitzes) brauchen, um derartig große Kristalle in ihrem Körper bilden zu können. Möglicherweise ist also Magnetit nicht unbedingt das Schlüsselwort, soweit höhere Lebewesen betroffen sind.

Neuere deutsche Forschungen erhärten die Vermutung, daß die Netzhaut, die kein Magnetit enthält, für diese kleinen magnetischen Felder empfindlich ist. Unglücklicherweise sind die Meeressäugetiere gerade für diese Art detaillierte anatomische und physiologische Forschung extrem ungeeignet. Wir müssen also abwarten, bis wir weitere Informationen von anderen Arten haben, bevor wir die Wirkungsweise des magnetischen Sinns bei den Meeressäugetieren voll verstehen können. Auch die Analyse der Verteilungsmuster von Lebend-Strandungen ist nur in begrenztem Umfang möglich. Wir müssen deshalb nun die Tiere lebend im Meer beobachten, um die Schlüsse, die wir aus den Strandungen gezogen haben, zu verifizieren.

▶ Es ist praktisch unmögich, sehr große, gestrandete Meerestiere wieder ins Tiefwasser zurückzuführen. Meist fehlt die erforderliche technische Ausrüstung, oder sie läßt sich aufgrund der topografischen Gegebenheiten nicht einsetzen. Wenn Großwale an Land geraten sind, erleiden sie Schäden durch Überhitzung und Druckbelastung von Lunge und Brustkorb. Das einzige, was in solchen Fällen zu tun bleibt, ist die Erlösung des Tieres von seinen Leiden durch einen Experten.

Jonathan Player/Ardea London Ltd

WAS TUN MIT GESTRANDETEN MEERESSÄUGETIEREN?

1. Behalten Sie Ihre Ruhe, **geraten Sie nicht in Panik!**
2. **Finden Sie heraus, ob das Tier noch am Leben ist!** In den meisten Fällen ist das leicht zu erkennen — das Tier bewegt sich, oder aber die Verwesung hat bereits eingesetzt. Wenn das Tier sich nicht bewegt, aber noch in guter Verfassung zu sein scheint, sollten Sie sich ihm vorsichtig von vorn nähern. Halten Sie sich vom Schwanz fern — das Tier könnte sich plötzlich herumwerfen und Sie dabei verletzen! Versuchen Sie festzustellen, ob Atemgeräusche hörbar sind. Bei mancher Art können bis zu zehn Minuten zwischen den Atemzügen liegen. Beobachten Sie währenddessen die Augen (aber nicht berühren!). Wenn sie offen sind und das Tier noch am Leben ist, folgen sie möglicherweise einer Handbewegung quer vor dem Gesichtskreis. Seien Sie bei allen Maßnahmen immer auf der Hut, daß das Tier Sie nicht plötzlich überrollen oder von einer Welle auf Sie geschwemmt werden kann!
3. Wenn Sie sicher sind, daß das Tier tot ist, **melden Sie seine Lage so schnell wie möglich den örtlichen Behörden,** die alles weitere veranlassen werden. Im Zweifel können Sie sich an die örtliche Polizei, die Küstenwache oder Lebensrettungsorganisationen, Lehrer der örtlichen Schulen, Museumspersonal oder auch an das Fremdenverkehrsamt wenden. Mancherorts ist es gesetzlich untersagt, gestrandete Tiere zu verletzen oder sie von der Fundstelle zu entfernen. Als einziges Souvenir eines solchen Erlebnisses sollte man deshalb ein Foto oder eine Zeichnung behalten!

Sollte indessen keine Aussicht bestehen, einen fachkundigen Berichterstatter zu erreichen — zum Beispiel, weil man an einem einsamen Küstenstreifen ist, oder weil die Flut den Körper wegzutragen droht — dann sollten Sie versuchen, die wesentlichen Merkmale des Tieres aufzunehmen. Ideal für eine Berichterstattung sind Fotos. Sie liefern sowohl für die Bestimmung des Tieres als auch der Strandungsstelle ausreichend Informationen. Die Fotos sollten nicht »künstlerisch« gestaltet sein, sondern unter dem Gesichtspunkt der besten Erkenntlichkeit des Tieres. Immer sollte ein Maßstab für den Größenvergleich im Bild sein — das kann eine Person sein, aber auch ein Gegenstand in bekannter Größe. Ein Foto muß im rechten Winkel zum Körper gemacht werden und die volle Körperlänge zeigen (besser noch sind zwei, von jeder Seite eins). Danach fotografiert man den Kopf des Tieres, den Schwanz und die Flipper. Nahaufnahmen von besonderen Merkmalen auf der Haut und anhaftenden Parasiten können ebenfalls nützlich sein. Vergessen Sie auch Übersichtsaufnahmen nicht, auf denen charakteristische Landmarken zu sehen sind, damit die Fundstelle lokalisiert werden kann. Falls Sie keine Kamera dabei haben, versuchen Sie, einige Maße zu ermitteln und festzuhalten. Als Maßstab können Sie die Länge Ihres Schrittes oder eine Schnur verwenden. Fertigen Sie eine Zeichnung an, und halten Sie die Maße darin fest.

Vergraben Sie, falls dies möglich ist, den Körper (oder wenigstens den Kopf) oberhalb der Flutlinie, und markieren Sie die Stelle. Peilungen zu Landmarken sind hierbei die beste Methode; denn Steinhäufchen oder in den Sand gesteckte Zweige werden häufig von anderen Passanten weggenommen. Wenn ein Vergraben nicht möglich ist, sollten Sie zur Identifikation durch einen Experten den Kopf oder gegebenenfalls auch nur den Unterkiefer, einen Zahn oder Stücke von den Barten mitnehmen. Wenn der Bauch freiliegt, sollten Sie versuchen, das Geschlecht zu bestimmen — bei den Männchen liegt der Genitalschlitz in einigem Abstand zum Afterschlitz, bei den Weibchen schließt er sich unmittelbar daran an. Im Zweifel empfiehlt sich auch hier wieder ein Foto oder eine Zeichnung.

Melden Sie Ihren Fund sofort an geeigneter Stelle. Hinterlassen Sie dort auch Namen und Adresse, damit man Sie kontaktieren kann, falls weitere Informationen benötigt werden.

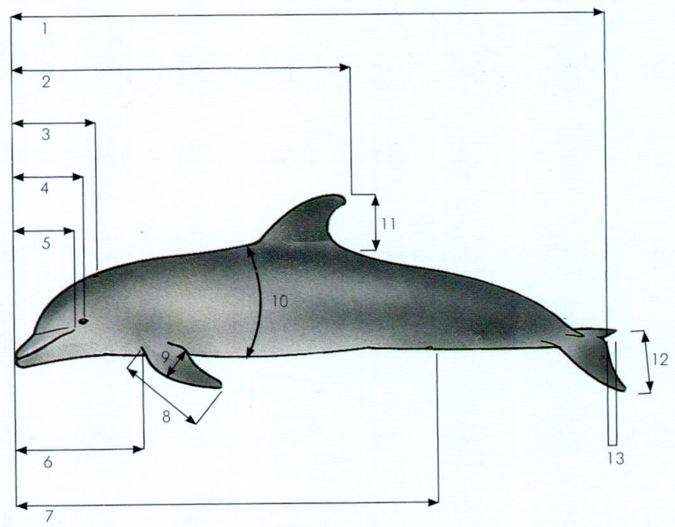

Es ist besonders schwierig, die kleineren Arten unter den Meeressäugetieren sicher zu identifizieren. Gute Fotos können dabei sehr hilfreich sein. Falls möglich, sollte man das ganze Tier in der Seitenansicht aufnehmen und außerdem Nahaufnahmen von Kopf (von vorn, seitlich und oben), Finne, Fluke, Flippern und Bauchseite (Genitalschlitz) anfertigen.
Auch die Vermessung des Tieres kann für die Identifikation hilfreich sein. Außer bei der Messung des Körperumfangs (Punkt 10) nimmt man dabei alle Maße als Strecke, folgt also nicht der Körperkontur!

1. Gesamtlänge von der Schnauzenspitze (Oberkiefer) bis zum tiefsten Punkt der Kerbe in der Fluke.
2. Abstand von Spitze des Oberkiefers bis Spitze der Finne.
3. Abstand von Spitze des Oberkiefers bis Blasloch.
4. Abstand von Spitze des Oberkiefers bis Augenmitte.
5. Abstand von Spitze des Oberkiefers bis Mundwinkel.
6. Abstand von Spitze des Oberkiefers bis zum Ansatz der Flipper.
7. Abstand von Spitze des Oberkiefers bis zum Anus (gemessen am Bauch oder an den Flanken).
8. Länge der Flipper von der Spitze bis zum Ansatz am Körper (gemessen an der Vorderkante).
9. Maximale Breite der Flipper.
10. Maximaler Körperumfang (dabei muß gleichzeitig angegeben werden, an welcher Stelle gemessen wurde. Hierzu Abstand von Spitze des Oberkiefers bis zur Meßstelle festhalten!)
11. Höhe der Finne von Basis bis Spitze.
12. Breite der Fluke.
13. Tiefe der Kerbe an der Fluke, gemessen von der äußeren Kante der Fluke aus.

An Großwalen wird man die meisten dieser geforderten Maße nicht erheben können, da man diese Tiere nicht von der Stelle bewegen kann. Man wird sich meist auf die Punkte 1, 4, 6, 9 und 12 beschränken müssen.

◀ Gestrandete Wale leiden sehr rasch an Überhitzung, und ihre Haut kann reißen, wenn sie nicht kühl und feucht gehalten wird. Man soll die Tiere deshalb so gut wie möglich schützen, indem man sie mit Planen, Badetüchern, Tang oder ähnlichem bedeckt und regelmäßig mit Wasser übergießt. Vorsicht: Das Blasloch darf dabei nicht bedeckt werden.

4. Wenn das Tier noch am Leben ist, aber auch, wenn Sie sich darüber nicht im klaren sind, **holen Sie sofort Hilfe herbei.** Verschaffen Sie sich aber zuvor ein Bild von der ungefähren Größe und Gestalt des Tieres, und merken Sie sich den Platz genau. Je länger das Tier am Strand gelegen hat, desto schwieriger wird es, ihm zu helfen. Wenn Sie das Tier alleine zurücklassen müssen, um Hilfe zu holen, dann erleichtern Sie ihm so gut es geht seine Lage. Räumen Sie beispielsweise Steine und anderes weg, was die Haut beschädigen könnte, versuchen Sie das Tier mit etwas Kühlem zu bedecken (nasse Tücher, Seegras, Tang). Seien Sie vorsichtig, daß dabei nichts in das Blasloch gerät — Wasser kann das Tier ertränken, Sand die Lungen beschädigen. Achten Sie auch darauf, daß nichts in die Augen geraten kann.

Während Sie auf die Ankunft von Helfern warten, versuchen Sie, **das Tier kühl, ruhig und ohne Verletzungsgefahr** zu halten. Meeressäugetiere sind dem Leben im Wasser angepaßt und überhitzen sich an Land — selbst bei kühler Witterung — schnell. Da sie über Flipper, Finne und Fluke den Wärmeaustausch vornehmen, ist es besonders wichtig, diese kühl zu halten. Die Flipper sollte man so frei wie möglich halten. Beispielsweise kann man den Sand um sie herum ausgraben, so daß die Kuhle sich mit Wasser füllt, das die Flipper kühlt. Da die empfindliche Haut in der Luft schnell auszutrocknen beginnt, muß man alle Hautpartien feucht halten. Wenn das Tier aufgeregt ist und sich herumwirft, besteht die Gefahr, daß es sich selbst und Umstehende verletzt. Alle Hilfsmaßnahmen müssen deshalb ruhig und besonnen durchgeführt werden!

Wenn mehrere Personen beteiligt sind, müssen sie in Teams mit bestimmten Aufgaben aufgeteilt werden. Eine geeignete Person wirkt als Leiter der Rettungsaktion. Ein Team besorgt beispielsweise das Wasser und kühlt das Tier, ein anderes hält Neugierige fern, ein drittes beruhigt das Tier oder fertigt die Bestandsaufnahme an. Die Teams sollten nach einiger Zeit ausgewechselt werden, so daß niemand übermüdet wird und jeder, der helfen möchte, dazu auch Gelegenheit erhält. Der Teamleiter erstattet den Experten Bericht, wenn diese eintreffen. Wenn erfahrene Helfer auf dem Weg sind, sollte man der Versuchung widerstehen, dem Tier selbst ins Wasser zurückzuverhelfen — die Gefahr, es dabei zu verletzen, ist zu groß!

Wenn feststeht, daß Sie alleine und ohne erfahrene Helfer mit der Situation fertig werden müssen, ist als erstes **eine sorgfältige Untersuchung der Situation** erforderlich.

a) Wenn Sie vollständig alleine sind, keine Aussicht auf Hilfe besteht und das Tier zu groß ist, als daß Sie es alleine anheben könnten, können Sie nichts weiter tun, als dem Tier seine Lage möglichst zu erleichtern (siehe oben), soviel Information wie möglich zu sammeln, und den Vorfall so schnell wie möglich zu melden, damit wenigstens der Bericht nicht verloren geht.

b) Wenn das Tier so groß ist, daß ihm mit der erreichbaren Hilfe nicht ins Wasser verholfen werden kann, gilt dasselbe wie unter a) beschrieben.

c) Wenn genug Helfer vorhanden sind, um das Tier anzuheben, und die Wetterbedingungen eine Hilfsaktion ohne Gefährdung der Helfer gestatten, muß die Aktion zuvor sorgfältig durchgesprochen werden. Insbesondere muß festgelegt werden, wer was macht. Überlegen Sie auch, ob eventuell die Flut bei der Rettungsaktion behilflich sein kann, und ob die Aktion noch bei Tageslicht beendet werden kann. Bei kühlen Wetterbedingungen kann es möglich und empfehlenswert sein, die Hilfsaktion auf den nächsten Morgen zu verschieben!

d) Bevor ein Tier ins Wasser zurückgebracht wird, sollte man eine Bestandsaufnahme vornehmen wie bei toten Tieren. Insbesondere sollte man persönliche Merkmale festhalten, die dazu dienen können, das Tier im Wasser oder am Strand wiederzuerkennen.

▲ Wer Zeuge einer Strandung wird, kann vielleicht von einem nahegelegenen Bauernhof oder dem nächsten Ort Hilfe herbeirufen. Ein Frontlader kann dabei behilflich sein, die Tiere schnell vom Strand herunterzubringen. Das ist vor allem bei Gruppenstrandungen wichtig, damit nicht noch weitere Tiere zum Stranden animiert werden.

The West Australian

▲ Wenn möglich, sollten die gestrandeten Tiere mit Hilfe von Tragegurten von der Stelle bewegt werden. Keinesfalls darf man die Tiere an Finnen oder Fluke anheben, da diese leicht verletzlich sind.

▲ Meeressäugetiere, die einige Zeit am Strand gelegen haben, sind wahrscheinlich verwirrt und steif. Sie müssen von den Helfern so lange unterstützt werden, bis sie ihre Balance wiedergefunden haben und aus eigener Kraft schwimmen können.

e) **Das Zurückbringen ins Wasser muß mit der größten Sorgfalt geschehen.** Die Flipper dürfen niemals gezogen oder gedrückt werden — sie sind leicht verletzlich, und es besteht die Gefahr von Verrenkungen. Auch die Haut nimmt leicht Schaden. Man braucht deshalb eine Art Tragegurt, um den Körper anzuheben. Dieser darf aber nicht in den Körper einschneiden. Das Tier wird entweder auf diese Tragegurte gehoben, oder man schiebt diese unter dem Körper des Tieres durch. Dann wird das Tier so weit ins Wasser gebracht, bis sein Gewicht vom Wasser getragen wird. Sobald klar ist, daß das Tier sich aufrecht halten und schwimmen kann, wird der Tragegurt losgelassen. Achten Sie darauf, daß das Tier sich nicht auf die Seite legt, und daß kein Wasser ins Blasloch eindringen kann. Möglicherweise ist das Tier vom Liegen am Strand steif und benötigt noch für einige Zeit Unterstützung. Manchmal hilft ein behutsames Rütteln dabei, diese Steifigkeit zu überwinden. Dabei darf man niemals an Flippern oder Fluke anfassen, sondern muß gegen die Flanken drücken oder an der Wurzel der Finne Halt suchen.

f) Wenn das Tier beharrlich zum Strand zurückkehrt oder auch nach langen Bemühungen offensichtlich zum Schwimmen nicht in der Lage ist, sollte man nicht weiter versuchen, es aufs Meer hinauszutreiben. Das einzige, was man tun kann, ist, ihm seine Lage am Strand zu erleichtern.

g) **Versuchen Sie nie, ein Meeressäugetier zu töten,** selbst wenn es in großer Pein ist! Nur ein Experte ist dazu in der Lage; denn Anatomie und Physiologie der Meeressäugetiere sind sehr verschieden von denen der Landtiere. Ein Laie läuft nur Gefahr, dem Tier noch größere Leiden zu bereiten, da er die lebensentscheidenden Stellen nicht schnell findet. Insbesondere sollte man nie versuchen, dem Tier den Todesschuß zu geben — die Kugel würde höchstwahrscheinlich vom Schädelknochen abgelenkt werden, wieder austreten und womöglich Umstehende verletzen.

Andererseits muß man Verständnis dafür aufbringen, wenn ein Experte entscheidet, daß die Tötung die beste Lösung für das Tier sei. Es ist einfach nicht möglich, jedes gestrandete Tier zu retten, und in manchen Fällen sollte das Leiden der Tiere nicht durch vergebliche Rettungsmaßnahmen verlängert werden.

5. Einzeln gestrandete Tiere sind häufig krank und zu schwach zum Schwimmen. Bei Gruppenstrandungen aber sind die meisten Tiere in der Regel noch in guter Form und können — sofern es sich nicht um Großwale handelt — erfolgreich wieder ins offene Wasser zurückgeleitet werden. Ein Problem dabei ist aber, daß die Gruppenbindung der Tiere sehr hoch ist. Es kann deshalb sehr schwierig sein, einzelne Tiere dazu zu bewegen, wegzuschwimmen, wenn die Mehrzahl ihrer Gruppengenossen noch am Strand liegt. Ein anderes Hauptproblem kann sein, daß die Gruppe einfach zu viele Tiere umfaßt. In einer solchen Situation müssen, wenn die Bemühungen überhaupt einen Sinn haben sollen, sehr viele Helfer bei der Hand sein, desgleichen — und sei es auch nur telefonisch — ein Experte, der über das Sozialverhalten der betreffenden Art Auskunft geben kann.

Die erfolgreichste Vorgehensweise bei Gruppenstrandungen ist wohl wie folgt:

a) Stellen Sie zuerst fest, wieviele Helfer Sie gewinnen können und welche Hilfsmittel (Gurte!) Sie zur Verfügung haben. Bilden Sie Teams, weisen Sie ihnen Aufgaben zu, bestimmen Sie einen Gruppenleiter, und teilen Sie die Hilfsmittel zu. Sorgen Sie für gute Kommunikation zwischen den Gruppen und dem Leiter der Aktion!

b) Versuchen Sie, Tiere, die sich noch im Wasser befinden, am Stranden zu hindern. Das geht nicht mit Verscheuchen und Lärmen, sondern nur durch behutsames Abdrängen der Tiere mittels Booten oder auch Menschen im Wasser.

c) Bringen Sie die gestrandeten Tiere ins Wasser zurück zu der dort versammelten Gruppe.

d) Geleiten Sie die Gruppe zurück ins offene Wasser.

e) All dies ist leichter gesagt als getan! Erleichtert wird die Aufgabe aber häufig, weil die Großgruppe sich aus vielen Kleingruppen mit sehr starker Gruppenbindung zusammensetzt. Wenn solche Kleingruppen identifiziert werden können, ist es möglich, sie einzeln zurückzuleiten. Man beginnt zweckmäßigerweise mit Gruppen, deren Mitglieder wenig Schaden genommen haben und leicht zu behandeln sind. Wenn der Gruppenführer bestimmt werden kann (im Zweifel ist dies das größte Tier der Gruppe), leitet man ihn ins offene Wasser hinaus. Meist folgen dann die anderen von selbst. Es kann erforderlich sein, diese Gruppenführer draußen festzuhalten, damit sie nicht zum Ufer zurückkehren. Dies kann geschehen, indem man sie vorsichtig an einem Boot vertäut. Dabei muß sichergestellt werden, daß das Blasloch immer über Wasser ist. Niemals dürfen Tiere am Schwanz angebunden hinter einem Boot hergezogen werden, denn dabei gerät das Blasloch unter Wasser! Da die Laute der Meeressäugetiere gerichtet abgestrahlt werden, müssen die Gruppenführer draußen so ausgerichtet werden, daß ihr Kopf Richtung Ufer weist.

f) Die Tiere, die auf das Zurückbringen warten (und auch diejenigen, die offensichtlich nicht zu retten sind), bedürfen natürlich währenddessen auch der Hilfe. Häufig wird behauptet, die Rettungsaktion würde erleichtert, wenn diejenigen Tiere, denen offensichtlich nicht mehr geholfen werden kann, getötet würden. Man sollte jedoch wegen der weiter oben angeführten Gründe auf derartige Maßnahmen verzichten, solange noch kein Experte zugegen ist.

g) Nicht vergessen werden bei allen Bemühungen zur direkten Hilfe für die Tiere sollte die Erhebung und Aufzeichnung der erforderlichen Daten. Sofern möglich, sollte man die Anzahl und die genauen Positionen der gestrandeten Tiere festhalten, desgleichen die Vorgeschichte der Strandung und insbesondere die Reihenfolge, in der die Tiere anlandeten. Solche Informationen können dabei helfen, die Kleingruppen und Gruppenführer zu identifizieren. Es gibt sehr wenig gute Berichte über Gruppenstrandungen — wahrscheinlich, weil jedermann zu sehr damit beschäftigt war, den Tieren zu helfen. Es wäre aber wünschenswert, daß wir mehr detaillierte Informationen über die Abläufe hätten; denn daraus ließen sich vielleicht Maßnahmen ableiten, wie man die Gruppenstrandungen verhindern kann. Entsprechende Beobachtungen können insbesondere von Augenzeugen gemacht werden, die nicht in der Lage sind, bei der schweren Arbeit des Transports der Tiere zu helfen.

6. Schließlich sollte man, bei allem Engagement für die Tiere, auch die beteiligten Menschen nicht vergessen. Sie werden müde und hungrig und kühlen aus. Auch Verletzungen können vorkommen. Auch für diese Arbeit muß ein Verantwortlicher bestimmt werden. Besonders wichtig ist dieser Aspekt, falls Sie nach der vergeblichen Suche nach Helfern alleine an den Strand zurückkehren, um den Tieren zu helfen. Versuchen Sie unbedingt, jemanden zu finden, der zumindest alle paar Stunden nach Ihnen schaut, gegebenenfalls Nachrichten weitergeben kann und Sie mit Getränken und Nahrung versorgt!

Simon Cowling/Horizon

▲ Die ideale Situation für Rettungsmaßnahmen ist gegeben, wenn die Zahl der Helfer die der Tiere übersteigt. Wichtig ist dann aber die präzise Gruppeneinteilung und Zuweisung von Arbeiten für die Gruppen, ebenso die Koordination und Beaufsichtigung durch einen Leiter. Bei allen Rettungsmaßnahmen steht die Sicherheit der Helfer über der Sorge um die gestrandeten Tiere!

GREENLAND WHALE.

British Museum (Natural History)

Zugabe

Reglement und Ordnung / durch die Committirten von der Grönländischen Fischerei, wegen des Bergen der Mannschaft und Güter derer in dem Eis verunglückten Schiffe, aufgesetzet.

I. „ Wenn ein Schiff verunglücket / und der Commandeur und
„ das Volk / sich zu retten suchen / soll das erste Schiff / an welches sie
„ kommen / dieses zu thun schuldig seyn ; und wenn dieses einem an-
„ dern Schiffe begegnet / soll es die Helfte des besagten Volkes über-
„ geben / wie auch das geborgene Volk schuldig seyn soll / überzugehen;
„ es wäre denn / daß das zweite Schiff bereits geborgenes Volk inne
„ hätte / in welchem Fall das Volk pro rato vertheilet werden soll /
„ daß eines so viel als das andere / und ein jedes der beiden Schiffe
„ die Helfte des Volkes habe : und wenn sie zu andern Schiffen kom-
„ men / soll alsdenn wieder / wie zuvor / eine Vertheilung geschehen.

II. „ Die Victualien / welche die geborgenen an Bord bringen /
„ sollen von ihnen selbst verzehret werden ; und was noch übrig seyn
„ mögte / nachdem sie an das zweite oder folgende Schiff gekommen
„ sind / davon sollen sie demselben pro rato des Volkes mitgeben : des-
„ gleichen soll den salvirten Chaloupen / so keine Victualien mitbringen /
„ aus Christlicher Liebe beigestanden werden / mit Beding / daß sie ar-
„ beiten / wie andere Matrosen.

III. „ So auch wenn ein oder mehrere Schiffe und Güter in
„ **Grönland** bleiben müßten / oder verlohren würden / so soll der
„ Commandeur und Schiffer / oder wer an ihrer Stelle ist / ein jeder
„ für so viel ihn angehet / so lange sie darbei sind / ihre freie Wahl ha-
„ ben / ob sie das Gut wollen bergen lassen / und wie? jedoch daß die
„ Commandeurs / so allda gegenwärtig sind / die Freiheit haben sol-
„ len / solche Güter zu übernehmen oder nicht.

IV. „ Wenn jemand zu einem oder mehreren gebliebenen oder
„ verlohrnen Schiffen und Güter kömmet / so verlassen seyn mögten / und
„ niemanden darbei fände / so mag er solches Gut bergen. Von die-
„ sen geborgenen Gütern / es sey Geräthschaft zum Wallfisch-Fang /
„ Speck / Tran / und Wallfisch-Barden / ingleichen Wallruß-Zähne /
„ und auch Schiff-Geräthschaft / oder was dergleichen mehrers seyn
mögte /

mögte / soll / wenn er hier zu Lande kömmet / die eine Helfte dem zu " guten gehen / der es gerettet hat / und die andere Helfte / denen ver= " bleiben / die es verlohren haben / welchen derjenige / so es gerettet " hat / die Helfte heraus geben soll / ohne Fracht / Partenier=Geld oder " andere Unkosten zu fordern oder zu prätendiren. "

V. Woferne ein oder mehrere Schiffe oder Güter vor dem " Bergen / von denen / so Monat=Gelder / und den Parteniers / welche " Theil haben / wäre verlassen worden / so sollen weder die / so auf Sold / " noch die auf Part dienen / von dem geborgenen Schiffe / Schiffen " und Gütern nichts geniessen oder zu prätendiren haben / und soll in " diesem Fall das Gut des Schiffes / und das von dem Wallfisch= " Fang denen Rhedern zu gute gehen / und von ihnen genossen werden. "

VI. Wenn aber das Volk von dem gebliebenen Schiffe oder " Schiffen und Gütern darbei ist / und die Güter hat retten helfen / sol= " len aus dem reinen vierten Theil von allen geborgenen / die so " um Sold auf dem Schiffe dienen / ihr bedungenes Monat-Geld / und " die Parteniers oder welche um Part dienen / für ihre gethane Arbeit " ein Monat=Geld zu 20 Gülden des Monats geniessen / bis dahin / " als das Schiff geblieben ist / so daß die Parteniers in diesem Fall / " als die / so um monatlichen Sold dienen / gegen die gemeldte 20 Gul= " den des Monats / consideriret werden / zu rechnen von dem Geld= " losen Monat: wenn jedoch der vorbesagte vierte Theil nicht so weit " reichen sollte / wird ein jeder, sowol der um Sold / als der auf Part " dienet / nach Advenant missen müssen / und was von demselben vier= " ten Part über die erwehnte Monat=Gelder Uberschuß ist / soll den " Rhedern zum Profit kommen. "

VII. Der Commandeur / so einiges Gut rettet / soll die bedun= " gene Portion rechnen / in Ansehen seiner Parteniers / nach Propor= " tion des Capitals / das es auswirfet / dasselbe Capital als den Fang " von Tran und Baarden gerechnet: aber die um Sold dienen / sol= " len nichts davon geniessen / und sollen funfzig Quartele Tran / und " sechzehn hundert Pfund Baarden für einen Fisch gerechnet werden / " das geborgene zum Capital zu machen / und den Tran und Baar= " den nach dem Markt zu rechnen. "

VIII. Alle solche geborgene und zu Schiff gebrachte Güter / sol= " len allen Vorfall von Schaden und Haverei / eben sowol als eigen " Gut / unterworfen seyn. "

THE NARWHAL OR SEA UNICORN
F. Cuvier

British Museum (Natural History)

British Museum (Natural History)

IX. „Wenn jemand in dem Eis einen Fisch getödtet hat/ und „durch Ungelegenheit nicht könnte an Bord kriegen / so bleibet er Eige„ner / so lange jemand von dem Volk darbei ist; und wenn kein Volk „darbei ist/ ob er ihn schon an einem Schots vest gemachet/ so mag „der / welcher dahin kömmet / diesen Fisch zu sich nehmen.

X. „Wenn man bei dem Lande sich befindet / und es hat jemand ei„nen Fisch: mag er den vor Anker/Dreggen oder kleinen Ankern/ und „Seil vest legen/nebst einem Zeichen oder Busch darauf/und wenn schon „niemand dabei ist / so bleibt er doch dem Eigenthümer liegen.

XI. „So auf der Reise nach Grönland / unter der Admiralschaft/ „im Defendiren jemand an seinen Gliedern verstümmelt würde / soll „dafür / der Billigkeit nach / von den Committirten der Grönländi„schen Fischerei zu ermäsigen / bezahlet / und solches repartiret wer„den über die ganze Flotte: so auch in der Ruckreise.

XII. „Endlich / so einige Sachen / die hierinnen nicht begriffen „sind / sich hervor thun sollten; will man selbiges durch ehrliche Leute „ausmachen lassen.

War unterzeichnet:

Simon van Beaumont.

„Alles dasjenige haben die unterschriebene Commissarien zum Dienst „der Fischerei für nöhtig erachtet/ durch dieses denen Interessenten „Nachricht zu geben.

Wilhelm Bastiaanz.
Jan van Tarelink / Petersoon.
Cornelius Beets.
Albertus Doornekroon.
Cornelius Corneliusz. Blaauw.
Meyndert Arentsz.
Lucas de Lange.
Simon Gerritsz. Visser.
Seger Eenhoorn.

Die beiden interessanten Dokumente sind entnommen aus dem Standardwerk über den Wal- und Kabeljaufang vor Grönland im 18. Jahrhundert: C. G. Zorgdragers Grönländische Fischerei und Walfischfang, Leipzig 1723.

Zugabe

Indem nach dem Abdruck unserer Verhandlung uns ein Bericht zur Hand kam/ von einem ungemeinen Fisch/ welcher in dem vorigen Jahre gefangen worden/ gemeiniglich **Cachelot** oder **Potfisch** genannt; so konten wir uns nicht entbrechen/ solches dem Leser allhier mitzutheilen. Dieser Fisch/ so von dem Wallfisch ganz und gar unterschieden/ suchet ein Aas zur Nahrung/ so mit dem Wallfisch-Aas nicht überein kömmet/ und derohalben muß er sich in andern Gegenden/ als in Grönland aufhalten.

Man hält dafür/ es sey einer dieser Fische gewesen/ der im Jahre 1635 auf der Holländischen Küste zu **Scheveningen** gestrandet. Auch werden dann und wann einige von den Biscayern auf ihrer Küste gefangen. Allein die Ursache/ warum wir allhier von diesem Fisch Meldung thun/ ist/ daß in den Jahren 1718 und 1719 einige in oder um **Grönland** und den **Nord-Cap** gefangen worden. Das merkwürdigste dieser Fische war 70 Schuhe lang/ aus dessen Haubte 24 Tonnen Breyns herausgenommen und gefüllet wurden/ eine Materie/ wovon das sperma ceti, so denen medicis wol bekannt ist/ bereitet wird.

Die Gestalt dieser Fische ist folgender masen beschaffen: des Haubtes Obertheil ist überaus groß und viel dicker als der Kopf der Wallfische/ hat seine Blaslöcher vorn in dem Kopf/ zum Unterschied der Wallfische/ welche dieselben hinten auf dem Kopfe und oberhalb der Augen haben. Der Mund des letzt gefangenen Fisches war in dem untern Kiefer mit 42 Zähnen versehen/ deren Abbildung hier vor Augen geleget wird. Die Zunge spitzig und dünn/ war gelblicht von Farbe. Es lieferte dieser Fisch fast bei 25 Fässer Speck dessen Tran von nicht geringer Tugend ist als der Wallfische. Was ferner den Cörper betrifft/ so ist derselbe mehr/ als der Kopf/ mit dem Wallfisch in eine Vergleichung zu bringen/ desgleichen die Augen/ Flossen und der flachliegende Schwanz/ und ist von Farbe auf den Rücken braun und unten am Bauche weiß.

Wenn das Breyn dieser Fische gesäubert und zu sperma ceti bereitet ist/ galte das Pfund vor Zeiten 20 oder 30 Gulden; doch mit diesen zweijährigen Fang ist das sonst theure Arznei-Mittel/ wegen des Uberflusses/ um 3 oder 4 Gulden verkaufet worden/ und da vor Zeiten eine Tonne ungesäubert oder unbereitet 100/ auch wol 120 Gulden gekostet/ kan man sie jetzo um 10 oder 15 Gulden kaufen.

Die Zubereitung des sperma ceti geschiehet auf folgende Weise: Man nimmet ein Schaff oder eine Kufe/ worein die Materie gethan wird/ welche aus dem Kopfe des **Cachelot** oder Potfisches genommen worden; thut Salz und Wasser daran/ rühret es um so viel als genug ist: alsdenn treibet das unreine und blutige oben/ so man abschäumet/ thut öffters zu drei oder viermalen wiederum Salz und Wasser darzu/ bis die Materie ganz weiß wird. Hernach wird es mit frischem Wasser begossen/ bis das Salz wieder abgespület ist. Alsdenn lässet man die weisse Materie durch graues Patronen Papier seihen oder ziehen/ bis es ganz und gar weiß und sauber wird: wenn man es denn wieder durch fünf graue Bogen Papier seihen lässet/ und hernach presset/ so bekömmet es eine blätter- und schieferigte Gestalt.

PERNETTYS DOLPHIN.
British Museum (Natural History)

BIBLIOGRAPHIE

Baker, A.N. 1983. *Whales and Dolphins of New Zealand and Australia: An Identification Guide.* Victorian University Press.

Baker, M.L. 1987. *Whales, Dolphins and Porpoises of the World.* Doubleday, New York.

Bryden, M.M. and Harrison, R.J. (eds). 1986. *Research on Dolphins.* Clarendon Press, Oxford.

Bullen, F. 1898. *The Cruise of the Cachelot.* Smith, Elder, London.

Burnham, Burnham, 'Dolphin's role in Aboriginal Life'. *Australian Geographic* vol 7. July-Sept. 1987.

Cottrell, L. 1984. *Bull of Minos: Discoveries of Schliemann and Evans.* Bell and Hyman, London.

Deimer, P. 1983. *Das Buch der Wale,* Hoffmann und Campe Verlag, Hamburg.

Ellis, R. 1980. *The Book of Whales.* Alfred A. Knopf Inc. New York.

Evans, P.G.H. 1987. *The Natural History of Whales and Dolphins.* Christopher Helms Ltd. Kent.

Ferguson, G. 1972. *Signs and Symbols in Christian Art.* Oxford University Press, Oxford.

Forster, E.M. 1927. *Aspects of the Novel.* Edward Arnold, London.

Gatenby, Greg. *Whales A Celebration.* Hutchinson, New York.

Graves, R. 1955 and 1984. *The Greek Myths.* (2 Vols), Penguin, Harmondsworth, U.K.

Graves, R. 1981. *The Greek Myths.* Cassell, London.

Graves, R. 1982. *The Greek Myths.* Doubleday, New York.

Hoyt, E. 1984. *The Whale Watcher's Handbook.* Penguin Books, Canada.

Kaufman, G.D. and Forester, P.H. 1986. *Hawaii's Humpback Whales.* Pacific Whale Foundation Press, Hawaii.

Kelly, J. Mercer, S. and Wolf, S. 1981. *The Great Whale Book.* Center for Environmental Education, Washington D.C.

Klinowska, M. *Interpretation of the U.K. cetacean strandling records.* Rep. Int. Whaling Commission. 1985. 35:459-67.

Lawrence, D.H. 1964. *The complete poems by D.H. Lawrence.* Heinemann, London.

Lawrence, D.H. 1924. *Studies in classic American literature.* Martin Secker, London.

Lockley, M. 1979. *Whales, dolphins and porpoises.* David and Charles, Newton Abbot, Devon.

Lowell, R. 1973. *The dolphin.* Farrar Straus and Giroux, New York.

Maret, G., Boccara, N. and Kiepenheuer, J. (eds). 1986. *Biophysical effects of steady magnetic fields.* Springer-Verlag.

McIntyre, J. 1974. *Mind in the Waters.* Charles Scribner's Sons, NY.

McNally, R. 1981. *So Remorseless a Havoc.* Little, Brown & Co., Boston, Mass.

Melville, H. *Moby Dick or The White Whale.* The New American Library edn, New York, 1961.

Minasian, S.M., Balcomb, K.C. and Forster, L. 1984. *The World's Whales.* Smithsonian Books, Washington D.C.

Piggott, J. 1969. *Japanese Mythology.* Hamlyn, London and NY.

Roberts, A. and Mountford, C. 1969. *The Dawn of Time.* Rigby, Adelaide.

Seki, K. (ed). 1963. *Folktales of Japan.* University of Chicago Press.

Slijper, E.J. 1979. *Whales.* Hutchinson and Co. Ltd. London.

Sweeney, J. 1972. *A Pictorial History of Sea Monsters.* Crown Pub. Inc., NY.

Watson, L. 1981. *Sea Guide to Whales of the World.* Hutchinson and Co. Ltd. London.

QUELLENNACHWEIS

Mit freundlicher Genehmigung der Autoren, Verlage, beziehungsweise Institute wurde auf die folgenden Quellen zurückgegriffen:

ENTWICKLUNGSGESCHICHTE
Seite 14 **Mesonyx**
Savage, R.G. & Long, M.R. 1986. *Mammal Evolution: An Illustrated Guide.* British Museum (Natural History), London.
Seite 16 **Protocetus**
Ebenda
Seite 18 **Dorudontinae**
Kellog, A.R. 1936. *A Review of the Archaeceti.* Carnegie Institute of Washington: publication no 482.
ENTWICKLUNGSBAUM
Nach einer Zeichnung von R. Ewan Fordyce, basierend u.a. auf Barnes, L.G., Domning, D.P., Ray, C.E. 1985. 'Status of Studies on Fossil Marine Mammals'. *Marine Mammal Science.* Vol 1 (1). Seiten 15-53.
Seite 19 **Mammalodon**
Nach einer Zeichnung von R. Ewan Fordyce für *Antipodean Ark.* 1988. Angus & Robertson, Sydney.
Seite 19 **Gondwana**
Entnommen aus Kennett, J.P. 1980. *Palaeogeography, palaeoclimatology, palaeoceology.* Vol 31. Seiten 123-152.
Seite 21 **Schädelformen**
Minasian, et. al. 1984. *The World's Whales: The Complete Illustrated Guide.* Smithsonian Books, Washington D.C.
Romer, — 1966. *Vertebrate Paleontology.* University of Chicago Press.

DIE WAL-ARTEN
Illustrationen nach Baker, M.L. 1987. *Whales, Dolphins and Porpoises of the World.* Doubleday, New York.
Minasian u.a. 1984. *The World's Whales: The Complete Illustrated Guide.* Smithsonian Books, Washington D.C.
und Hoyt, E. 1984. *The Whale Watcher's Handbook.* Penguin Books, Canada.

BARTENWALE
Seite 46 **Unterschied zwischen Barten- und Zahnwalen** Nach Watson, L. 1981. *Sea Guide to Whales of the World.* Hutchinson and Co. Ltd., London. Seite 33.

VERBREITUNG UND ÖKOLOGIE
Seite 84 **Isothermen**
Nach Watson, L. 1981. *Sea Guide to Whales of the World.* Hutchinson and Co. Ltd., London. Seite 50.
Seite 88 **Verbreitung der Gattung Mesoplodon**
Nach Evans, P.G.H. 1987. *The Natural History of Whales and Dolphins.* Christopher Helms Ltd., Kent. Seite 88.
Verbreitung der Gattung Lagenorhynchus
Ebenda, Seite 81.
Seite 90 **Verbreitung der Gattung Cephalorhynchus**
Ebenda, Seite 82.
Verbreitung der Schweinswale
Ebenda, Seite 87.
Wanderungen des Buckelwals
Ebenda, Seite 213.
Wanderungen des Grauwals
Ebenda, Seite 215.

ANATOMIE
Seite 102, **Körper des Wals**
Nach Minasian, u.a. 1984. *The World's Whales: The Complete Illustrated Guide.* Smithsonian Books, Washington D.C. Seite 33.
Seite 103 **Größenvergleich**
Nach Kaufman, G.D. and Forester, P.H. 1986. *Hawaii's Humpback Whales: A Complete Whalewatchers Guide.* Pacific Whale Foundation Press, Hawaii, Seiten 10-11.
Seite 105 **Rückenflossen**
Ebenda, Seite 33.
Flukenprofile
Ebenda, Seite 32.
Seite 106 **Zahnformen**
Ebenda, Seite 24.
Seite 107 **Knochenverschiebungen**
Nach Slijper, E.J. 1979. *Whales.* Hutchinson and Co. Ltd., London. Seite 73.
Seite 108 **Innerer Körperbau**
Nach einer Zeichnung von Peter Schouten aus *Australian Geographic.* No 7. July/Sept 1987. Seite 59.

ANPASSUNG
Seite 110 **Konvergente Entwicklung**
Nach Howell, A.B. 1970. *Aquatic Mammals.* Dover Publications, England.
Seiten 112-113 **Wie Delphine schwimmen**
Nach einem Modell im British Museum (Natural History).
Seite 113 **Speckschicht**
Nach einer Zeichnung in Kelly u.a. 1981. *The Great Whale Book.* Center for Environmental Education, Washington D.C. Seite 7.
Seite 117 **Das Tauchen**
Nach Slijper, E.J. 1979. *Whales.* Hutchinson and Co. Ltd., London, Seite 126.
Seite 120 **Wundernetze**
Ebenda, Seite 161.

DIE SINNE DER WALE
Seite 122 **Das Auge**
Nach Slijper, E.J. 1979. *Whales.* Hutchinson and Co. Ltd., London. Seite 230.
Seiten 130-131 **Echolokation**
Nach einer Zeichnung von Peter Schouten in *Australian Geographic. No 7. July/Sept. 1987. Seite 56.*

FORTPFLANZUNG UND ENTWICKLUNG
Seite 136 **Männliches Fortpflanzungsorgan**
Nach Slijper, E.J. 1979. *Whales.* Hutchinson and Co. Ltd. London.
Seite 137 **Weibliches Fortpflanzungsorgan**
Ebenda.

WALE IN KUNST UND LITERATUR
Seite 169 Aelian: *The Dolphin of Iassos.* Zitiert nach McNally, R. 1981. *So Remorseless a Havoc.* Little Brown & Co., Boston, Mass. Kapitel 6.

STRANDUNGEN
Seite 220 Copyright der geomagnetischen Karte bei British Geological Survey und Natural Environment Research Council.
Seite 226 **Vermessung eines Delphins**
Nach Baker, A.N. 1983. *Whales and Dolphins of New Zealand and Australia: An Identification Guide.* Victorian University Press, New Zealand. Seite 47.

THE SPERMACETI WHALE
Beale

British Museum (Natural History)

VERZEICHNIS DER HEUTE LEBENDEN MEERESSÄUGETIERE DER ORDNUNG CETACEA

INDEX

Anmerkung zur Klassifizierung:
Die Klassifizierung der Arten in der Ordnung Cetacea ist schwierig, da über die meisten von ihnen wenig bekannt ist. Manche leben nahezu ausschließlich auf hoher See oder in weit entfernten und schwer zugänglichen Teilen der Weltmeere. Bei vielen Arten konnten noch keine Studien an lebenden Tieren unternommen werden. Die Untersuchung der Karkassen toter Wale ist schwierig, da sie wegen ihrer Größe schwer zu transportieren und zu konservieren sind.
Aus diesen Gründen muß jede Auflistung und Klassifizierung vorläufigen Charakter haben. Die verwendeten wissenschaftlichen Namen und die Einteilung in Familien und Gattungen werden von den führenden Experten weitgehend anerkannt. In einigen Fällen bestehen aber abweichende Meinungen. Es kann als sicher gelten, daß weitere Studien und Erkenntnisse zukünftig zu Revisionen dieser Einteilung führen werden.

In gleicher Ausstattung bereits erschienen:

Haie sind wahrscheinlich die am wenigsten verstandenen Geschöpfe des Tierreichs. Meist mit einer Mischung aus Furcht und Faszination betrachtet, ist das Bild, das sich der Mensch von ihnen macht, mehr von Vorurteilen und Mißverständnissen bestimmt als von echten Kenntnissen. Dieser großartig ausgestattete Bildband eines internationalen Autoren- und Fotografen-Teams hat die Aufgabe, den Aberglauben auszuräumen und neueste Erkenntnisse aus der Hai-Forschung zu vermitteln. Führende Experten geben einen umfassenden Überblick über die Haie, ihre Lebensweise und ihre Lebensräume. Der Bogen reicht von der Entwicklungsgeschichte über Biologie und Verhalten der Haie bis zu ihrer wirtschaftlichen Nutzung und den Möglichkeiten der Hai-Abwehr. In regionalen Übersichten werden Art und Häufigkeit der Hai-Angriffe untersucht. Mythos und Realität werden einander gegenübergestellt. So entsteht ein modernes Bild vom Hai, das uns die außerordentliche und fremde Welt dieser Meeresbewohner näherbringt.

Haie
Herausgegeben von Jörg Keller.
Das Standardwerk mit Beiträgen von international renommierten Autoren und Fotografen.
240 Seiten mit 400 Farbfotos, Zeichnungen, Diagrammen.
Großformat 32 x 24 cm.
ISBN 3-570-00801-0